Gonglu Gongcheng Shiyan Jiance Renyuan Kaoshi Yongshu

公路工程试验检测人员考试用书

Cailiao

材　　料

（第二版）

交通运输部工程质量监督局
交通运输部职业资格中心　组织编写

李福普　李闯民　主编

人民交通出版社

内 容 提 要

本书为交通运输部工程质量监督局和交通运输部职业资格中心组织编写并审定的《公路工程试验检测人员考试用书》之一，主要介绍公路工程相关材料的基本性质、检测方法等，涉及土工试验、集料、水泥及水泥混凝土、沥青与沥青混合料、基层与底基层材料、钢材、石料、土工合成材料等。

本书可供公路工程试验检测人员使用，也可供公路施工、监理等技术人员参考。

图书在版编目(CIP)数据

公路工程试验检测人员考试用书．材料/交通运输部工程质量监督局，交通运输部职业资格中心组织编写．—2版．—北京：人民交通出版社，2012.3

ISBN 978-7-114-09672-3

Ⅰ．①公…　Ⅱ．①交…　②交…　Ⅲ．①道路工程—试验—资格考试—自学参考资料②道路工程—检测—资格考试—自学参考资料③道路工程—工程材料—材料试验—资格考试—自学参考资料④道路工程—工程材料—检测—资格考试—自学参考资料　Ⅳ．①U41②U414.03

中国版本图书馆 CIP 数据核字(2010)第 086615 号

书　　名：公路工程试验检测人员考试用书　材料(第二版)
著 作 者：交通运输部工程质量监督局
　　　　　交通运输部职业资格中心
责任编辑：曲　乐　丁润铎
出版发行：人民交通出版社
地　　址：(100011)北京市朝阳区安定门外外馆斜街 3 号
网　　址：http://www.ccpress.com.cn
销售电话：(010)59757969，59757973
总 经 销：人民交通出版社发行部
经　　销：各地新华书店
印　　刷：北京市密东印刷有限公司
开　　本：787×1092　1/16
印　　张：22.75
字　　数：520 千
版　　次：2010 年 5 月　第 1 版　2012 年 3 月第 2 版
印　　次：2012 年 3 月　第 2 版第 1 次印刷　累计第 10 次印刷
书　　号：ISBN 978-7-114-09672-3
定　　价：55.00 元

《公路水运工程试验检测人员考试用书(第二版)》编审委员会

序

工程试验检测贯穿于设计、施工、监理、验收、养护、维修等各个环节，已成为控制和评判工程质量的重要基础，对保证工程质量起着举足轻重的作用。工程试验检测对专业性、技术性、实际操作性要求高，而检测人员素质的高低直接影响到试验检测结果的准确性。特别是近年来，许多新技术、新材料在工程上的广泛应用，使得检测岗位更需要高素质的复合型人才。因此，为保证试验检测数据的公正、准确、可靠、有效，就必须有行之有效的制度来加强对试验检测从业人员的管理，不断提高试验检测从业人员水平。

交通运输部历来对工程试验检测工作十分重视。1998 年，颁布了《公路水运工程试验检测人员资质管理暂行办法》等一系列规章制度，强化对试验检测人员的管理。2003 年，印发了《关于公布已取消和改变管理方式的交通部行政审批项目后续监管措施的通知》，明确要求对公路水运工程试验检测人员实施从业标准管理。2005 年，颁布了《公路水运工程试验检测管理办法》，再次明确自 2007 年 11 月 31 日起，试验检测从业人员需通过业务考试方能上岗，随后我局印发了《公路水运工程试验检测人员考试办法》，全面开展公路水运工程试验检测人员业务考试。2009 年以来，我局会同部职业资格中心在全国范围内先后组织了四次公路水运工程试验检测人员过渡考试，共有约 32 万人参加考试。

试验检测从业人员的素质，决定着试验检测工作的质量和水平。组织实施试验检测从业人员的考试和继续教育，是提高试验检测人员业务能力和水平的有效途径。为此，我局会同部职业资格中心组织编写了《公路水运工程试验检测人员考试用书》。该套用书结合当前我国公路水运工程建设技术水平和国家、行业有关标准、规范的发展情况，紧扣 2012 年新版试验检测考试大纲要求，全面系统地介绍了公路水运工程试验检测基础理论和实用技术，可作为公路水运工程试验检测人员考试的复习指导用书，同时也适用于广大试验检测人员业务学习和继续教育，具有较强的实用性和可操作性，基本能满足公路水运工程试验检测工作的实际需要。

在该套用书的编写过程中，部职业资格中心精心组织，克服时间紧、任务重的困难，按时完成了编写任务；人民交通出版社为编写工作的完成提供了有力的保证；有关专家认真审查、严格把关，提出了很好的意见和建议。在此向他们表示衷心的感谢！

交通运输部工程质量监督局

2012 年 3 月

出版说明

质量是工程的生命，试验检测是工程质量管理的重要手段。客观、准确、及时的试验检测数据，是工程实践的真实记录，是指导、控制和评定工程质量的科学依据。加强公路水运工程试验检测，充分发挥其在质量控制、评定中的重要作用，已成为公路水运工程质量管理的重要手段。

随着我国公路水运工程建设标准、规范体系的不断完善和试验检测技术的日益发展，对试验检测人员的职业能力和水平提出了更新、更高的要求。原交通部1998年以来陆续颁布了《公路水运工程试验检测人员资质管理暂行办法》、《公路水运工程试验检测管理办法》和《公路水运工程试验检测人员考试办法》等一系列规章制度，启动了公路水运工程试验检测人员从业资格管理。2007年，原交通部基本建设质量监督总站以省为单位组织了公路水运工程试验检测人员业务考试；2009年以来，交通运输部工程质量监督局会同交通运输部职业资格中心，在全国范围内先后组织了四次公路水运工程试验检测人员过渡考试。

为满足试验检测行业发展要求，并为试验检测人员考试提供复习参考，部质监局会同部职业资格中心组织编写了《公路水运工程试验检测人员考试用书》。本套考试用书内容丰富、系统、涵盖面广，每本用书内容相对独立、完整、自成体系，结合当前我国公路水运工程建设技术水平和国家、交通运输部有关标准、规范的发展情况，收录了当前公路水运工程试验检测的前沿理论和新技术。整套考试用书有理论，有基本操作讲解，有实例，全面系统地介绍了公路水运工程试验检测理论和实用技术。作为公路水运工程试验检测人员考试的复习指导用书，本套考试用书在编写时，紧密结合考试大纲要求，适用于广大试验检测人员全面系统地学习和掌握公路水运工程试验检测技术，具有较强的实用性和可操作性，基本能够满足公路水运工程试验检测工作的实际需要。

本套考试用书包括《公共基础》、《公路工程试验检测人员考试用书》、《水运工程试验检测人员考试用书》，共9册。

《公共基础》由解先荣主编，主要介绍公路水运工程试验检测发展概况、公路水运工程试验检测管理有关法律法规、试验检测基础知识等。

《公路工程试验检测人员考试用书》包括《材料》、《公路》、《桥梁》、《隧道》、《交通安全设施及机电工程》5册。《材料》由李福普、李闯民主编，内容包括土工试验、集料、水泥和水泥混凝土、沥青和沥青混合料、钢材以及土工合成材料等的试验检测。《公路》由和松主编，主要介绍公路工程质量检验评定和路基路面现场测试等。《桥梁》由何玉珊、章关永主编，主要介绍桥梁工程质量等级评定、桥梁工程结构常用仪器设备的性能和使用、桥梁静动力荷载试验等。《隧道》由陈建勋主编，主要介绍超前支护与围岩施工质量检查、开挖质量检测、施工监控量测、混凝土衬砌质量检测等内容。《交通安全设施及机电工程》由韩文元、包左军主编，主要介绍交通工程试验检测基础知识，交通管理设施、监控设施、通信设施、收费设施等的试验检测。

《水运工程试验检测人员考试用书》包括《材料》、《地基与基础》和《结构》3册。《材料》由谭华主编，主要从所用的工程部位、组批原则、取样方法、检验项目、试验设备、试验步骤、试验结果分析等环节详细阐述了水运工程常用材料的试验检测。《地基与基础》由徐满意、周福田主编，主要介绍土工基础知识、常用的土工试验方法、主要的原位测试方法、主要的地基处理方法和复合地基桩身质量检测等。《结构》由朱光裕主编，主要介绍混凝土结构力学及缺陷现场检测、结构与构件的静动力试验、桩的静荷载试验、基桩高应变动力检测、锚杆试验与检测技术等。

本套考试用书以国家和交通运输部颁发的有关法规及标准规范为依据，虽经全面审查和补充修改，但其中仍难免有不足之处，诚挚希望广大读者在学习使用过程中及时将发现的问题函告我们，以便进一步修改和补充。该套考试用书在编写过程中得到人民交通出版社和有关专家的大力支持，在此一并致谢。

交通运输部工程质量监督局
交通运输部职业资格中心
2012年3月

前　言

交通运输部工程质量监督局和交通运输部职业资格中心于2012年3月编制出版了《公路水运工程试验检测人员资格考试大纲》(2012年版)。大纲对各专业考试科目的划分和要求掌握的内容范围作出了明确规定和说明,为指导参加资格考试人员结合大纲学习与掌握相关知识,交通运输部工程质量监督局和交通运输部职业资格中心组织有关专家编写了《公路工程试验检测人员考试用书》,该系列考试用书同时也可作为各单位从事试验检测管理与操作的人员及大专院校师生在实际工作和教学中的参考用书。

《公路工程试验检测人员考试用书 材料》自2010年出版使用以来,为培训公路工程专业试验检测技术人员发挥了积极的作用,使一大批从事试验检测的技术人员在理论知识和试验技能上获得了进一步的提高,为公路工程建设项目的顺利实施提供了有力的保证。本次修订的原则是对原有内容的补充和完善。修订的重点,一是与新颁布的相关标准规范相衔接,二是补充试验过程中的安全操作注意事项及化学溶剂废液的处理等内容。本考试用书即是在《公路工程试验检测人员考试用书 材料》第一版的基础上,密切结合2012年修订的考试大纲内容要求编写而成。

本书共计八章,内容包括路基路面材料检测技术的基本理论知识,涉及土工试验、集料、水泥和水泥混凝土、沥青和沥青混合料、基层与底基层材料、钢材、石料、土工合成材料。其中,第一章、第三章、第五章和第六章由长沙理工大学李闯民编写;第二章、第四章、第七章和第八章由交通运输部公路科学研究院李福普编写。在编写过程中,长沙理工大学曲超、高占华、周文胜、陈志福和周和鸣收集了大量参考资料,并对书稿进行了校对。

本考试用书编写过程中参考了现行有关标准、规范、教材等资料,在此谨向有关编著者表示衷心的感谢。限于编者的学识水平和实践经验,以及相关技术规范处于变化过渡期的原因,书中难免有缺陷或疏漏之处,恳请专家和使用考试用书的学员提出宝贵意见,以便以后进一步完善。

编　者

2012年3月

目　录

第一章

土工试验

第一节　土的三相组成及物理性质指标换算

一、土的形成

土是由地表面的岩石经风化、剥蚀、搬运、沉积，形成固体矿物、流体水和气体的一种集合体。不同的风化作用形成不同性质的土。风化作用有下列三种。

1. 物理风化

岩石经受风、霜、雨、雪的侵蚀，温度、湿度的变化，不均匀膨胀与收缩，使岩石产生裂隙，崩解为碎石。这种风化作用，只改变颗粒的大小和形状，不改变原来的矿物成分，称为物理风化。由物理风化生成的土为巨粒土，这种土呈松散状态，总称无黏性土。

2. 化学风化

当岩石的碎屑与水、氧气和二氧化碳等物质相接触，使这些岩石碎屑逐渐发生化学变化，改变了原来组成矿物的成分，产生一种新的成分——次生矿物，这类风化称为化学风化。经化学风化生成的土为细粒土，具有黏结力，如黏土与粉质黏土，总称黏性土。

3. 生物风化

由动物、植物和人类活动对岩石的破坏称生物风化。

二、土的三相组成

从工程概念上讲，土是由土颗粒(固相)、水(液相)及气体(气相)三种物质组成的集合体。固相:土的固相物质分为无机矿物颗粒和有机质，构成了土的骨架。液相:是指土孔隙中存在的水。气相:是指土孔隙中充填的空气。土的三相比例是变化的。土体三相比例不同，土的状态和工程性质也随之各异，例如：

固体＋气体(液体＝0)，为干土。此时，黏土呈坚硬状态，砂类土呈松散状态。

固体＋液体＋气体，为湿土。此时黏土多为可塑状态。

固体＋液体(气体＝0)，为饱和土。此时粉土遇强烈地震，可能产生液化。

三、土中的水

从工程意义上来说，土的液相即土中水，可分为结晶水、结合水和自由水。结晶水是存在于土颗粒矿物晶体内部或参与矿物构造的水。这部分水只有在高温(150～240℃，甚至400℃)下才能从土颗粒矿物中析出。因此，可以把它看作矿物本身的一部分。结合水是吸着在土颗粒表面呈薄膜状的水，受土粒表面引力的作用而不服从静水力学规律，其冰点低于0℃。它对细粒土的工程性质有很大影响。结合水可分为强结合水和弱结合水。强结合水靠近土颗粒表面，密度为2g/cm³，具有固体性质，能够抵抗剪切作用。弱结合水远离土颗粒表面，它是强结合水与自由水的过渡型水，因此它的密度为1～2g/cm³。土颗粒表面结合水总量及其变化，取决于矿物的亲水性、土粒的分散程度和土粒的带电离子等。自由水是存在于土颗粒孔隙中的水。它可分为毛细水和重力水。毛细水是由于土中存在着大小不同的孔隙，当土粒间的孔隙形成细小的不同通道时，由于水的表面张力作用，在土中引起了毛细现象，微管道中的水被称为毛细水。重力水是重力作用下在土中移动的自由水。影响土的物理、力学性质的主要是弱结合水和自由水。因此，测定土的含水率时主要是测定这两部分水的含量，而不是包括结晶水和强结合水。试验研究表明，弱结合水和自由水在105～110℃下就可以从土体中析出，强结合水则要在105～150℃下才可以从土体中析出。

四、土的物理性质指标及指标换算

土的物理性质指标反映土的工程性质的特征，具有重要的实用价值。土的指标中，土的比重、土的密度、土的含水率是由试验室直接测量其数值，是实测指标，是土的三相基本物理指标。其他指标是换算指标。为了便于说明和记忆，把土中交错分布的土颗粒、水和气分别集中起来，按照体积划分为固相、液相、气相三部分，如图1-1所示，称为三相图。可根据三相图计算出各相之间的比例关系所表达的土的物理性质指标。

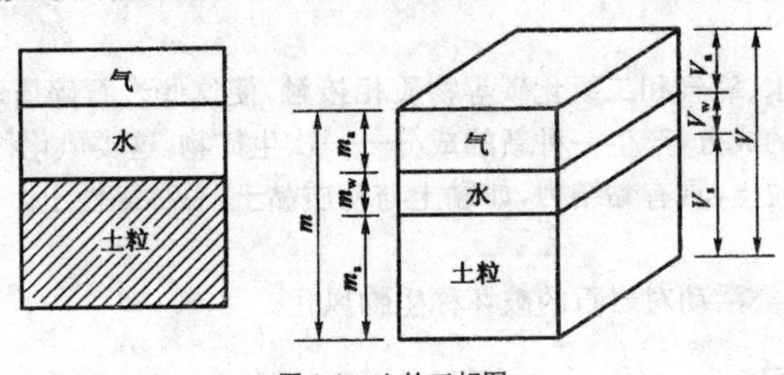

图1-1　土的三相图

1.常用物理性质指标和定义

工程设计和工程检验中常用的土的物理性质指标有：土的密度（湿密度）、土颗粒比重、饱和密度、干密度、浮密度、含水率、孔隙比、孔隙率、饱和度9个。

(1)土的湿密度ρ：是指土体单位体积的质量。

$$\rho=\frac{m}{V}(\mathrm{kg/m^3}) \tag{1-1}$$

(2)土颗粒比重（或土粒相对密度）G_s：是土粒在温度105～110℃下烘至恒量时的质量与同体积的水在4℃时质量的比值。

$$G_s=\frac{m_s/V_s}{m_w/V_{w4c}} \tag{1-2}$$

(3)土的含水率w：是指土中水的质量和固体颗粒质量之比，通常以百分数表示。

$$w=\frac{m_w}{m_s}\times 100 \tag{1-3}$$

(4)干密度 ρ_d:是指土的固体颗粒质量与土的总体积之比。

$$\rho_d = \frac{m_s}{V}\ (\mathrm{kg/m^3}) \tag{1-4}$$

(5)饱和密度 ρ_{sat}:是指土的孔隙全部被水充满时的密度。

$$\rho_{sat} = \frac{m_s + V_v \cdot \rho_w}{V}(\mathrm{kg/m^3}) \tag{1-5}$$

(6)浮密度(或称浸水密度)ρ':是指土浸入水中受到水的浮力作用时的单位体积的质量。

$$\rho' = \frac{m_s - V_s \cdot \rho_w}{V}(\mathrm{kg/m^3}) \tag{1-6}$$

(7)孔隙比 e:是土中孔隙的体积与固体颗粒体积之比。

$$e = \frac{V_v}{V_s} \tag{1-7}$$

(8)孔隙率 n:是指土中孔隙体积与总体积之比。

$$n = \frac{V_v}{V} \times 100 \tag{1-8}$$

(9)饱和度 S_r:是指孔隙中水的体积与空隙体积之比。

$$S_r = \frac{V_w}{V_v} \times 100 \tag{1-9}$$

2.土的物理指标换算关系(表1-1)

三相指标的换算关系　　表1-1

指　标	符　号	物理表达式	换算关系式
孔隙比	e	$e=V_v/V_s$	$e=\frac{G_s(1+w)}{\rho}-1$
孔隙率	n	$n=V_v/V$	$n=1-\frac{\rho}{G_s(1+w)}$
干密度	ρ_d	$\rho_d=\frac{m_s}{V}$	$\rho_d=\frac{\rho}{1+w}$
饱和密度	ρ_{sat}	$\rho_{sat}=\frac{m_s+V_v \cdot \rho_w}{V}$	$\rho_{sat}=\frac{\rho(G_s-\rho_w)}{G_s(1+w)}+\rho_w$
浮密度	ρ'	$\rho'=\frac{m_s-V_s \cdot \rho_w}{V}$	$\rho'=\frac{\rho(G_s-\rho_w)}{G_s(1+w)}$
饱和度	S_r	$S_r=\frac{V_w}{V_v}$	$S_r=\frac{\rho G_s \cdot w}{\rho_w[G_s(1+w)-\rho]}$

3.土的其他指标

(1)常用的土的物理状态指标有:液限含水率 w_L、塑限含水率 w_P、塑性指数 I_P、液性指数 I_L、相对密度 D_r 等(各符号意义见后述)。

(2)常用的土的力学性质指标有:压缩系数、压缩指数、固结系数、抗剪强度指标、承载比、回弹模量、无侧限抗压强度等。"压缩"描述非饱和土,"固结"描述饱和土。

(3)常用的土的水理性指标:渗透系数、湿化崩解量和毛细管水上升高度等。

五、土的含水率试验

土的含水率是土中水的质量与土颗粒质量的比值,以百分率表示。含水率是土的基本物理性质指标之一。它反映土的状态,它的变化将使土的一系列力学性能随之而异;它又是计算土的干密度、孔隙比、饱和度等指标的依据,是检测土工构筑物施工质量的重要指标。土中的水分为结晶水、结合水及自由水。一般认为在105~110℃温度下能将土中部分结合水及自由水蒸发掉。测量土的含水率的试验方法有:烘干法、酒精燃烧法和比重法。烘干法是测定含水率的标准方法,适用于黏质土、粉质土、砂类土、砂砾土、有机质土和冻土类。酒精燃烧法适用于快速简易测定细粒土(含有机质的除外)的含水率。比重法,是通过测定湿土体积,估计土粒比重,间接计算土的含水率,由于试验时没有考虑温度的影响,所得结果准确度较差。土内气体能否充分排出,直接影响试验结果的精度,故比重法仅适用于砂类土。下面介绍烘干法和酒精燃烧法。

(一)土的含水率试验(烘干法)

1.适用范围

本法是测定含水率的通用标准方法。本试验方法适用于黏质土、粉质土、砂类土、砂砾土、有机质土和冻土类。

2.仪器设备

(1)烘箱:可采用电热烘箱和温度能保持105~110℃的其他能源烘箱,也可用红外线烘箱。

(2)天平:感量0.01g。

(3)其他:干燥器、称量盒[为简化计算,将盒质量定期(3~6个月)调整为恒量]等。

3.试验步骤

(1)取具有代表性试样,细粒土15~30g,砂类土、有机土为50g,放入称量盒内,立即盖好盒盖,称质量。称量时,可在天平一端放上与该称量盒等质量的砝码,移动天平游码,平衡后称量结果即为湿土质量。

(2)揭开盒盖,将试样和盒放入烘箱内,在温度105~110℃下烘干。烘干时间对细粒土不得少于8h,对砂类土不得少于6h,对含有机质超过5%的土或含石膏的土,应将温度控制在60~70℃下烘干,以12~15h为好。

(3)将烘干后的试样和盒取出,放入干燥器内冷却(一般只需0.5~1h即可)。冷却后盖好盒盖,称质量,准确至0.01g。

4.结果整理

按下式计算含水率:

$$w=\frac{m-m_s}{m_s}\times 100 \tag{1-10}$$

式中:w——含水率(%);

m——湿土质量(g);

m_s——干土质量(g)。

5. 精密度和允许差

本试验须进行两次平行测定，取其算术平均值，允许平行差值应符合表 1-2 的规定。

含水率测定的允许平行差值　　表 1-2

含水率(%)	允许平行差值(%)	含水率(%)	允许平行差值(%)
5 以下	0.3	40 以上	≤2
40 以下	≤1	对层状和网状构造的冻土	<3

6. 试验说明与注意事项

(1)含水率试验以烘干法为室内试验的标准方法，精度高，应用广。

(2)试样烘至恒量所需的时间与土类及取土数量有关。规定细粒土为 15～30g，细粒土宜烘 8～10h，砂类土因持水性差，颗粒大小相差悬殊，水分变化大，所以试样应多取一些，取 50g，对砂类土宜烘 6～8h。对有机质含量超过 5%的土，因土质不均匀，采用烘干法时，除注明有机质含量外，亦应取 50g。

(3)一般认为土在 105～110℃温度下能将土中部分结合水和自由水蒸发掉。对于石膏土来说，若将土的烘干温度定在 110℃左右时，对含石膏的土会失去结晶水，用此方法测定其含水率会有影响。如果土中有石膏，则试样应该在不超过 80℃的温度下烘干，并要烘 12～15h。

(4)有机质土在 105～110℃温度下经长时间烘干后，有机质特别是腐殖酸会在烘干过程中逐渐分解而不断损失，使测得的含水率比实际的含水率大，土中有机质含量越高，误差越大。故对有机质含量超过 5%的土，规定在 60～70℃温度下进行烘干，以烘 12～15h 为好。

(5)烘干期间烘箱不应频繁开启，以免影响箱内温度。水分较多的土，不应与接近烘干的土在一个箱内混烘。因烘箱底层温度较高，故试样应距底层有一定距离。将称量盒校正至恒量后，简化了试验过程中反复测量称量盒质量的手续。但使用一定时间后，称量盒的质量常有变化，因此一般半年需要校正一次，以保证试验精度。

7. 烘箱安全操作

(1)烘箱应放在室内干燥的水平处使用，箱体外壳必须有效接地。

(2)在供电线路中，用户应安装与烘箱电流相应的通断开关供烘箱专用。

(3)每台烘箱工作室内宜附有两块风络式搁板供放置试物，并可按试物大小调节器调整搁板间距；放置试物不宜过密，以利热空气流通；工作室的地板上面不得放置试物，避免因过热烧坏试物。

(4)通电前应检查电源线路绝缘是否良好，不得有漏电。加热器电阻丝之间不得有碰触，以防短路。

(5)使用非防爆电烘箱，切勿烘烤易燃、易爆、易挥发性的物品，以防爆炸。

(6)随时观察并调整箱内温度，应符合烘件工艺要求的温度。操作人员严禁离开加工区。欲观察工作室内试品情况，可开启外门，或从玻璃门向内窥视，但外门不常开为宜，以免热量外泄；且当温度升到 300℃左右时，开启箱门可能会使玻璃急骤冷却而破裂。

(7)保持烘箱内清洁，检查和清除烘箱内电阻丝旁的氧化皮。

(8)工作后切断电源，关闭烘箱门。

(二)土的含水率试验(酒精燃烧法)

在土样中加入酒精,利用酒精能在土上燃烧,使土中水分蒸发,将土样烘干。酒精燃烧法的温度不符合 105～110℃的标准要求,但酒精倒入试样燃烧开始时即气化,酒精的气体部分构成火焰的焰心,火焰与土样一般保持 2～3cm 的距离,实际上土样的温度仅为 70～80℃,待火焰熄灭的几秒钟才与土面接触,致使土的温度上升到 200～220℃。由于高温的时间短,土样的温度基本适宜。

1.目的和适用范围

本试验方法适用于快速简易测定细粒土(含有机质的土除外)的含水率。

2.仪器设备

(1)称量盒(定期调整为恒质量)。

(2)天平:感量 0.01g。

(3)酒精:纯度 95%以上。

(4)滴管、火柴、调土刀等。

3.试验步骤

(1)取代表性试样(黏质土 5～10g,砂类土 20～30g),放入称量盒内,称湿土质量。

(2)用滴管将酒精注入放有试样的称量盒中,直至盒中出现自由液面为止。为使酒精在试样中充分混合均匀可将盒底在桌面上轻轻敲击。

(3)点燃盒中酒精,燃至火焰熄灭。

(4)将试样冷却数分钟,按前述的方法重新燃烧两次。

(5)待第三次火焰熄灭后,盖好盒盖,立即称干土的质量,准确至 0.01g。

4.结果整理

同烘干法。

5.试验说明与注意事项

(1)本试验方法在现场测试中用的较多。取代表性试样时,砂类土数量应多于黏质土。酒精纯度要求达到 95%。

(2)对于有机质土,其有机成分会燃烧,这样所测含水率偏大。测定结果将与含水率定义不符。

(3)一般酒精应烧三次,为使酒精在试样中充分混合均匀,可将盒底在桌面上轻轻敲击。

(4)根据经验得知,用酒精燃烧法测量土的含水率的准确度与土类有关。用酒精法测量砂的含水率时,所得结果与烘干法的结果相符。用酒精燃烧法测量黏性土,特别是重亚黏土和黏土的含水率时,所得结果与烘干法的结果相差很大。酒精燃烧法测得的含水率常小于烘干法的结果。其主要原因是,酒精难于将黏性土烧干。此外,潮湿的黏性土难于粉碎,也使酒精法的准确度降低。对于有机质含量高的土,不能采用酒精燃烧法测含水率。

六、土的密度试验

密度是土的基本物理性指标之一,用它可以换算土的干密度、孔隙比、孔隙率、饱和度等指标,无论在室内试验、野外勘察以及施工质量控制中,均须测定密度。土的天然密度定义为 $\rho=m/V$。在密度测试中,土的天然质量 m 较易得到,难的是土的体积 V。土的体积 V 的检测操作受人为因素和土的粒度成分影响很大。

测定密度常用的方法有环刀法、电动取土器法、蜡封法、灌砂法、灌水法等。环刀法只能用于测定不含砾石颗粒的细粒土的密度。电动取土器法最适宜于石灰土基层的取样，对于硬塑土，也是非常方便、适用的。环刀法操作简便而准确，在室内和野外普遍采用。不能用环刀切削的坚硬易碎、含有粗粒、形态不规则的土，可用蜡封法测定密度。灌水法、灌砂法一般在野外应用。规定所有土的密度试验平行误差不得大于 0.03g/cm³。

(一) 土的密度试验(环刀法)

1. 适用范围

本试验方法适用于不含砾石颗粒的细粒土。

2. 仪具设备

环刀：直径为 6～8cm，高 2～5.4cm，壁厚 1.5～2.2mm。

天平：感量 0.1g。

其他：修土刀、钢丝锯、凡士林等。

3. 试验步骤

(1)按工程需要取原状土或制备所需状态的扰动土样，整平两端，环刀内壁涂一薄层凡士林，刀口向下放在土样上。

(2)用修土刀或钢丝锯将土样上部削成略大于环刀直径的土柱，然后将环刀垂直下压，边压边削，至土样伸出环刀上部为止。削去两端余土，使土样与环刀口齐平，并用剩余土样测含水率。

(3)擦净环刀外壁，称环刀与土的合质量 m_1，准确到 0.1g。

4. 结果整理

(1)按下式分别计算试样的湿密度 ρ_w 及干密度 ρ_d：

$$\rho_w = \frac{4 \times (m_1 - m_2)}{\pi d^2 h} \tag{1-11}$$

$$\rho_d = \frac{\rho_w}{1 + 0.01w} \tag{1-12}$$

式中：ρ_w——试样的湿密度(g/cm³)；

ρ_d——试样的干密度(g/cm³)；

m_1——环刀或取芯套与试样的合计质量(g)；

m_2——环刀或取芯套筒质量(g)；

d——环刀或取芯套筒直径(cm)；

h——环刀或取芯套筒高度(cm)；

w——试样的含水率(%)。

(2)精密度和允许差

本试验须进行两次平行测定，取算术平均值，其平行差值不得大于 0.03g/cm³。

5. 试验说明与注意事项

(1)采用环刀取样的方法有四种：即土柱压入法、直接压入法、落锤打入法或手锤打入法。一般来讲，为了防止土样扰动，采用土柱压入法最好。但在现场将黏土切一个土柱费时费力，压下环刀时有可能左右摆动，故使用上并不理想。工地推荐黏性土用直接压入法。

若土质坚硬不能压入时,则可用落锤打入法或手锤打入法。湿砂土(不含砂粒)建议采用土柱压入法。

(2)在破坏性试验中,环刀法是我国最早使用的测定土的湿密度的一种方法。它也是较简单和较快捷的一种试验方法,但它的破坏性较灌砂法和水袋法大得多。此外,环刀法只能用于测定不含砾石或碎石的纯细粒土的现场湿密度,且不适用于松散性材料。

(3)在室内作密度试验,考虑到与剪切、固结等项试验所用环刀相配合,规定室内环刀容积60～150cm^3。施工现场检查填土压实密度时,由于每层土压实度上下均匀,为提高试验结果的精度,可增大环刀容积,一般采用的环刀容积为200～500cm^3。

(4)环刀高度与直径之比,对试验结果有影响,根据钻探机具、取土器的筒高和直径的大小,确定室内试验使用的环刀直径为6～8cm,高2～3cm;野外采用的环刀规格尚不统一,径高比一般以1～1.5为宜。

(5)环刀壁越厚,压入时土样扰动程度也越大,所以环刀壁越薄越好。但环刀压入土中时,须承受相当的压力,壁过薄,环刀容易破损和变形,因此,建议一般壁厚用1.5～2mm。

(6)通常试验的深度等于碾压层的厚度,用环刀法测得的密度是环刀内土样所在深度范围内的平均密度。国内习惯用的环刀所取的土是表面下5～10cm范围内的土,则所得密度仅是5～10cm范围内土的平均密度,它不能代表整个碾压层的平均密度。由于碾压后,土层的密实度是从上到下减小的,而且顶部与底部的密实度相差很大。因此,用环刀法测定土的密度时,若环刀是从顶面往下取土的,则所得密度(或据此计算的压实度)将偏大;若环刀取的是底部的土,则所得的密度或计算的压实度将明显偏小。

(二)土的密度试验(蜡封法)

1.目的和适用范围

本试验方法适用于测定易破裂的土和形态不规则的坚硬土的密度。不能用环刀切削的坚硬易碎、含有粗粒、形状不规则的土,可用蜡封法测定密度。

2.试验步骤

(1)用削土刀切取体积大于30cm^{3}试件,削除试件表面的松、浮土以及尖锐棱角,在天平上称质量m,准确至0.01g。取代表性土样进行含水率测定。

(2)将石蜡加热至刚过熔点,用细线系住试件浸入石蜡中,使试件表面覆盖一薄层严密的石蜡,若试件蜡膜上有气泡,需要用热针刺破气泡,再用石蜡填充针孔,涂平孔口。

(3)待冷却后,将蜡封试件在天平上称质量m_1,准确至0.01g。

(4)用细线将蜡封试件置于天平一端,使其浸浮在盛有蒸馏水的烧杯中,注意试件不要接触烧杯壁,称蜡封试件的水下质量m_2,准确至0.01g,并测量蒸馏水的温度。

(5)将蜡封试件从水中取出,擦干石蜡表面水分,在空气中称其质量,将其与(3)中所称质量相比,若质量增加,表示水分进入试件中;若浸入水分质量超过0.03g,试验应重做。

3.结果整理

按下式计算湿密度和干密度:

$$\rho=\frac{m}{\dfrac{m_1-m_2}{\rho_{wt}}-\dfrac{m_1-m}{\rho_n}} \tag{1-13}$$

$$\rho_d = \frac{\rho_w}{1 + 0.01w} \tag{1-14}$$

式中：ρ——土的湿密度(g/cm^3)；

ρ_d——试样的干密度(g/cm^3)；

m——试件质量(g)；

m_1——蜡封试件质量(g)；

m_2——蜡封试件水中质量(g)；

ρ_{wt}——蒸馏水在 t℃时密度(g/cm^3)，准确到 $0.001g/cm^3$；

ρ_n——蜡的密度(g/cm^3)，应事先实测，准确至 $0.01g/cm^3$，一般可采用 $0.92g/cm^3$；

其余符号意义同环刀法。

4. 试验说明和注意事项

(1)当天然土、压实土或路面材料能被成块地挖取时，可以用蜡封法测定其密度。块体应大一些，以提高测定的准确性和精度。一般块体体积应大于 $30cm^3$，并要能代表整个碾压层。

(2)蜡封试样在水中的质量，系指试样在水中的重力与浮力之差，蜡封试样的质量和蜡封试样在纯水中的质量之差，与纯水在 t℃时的密度的比值，即为蜡封试样的体积，当再减去试样上蜡的体积之后，即得风干土样的体积。

(3)密度试验中使用的石蜡，选用55号石蜡为宜，其密度以实测为准。如无条件实测，可采用其密度的近似值 $0.92g/cm^3$ 进行计算。测定石蜡的密度，应根据“阿基米德原理”，采用静水力学天平称量法或采用500～1 000mL广口瓶比重法进行。

(4)封蜡时，为避免易碎裂土的扰动和蜡封试样的内气泡的产生，本试验采用一次徐徐浸蜡方法。

(三)土的密度试验(灌砂法)

1. 目的和使用范围

本试验方法适用于现场测定细粒土、砂类土和砾类土的密度。试样的最大粒径一般不得超过15mm，测定密度层的厚度为150～200mm。灌砂法是利用均匀颗粒的砂，由一定高度下落到一规定容积的筒或洞内，按其单位重不变的原理来测量试洞的容积。

2. 试验准备

进行试验前，首先要标定筒下部圆锥体内的砂的质量以及量砂的单位质量。量砂为粒径0.25～0.5mm清洁干燥的均匀砂。

(1)标定筒下部圆锥体内的砂的质量的步骤如下：

①在灌砂筒筒口高度上，向灌砂筒内装砂至距筒顶15mm左右为止。称取装入筒内砂的质量 m_1，准确至1g。以后每次标定及试验都应该维持装砂高度和质量不变。

②将开关打开，让砂自由流出，并使流出砂的体积与工地所挖试坑内的体积相当(可等于标定罐的容积)，然后关上开关，称灌砂筒内剩余砂质量 m_5，准确至1g。

③不晃动储砂筒的砂，轻轻地将灌砂筒移至玻璃板上，将开关打开，让砂流出，直到筒内砂不再下流时，将开关关上，并细心地取走灌砂筒。

④收集并称量留在板上的砂或称量筒中的砂，准确至1g。玻璃板上的砂就是填满锥体的砂，其质量为 m_2。

⑤重复上述过程测量三次，取平均值。

(2)标定量砂的单位质量的步骤如下：

①用水确定标定罐的容积V，准确至1mL。

②在储砂筒中装入质量为m_1的砂，并将灌砂筒放在标定罐上，将开关打开，让砂流出，在整个过程中，不要碰动灌砂筒，直到砂不再下流时，将开关关闭。取下灌砂筒，称取筒内剩余砂的质量m_3，准确至1g。

③按下式计算填满标定罐所需砂的质量m_a：

$$m_a = m_1 - m_2 - m_3 \tag{1-15}$$

式中：m_a——标定罐中砂的质量(g)；

m_1——装入灌砂筒内的砂的总质量(g)；

m_2——灌砂筒下部圆锥体内砂的质量(g)；

m_3——灌砂入标定罐后，筒内剩余砂的质量(g)。

④重复上述测量三次，取其平均值。

⑤按式(1-16)计算砂的单位质量。

$$\gamma_s = \frac{m_a}{V} \tag{1-16}$$

式中：γ_s——量砂的单位质量(g/cm^3)；

V——标定罐的体积(cm^3)。

3. 试验方法要点

测试步骤：

(1)准备试验仪器；

(2)标定筒下部圆锥体内砂的质量；

(3)标定量砂的单位质量；

(4)选一块平坦表面，并清扫干净，其面积不得小于基板的面积；

(5)将基板放在平坦的表面上，当表面的粗糙度较大时，要考虑粗糙表面砂的质量；

(6)沿基板孔凿洞，并将洞内所有材料取出称重；

(7)灌砂，打开灌砂筒的开关，让砂流入试坑内，砂不流时，关闭开关，并称取灌砂筒内剩余砂的质量；

(8)计算试坑内砂的质量；

(9)测定试样的含水率；

(10)计算试坑内材料的湿密度、干密度。

4. 试验说明和注意事项

(1)灌砂法是当前国际上最通用的方法，在很多国家的土工试验法和稳定土材料试验法中，都将灌砂法列为在现场测定密度的主要方法，可用于测量各种土和路面材料的密度。

(2)标定罐的深度对砂的密度有影响。标定罐的深度减2.5cm，砂的密度约降低1%。因此，标定罐的深度应与试洞的深度一致。

(3)储砂筒中砂面的高度对砂的密度有影响。储砂筒中砂面的高度降低5cm，砂的密度约降低1%。因此，现场测量时，储砂筒中的砂面高度应与标定砂的密度时储砂筒中的砂面高度一致。

(4)砂的颗粒组成对试验的重现性有影响。使用的砂应清洁干燥，否则，砂的密度会有明显变化。

(5)地表面处理要平整，表面粗糙时，一般宜放上基板，先测定粗糙表面消耗的量砂。

(6)在挖坑时试坑周壁应笔直，避免出现上大下小或上小下大的情形。仔细收集洞中挖出的全部土或材料，勿使丢失，并采取措施保护其含水率不受损失。及时称取(可以分批称)洞中挖出的全部土或材料的质量，并取部分有代表性的样品做含水率试验用。剩下的重要一步是量测试洞的容积，或确定所挖出的全部土或材料的体积。

(7)灌砂时检测厚度应为整个碾压厚度。

(四)土的密度试验(灌水法)

本试验方法适用于现场测定粗粒土和巨粒土特别是后者的密度，从而可为粗粒土和巨粒土最大密度试验(振动台法和表面振动器法)提供施工现场检验密实度的手段。测试试样的最大粒径为200mm。一般情况下，可以满足现场检验巨粒土密实度的要求。灌水法密度试验分开测定细料与石料的含水率，这样更符合实际，故本试验采用了这种方法。日本对细粒料与石块的划分以75mm为界，本试验将分界粒径改为60mm，因日本以75mm作为砾粒的上限，而我国以60mm作为粗粒土和巨粒土的分界粒径。土的密度试验结果平行差值不得大于$0.03g/cm^3$。

七、土的比重试验

土的比重是土的三大基本物理性指标(比重、密度、含水率)之一，是计算孔隙比和评价土类的主要指标。它是一无量纲量。关于比重的定义，以往国内《公路土工试验规程》和常见教科书上一般将比重定义为：土粒在温度100～105℃，烘至恒重时的重量与同体积4℃时蒸馏水重量的比值；近年来，国外某些书刊中给出这样的定义：给定体积材料的质量(或密度)与等体积水的质量(或密度)的比值。

各类科技词典中，多取物理学的定义来解释比重这个词，即物理的重量与其体积的比值，《现代科学技术词典》将材料的比重定义为：材料的密度和其一标准材料密度之比。这一定义更具有科学性和一般性，实际上，国外书刊上已直接用材料比重来定义土的比重了。鉴于以上情况，并考虑到我国法定计量单位中有关“比重”概念给土工试验一些基本公式和计算造成不便的现实，我们仍沿袭使用“比重”这个无量纲名词，作为土工试验中的专用名词来对待。但它有明确的定义：土粒比重是土粒在温度105～110℃下烘至恒量时的质量与同体积的水在4℃时质量的比值，这样既照顾了习惯用法，又有明确的科学定义，符合法定计量的有关规定。

从而有如下土粒比重G_s的表达式：

$$G_s = \frac{m_s/V_s}{m_w/V_{w4c}} \tag{1-17}$$

式中：G_s——土粒的比重；

m_s——土粒的质量(g)；

V_s——土粒的体积(cm^3)

m_w——4℃时纯水的质量(g)；

V_{w4c}——4℃时纯水的体积(cm^3)。

通常所说土的比重就是土粒的比重，也称土的相对密度。根据土的粒径大小、矿物成分不同，目前测量土的比重试验方法有比重瓶法、浮力法、浮称法和虹吸筒法四种。比重瓶法适用于测量粒径小于5mm的土的比重。对含有一定量的可溶盐、不亲性胶体或有机质的土，必须用中性液体(煤油)测定，并用真空抽气法排出土内气体。浮力法、浮称法适用于粒径大于或等于5mm的土，且其中粒径大于等于20mm的土质量应小于总土质量的10%的土粒比重。虹吸筒法适用于测量粒径大于等于5mm的土，且其中粒径大于等于20mm的土质量大于或等于总土质量的10%的土颗粒比重。规定所有土的比重试验平行误差不得大于0.02。天然土常为粗、细颗粒混合而成。这样对全粒径土样需要采用联合测定的方法。即分别采用比重瓶法和浮力法(或浮称法、虹吸筒法)测定比重，然后再求加权平均值。

(一)土的比重试验(比重瓶法)

1.目的和适用范围

本试验方法适用于粒径小于5mm的土。根据土的分散程度、矿物成分、水溶盐和有机质的含量又分别规定用蒸馏水和中性液体测定。排气方法也根据介质的不同分别采用煮沸法和真空抽气法。

2.仪器设备

(1)比重瓶：容量100(或50)mL；

(2)天平：称量200g，感量0.001g；

(3)恒温水槽：灵敏度±1℃；

(4)砂浴；

(5)真空抽气设备；

(6)温度计：刻度为0～50℃，分度值为0.5℃；

(7)其他：如烘箱、蒸馏水、中性液体(如煤油)、孔径2mm及5mm筛、漏斗、滴管等。

3.比重瓶校正

(1)将比重瓶洗净、烘干，称比重瓶质量，准确至0.001g。

(2)将煮沸经冷却的纯水注入比重瓶。对长颈比重瓶注水至刻度处，对短颈比重瓶应注满纯水，塞紧瓶塞，多余水分自瓶塞毛细管中溢出。调节恒温水槽至5℃或10℃，然后将比重瓶放入恒温水槽内，直至瓶内水温稳定。取出比重瓶，擦干外壁，称瓶、水总质量，准确至0.001g。

(3)以5℃级差，调节恒温水槽的水温，逐级测定不同温度下的比重瓶、水总质量，至达到本地区最高自然气温为止。每个温度时均应进行两次平行测定，两次测定的差值不得大于0.002g，取两次测值的平均值，绘制温度与瓶、水总质量的关系曲线。

4.试验步骤

(1)将比重瓶烘干，将15g烘干土装入100mL比重瓶内(若用50mL比重瓶，装烘干土约12g)，称量。

(2)为排除土中空气，将已装有干土的比重瓶，注蒸馏水至瓶的一半处，摇动比重瓶，并将瓶在砂浴中煮沸。煮沸时间自悬液沸腾时算起，砂及低液限土应不少于30min，高液限黏土应不少于1h，使土粒分散，注意沸腾后调节砂浴温度，不使土液溢出瓶外。

(3)如系长颈比重瓶,用滴管调整液面恰至刻度(以弯液面上缘为准),擦干瓶外及瓶内壁刻度以上部分的水,称瓶、水、土总质量。如系短颈比重瓶,将纯水注满,使多余水分自瓶塞毛细管中溢出,将瓶外水分擦干后,称瓶、水土总质量,称量后立即测出瓶内水的温度,准确至0.5℃。

(4)根据测得的温度,从已绘制的温度与瓶、水总质量关系曲线中查得瓶水总质量,如比重体积事先未经温度校正,则立即倾去悬液,洗净比重瓶,注入事先煮沸过且与试验时同温度的蒸馏水至同一体积刻度处,短颈比重瓶则注水至满,按本试验第(3)步骤调整液面后,将瓶外水分擦干,称瓶、水总质量。

(5)如系砂土,煮沸时砂易跳出,允许用真空抽气法代替煮沸法排除土中空气,其余步骤与本试验(3)、(4)相同。

(6)对含有某一定量的可溶盐、不亲性胶体或有机质的土,必须用中性液体(如煤油)测定,并用真空抽气法排除土中气体。真空压力表读数宜为100kPa,抽气时间1~2h(直至悬液内无气泡为止),其余步骤同本试验(3)、(4)。

(7)本试验称量应准确至0.001g。

5.结果整理

(1)用蒸馏水测定时,按下式计算比重:

$$G_s = \frac{m_s}{m_1 + m_s - m_2} \times G_{wt} \tag{1-18}$$

式中:G_s——土的比重;

m_s——干土质量(g);

m_1——瓶、水总质量(g);

m_2——瓶、土、水总质量(g);

G_{wt}——t℃时蒸馏水的比重(水的比重可查物理手册),准确至0.001。

(2)用中性液体测定时,按下式计算比重:

$$G_s = m_s/(m'_1 + m_s - m'_2) \times G_{kt} \tag{1-19}$$

式中:m'_1——瓶、中性液体总质量(g);

m'_2——瓶、土、中性液体总质量(g);

G_{kt}——t℃时中性液体的比重(应实测),准确至0.001。

6.允许误差和精度

本试验必须进行两次平行测定,取其算术平均值,以两位小数表示,其平行差值不得大于0.02。

7.试验说明和注意事项

(1)比重瓶校正一般有两种方法:称量校正法和计算校正法。前一种方法精度比较高,后一种方法引入某些假设,便一般认为对比重影响不大。本试验以称量校正法为准。

(2)关于试样状态,规定用烘干土,但考虑到烘焙对土中胶粒有机质的影响尚未有一致意见,所以规定一般应用烘干试样,也可用风干或天然湿度试样,有机质含量一般规定小于5%时,可以用纯水测定。

(3)从资料上看,易溶盐含量小于0.5%时,用纯水和中性液体测得的比重几乎无差异。

含盐量大于0.5%时，比重值可差1%以上，因此规定含盐量大于0.5%时，用中性液体测定。

(4)排气方法，试验中仍选用煮沸法为主。如需用中性液体时，则采用真空抽气法。

(5)粗、细粒土混合料比重的测定，本方法规定分别测定粗、细粒土的比重，然后取加权平均值。

(二)土的比重试验(浮力法)

1.目的和适用范围

本试验目的是测定土颗粒的比重。浮力法适用于土的粒径大于或等于5mm的土，且其中粒径大于或等于20mm的土质量应小于总土质量的10%。

2.仪器设备

(1)浮力仪(含电子天平)：称量1 000g以上，感量0.001g；应附有孔径小于5mm的金属网篮，其直径为10～15cm，高为10～20cm；适合网篮沉入的盛水容器。

(2)其他：烘箱、温度计、孔径5mm及20mm筛等。

3.试验步骤

(1)取代表性试样500～1 000g(m_s)。彻底冲洗试样，直至颗粒表面无尘土和其他污物。

(2)称烧杯和杯中水的质量m_1，将金属网篮缓缓浸没于水中，再称烧杯、杯中水和悬没水中的金属网篮的总质量，并立即测量容器内水的温度准确至0.5℃。计算出悬没于水中的金属网篮的浮力质量m_2。

(3)将试样浸在水中一昼夜取出，立即放入金属网篮，缓缓浸没于水中，并在水中摇晃，至无气泡逸出时为止。

(4)称烧杯、杯中水和悬没水中的金属网篮的总质量m_3，并立即测量容器内水的温度，准确至0.5℃。

(5)取出试样烘干，称量。

4.结果整理

(1)按下式计算土粒比重：

$$G_s = m_s/(m_3 - m_1 - m_2) \times G_{wt} \tag{1-20}$$

式中：G_s——土的比重，计算至0.001；

m_s——干土质量(g)；

m_1——烧杯和杯中水的质量(g)；

m_2——悬没于水中的金属网篮的浮力质量(g)；

m_3——烧杯、杯中水和悬没水中的金属网篮的总质量(g)；

G_{wt}——t℃时水的比重(水的比重可查物理手册)，准确至0.001。

(2)计算土粒平均比重：

对所求得大于5mm土粒的比重，和小于5mm土粒的比重按下式计算土料平均比重：

$$G_s = \frac{1}{\dfrac{P_1}{G_{s1}} + \dfrac{P_2}{G_{s2}}} \tag{1-21}$$

式中：G_{s1}——大于5mm土粒的比重；

G_{s2}——小于5mm土粒的比重；

P_1——大于 5mm 土粒占总质量的百分数(%)；

P_2——小于 5mm 土粒占总质量的百分数(%)。

5. 试验说明和注意事项

(1)颗粒大于 5mm 的砾石、碎石等粗粒，颗粒本身有孔隙存在。孔隙又分封闭的与开敞的两部分，浸水时开敞部分为水所填充，封闭部分水不能浸入，因此，粗粒比重的种类通常以视比重、干比重、饱和面干比重和比重四种形式表示。

(2)试验中采用视比重，这样比较方便，因为一般指的孔隙，实际上是指被水充填的孔隙。

(3)浮力法所测结果较为稳定。但大于 20mm 粗粒较多时，采用本方法将增加试验设备，室内使用不便。因此，规定粒径大于 5mm 的试样中 20mm 颗粒小于 10%时用浮力法。

(三)土的比重试验(浮称法)

1. 目的和适用范围

本试验目的是测定土颗粒的比重。浮称法适用于土的粒径大于等于 5mm 的土，且其中粒径大于或等于 20mm 的土质量应小于总土质量的 10% 。

2. 仪器设备

(1)静水力学天平(或物理天平)：称量 1 000g 以上，感量 0.001g；应附有孔径小于 5mm 的金属网篮，其直径为 10～15cm，高为 10～20cm；适合网篮沉入的盛水容器；

(2)其他：烘箱、温度计、孔径 5mm 及 20mm 筛等。

3. 试验步骤

(1)取代表性试样 500～1 000g。彻底冲洗试样，直至颗粒表面无尘土和其他污物；

(2)将试样浸在水中一昼夜取出，立即放入金属网篮，缓缓浸没于水中，并在水中摇晃，至无气泡逸出时为止；

(3)称金属网篮和试样在水中的总质量 m'_2；

(4)取出试样烘干，称量(m_s)；

(5)称金属网篮在水中质量 m'_1，并立即测量容器内水的温度，准确至 0.5℃。

4. 结果整理

按下式计算土粒比重：

$$G_s=\frac{m_s}{m_s-(m'_2-m'_1)}\times G_{wt} \tag{1-22}$$

式中：m'_1——金属网篮在水中的质量(g)；

m'_2——试样和金属网篮在水中的总质量(g)。

对所求得大于 5mm 土粒的比重和小于 5mm 土粒的比重按浮力法式(1-21)计算土料平均比重。

5. 试验说明和注意事项

浮称法所测结果较为稳定。但大于 20mm 粗粒较多时，采用本方法将增加试验设备，室内使用不便。因此，规定粒径大于 5mm 的试样中 20mm 颗粒小于 10%时用浮称法。

(四)土的比重试验(虹吸筒法)

1. 目的和适用范围

本试验的目的是测定土颗粒的比重。本试验适用于粒径大于或等于 5mm 的土，且其中粒径为 20mm 土的含量大于或等于总土质量的 10%。

2. 仪器设备

(1)虹吸筒；

(2)台秤：称量 10kg，感量 1g；

(3)量筒：容积大于 2 000mL；

(4)其他：烘箱、温度计、孔径 5mm 及 20mm 的筛等。

3. 试验步骤

(1)取代表性试样 1 000～7 000g。将试样彻底冲洗，直至颗粒表面无尘土和其他污物。

(2)再将试样浸在水中一昼夜取出，晾干(或用布擦干)，称量。

(3)注清水入虹吸筒，至管口有水溢出时停止注水。等管不再有水流出后，关闭管夹，将试样缓缓放入筒中，边放边搅，至无气泡逸出时为止，搅动时勿使水溅出筒外，称量筒的质量。

(4)待虹吸筒中水面平静后，开管夹，让试样排开的水通过虹吸管流入筒中。

(5)称量筒与水质量后，测量筒内水的温度，准确至 0.5℃。

(6)取出虹吸筒内试样，烘干，称量。

(7)本试验称量准确至 1g。

4. 结果整理

(1)按下式计算比重：

$$G_s = m_s/[(m_1 - m_0) - (m - m_s)] \times G_{wt} \tag{1-23}$$

式中：m——晾干试样质量(g)；

m_1——量筒加水总质量(g)；

m_0——量筒的质量(g)；

其余符号意义同前。

计算结果准确至 0.01。

(2)计算平均比重，与浮称法相同。

5. 试验说明和注意事项

(1)由于对粗颗粒的实体积测试不准，所以虹吸筒法测得的结果不稳定，测得的比重值一般偏小。一般只在粒径大于 5mm 的试样中 20mm 的颗粒大于 10%时，才用虹吸筒法。

(2)本试验方法测得的比重与浮称法相同，也为土粒的视比重。若要测定饱和面干比重，亦采用虹吸筒法，具体操作参考有关手册。

第二节　土的粒组划分和工程分类

一、粒度、粒组划分、粒度成分及其表示方法

天然土有大小不同的颗粒组成，土粒的大小称为粒度。天然土的粒径一般是连续变化的，为了描述方便，工程上将大小相近的土粒合并成组，称为粒组。粒组间的分界是人为划定的，划分时应使粒组性质的变化相适用，并按一定的比例递减关系划分粒组的界限值。

土的粒度成分是指土中各种不同粒组的相对含量(以干土质量的百分比表示),它可用来描述各种不同粒径土粒的分布特性。常用的粒度成分表示方法有表格法、累计曲线法、三角坐标法。

(1)表格法:以列表形式直接表达各粒组的百分含量。它用于粒度成分的分类是方便的。

(2)累计曲线法:它是一种比较完善的图示方法,通常用半对数纸绘制。横坐标(按对数比例尺)表示某一粒径,由纵坐标表示小于某一粒径的土粒的累计百分含量(注意,不是某一粒径的百分含量)。采用半对数纸,可以把细粒的含量更好地表达清楚,如采用普通坐标纸,则不可能做到这一点。由累计曲线可以直观地判断土中各粒组的分布情况。

(3)三角坐标法:三角坐标法可用来表达三种粒组的含量。用一点表示土的粒度成分,在一张图上能同时表示几种土的粒度成分。在道路工程、水利工程中,三角坐标法是常用的方法。

二、司笃克斯定律

司笃克斯定律:球体(土粒)在介质(水)中沉降,其沉降速度与球体(土粒)半径的平方成正比,而与介质(水)的黏滞系数成反比。司笃克斯定律是一个土力学公式,一般用于沉降分析法对细粒土的粒径分析。司笃克斯定律得出如下结论:土粒在悬液中的沉降速度与其粒径的平方成正比关系。

三、土粒级配指标

土颗粒组成特征应以土的级配指标的不均匀系数(C_u)和曲率系数(C_c)表示。不均匀系数(C_u)反映粒径分布曲线上的土径分布范围,按下式计算:

$$C_u = \frac{d_{60}}{d_{10}} \tag{1-24}$$

曲率系数(C_c)反映粒径分布曲线上的土粒分布形状,按下式计算:

$$C_c = \frac{(d_{30})^2}{d_{10} \times d_{60}} \tag{1-25}$$

式中:d_{10}、d_{30}、d_{60}——分别为土的粒径分布曲线上对应通过率10%、30%、60%的粒径(mm)。

一般认为:

(1)$C_u < 5$ 时为均匀土,级配不好;$C_u > 10$ 时为级配良好的土;

(2)不能单独使用 C_u 一个指标,而是要和 C_c 同时考虑,当同时满足 $C_u > 5$、$C_c = 1 \sim 3$,为级配良好的土;若不能同时满足,则为级配不良的土。

四、土的工程分类及命名

自然界中土的种类很多,因工程性质各异。人们对土已提出过不少分类系统,如地质分类、土壤分类、粒径分类、结构分类等。每一种分类系统,反映了土某些方面的特征。在工程实践中需要的是适合于工程用途的土的工程分类,即按土的主要工程特征进行分类。土的工程分类的依据是极简单的一些特征指标,这些指标的测定应是简便的。假如所依据的指标比直接测定土的有关工程性质复杂，这个分类就失去其价值。在分类中最常用的指标是粒度成分和反映塑性的指标。

我国公路用土以下列特征作为土的分类依据：

(1)土的颗粒组成特征；

(2)土的塑性指标：液限 w_L、塑限 w_P、塑性指数 I_P；

(3)土中有机质存在的情况。

土的工程分类适用于公路工程用土的鉴别、定名和描述，以便对土的性状作定性评价。现行规范分类将土分为巨粒土、粗粒土、细粒土和特殊土四类，并进一步细分为 12 种土。土的颗粒组成特征用不同粒径粒组在土中的百分含量表示。表 1-3 所列为不同粒组的划分界限及范围。

粒 组 划 分 表 表 1-3

<table>
<tr><td colspan="10">200 60 20 5 2 0.5 0.25 0.075 0.002(mm)</td></tr>
<tr><td colspan="2">巨粒组</td><td colspan="6">粗 粒 组</td><td colspan="2">细粒组</td></tr>
<tr><td rowspan="2">漂石
(块石)</td><td rowspan="2">卵石
(小块石)</td><td colspan="3">砾(角砾)</td><td colspan="3">砂</td><td rowspan="2">粉粒</td><td rowspan="2">黏粒</td></tr>
<tr><td>粗</td><td>中</td><td>细</td><td>粗</td><td>中</td><td>细</td></tr>
</table>

土分类总体系包括四类并且细分为 12 种，如图 1-2 所示。公路用土分类的基本代号如表 1-4 所示。

土的基本代号表 表 1-4

土类、代号、特征	巨 粒 土	粗 粒 土	细 粒 土	有 机 土
成分代号	漂石 B 块石 Ba 卵石 Cb 小块石 Cba	砾 G 角砾 Ga 砂 S	粉土 M 黏土 C 细粒土(C 和 M 合称)F 粗细粒土合称 SI	有机质土 O
级配和液限高低代号		级配良好 W 级配不良 P	高液限 H 低液限 L	

注：①土类名称可用一个基本代号表示。当由两个基本代号构成时，第一个代号表示土的主成分，第二个代号表示副成分(级配或液限)。当由三个基本代号构成时，第一个代号表示土的主成分，第二个代号表示副成分，第三个代号表示土中所含次要成分。

②液限的高低以 50 划分；级配以不均匀系数(C_u)和曲率系数(C_c)表示。

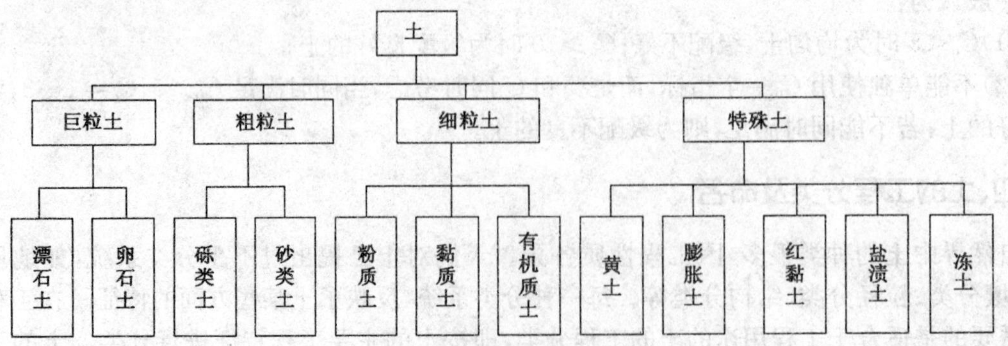

图 1-2 土分类总体系

(一)巨粒土分类

1. 巨粒土定名分类

试样中巨粒组质量大于总质量50%的土称巨粒土。

(1)巨粒组质量大于总质量75%的土称漂(卵)石;

(2)巨粒组质量为总质量50%~75%的土称漂(卵)石夹土;

(3)巨粒组质量为总质量15%~50%(含50%)的土称漂(卵)石质土;

(4)巨粒组质量小于总质量15%的土,可扣除巨粒,按粗粒土或细粒土的相应规定分类定名。

2. 漂(卵)石的定名

(1)漂石粒组质量大于卵石粒组质量的土称漂石,记为B;

(2)漂石粒组质量小于或等于卵石粒组质量的土称卵石,记为Cb。

3. 漂(卵)石夹的定名

(1)漂石粒组质量大于卵石粒组质量的土称漂石夹土,记为BSl;

(2)漂石粒组质量小于或等于卵石粒组质量的土称卵石夹土,记为CbSl。

4. 漂(卵)石质土的定名

(1)漂石粒组质量大于卵石粒组质量的土称漂石质土,记为SlB;

(2)漂石粒组质量小于或等于卵石粒组质量的土称卵石质土,记为SlCb;

(3)如有必要,可按漂(卵)石质土中的砾、砂、细粒土含量定名。

(二)粗粒土分类

试样中巨粒组土粒质量小于或等于总质量的15%,且巨粒组土粒与粗粒组土粒质量之和大于总土质量50%的土称粗粒土。

1. 砾类土

粗粒土中砾粒组质量大于砂砾组质量的土称砾类土,砾类土应根据其中细粒含量和类别以及粗粒组的级配进行分类。

(1)砾类土中细粒组质量小于或等于总质量5%的土称砾,按下列级配指标定名:

①当$C_u \geqslant 5$,$C_c = 1 \sim 3$时,称级配良好砾,记为GW;

②不同时满足$C_u \geqslant 5$,$C_c = 1 \sim 3$条件时,称级配不良砾,记为GP。

(2)砾类土中细粒组质量为总质量5%~15%(含15%)的土称含细粒土砾,记为GF。

(3)砾类土中细粒组质量大于总质量的15%,并小于或等于总质量的50%的土称细粒土质砾,按细粒土在塑性图中的位置定名:

①当细粒土位于塑性图A线以下时,称粉土质砾,记为GM;

②当细粒土位于塑性图A线或A线以上时,称黏土质砾,记为GC。

2. 砂类土

粗粒土中砾粒组质量小于或等于砂粒组的土称砂类土,砂类土应根据其中细粒含量和类别以及粗粒组的级配进行分类。

根据粒径分组由大到小,以首先符合者命名。

(1)砂类土中细粒组质量小于或等于总质量5%的土称砂,按下列级配指标定名:

①当 $C_u \geq 5$，$C_c = 1 \sim 3$ 时，称级配良好砂，记为 SW；

②不同时满足 $C_u \geq 5$，$C_c = 1 \sim 3$ 条件时，称级配不良砂，记为 SP。

需要时，砂可进一步细分为粗砂、中砂和细砂：

粗砂：粒径大于 0.5mm 颗粒大于总质量 50%；

中砂：粒径大于 0.25mm 颗粒大于总质量 50%；

细砂：粒径大于 0.075mm 颗粒大于总质量 75%。

(2)砂类土中细粒组质量为总质量 5%～15%（含 15%）的土称含细粒土砂，记为 SF。

(3)砂类土中细粒组质量大于总质量的 15%，并小于或等于总质量的 50%时，按细粒土在塑性图的位置定名：

①当细粒土位于塑性图 A 线以下时，称粉土质砂，记为 SM；

②当细粒土位于塑性图 A 线或 A 线以上时，称黏土质砂，记为 SC。

(三)细粒土分类

试样中细粒组质量大于或等于总质量 50%的土称细粒土。

(1)细粒土应按下列规定划分为：

①细粒土中粗粒组质量小于或等于总质量 25%的土称粉质土或黏质土；

②细粒土中粗粒组质量为总质量 25%～50%（含 50%）的土称含粗粒的粉质土或含粗粒黏质土；

③试样中有机质含量大于或等于总质量的 5%，且少于总质量的 10%的土称为有机质土。试样中有机质含量大于或等于 10%的土称为有机质土。

(2)细粒土应按塑性图分类。本“分类”的塑性图（见图 1-3）采用下列液限分区：

低液限 $w_L < 50\%$；高液限 $w_L \geq 50\%$。

(3)细粒土应按其在塑性图 1-3 中的位置确定土名称：

①当细粒土位于塑性图 A 线以上时，按下列规定定名：

在 B 线或 B 线以右，称高液限黏土，记为 CH；

在 B 线以左，$I_p = 7$ 线以上，称低液限黏土，记为 CL。

②当细粒土位于 A 线以下时，按下列规定定名：

在 B 线或 B 线以右，称高液限粉土，记为 MH；

在 B 线以左，$I_p = 4$ 线以下，称低液限粉土，记为 ML。

(4)分类遇搭界情况时，应从工程安全角度考虑，按下列规定定名：

①土中粗、细粒组质量相同时，定名为细粒土；

②土正好位于塑性图 A 线上，定名为黏土；

③土正好位于塑性图 B 线上，当其在 A 线以上时，定名为高液限黏土，当其在 A 线以下时，定名为高液限粉土。

(5)本“分类”确定的是土的学名和代号，必要时，允许附列通俗名称或当地习惯名称。

(6)含粗粒的细粒土应先按本方法(3)的规定确定细粒土部分的名称，再按以下规定最终定名：

①当粗粒组中砾粒组质量大于砂粒组质量时，称含砾细粒土，应在细粒土代号后缀以代号“G”；

②当粗粒中砂粒组质量大于或等于砾粒组时，称含砂细粒土，应在细粒土代号后缀以代号“S”。

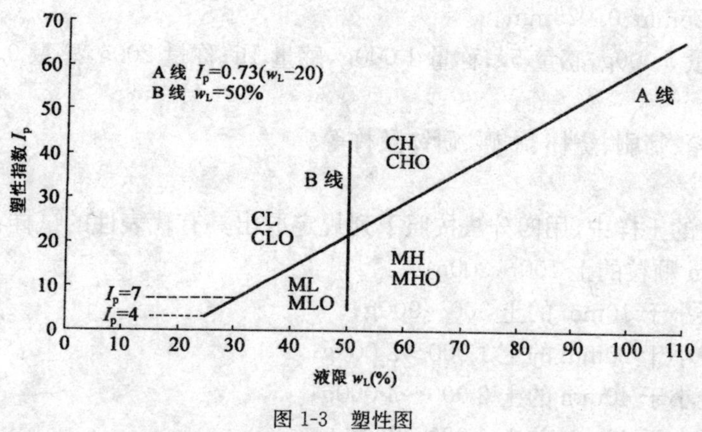

图 1-3 塑性图

(7)土中有机质包括未完全分解的动植物残骸和完全分解的无定型物质，后者多呈黑色或暗色；有臭味；有弹性和海绵感，借目测、手摸及嗅感判别。当不能判定时，可采用下列方法，将试样在 105～110℃的烘箱中烧烤。若烘烤 24h 后试样的液限小于烘烤前的四分之三，该试样为有机质土。

(8)有机质土应根据图 1-3 按下列规定定名。

①位于塑性图 A 线以上：

在 B 线或 B 线以右，称有机质高液限黏土，记为 CHO；

在 B 线以左，$I_p=7$ 线以上，称有机质低液限黏土，记为 CLO。

②位于塑性图 A 以下：

在 B 线或 B 线以右，称有机质高液限粉土，记为 MHO；

在 B 线以左，$I_p=4$ 线以下，称有机质低液限粉土，记为 MLO。

五、颗粒分析方法

组成土体的颗粒是大小不同粒径的集合体，土粒粒径的大小和级配与土的工程性质紧密相关，土的颗粒分析试验就是测定土的粒径大小和级配状况，为土的分类、定名和工程应用提供依据，指导工程施工。确定土的粒组的相对含量的方法，称为颗粒分析试验。

常用的颗粒分析试验分两大类：一是机械分析法，如筛分法；二是物理分析方法，如密度计法、移液管法。筛分法适用分析粒径大于 0.075mm 且不大于 60mm 的土颗粒。密度计法(又称比重计法)适用于粒径小于 0.075mm 的细粒土。移液管法适用粒径小于 0.075mm，比重大的土。当土中粗细料兼有，则可联合采用筛分法和密度计法或移液管法。

(一)颗粒分析试验(筛分法)

1. 目的和适用范围

筛分法适用于分析粒径大于 0.075mm 的土颗粒组成。对于粒径大于 60mm 的土样，本方法不适用。

2.仪器设备

(1)标准筛:粗筛(圆孔):孔径为 60mm、40mm、20mm、10mm、5mm、2mm;细筛:孔径为 2mm、0.5mm、0.25mm、0.075mm。

(2)天平:称量 5 000g,感量 5g;称量 1 000g,感量 1g;称量 200g,感量 0.2g。

(3)摇筛机。

(4)其他:烘箱、筛刷、烧杯、木碾、研钵及杵等。

3.试样

从风干、松散的土样中,用四分法按照下列规定取出具有代表性的试样:

(1)小于 2mm 颗粒的土 100～300g;

(2)最大粒径小于 10mm 的土 300～900g;

(3)最大粒径小于 20mm 的土 1 000～2 000g;

(4)最大粒径小于 40mm 的土 2 000～4 000g;

(5)最大粒径大于 40mm 的土 4 000g 以上。

4.试验步骤

(1)对于无凝聚性的土

①按规定称取试样,将试样分批过 2mm 筛。

②将大于 2mm 的试样从大到小的次序,通过大于 2mm 的各级粗筛,将留在筛上的土分别称量。

③2mm 筛下的土如数量过多,可用四分法缩分至 100～800g。将试样从大到小的次序通过小于 2mm 的各级细筛,可用摇筛机进行振摇。振摇时间一般为 10～15min。

④由最大孔径的筛开始,顺序将各筛取下,在白纸上用手轻叩摇晃,至每分钟筛下数量不大于该级筛余质量的 1%为止。漏下的土粒应全部放入下一级筛内,并将留在各筛上的土样用软毛刷刷净,分别称量。

⑤筛后各级筛上和筛底土总质量与筛前试样质量之差,不应大于 1%。

⑥如 2mm 筛下的土不超过试样总质量的 10%,可省略细筛分析,如 2mm 筛上的土不超过试样总质量的 10%,可省略粗筛分析。

(2)对于含有黏土粒的砂砾土

①将土样放橡皮板上,用木碾将黏结的土团充分碾散,拌匀、烘干、称量。如土样过多时,用四分法称取代表性土样;

②将试样置于盛有清水的搪瓷盆中,浸泡并搅拌,使粗细颗粒分散;

③将浸润后的混合液过 2mm 筛,边冲边洗过筛,直至筛上仅留大于 2mm 以上的土粒为止。然后,将筛上洗净的砂砾风干称量,按以上方法进行粗筛分析;

④通过 2mm 筛下的混合液存放在盆中,待稍沉淀,将上部悬液过 0.075mm 洗筛,用带橡皮头的玻璃棒研磨盆内浆液,再加清水,搅拌、研磨、静置、过筛,反复进行,直至盆内悬液澄清。最后,将全部土粒倒在 0.075mm 筛上,用水冲洗,直到筛上仅留大于 0.075mm 净砂为止;

⑤将大于 0.075mm 的净砂烘干称量,并进行细筛分析;

⑥将大于 2mm 颗粒及 2～0.075mm 的颗粒质量从原称量的总质量中减去,即为小于 0.075mm颗粒质量;

⑦如果小于 0.075mm 颗粒质量超过总土质量的 10%，有必要时，将这部分土烘干、取样，另做密度计或移液管分析。

5. 结果整理

(1)按下式计算小于某粒径颗粒的质量百分数：

$$X = A/B \times 100 \tag{1-26}$$

式中：X——小于某粒径颗粒的质量百分数(%)，计算至 0.01；

A——小于某粒径颗粒的质量(g)；

B——试样的总质量(g)。

(2)当小于 2mm 的颗粒如用四分法缩分取样时，试样中小于某粒径颗粒的质量占总土质量的百分数：

$$X = a/b \times p \times 100 \tag{1-27}$$

式中：a——通过 2mm 筛的试样中小于某粒径颗粒的质量(g)；

b——通过 2mm 筛的土样中所取试样的质量(g)；

p——粒径小于 2mm 颗粒的质量百分数(%)。

(3)在半对数坐标纸上，以小于某粒径的颗粒质量百分数为纵坐标，以粒径(mm)为横坐标，绘制颗粒大小级配曲线，求出各粒组颗粒的质量百分数，以整数(%)表示。

(4)必要时按下式计算不均匀系数：

$$C_u = d_{60}/d_{10} \tag{1-28}$$

式中：C_u——不均匀系数；

d_{60}——限制粒径，即土中小于该粒径的颗粒质量为 60% 的粒径(mm)；

d_{10}——有效粒径，即土中小于该粒径的颗粒质量为 10% 的粒径(mm)。

6. 精密度和允许差

筛后各级筛上和筛底土总质量与筛前试样质量之差，不应大于 1%。

7. 试验说明及注意事项

(1)当大于 0.075mm 的颗粒超过试样总质量的 15% 时，应先进行筛分试验，经过洗筛，再用密度计或移液管法进行试验。

(2)在选用分析筛的孔径时，可根据试样颗粒的粗、细情况灵活选用。

(3)对于砾类土等颗粒较大的土样，按其最大颗粒决定试样数量，这样比较直观，易于掌握，又可得到比较有代表性的数据。

(4)用风干土样进行筛分试验，按四分法取代表性试样，数量随粒径大小而异，粒径愈大，数量愈多。

(5)对于无凝聚性的土样，可采用干筛法；对于含有部分黏土的砾类土，必须用水筛法，以保证颗粒充分分散。

(6)某土样既含有一定数量的粗粒数量，又含有一定数量 $d<0.075$mm 的细颗粒，应按如下方法进行颗粒分析。首先对此土样过 0.075mm 的筛，确定该土样为粗粒土还是细粒土。若该土样为细粒土，则做密度计或移液管分析。

若此土样为无凝聚性的粗粒土，将土样过 2mm 的筛，分别称出筛上和筛下土的质量，对 2mm 筛上的土样进行粗筛分析，对 2mm 筛下的土样进行细筛分析。若 2mm 筛下的质量不超过试样总质量的10%，则可省略细筛分析。同样，若2mm筛上的土不超过试样总质量的10%，则可省略粗筛分析。

若此土样为有黏土粒的粗粒土，要将土样充分碾散，拌匀、烘干、称量。将土样浸泡，使粗细颗粒分散。浸润后的混合液过2mm的筛，将筛上洗净的土样风干称量，进行粗筛分析。待2mm筛下的混合液沉淀后，将上部悬液过0.075mm洗筛，反复进行清洗，直到筛上仅留大于0.075mm的净砂为止。将大于0.075mm的土样烘干称量并进行细筛分析。将大于0.075mm颗粒和2～0.075mm的颗粒质量从原称量的总质量中减去，即为小于0.075mm颗粒质量。若小于0.075mm颗粒质量超过总质量的10%，有必要时，对此部分土样进行密度计或移液管分析。

(二)土颗粒分析试验(密度计法)

1.目的和适用范围

本试验方法适用于分析粒径小于0.075mm的土。

2.仪器设备

(1)密度计

①甲种密度计：刻度单位以20℃时每1 000mL悬液内所含土质量的克数表示，刻度为－5～50，最小分度值为0.5；

②乙种密度计：刻度单位以20℃时悬液的比重表示，刻度为0.995～1.020，最小分度值为0.000 2。

(2)量筒：容积为1 000mL，内径为60mm，高度为350mm±10mm，刻度为0～1 000mL。

(3)细筛：孔径为2mm、0.5mm、0.25mm；洗筛：孔径为0.075mm。

(4)天平：称量100g，感量0.1g。称量100g，感量0.01g。

(5)温度计：测量范围0～50℃，精度0.5℃。

(6)洗筛漏斗：上口径略大于洗筛直径，下口直径略小于量筒直径。

(7)煮沸设备：电热板或电砂浴。

(8)搅拌器：底板直径50mm，孔径约3mm。

(9)其他：离心机、烘箱、三角烧瓶(500mL)、烧杯(400mL)、蒸发皿、研钵、木碾、称量铝盒、秒表等。

3.试剂

浓度25%氨水、氢氧化钠(NaOH)、草酸钠($Na_2C_2O_4$)、六偏磷酸钠[$(NaPO_3)_6$]、焦磷酸钠($NaP_4P_2O_7 \cdot 10H_2O$)等；如须进行洗盐手续，应有10%盐酸、5%氯化钡、10%硝酸、5%硝酸银及6%双氧水等。

4.试样

密度计分析土样应采用风干土。土样充分碾散，通过2mm筛(土样风干可在烘箱内以不超过50℃温度鼓风干燥)。

求出土样的风干含水率，并按下式计算试样干质量为30g时所需的风干土质量，准确至0.01g。

$$m = m_s(1 + 0.01w) \tag{1-29}$$

式中：m——风干土的质量(g)；

m_s——密度计分析所需干土质量(g)；

w——风干土的含水率(%)。

5.密度计校正

密度计的校正内容如下，具体方法参见《公路土工试验规程》(JTG E40—2007)规程。

(1)密度计刻度及弯月面校正。

(2)温度校正，密度计是20℃时刻制的，当悬液温度不等于20℃时，应进行校正。

(3)土粒比重校正，密度计刻度应以土粒比重2.65为准。当试样的土粒比重不等于2.65时，应进行土粒比重校正。

(4)分散剂校正，密度计刻度系以纯水为准，当悬液中加入分散剂时，比重增大，故须加以校正。

将纯水注入量筒，然后加分散剂，使量筒溶液达1 000mL。用搅拌在量筒内沿整个深度上下搅拌均匀，恒温至20℃，然后将密度计放入溶液中，测记密度计读数。此时密度计读数与20℃时纯水中读数之差，即为分散剂校正值。

6.土样分散处理

土样的分散处理采用分散剂。对于使用各种分散剂均不能分散的土样(如盐渍土等)，须进行洗盐。

对于一般易分散的土，用25%氨水作为分散剂，其用量为：30g土样中加氨水1mL。

对于用氨水不能分散的土样，可根据土样的pH值，分别采用下列分散剂：

(1)酸性土(pH<6.5)，30g土样加0.5mol/L氢氧化钠20mL。溶液配制方法：称取20gNaOH(化学纯)，加蒸馏水溶解后，定容至1 000mL，摇匀。

(2)中性土(pH=6.5～7.5)，30g土样加0.25mol/L草酸钠18mL。溶液配制方法：称取33.5g$Na_2C_2O_4$(化学纯)，加蒸馏水溶解后，定容至1 000mL，摇匀。

(3)碱性土(pH>7.5)，30g土样加0.083mol/L六偏磷酸钠15mL。溶液配制方法：称取51g$(NaPO_3)_6$(化学纯)，加蒸馏水溶解后，定容至1 000mL，摇匀。

(4)若土的pH大于8，用六偏磷酸钠分散效果不好或不能分散时，则30g土样加0.125mol/L焦磷酸钠14mL。

对于强分散剂(如焦磷酸钠)仍不能分散的土，可用阳离子交换树脂(粒径大于2mm的)100g放入土样中一起浸泡，不断摇荡约2h，再过2mm筛，将阳离子交换树脂分开，然后加入0.083mol/L六偏磷酸15mL。

对于可能含有水溶盐，采用以上方法均不能分散的土样，要进行水溶盐检验。其方法是：取均匀试样约3g，放入烧杯内，注入4～6mL蒸馏水，用带橡皮头的玻璃棒研散，再加25mL蒸馏水，煮沸5～10min，经漏斗注入30mL的试管中，塞住管口，放在试管架上静置一昼夜，若发现管中悬液有凝聚现象(在沉淀物上部松散絮绒状)，则说明试样中含有足以使悬液中土粒成团下降的水溶盐，要进行洗盐。

7.洗盐(过滤法)

(1)将分散用的试样放入调土皿内，注入少量蒸馏水，拌和均匀。将滤纸微湿后紧贴于漏斗上，然后将调土皿中土浆迅速倒入漏斗中，并注入热水冲洗过滤。附于皿上的土粒要全部洗入漏斗。若发现滤液混浊，须重新过滤。

(2)应经常使漏斗内的液面保持高出土面约5mm。每次加水后，须用表面皿盖住。

(3)为了检查水溶盐是否已洗干净，可用两个试管各取刚滤下的滤液3～5mL，一管中加入数滴10%盐酸及5%氯化钡，另一管加入数滴10%硝酸及5%硝酸盐。若发现任一管中有沉淀时，说明土中的水溶盐仍未洗净，应继续清洗，直到检查时试管中不再发现白色沉淀时为止。将漏斗上的土样细心洗下，风干取样。

8. 试验步骤

(1)将称好的风干土样倒入三角烧瓶中，注入蒸馏水200mL，浸泡一夜。按前述规定加入分散剂。

(2)将三角烧瓶稍加摇荡后，放在电热器上煮沸40min(若用氨水分散时，要用冷凝管装置，若用阳离子交换树脂时，则不需煮沸)。

(3)将煮沸冷却悬液倒入烧杯中，静置1min，把上部悬液通过0.075mm筛，注入1 000mL量筒中，把杯中沉土用带橡皮头的玻璃棒细心研磨。加水入杯中，搅拌后静置1min，再将上部悬液通过0.075mm筛，倒入量筒。反复进行，直至静置1min后，上部悬液澄清为止。最后将全部土粒倒入筛内，用水冲洗至仅存大于0.075mm净砂为止。注意，量筒内的悬液总量不要超过100mL。

(4)将留在筛上的砂粒洗入皿中，风干称量，并计算各粒组颗粒质量占总土质量的百分数。

(5)向量筒中注入蒸馏水，使悬液恰为1 000mL(如用氨水作分散剂时，这里应再加入25%的氨水0.5mL，其数量包括在1 000mL内)。

(6)用搅拌器在量筒内沿整个悬液深度上下搅拌1min，往返各约30次，使悬液均匀分布。

(7)取出搅拌器，同时开启秒表，测记0.5min、1min、5min、15min、30min、60min、120min、240min及1 440min的密度计读数，每次读数前10～20s将密度计小心放入量筒至约接近估计读数的深度。读数以后，取出密度计(0.5min及1min读数除外)，小心放入盛有清水的量筒中，每次读数后均须测记悬液温度，准确至0.5℃。

(8)如一次做一批土样(20个)，可先做完每个量筒的0.5min及1min读数，再按以上步骤将每个土样悬液重新依次搅拌一次。然后分别测记各规定时间的读数。同时在每次读数后测记悬液的温度。

(9)密度计数均以弯液面上缘为准。甲种密度计应准确至1，估读至0.1；乙种密度计应准确至0.001，估读至0.000 1。为方便读数，采用间读法，即0.001读作1，而0.000 1读作0.1。这样既便于读数，又便于计算。

9.结果整理

(1)小于某粒径的试样质量占试样总质量的百分比按下列公式计算：

①甲种密度计

$$X = 100/m_s \times C_G(R_m + m_t + n - C_D) \tag{1-30}$$

式中：X——小于某粒径土的质量百分数(%)，计算至0.1；

m_s——试样质量(干土质量)(g)；

C_G——比重校正值，$C_G = \rho_S/(\rho_S - \rho_{W20}) \times (2.65 - \rho_{W20})/2.65$；

ρ_S——土粒密度(g/cm^3)；

ρ_{W20}——20℃时水的密度(g/cm^3);

m_t——温度校正值;

C_D——分散剂校正值;

n——刻度及弯月校正值;

R_m——甲种密度计读数。

②乙种密度计

$$X = 100V/m_s \times C'_G[(R'_m - 1) + m'_t + n' - C'_D]\rho_{W20} \quad (1\text{-}31)$$

式中:V——悬液体积(=1 000mL);

C'_G——比重校正值;

m'_t——温度校正值;

n'——刻度及弯月校正值;

$C_D{}'$——分散剂校正值;

R'_m——乙种密度计读数;

其余符号意义同前。

(2)土粒直径可按公式计算,也可按图确定。

(3)以小于某粒径颗粒的质量百分数为纵坐标,以粒径(mm)为横坐标,在半对数纸上,绘制粒径分配曲线。求出各粒组的颗粒质量百分数,以整数表示。如系与筛分法联合分析,应将两段曲线绘成一平滑曲线。

10. 试验说明及注意事项

(1)本试验规定对易溶盐含量超过总量 0.5%的土样须进行洗盐,采用过滤法。当对含有易溶盐超过 0.5%的土进行密度计或移液管法颗粒分析时,若不洗盐,将对试验结果产生显著的影响。

(2)根据分散剂和分散方法的试验研究结果,特对分散剂和分散方法作如下规定:

在进行土的分散之前,用煮沸后的蒸馏水,按 1∶5 的土水比浸泡土样,摇振 3min,澄清约半小时后,用酸度计或 pH 试纸测定土样悬液的 pH 值。按照酸性土(pH<6.5),中性土(pH=6.5~7.5)、碱性土(pH>7.5)分别选用分散剂。这样,就可避免采用一种分散剂所带来的偏差。

(3)对于用强分散剂(如焦磷酸钠)仍不能分散的土样,可用阳离子树脂(粒径大于 2mm)100g 投入浸泡的土样中,不断搅拌,使之进行交换,历时约 2h,观察其不起泡时为止,说明此时离子交换基本完成。再过 2mm 筛,将阳离子树脂与土样悬液分开,然后在土样悬液中加入 0.083mol/L 六偏磷酸钠 15mL,不煮沸即可分散。交换后的树脂,加盐酸处理,使之恢复后,仍能继续使用。

(三)颗粒分析试验(移液管法)

1. 目的和适用范围

本试验方法适用于粒径小于 0.075mm 且比重大的土。

2. 仪器设备

(1)分析天平:感量 0.001g。

(2)移液管。

(3)恒温水槽:高度应高于量筒。

(4)1 000mL 量筒、50mL 小烧杯(高型)等,其他与比重计分析相同。

3. 试验步骤

(1)取代表性试样,黏质土为 10～15g,砂类土为 20g,按密度法制取悬液。

(2)将盛土样悬液的量筒放入恒温水槽,使悬液恒温至适当温度。试验中悬液温度变化不得大于±0.5℃。按式(1-32)计算粒径小于 0.05mm、0.01mm、0.005mm 和其他所需粒径下沉一定深度所需的静置时间。

$$t = L/[2/9 \times 10^{-4} \times g \times r^2 \times (\rho_s - \rho_{w_t})/\eta] \tag{1-32}$$

式中:t——某粒径土粒下沉一定深度所需的静置时间(s);

g——重力加速度,981cm/s^2;

r——土粒半径($d/2$)(cm)(原以 mm 表示的粒径在这里需化为 cm);

ρ_s——土粒密度(g/cm^3);

ρ_{w_t}——t℃时水的密度(g/cm^3);

η——纯水的动力黏滞系数(10^{-6}kPa·s);

L——移液管浸入悬液的深度(10cm)。

(3)准备好 50mL 小烧杯,称量,准确至 0.001g。

(4)准备好移液管,活塞应放在关闭位置上,旋转活塞应放在与移液管及吸球相通的位置上。

(5)用搅拌器将将悬液上下搅拌各约 30 次,时间为 1min,使悬液分布均匀。停止搅拌,立即开动秒表。

(6)根据各粒径的静置时间提前约 10s,将移液管放入悬液中,浸入深度为 10cm,靠连接自来水管所产生的负压或用吸球来吸取悬液。

(7)吸入悬液,至略多于 25mL,旋转活塞 180°,使与放液管相通,再将多余悬液从放液口放出。

(8)将移液管下口放入已称量的小烧杯中,再旋转活塞 180°,使与移液管相通,同时用吸球将悬液(25mL)全部注入小烧杯内,在移液管上口预先倒入蒸馏水,此时开活塞,使水流入移液管中,再将这部分水连同管内剩余颗粒冲入小烧杯内。

(9)将烧杯内悬液浓缩至半干,放入烘箱内在 105～110℃温度下烘至恒量。称量小烧杯连同干土的质量,准确至 0.001g。

4. 结果整理

土中小于某粒径的颗粒含量百分数按下式计算:

$$X = A \times 1\,000/25 \times B \times 100 \tag{1-33}$$

或

$$X = C/B \times 100 \qquad C = A \times 1\,000/25 \tag{1-34}$$

式中:X——小于某粒径的颗粒含量百分数(%);

A——25mL 悬液中小于某粒径颗粒的烘干质量(g);

B——试样总质量(g);

C——1 000mL 悬液中小于某粒径颗粒的总质量(g)。

第三节 砂的相对密度

一、概述

砂土的紧密程度对于公路路基和地基的稳定性具有重要的意义。砂土的密实度直接影响砂的工程性质。砂土越密实，其抗剪强度就越大，压缩变形小，承载能力高。砂土的紧密程度不能仅用它的孔隙比大小来衡量。颗粒大小、形状以及均匀系数不同的两种砂，即使孔隙比相同，但其紧密程度可能有很大差别，因此应该根据砂土孔隙比与极限孔隙比的相对关系来表示，通常用相对密度指标来表示。

当砂土样以最疏松状态制备时，其孔隙比达最大值 e_{max}；当砂土样受振或捣实时，砂粒相互靠拢压紧，孔隙比达最小值 e_{min}。砂土在天然状态的孔隙比为 e，则砂土在天然状态的紧密程度，可用相对密实度 D_r 来表示：

$$D_r = \frac{e_{max} - e}{e_{max} - e_{min}} \tag{1-35}$$

D_r 一般用小数或百分比表示。当 $D_r = 0$，即 $e = e_{max}$ 时，表示砂土处于最疏松状态；当 $D_r = 1.0$，即 $e = e_{min}$ 时，表示砂土处于最紧密状态。

一般认为土的相对密度 $D_r \leqslant 1/3$ 时土属于疏松状态，相对密度 $1/3 < D_r \leqslant 2/3$ 时土属于中密状态，而相对密度 $D_r > 2/3$ 时土属于密实状态。相对密度是无凝聚性粗粒土紧密程度的指标。

二、砂的相对密度试验方法

1. 目的和适用范围

(1)相对密度是砂紧密程度的指标，等于其最大孔隙比与天然孔隙比之差和最大孔隙比与最小孔隙比之差的比值。

(2)本试验的目的是求无凝聚性土的最大与最小孔隙比，用于计算相对密度，以了解该土在自然状态或经压实松紧情况和土粒结构的稳定性。

(3)本方法适用于颗粒直径小于 5mm 的土，且粒径 2～5mm 的试样质量不大于试样总质量的 15%。

2. 仪器设备

(1)量筒：容积 $500cm^3$ 及 $1\,000cm^3$ 两种，后者内径应大于 60cm。

(2)长颈漏斗：颈管内径约为 1.2cm，颈口磨平。

(3)锥形塞：直径约 1.5cm 的圆锥体镶于铁杆上。

(4)砂面拂平器。

(5)电动最小孔隙比仪，如无此种仪器，可用下列(6)至(8)设备。

(6)金属容器，有以下两种：

①容积 $250cm^3$，内径 5cm，高度 12.7cm。

②容积 $1\,000cm^3$，内径 10cm，高度 12.7cm。

(7)振动仪。

(8)击锤：锤重 1.25kg，高度 150mm，锤座直径 50mm。

(9)台秤：感量 1g。

3. 试验步骤

(1)最大孔隙比的测定

①取代表性试样约 1.5kg，充分风干(或烘干)，用手搓揉或用圆木棍在橡皮板上碾散，并拌和均匀。

②将锥形塞杆自漏斗下口穿入，并向上提起，使锥体堵住漏斗管口，一并放入体积 1 000cm^3量筒中，使其下端与量筒底相接。

③称取试样 700g，准确至 1g，均匀倒入漏斗中，将漏斗与塞提高，移动塞杆使锥体略离开管口，管口应经常保持高出砂面约 1～2cm，使试样缓缓且均匀分布地落入量筒中。

④试样全部落入量筒后取出漏斗与锥开塞，用砂面拂平器将砂面拂平，勿使量筒振动，然后测读砂样体积，估读至 5mL。

⑤以手掌或橡皮塞堵住量筒口，将量筒倒转，缓慢地转动量筒内的试样，并回到原来位置，如此重复几次，记下体积的最大值，估读至 5mL。

⑥取上述两种方法测得的大体积值，计算最大孔隙比。

(2)最小孔隙比的测定

①取代表性试样约 4kg，按本方法最大孔隙比测定步骤处理。

②分三次倒入容器进行振击，先取上述试样 600～800g(其数量应使振击后的体积略大于容器容积的 1/3)倒入 1 000mL 容器内，用振动仪以 150～200 次/min 的速度敲打容器两侧，并在同一时间内，用击锤于试样表面锤击 30～60 次/min，直至砂样体积不变为止(一般 5～10min)。敲打时要用足够的力量使试样处于振动状态；振击时，粗砂可用较少击数，细砂应用较多击数。

③如用电动最小孔隙比试验仪时，当试样同上法装入容器后，开动电机，进行振击试验。

④按本方法②步骤进行后两次加土的振动和锤击，第三次加土时应先在容器口安装套环。

⑤最后一次振毕，取下环，用修土刀齐容器顶面削去多余试样，称量，准确至 1g，计算其最小孔隙比。

4. 结果整理

(1)按下列公式计算最小与最大干密度：

$$\rho_{dmin} = m/V_{max} \tag{1-36}$$

$$\rho_{dmax} = m/V_{min} \tag{1-37}$$

式中：ρ_{dmin}——最小干密度(g/cm^3)；

ρ_{dmax}——最大干密度(g/cm^3)；

m——试样质量(g)；

V_{max}——试样最大体积(cm^3)；

V_{min}——试样最小体积(cm^3)。

(2)按下列公式计算最大与最小孔隙比：

$$e_{max} = \rho_W G_s/\rho_{dmin} - 1 \tag{1-38}$$

$$e_{min} = \rho_W G_s / \rho_{dmax} - 1 \tag{1-39}$$

式中：e_{max}——最大孔隙比；

e_{min}——最小孔隙比；

G_s——土粒比重；

其余符号意义同前。

(3)按下列公式计算相对密实度：

$$D_r = (e_{max} - e_0)/(e_{max} - e_{min}) \tag{1-40}$$

$$D_r = (\rho_d - \rho_{dmin})\rho_{dmax}/(\rho_{dmax} - \rho_{dmin})/\rho_d \tag{1-41}$$

式中：D_r——相对密实度；

e_0——天然孔隙比或填土的相应孔隙比；

ρ_d——天然干密度或填土的相应干密度(g/cm^3)；

其余符号意义同前，计算结果准确至0.01。

5.*精密度和允许差*

最小与最大干密度，均须进行两次平行测定，取其算术平均值，其平行差值不得超过0.03g/cm^3。

第四节 黏性土的界限含水率和天然稠度试验

细粒土随着土中含水率的不同，分别处于不同的状态。土的界限含水率和土的机械组成、土粒的矿物成分、比表面积、表面电荷强度等一系列因素有关，是这些因素的综合反映。塑性高表示土中胶体黏粒含量大，同时也表示黏土中可能含有蒙脱石或其他高活性的胶体黏粒较多。对于工程来说，有实用意义的主要是液限、塑限和缩限，尤其是液限，能较好地反映出土的某些物理力学特性，如压缩性、胀缩性等。液限是土可塑状态的上限含水率，塑限是土可塑状态的下限含水率，含水率低于缩限，水分蒸发时土体积不再缩小。实际上，土从黏滞流动状态到可塑状态、从可塑状态到半固体状态的性质和直观变化都是渐变的。因此，在两者之间建立确定的界限都带有一定的任意性。我国通用圆锥仪法测土的液限含水率，搓条法测土的塑限含水率，或联合法测土的液限和塑限含水率。

一、黏性土界限含水率的概念

土由液体状态向塑性状态过渡的界限含水率称为液限 w_L。土由塑性体状态向脆性固体状态过渡的界限含水率称为塑性 w_p。当土达到塑限后继续变干，土的体积随含水率的减少而收缩。当达到某一含水率后，土体积不再收缩，这个界限含水率称为缩限 w_s。土的缩限含水率是指半固态转为固态的界限含水率。液限与塑性之差值，称为塑性指数 I_p。它反映了土体处于可塑状态下，含水率变化的最大区间。用塑性指数作为黏性土和粉土定名的标准。土的可塑性用塑性指数表示，塑性指数越大，表示土具有高塑性。几个含水率相同的土样，它们的液限、塑限不同，那么这些土样所处的状态可能不一样，故提出一个能够表征天然含水率与界限含水率相对关系的指标来描述土的状态，这个称为液性指数。液性指数是表示天然含水率与界限含水率关系的指标。$I_P=(w-w_P)/(w_L-w_P)$。$I_P<0$，土呈坚硬状态。$I_P>1$，土处于流塑状态。I_P＝0～1之间为塑态，可分为4等，靠近坚硬的为硬塑，靠近流塑的为软塑，中间为可塑状态。黏性土的界限含水率与土的状态见图1-4。

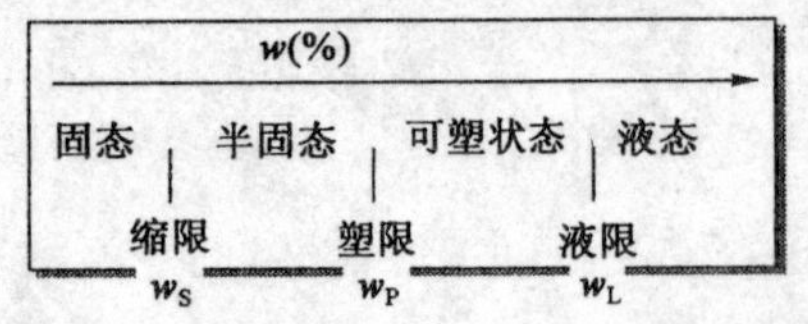

图1-4　黏性土的界限含水率与土的状态

土的液限与天然含水率之差与塑性指数之比，称为土的天然稠度。即：天然稠度＝$(w_L-w)/I_p$。反映土吸附结合水能力的特性指标有液限、塑限和塑性指数。在这三项指标中，液限和塑性指数与土的工程性质的关系更密切，规律性更强。因此，国内外对细粒土的分类，多用塑性指数或者液限加塑性指数作为分类指标。

二、界限含水率试验

界限含水率可以评价黏性土的状态 。液限和塑限，在国际上称为阿太堡界限（Atterberg Limit ），它们是黏性土的重要物理性质指标。测定液限含水率工程上采用联合法、圆锥仪法和碟式仪法三种方法。测定塑限含水率采用联合法和滚搓法。界限含水率测试时不考虑土的结构。测定土的液限和塑限最通用的方法分别为碟式仪法和滚搓法，目前，碟式仪仍然有两种划刀，一种是ASTM划刀（简称A刀），另一种是卡氏划刀（简称C刀）。试验结果表明，用A刀测得的液限值比用C刀测得的液限值约低10%，另外，碟式仪底座的硬度也影响试验结果，用滚搓法测定黏质土的塑限时，如果掌握土条的断裂标准不一致，则将产生较大的人为误差。对于砂类土，划沟和搓条均感困难，因此，各国的趋势是采用锥式仪来测定土的液限。

（一）液塑限联合测定法

1. 目的和适用范围

（1）本试验的是联合测定土的液限和塑限，为划分土类、计算天然稠度、塑性指数，供公路工程设计和施工使用。

（2）本试验适用于粒径不大于0.5mm、有机质含量不大于试样总质量5%的土。

2. 仪器设备

LP—100型液塑限联合测定仪；锥体质量为100g，锥角为30″，读数显示形式宜采用光电式、游标式、百分表式。

3. 试验主要步骤

（1）取有代表性的天然含水率或风干土样进行试验。如土中含有大于0.5mm的土粒或杂物时，应将风干土样用带橡皮头的研杵研碎或用木棒在橡皮板上压碎，过0.5mm的筛。取代表性土样200g，分开放入三个盛土皿中，加不同数量的蒸馏水，使土样的含水率分别控制在液限（a点）略大于塑限（c点）和二者的中间状态（b点）附近。用调土刀调匀，密封放置18h以上。

（2）将制备好的土样充分搅拌均匀，分层装入盛土杯中，试杯装满后，刮成与杯边齐平。

（3）给圆锥仪锥尖涂少许凡士林，将装好土样的试杯放在联合测定仪上，使锥尖与土样表面刚好接触，然后按动落锥开关，测记经过5s锥的入土深度h。

（4）去掉锥尖入土处的凡士林，测盛土杯中土的含水率w。

（5）重复以上步骤，对已制备的其他两个含水率的土样进行测试。

4.结果整理

(1)在双对数坐标纸上，以含水率 w 为横坐标，锥入深度 h 为纵坐标，点绘 a、b、c 三点含水率的 h-w 图 1-5。连此三点应呈一条直线。如三点不在同一直线上，要通过 a 点与 b、c 两点连成两条直线，根据液限(a 点含水率)在 h_p-w_L 图上查得 h_P，以此 h_p 再在 h-w 图上的 ab 及 ac 两直线上求出相应的两个含水率，当两个含水率的差值小于 2%时，以该两点含水率的平均值与 a 值连成一直线。当两个含水率的差值不小于 2%时，应重做试验。

(2)液限确定方法

①若采用 76g 锥做液限试验，则在 h-w 图上，查得纵坐标入土深度 h=17mm 所对应的横坐标的含水率 w，即为该土样的液限含水率 w_L。

②若采用 100g 锥做液限试验，则在 h-w 图上(图 1-5)，查得纵坐标入土深度 h=20mm 所对应的横坐标的含水率 w，即为该土样的液限含水率 w_L。

(3)塑性的确定方法

①求出的液限，通过 76g 锥入土深度 h 与含水率 w 的关系曲线(图 1-5)，查得锥入土深度为 2mm 所对应得含水率即为该土样的塑限 w_p。

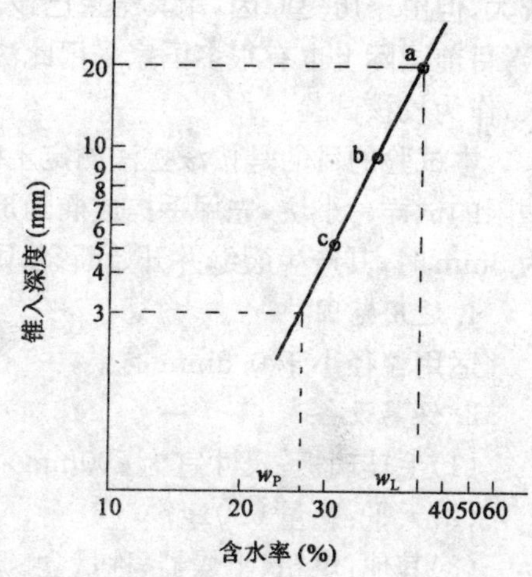

图 1-5　锥入深度与含水率(h-w)关系图

②求出的液限，通过液限 w_L 与塑限入土深度 h_p 的关系，查图或由下列公式计算得 h_p，再由图 1-5 求出入土深度为 h_p 时所对应的含水率，即为该土样的塑性 w_p。

对于细粒土，用下式计算塑限，入土深度 h_p：

$$h_p=\frac{w_L}{0.524w_L-7.606} \tag{1-42}$$

对于砂类土，用下式计算塑限，入土深度 h_p：

$$h_p=29.6-1.22w_L+0.017w_L^2-0.0000744w_L^3 \tag{1-43}$$

5.试验说明和注意事项

(1)土的性质对塑限时入土深度有显著影响，一般地讲，对砂类土的影响较大，而对粉质土和黏质土的影响则较小。

(2)试样制备好坏对液限塑限联合测定的精度具有头等重要意义。制备试样应均匀、密实，一般制备三个试样。一个要求含水率接近液限(入土深度 20mm±0.2mm)，一个要求含水率接近塑限，一个居中；否则，就不容易控制曲线的走向。对于联合测定精度最有影响的是靠近塑限的那个试样，可以先将试样充分搓揉，再将土块紧密地压入容器，刮平，待测，当含水率等于塑限时，对土的断面上无孔隙存在。为便于操作，根据实际经验含水率可略放宽，以入土深度不大于 4～5mm 为限。

(二)液限碟式仪法

在欧美等国家大都采用碟式液限仪测定液限。在一圆碟内盛土皿，表面刮平。用刻槽刮刀在土膏中刮一底宽为 2mm 的槽，转动摇柄(2 次/s)使仪器圆碟上抬 10mm，然后自由下落在硬橡皮垫板上，记录土槽合拢 13mm 的下落次数，然后测定该土样的含水率。而液限即相当于土碟下落 25 次正好合拢 13mm 长时土的含水率。

(三)塑限滚搓法

搓条法测土的塑限为国内外过去常用的基本方法。虽然其标准不易掌握，人为影响因素较大，但由于历史原因，用其结果已设计建造了大量工程，试验人员已在实践中积累了许多经验，目前国际上也有很多国家采用此法，故《公路土工试验规程》(JTG E40—2007)仍将此法列入，作为校核试验。

本试验的目的是按滚搓法测定土的塑限。试验按联合测定法备土料，然后取含水率接近塑限的试样一小块，先用手搓成椭圆形，然后用手掌在毛玻璃板上轻轻滚搓。当土条搓至直径为 3mm 时，其产生裂缝并开始断裂，则这时土条的含水率即为土的塑限含水率。

1. 适用范围

适用粒径小于 0.5mm 的土。

2. 仪器设备

(1)毛玻璃板：尺寸宜为 200mm×300mm；

(2)天平：感量 0.01g；

(3)其他：烘箱、干燥器、称量盒、调土皿、直径 3mm 的铁丝等。

3. 试验步骤

(1)按液塑限联合测定仪的方法制备试样，一般取土样约 50g 备用。为在试验前使试样的含水率接近塑限，可将试样在手中捏揉，至不粘手为止，或放在空气中稍为晾干。

(2)取含水率接近塑限的试样一小块，先用手搓成椭圆形，然后再用手掌在毛玻璃板上轻轻搓滚。搓滚时须以手掌均匀施压力于土条上，不得将土条在玻璃板上进行无压力的滚动。土条长度不宜超过手掌宽度，并在滚搓时不应从手掌下任一边脱出。土条在任何情况下不允许产生中空现象。

(3)继续搓滚土条，直至土条直径达 3mm 时，产生裂缝并开始断裂为止，若土条搓成 3mm 时仍未产生裂缝及断裂，表示这时试样的含水率高于塑限，则将其重新捏成一团，重新搓滚，如土条直径大于 3mm 时即行断裂，表示试样含水率小于塑限，应弃去，重新取土加适量水调匀后再搓，直至合格。若土条在任何含水率下始终搓不到 3mm 即开始断裂，则认为该土无塑性。

(4)收集约 3～5g 合格的断裂土条，放入称量盒内，随即盖紧盒盖，测定其含水率。

4. 试验说明和注意事项

(1)塑限试验长期以来采用滚搓法，该法虽存在许多缺点，如标准不易掌握，人为因素较大，但由于试验人员已在实践中积累了许多经验，国际上也有很多国家采用此法，故我国规程仍将滚搓法列入，作为校核试验。

(2)国内外在测定塑限的规定中，搓条方法不尽相同，土条断裂时的直径多数采用 3mm，我国历次规程均采用 3mm，故仍沿用 3mm，关于滚搓速度，各国均无具体要求。美国 ASTM D424 规定搓滚速度每分钟 80～90 次；英国 BS 1377 规定，手指的压力必须使滚搓 5～10 个往返后，土条直径由 6mm 减至 3mm，高塑性黏土则允许往返 10～15 次。美国、英国的规定太细、太死、不易掌握，也无必要，故我国仍维持原有规定。对于某些低液限砂类土，始终搓不到3mm，可认为塑性极低或无塑性，可按极细砂处理。

(四)缩限试验

1.目的和适用范围

土的缩限是扰动的黏质土在饱和状态下，因干燥收缩至体积不变时的含水率。本试验适用于粒径小于0.5mm和有机质含量不超过5%的土。

2.仪器设备

(1)收缩皿(或环刀)：直径4.5～5cm，高2～3cm。

(2)天平：感量0.01g。

(3)电热恒温烘箱或其他含水率测定装置。

(4)蜡、烧杯、细线、针。

(5)0.02mm卡尺。

(6)其他：制备含水率大于液限的土样所需的仪器。

3.试验步骤

(1)制备土样：取具有代表性的土样，制备成含水率大于液限的土膏。

(2)在收缩皿内涂一薄层凡士林，将土样分层装入皿内，每次装入后将皿底拍击试验台，直至驱尽气泡为止。

(3)土样装满后，用刀或直尺刮支多余土样，立即称收缩皿加湿土质量。

(4)将盛满土样的收缩皿放在通风处风干，待土样颜色变淡后，放入烘箱中烘至恒量，然后放在干燥器中冷却。

(5)称收缩皿和干土总质量，准确至0.01g。

(6)用蜡封法测定试验体积。

4.结果整理

(1)缩限：含水达液限的土在105～110℃水分继续蒸发至体积不变时的含水率，叫做缩限，用下式计算：

$$w_s = w - (V_1 - V_2)/m_s \times \rho_w \times 100 \tag{1-44}$$

式中：w_s——缩限(%)；

w——试验前试样含水率(%)；

V_1——湿试件体积(即收缩皿容积)(cm^3)；

V_2——干试件体积(cm^3)；

m_s——干试件质量(g)；

ρ_w——水的密度，等于$1g/cm^3$。计算至0.1%。

(2)收缩指数：液限与缩限之差称收缩指数，按下式计算：

$$I_s = w_L - w_s \tag{1-45}$$

式中：I_s——收缩指数；

w_L——土的液限(%)，计算至0.1%。

5.精密度和允许差

本试验需进行二次平行测定，取其算术平均值，精确至0.1%。平行差值，高液限不得大于2%，低液限土不得大于1%。

6.试验说明和注意事项

(1)缩限试验所用收缩皿，其直径最好大于高度，以便于蒸发干透，也可用液限试验杯代替。但环刀是不适宜的，因它不便振动排气，不便挤压，同时环刀与玻璃杯之间容易跑水流土。

(2)分层装填试样时，要注意不断挤压拍击，以充分排气；否则，不符合体积收缩等于水分减少的基本假定，而使计算结果失真。本方法要求收缩皿底和皿壁要平滑弯曲，为的是易于装土排气；改用蜡封法代替水银排开法测定体积，在于防止污染。

三、天然稠度试验

土的液限与天然含水率之差和塑性指数之比，称为土的天然稠度。天然稠度采用直接法和间接法。直接法是按烘干法测定原状土的天然含水率，用稠度公式计算土的天然稠度。间接法是用LP—100型液限塑限联合测定仪测定天然结构土体的锥入深度，并用联合测定结果确定土的天然稠度。

由联合测定，已知土的液限w_L和塑性指数I_p，由含水率试验，已知土的天然含水率w，将这些数据代入下式，即可计算该土的天然稠度w_c：

$$w_c=(w_L-w)/I_p \tag{1-46}$$

土体的含水率和锥入深度h为曲线关系，可用下式表示：

$$\lg h=\alpha+\beta\lg w \tag{1-47}$$

或

$$\lg h=\alpha+\beta\lg(w_L-I_p\omega_c) \tag{1-48}$$

式中：$\beta=(\lg 20-\lg h_p)/(\lg w_L-\lg w_p)$；

$\alpha=\lg 20-\beta\lg w_L$。

在联合测定法中，w_L、w_p、h_p和I_p均为已知，测得锥入深度h后，由式(1-47)或查该式绘制的诺谟图，即可求得稠度w_c。

第五节 土的击实

一、击实的工程意义及试验原理

在工程建设中，经常遇到填土压实、软弱地基的强夯和换土碾压等问题，常采用既经济又合理的压实方法，使土变得压实，在短期内提高土的强度，以达到改善土的工程性质的目的。土作为筑路材料，需要在模拟现场施工条件下，获得路基土压实的最大干密度和相应的最佳含水率。击实试验就是为了这种目的，利用标准化的击实仪具，求得试验土的密度和相应含水率的关系。所以击实试验是控制路基压实质量不可缺少的重要试验项目。

击实是指采用人工或机械对土施加夯压能量(如打夯、碾压、振动碾压等方式),使土颗粒重新排列紧密,对于粗粒土因颗粒的紧密排列,增强了颗粒表面摩擦力和颗粒之间嵌挤形成的咬合力;对细粒土,则因为颗粒间的靠紧而增强粒间的分子引力,从而使土在短时间内得到新的结构强度。在击实的过程中,由于击实功系瞬时作用土体,土体内的气体部分排除,而所含的水量则基本不变。击实试验分轻型击实和重型击实。两者的本质区别是击实功不同,重型击实法的单位击实功为轻型击实法的4.5倍。

二、土的击实特性

(1)击实曲线有个峰值,说明在一定的击实功作用下,只有当土的含水率为某一定值(最佳含水率)时,土才被击实至最大干密度。

(2)当土含水率偏干时,含水率的变动对干密度的影响要比含水率偏湿时的影响更为明显。

(3)击实曲线的右上侧为饱和曲线,击实曲线必然位于饱和曲线的左下侧。因为击实作用不能将土中封闭的气体排出,即击实土不可能达到完全饱和状态。

(4)不同土类的击实特性不同。含粗粒越多的土,其最大干密度值越大,而最佳含水率越小。

三、影响压实的因素

(1)含水率对整个压实过程的影响。严格控制最佳含水率是压实的关键。但是,不同的土类其最佳含水率和最大干密度也是不同的。一般粉粒和黏粒含量多,土的塑性指数愈大,土的最佳含水率也愈大,同时其最大干密度愈小。因此,一般砂性土的最佳含水率小于黏性土,而砂性土的最大干密度也大于黏性土。

(2)击实功对最佳含水率和最大干密度的影响。对同一种土用不同的击实功进行击实试验后表明:击实功愈大,土的最大干密度也愈大,而土的最佳含水率则愈小。但是这种增大击实功是有一定限度的,超过这个限度,即使增加击实功,土的干密度的增加也不明显。

(3)不同压实机械对压实的影响。如光面压路机、羊足碾和振动压路机等,它们的压实效果各不相同,对作用于不同土类时,其效果也不同。

(4)土类和土粒级配的影响。在路基、路面基层材料等的施工中表明,粒料的级配对所能达到的密实度有明显的影响。均匀颗粒的砂,单一尺寸的砾石和碎石,都很难碾压密实,只有在良好级配的条件下才能达到要求的密实度,也才能满足强度和稳定性的要求。

四、击实试验

1.适用范围

本试验适用于细粒土,分轻型击实和重型击实。小试筒(直径10cm×12.7cm)适用于粒径不大于20mm的土,大试筒(直径15.2cm×17cm)适用于粒径不大于40mm的土。

2.仪器和设备

(1)标准击实仪。轻、重型试验方法和设备的主要参数应符合表1-5规定。

击实试验方法种类 表 1-5

试验方法	类别	锤底直径（cm）	锤质量（kg）	落高（cm）	试样尺寸			层数	每层击数	击实功（kJ/m³）	最大粒径（mm）
					内径（cm）	高（cm）	容积（cm³）				
轻型 I法	I-1 I-2	5 5	2.5 2.5	30 30	10 15.2	12.7 12	997 2 177	3 3	27 59	598.2 598.2	20 40
重型 II法	II-1 II-2	5 5	4.5 4.5	45 45	10 15.2	12.7 12	997 2 177	5 3	27 98	2 687.0 2 677.2	20 40

(2)烘箱及干燥器。

(3)天平：感量 0.01g。

(4)台秤：称量 10kg，感量 5g。

(5)圆孔筛：孔径 38mm、25mm、19mm 和 5mm 各 1 个。

(6)拌和工具：400mm×600mm、深 70mm 的金属盘、土铲。

(7)其他：喷水设备、碾土器、盛土盘、量筒、推土器、铝盒、修土刀、平直尺等。

3. 试样

(1)本试验可分别采用不同的方法准备试样，各方法可按表 1-6 准备试样。

试 料 用 量 表 1-6

使用方法	类别	试筒内径(cm)	最大粒径(mm)	试料用量(kg)
干土法 试样不重复使用	b	10 15.2	20 40	至少 5 个试样，每个 3 至少 5 个试样，每个 6
湿土法 试样不重复使用	c	10 15.2	20 40	至少 5 个试样，每个 3 至少 5 个试样，每个 6

(2)干土法(土不重复使用)。按四分法至少准备 5 个试样，分别加入不同水分(按 2%～3%含水率递增)，拌匀后闷料一夜备用。

(3)湿土法(土不重复使用)。对于高含水率土，可省略过筛步骤，用手拣除大于 40mm 的粗石子即可。保持天然含水率的第一个土样，可立即用于击实试验。其余几个试样，将土分成小土块，分别风干，使含水率按 2%～3%递减。

4. 试验步骤

(1)根据工程要求，按规定选择轻型或重型试验方法。根据土的性质(含易击碎风化石数量多少，含水率高低)按表 1-6 规定选用干土法(土不重复使用)或湿土法。对于高含水率土宜选用湿法。

(2)将击实筒放在坚硬的地面上，取制备好的土样分 3～5 次倒入筒内。小筒按三层法时，每次约 800～900g(其量应使击实后的试样等于或略高于筒高的 1/3)；按五层法时，每次约 400～500g(其量应使击实后的土样等于或略高于筒高的 1/5)。对于大试筒，先将垫块放入筒内底板上；按五层法时，每层需试样约 900g(细粒土)～1 100g(粗粒土)；按三层法时，每层需试样 1 700g 左右。整平表面，并稍加压紧，然后按规定的击数进行第一层土的击实，击实时击锤应自由垂直落下，锤迹必须均匀分布于土样面。第一层击实完后，将试样层面拉毛，然后再装

入套筒。重复上述方法进行其余各层土的击实。小试筒击实后，试样不应高出筒顶面 5mm；大试筒击实后，试样不应高出筒顶面 6mm。

(3)用修土刀沿套筒内壁削刮，使试样与套筒脱离后，扭动并取下套筒，齐筒顶细心削平试样，拆除底板，擦净筒外壁，称量，准确至 1g。

(4)用推土器推出筒内试样，从试样中心处取样测其含水率，计算至 0.1%，测定含水率用试样的数量按表 1-7 规定取样(取出有代表性的土样)。两个试样含水率的精度应符合含水率试验规定。

测定含水率用试样的数量

表 1-7

最大粒径(mm)	试样质量(g)	个　数	最大粒径(mm)	试样质量(g)	个　数
<5	15～20	2	约 20	约 250	1
约 5	约 50	1	约 40	约 500	1

(5)对于干土法(土不重复使用)和湿土法，将试样搓散，然后按本试验的方法进行洒水、拌和，但不需闷料，每次约增加 2%～3%的含水率，其中有两个大于和两个小于最佳含水率，所需加水量按下式计算：

$$m_w = \frac{m_i}{1+0.01w_i} \times 0.01(w - w_i) \tag{1-49}$$

式中：m_w——所需的加水量(g)；

m_i——含水率 w_i 时土样的质量(g)；

w_i——土样原有含水率(%)；

w——要求达到的含水率(%)。

按上述步骤进行其他含水率试样的击实试验。

5. 结果整理

(1)按下式计算击实后各点的干密度：

$$\rho_d = \frac{\rho}{1+0.01w} \tag{1-50}$$

式中：ρ_d——干密度(g/cm³)；

ρ——湿密度(g/cm³)；

w——含水率(%)。

(2)以干密度为纵坐标，含水率为横坐标，绘制干密度与含水率的关系曲线，曲线上峰值点的纵、横坐标分别为最大干密度和最佳含水率。如曲线不能绘出明显的峰值点，应进行补点或重做。

(3)按下式计算空气体积等于零的等值线，并将这根线绘在含水率与干密度的关系图上，以资比较。

$$w_{max} = (\rho_W/\rho_d - 1/G_s) \times 100 \tag{1-51}$$

式中：ρ_d——试样的干密度(g/cm³)；

ρ_W——水在 4℃的密度(g/cm³)；

G_s——试样比重，对于粗粒土，则为土中粗细颗粒的混合比重。

(4)当试样中有大于 40mm 颗粒时，应先取出大于 40mm 颗粒，并求得其百分率 p，把小于

40mm 部分做击实试验，按下面公式分别对试验所得的最大干密度和最佳含水率进行校正（适用于大于 40mm 颗粒的含量小于 30%，大于 5%时）。

最大干密度按下式校正：

$$\rho'_{dm}=\frac{1}{\frac{(1-0.01p)}{\rho_{dm}}+\frac{0.01p}{G'_s\rho_w}} \tag{1-52}$$

式中：ρ'_{dm}——校正后的最大干密度（g/cm³）；

ρ_{dm}——用粒径小于 40mm 的土样试验所得的最大干密度（g/cm³）；

p——试料中粒径大于 40mm 颗粒的百分数（%）；

G'_s——粒径大于 40mm 颗粒的毛体积比重，计算至 0.01。

最佳含水率按下式校正：

$$w'_0=w_0(1-0.01p)+0.01pw_2 \tag{1-53}$$

式中：w'_0——校正后的最佳含水率（%）；

w_0——用粒径小于 40mm 的土样试验所得的最佳含水率（%）；

p——同前；

w_2——粒径大于 40mm 颗粒的吸水量（%）。

6. 试验说明和注意事项

(1)土的击实试验过程，在土的压实特性因素中，没有考虑土类和级配，完全考虑含水率、部分考虑击实功能。

(2)击实试验的试验形式与羊足碾碾压的受力情况较相似。工程实践表明，对于黏性土采用击实试验成果作为现场填筑的标准，则现场碾压机械宜采用羊足碾。

(3)小试筒击实后，试样不应高出筒顶面 5mm，大试筒击实后，试样不应高出筒顶面 6mm。

(4)含水率—干密度曲线必须为凸形的，如试验点不足以连成完整的凸形曲线，则应该进行补充试验。将试验各点连成圆滑的曲线，曲线的峰值点对应的含水率及干密度即为最佳含水率和最大干密度。

(5)当试样中大于规定最大粒径的超尺寸颗粒的含量为 5%～30%时，必须对试验所得最大干密度和最佳含水率进行校正。当粗颗粒大于 30%时，土的击实特性应采用合适的大尺寸击实仪进行击实试验。

第六节　土的压缩性指标及强度指标

一、土的压缩机理和有效应力原理

土的体积变形常表现为体积缩小，这种在外力作用下土体积缩小的特性称为土的压缩性。

压缩机理：由于土是固体颗粒的集合体，具有碎散性，因而土的压缩性比钢材、混凝土等其他材料大得多，并具有下列两个特点：

(1)土体的压缩变形主要是由于孔隙的减小所引起的。土是三相体，土体受外力引起的压缩，包括三部分：①土粒固体部分的压缩；②土体内孔隙中水的压缩；③水和空气从孔隙中被挤出以及封闭气体被压缩。

(2)饱和土的压缩需要一定时间才能完成。

有效应力原理：饱和土体所受到的总应力为有效应力与孔隙水压力之和，称为有效应力原理或有效应力概念。土的变形和强度只随有效应力而变化。因此，只有通过有效应力的分析，才能准确确定土的变形和安全度。

二、与强度有关的工程问题

目前，与强度有关的工程问题主要有以下三方面。首先是土作为材料构成的土工构筑物的稳定问题，如土坝、路堤等填方边坡以及天然土坡（包括挖方边坡）等的稳定性问题。其次，是土作为工程构筑物的环境的问题，即土压力问题，如挡土墙、地下结构等的周围土体，它的强度破坏将对墙体造成过大的侧向土压力，以致可能导致这些工程建筑物发生滑动、倾覆等破坏事故。最后是土作为建筑物地基的承载力问题。如果基础下地基土体产生整体滑动或者其局部剪坏区发展导致过大的甚至不均匀的地基变形，都会造成上部结构的破坏或影响其正常使用的事故发生。所以土的强度问题及其原理将为土工的设计和验算提供理论依据和计算指标。

三、室内压缩试验与压缩指标

试验室用压缩仪（固结仪）进行压缩试验是研究土压缩性的基本方法。压缩试验就是研究土体一维变形特性的测试方法。通常“压缩”描述的是非饱和土体，“固结”描述的是饱和土体。

将试样放在限制侧向变形的压缩容器中，分级施加垂直压力，测记加压后不同时间的压缩变形，直至各级压力下的变形量趋于某一稳定标准为止；然后将各级压力下最终变形与相应的压强绘出曲线，从而求得压缩指标值。

压缩试验要注意的问题：

(1)荷重等级，一般情况下可按试验规范确定的荷重率加荷，对特别研究的具体工程也可按自定的荷重率加荷。

(2)稳定时间，沉降的稳定时间主要取决于试样的透水性和流变性，稳定不同的时间会得到不同的压缩曲线，《公路土工试验规程》(JTG E40—2007)确定稳定时间为24h。

压缩性指标，通常取天然结构的原状土样，进行侧限压缩试验测定。侧限压缩试验通常称固结试验。压缩性指标包括压缩系数、压缩指数、体积压缩系数（压缩模量的倒数）、压缩模量。根据压缩试验所得的e-p和e-lg$p$曲线可以整理这些压缩指标。

在假定土体为各向同性的线弹性体前提下，压缩曲线所反映的非线性压缩规律被简化成线形的关系，即在一般的压力变化范围内，用一段割线近似地代替该段曲线，此时则有：

$$e_1 - e_2 = a(p_1 - p_2) \tag{1-54}$$

此式便是土的压缩定律的表达式。用文字表述即为：当压力变化不大时，孔隙比变化与压力变化成正比。比例常数a是割线的斜率，称为土的压缩系数，因次为1/kPa。压缩系数a，表示单位压力增量作用下土的孔隙比的减小。因此，压缩系数a越大，土的压缩性就越大。已知一个土样，其压缩系数a非定值而是一个变量。

压缩指数： $C_c=(e_1-e_2)/(\lg p_2-\lg p_1)$ (1-55)

体积压缩系数： $m_v=a/(1+e_1)$ (1-56)

压缩模量： $E_s=(1+e_1)/a$ (1-57)

四、先期固结压力和与土层天然固结状态判断

土层历史上所曾经承受过的最大固结压力，称为先期固结压力 P_c。目前，先期固结应力 P_c 还被用来判断天然土层的固结状态。天然土层可区分为下列三种固结状态。

(1)超固结状态：指的是该天然土层在地质历史上受到过的固结压力 P_c 大于目前的上覆压力的情况。

(2)正常固结状态：指的是土层在历史上最大固结压力作用下 P_c 压缩稳定，但沉积后土层厚度无大变化，也没有受到过其他荷载的继续作用时的状态。

(3)欠固结状态：土层历史上曾在 P_c 作用下压缩稳定，固结完成；以后由于某种原因使土层继续沉积或加载，形成目前大于 P_c 的自重压力 γz，但因时间不长，γz 作用下的压缩固结还没有完成，还在继续压缩中。因此这种固结状态的土层 $P_c<\gamma z$，是为欠固结。

在 e-$\lg p$ 曲线上，对应于曲线过渡到直线段的拐弯点的压力值是土层历史上所曾经承受过的最大固结压力，即先期固结压力 P_c。r_z 为自重压力，定义 $OCR=P_c/r_z$。则：

当 P_c 大于目前的上覆压力情况，P_c 大于 r_z 为超固结状态，$OCR>1$。

当 P_c 就是目前的上覆压力情况，P_c 等于 r_z 为正常固结状态，$OCR=1$。

当 P_c 小于目前的上覆压力情况，P_c 小于 r_z 为欠固结状态，$OCR<1$。

五、强度指标 c、φ

土的抗剪强度是指土体在力系作用下抵抗破坏的极限剪切应力。直剪试验就是测定土的抗剪强度指标 c、φ 值的方法之一。强度指标 c、φ 值反映土的抗剪变化的规律。

通常认为土的抗剪强度可用库仑公式表达。

砂性土： $\tau_f=\sigma\tan\varphi, c=0$ (1-58)

黏性土： $\tau_f=c+\sigma\tan\varphi$ (1-59)

式中：τ_f——土的抗剪强度(kPa)；

c——土的黏聚力(kPa)；

φ——土的内摩擦角(°)；

σ——剪切滑动面上的法向应力(kPa)。

六、三轴压缩试验

三轴压缩试验是将圆形土样安装在三轴仪中，土样施加周围压力后，施加竖向压力，直至土样破坏。三轴压缩试验是测定土的抗剪强度指标 c、φ 值的方法之一。根据土样固结排水的不同条件，可分为不固结不排水剪切、固结不排水剪切、固结排水剪切。不固结不排水(UU)试验是在施加周围压力和增加轴向压力直至破坏过程中均不允许试验排水。本试验适用于测定黏质土和砂类土的总抗剪强度参数 c_u、φ_u。固结不排水(CU 或 $\overline{CU}$)试验是使试样先在某一周围压力作用下排水固结，然后在保持不排水的情况下，增加轴向压力直至破坏。本试验适用

于测定黏质土和砂类土的总抗剪强度参数 c_{cu}、φ_{cu}或有效抗剪强度参数 c'、φ'和孔隙压力系数。固结排水试验是使试样先在某一周围压力作用下排水固结，然后在允许试样充分排水的情况下增加轴向压力直至破坏。本试验适用于测定黏质土和砂类土的抗剪强度参数 c_d、φ_d。

例如，高路堤稳定性分析的强度参数应根据填料场地情况，选择有代表性的土样进行室内试验，并结合现场情况确定。路堤填土的强度参数 c、φ 值，宜采用直剪快剪或三轴不排水剪试验获得。而分析高路堤的稳定性时，地基的强度参数 c、φ 值，宜采用直剪固结快剪或三轴固结不排水剪试验获得。当建筑物施工速度快，土的渗透系数较低，而排水条件又差时，为考虑施工期的稳定，测定细粒土的总抗剪强度参数 c、φ 值，可采用不固结不排水剪切试验试验。

七、黄土湿陷试验

黄土湿陷试验包括：相对下沉系数试验、自重湿陷系数试验、溶滤变形系数试验、湿陷起始压力试验。相对下沉系数试验目的是测定黄土（黄土类土）的大孔隙比和相对下沉系数。自重湿陷系数试验目的是测定黄土（黄土类土）的自重湿陷系数。溶滤变形系数试验目的是测定黄土（黄土类土）的湿陷变形系数和溶滤变形系数。湿陷起始压力试验目的是测定黄土（黄土类土）的湿陷起始压力。

八、固结试验

1. 试验目的和适用范围

(1)测定土的单位沉降量、压缩系数、压缩模量、压缩指数、固结系数、回弹指数和原状土的先期固结压力。

(2)适用于饱和黏质土。只进行压缩时，允许用非饱和土。

2. 试验步骤

(1)将切好土样的环刀外壁涂一薄层凡士林，然后将刀口向下放入护环内。

(2)将底板放入容器内，底板上放透水石，将土样环刀和护环放入容器内，土样上面覆透水石，然后放下加压导环和传压活塞，使各部密切接触，保持平稳。

(3)将压缩容器置于加压框架正中，密合传压活塞和横梁，预加 1kPa 压力，使固结仪各部分密切接触，装好百分表，并调整读数至零。

(4)去掉预加荷载，立即加第一级荷载。加砝码时应避免冲击和摇晃，在加砝码的同时，立即开动秒表。荷载等级一般规定为 50kPa、100kPa、300kPa、400kPa。

(5)如为饱和试样，则在施加第一级荷载后，立即向容器内注水至满。非饱和土试样，需用湿棉纱围往上下透水面四周，避免水分蒸发。

(6)如需确定原状土的先期固结压力，荷载率宜小于 1。最后一级荷载应大于 1 000kPa，使 e-lg$p$ 曲线下端出现直线段。

(7)如需测定沉降速率、固结系数，一般按 0s、15s、1min、2min、4min…23h、24h，至稳定为止。固结稳定标准，最后一小时变形量不超过 0.01mm。

不需测定沉降速率时，则施加每级荷载后 24h，测记试样高度变化作为稳定标准。当试样渗透系数大于 10^{-5} cm/s 时，允许以主固结完成作为稳定标准，按此步骤逐级加压至试验完成。

注:测定沉降速率仅适用饱和土。

试验结束后拆除仪器,小心取出完整土样,称其质量,并测定其终结含水率(如不需测定试验后的饱和度,则不必测定终结含水率),并将仪器洗干净。

3. 试验说明与注意事项

(1)试验室用压缩仪(固结仪)进行压缩试验是研究土压缩性的基本方法。压缩试验就是研究土体一维变形特性的测试方法。

(2)将试样放在限制侧向变形的压缩容器中,分级施加垂直压力,测记加压后不同时间的压缩变形,直致各级压力下的变形量趋于某一稳定标准为止。然后将各级压力下最终变形与相应的压强绘出曲线,从而求得压缩指标值。

九、土的直剪试验

(一)黏质土的慢剪试验

1. 目的和适用范围

本试验方法适用于测定黏质土的抗剪强度指标。

2. 仪器设备

(1)应变控制式直剪仪:由剪切盒、垂直加荷设备、剪切传动装置、测力计和位移量测系统组成。

(2)环刀:内径 61.8mm,高 20mm。

(3)位移量测设备:百分表或传感器,百分表量程为 10mm,分度值为 0.01mm,传感器的精度应为零级。

3. 试样

对原状土试样制备或扰动土试样制备和饱和。每组试样制备不得少于 4 个。

4. 试验步骤

(1)对准剪切容器上下盒,插入固定销,在下盒内放透水石和滤纸,将带有试样的环刀刃向上,对准剪盒口,在试样上放滤纸和透水石,将试样小心地推入剪切盒口。

(2)移动传动装置,使上盒前端钢珠刚好与测力计接触,依次加上传压板,加压框架,安装垂直位移量测装置,测记初始读数。

(3)根据工程实际和土的软硬程度施加各级垂直压力,然后向盒内注水;当试样为非饱和试样时,应在中压板周围包以湿棉花。

(4)施加垂直压力,每 1h 测记垂直变形一次,试样固结稳定时的垂直变形值时为:黏质土垂直变形每 1h 不大于 0.005mm。

(5)拔去固定销,以小于 0.02mm/min 的速度进行剪切,并每隔一定时间测记测力计百分表读数,直至剪损。

(6)试样剪损时间可按下式估算:

$$t_f = 50t_{50} \tag{1-60}$$

式中:t_f——达到剪损所经历的时间(min);

t_{50}——固结度达到 50%所需的时间(min)。

(7)当测力计百分表读数不变或后退时,继续剪切至剪切位移为 4mm 时停止,记下破坏值。当剪切过程中测力计百分表无峰值时，剪切至剪切位移达6mm时停止。

(8)剪切结束，吸去盒内吸水，退掉剪切力和垂直压力，移动压力框架，取出试样，测定其含水率。

5. 结果整理

(1)剪切位移按下式计算：

$$\Delta L = 20n - R \tag{1-61}$$

式中：ΔL——剪切位移，0.01mm，计算至0.1；

n——手轮转数；

R——百分表读数。

(2)剪应力按下式计算：

$$\tau = CR \tag{1-62}$$

式中：τ——剪应力(kPa)；

C——测力计校正系数(kPa/0.01mm)。

(3)以垂直压力 p 为横坐标，抗剪强度 s 为纵坐标，将每一试样的最大抗剪强度点绘在坐标纸上，并连成一直线。此直线倾角为摩擦角 φ，纵坐标上的截距为黏聚力 c。

(4)以剪应力 τ 为纵坐标，剪切位移 ΔL 为纵坐标，绘制 τ-ΔL 的关系曲线。

(二)黏质土的固结快剪试验

1. 目的和适用范围

本试验适用于渗透系数小于 10^{-6}cm/s 的黏质土。

2. 仪器设备

黏质土固结快剪试验所用的主要仪器设备与黏质土的慢剪试验相同。

3. 试样

试样制备与本黏质土的慢剪试验相同。

4. 试验步骤

(1)试样安装和固结按黏质土的慢剪试验步骤进行。

(2)固结快剪试验的剪切速度0.8mm/min，其余步骤按黏质土的慢剪试验。

5. 结果整理

固结快剪试验的计算和绘图与黏质土的慢剪试验相同。

(三)黏质土的快剪试验

1. 目的和适用范围

本试验适用于渗透系数小于 10^{-6}cm/s 的黏质土。

2. 仪器设备

与黏质土的慢剪试验相同。

3. 试样

试样制备与黏质土的慢剪试验相同。

4. 试验步骤

(1)试样安装与黏质土的慢剪试验相同。

(2)施加垂直压力,拔出固定销立即开动秒表,以0.8mm/min的剪切速度进行,并按黏质土的慢剪试验步骤进行剪切。

其余与黏质土的慢剪试验相同。

(四)砂类土的直剪试验

1.目的和适用范围

本试验适用于砂类土。

2.仪器设备

砂类土直剪试验所用的主要仪器与黏质土的慢剪试验相同。

3.试样

(1)取过2mm筛的风干砂120g,并按规程砂类土试样方法制备砂样。

(2)根据预定的试样干密度称取每个试样的风干砂质量,准确至0.1g,每个试样的质量按下式计算:

$$m = V\rho_d \tag{1-63}$$

式中:V——试样体积(cm^3);

ρ_d——规定的干密度(g/cm^3);

m——每一试件的需风干砂的质量(g)。

4.试验步骤

(1)对准剪切容器上下盒,插入固定销,放入透水石。

(2)将试样倒入剪切容器内,放上硬木块,用手轻轻敲打,使试样达到预定干密度,取出硬木板,拂平砂面。

(3)试样剪切按黏质土的慢剪试验进行。

(4)试验结束后,顺次卸除垂直压力,加压框架、钢珠、传压板,清除试样,并擦洗干净,以备下次应用。

(5)砂类土的计算同黏质土的慢剪试验。

如欲求砂类土在每一干密度下的抗剪强度,则以抗剪强度为纵坐标,垂直压力为横坐标,绘制在一定干密度下的抗剪强度与垂直压力的关系曲线。

其余与黏质土的慢剪试验相同。

十、无侧限抗压强度试验

1.目的和适用范围

(1)无侧限抗压强度是试件在无侧向压力的条件下,抵抗轴向压力的极限强度。

(2)本试验适用于测定饱和软黏土的无侧限抗压强度及灵敏度。

2.仪器设备

(1)应变控制式允许膨胀压缩仪:包括测力计、加压框架及升降螺杆,根据土的软硬程度,选用不同量程的测力计。

(2)切土盘:同不固结不排水试验。

(3)重塑筒:筒身可拆为两半,内径4cm,高10cm。

(4)百分表:量程 10mm,分度值 0.01mm。

(5)其他:天平(感量 0.1g)、秒表、卡尺、直尺、削土刀、钢丝锯、塑料布、金属垫板、凡士林等。

3. 试样

(1)将原状土样按天然层次放在桌上,用削刀或钢丝锯削成稍大于试件直径的土柱,放入切土盘的上下盘之间,再用削土刀或钢丝锯沿侧面自上而下细心切削。同时边转动圆盘,直至达到要求的直径为止。取出试件,按要求的高度削平两端。端面要平整,且与侧面垂直,上下均匀。如试件表面因有砾石或其他杂物而空洞时,允许用土填补。

(2)试件直径和高度应与重塑筒直径和高度相同,一般直径为 40mm,高为 10cm。试件直径与高度之比应大于 2,按软土的软硬程度采用 2.0~2.5。

4. 试验步骤

(1)将切削好的试件立即称量,准确至 0.1g。同时取切削下的余土测定含水率。用卡尺测量其高度及上、中、下各部位直径,按下式计算其平均直径 D_0:

$$D_0 = (D_1 + 2D_2 + D_3)/4 \tag{1-64}$$

式中:D_0——试件平均直径(cm);

D_1、D_2、D_3——试件上、中、下各部位的直径(cm)。

(2)在试件端抹一薄层凡士林,如为防止水分蒸发,试件侧面也可抹一薄层凡士林。

(3)将制备好的试件放在允许膨胀压缩仪下加压板上,转动手轮,使其与上加压板刚好接触,调测力计百分表读数为零点。

(4)以轴向应变 1%~3%/min 的速度转动手轮(0.06~0.12mm/min),使试验在 8~20min 内完成。

(5)应变在 3%以前,每 0.5%应变记读百分表读数一次,应变达 3%以后,每 1%应变记计百分表读数一次。

(6)当百分表达到峰值或读数达到稳定,再继续剪 3%~5%应变值即可停止试验。如读数无稳定值,则轴向应变达 20%的即可停止试验。

(7)试验结束后,迅速反转手轮,取下试件,描述破坏情况。

(8)若需测定灵敏度,则将破坏的后的试件去掉表面凡士林,再加少许土,包以塑料布,用手捏搓,破坏其结构,重塑为圆柱形,与重塑前尺寸相等,然后立即重复(3)至(7)步骤进行试验。

5. 结果整理

(1)按下式计算轴向应变:

$$\varepsilon_1 = \Delta h/h_0 \tag{1-65}$$

$$\Delta h = n\Delta L - R \tag{1-66}$$

式中:ε_1——轴向应变(%);

h_0——试件起始高度(cm);

Δh——轴向变形(cm);

n——手轮转数;

ΔL——手轮每转一转，下加压板上升高度(0.01mm)；

R——百分表读数(0.01mm)。

(2)按下式计算试件平均断面积：

$$A_a = A_0/(1-\varepsilon_1) \tag{1-67}$$

式中：A_a——校正后试件的断面积(cm)；

A_0——试件起始面积(cm^2)。

(3)应变控制式允许膨胀压缩仪上试件所受轴向应力按下式计算：

$$\sigma = 10CR/A_a \tag{1-68}$$

式中：σ——轴向压力(kPa)；

C——测力计校正系数(N/0.01mm)；

R——百分表读数(0.01mm)；

A_a——校正后试件的断面积(cm^2)。

(4)以轴向应力为纵坐标，轴向应变为横坐标，绘制应力—应变曲线。以最大轴向应力作为无侧限抗压强度。若最大轴向应力不明显，取轴向应变15%处的应力作为该试件的无侧限抗压强度。

(5)按下式计算灵敏度 S_t：

$$S_t = q_u/q'_u \tag{1-69}$$

式中：q_u——原状试件的无侧限抗压强度(kPa)；

q'_u——重塑试件的无侧限抗压强度(kPa)。

十一、CBR试验

CBR又称(加州承载比)，是用于评定路基土和路面材料的强度指标。试验方法有室内法、室外法、落球式快速测定法。CBR指试料贯入量达2.5mm时，单位压力对标准碎石压入相同贯入量时标准强度的比值。

1. 目的和适用范围

(1)本试验方法只适用于在规定的试筒内制件后，对各种土和路面基层、底基层材料进行承载比试验。

(2)试样的最大粒径宜控制在20mm以内，最大不得超40mm且含量不超过5%。

2. 仪器设备

(1)直圆孔筛：孔径40mm、20mm及5mm筛各1个。

(2)试筒：内径152mm、高170mm的金属圆筒；套环：高50mm；筒内垫块：直径151mm、高50mm；夯击底板：同击实仪。也可用击实试验的大击实筒。

(3)夯锤和导管：夯锤的底面直径50mm，总质量4.5kg。夯锤在导管内的总行程为450mm，夯锤的形式和尺寸与重型击实试验法所用的相同。

(4)贯入杆；端面直径50mm、长约100mm的金属柱。

(5)路面材料强度仪或其他载荷装置：能量不小于50kN，能调节贯入速度至每分钟贯入1mm，可采用测力计式。

(6)百分表：3个。

(7)试件顶面上的多孔板(测试件吸水时的膨胀量)。

(8)多孔底板(试件放上后浸泡水中)。

(9)测膨胀量时支承百分表的架子。

(10)荷载板:直径150mm,中心孔眼直径52mm,每块质量1.25kg,共4块,并沿直径分为两个半圆块。

(11)水槽:浸泡试件用,槽内水面应高出试件顶面25mm。

(12)其他:台称,感量为试件用量的0.1%;拌和盘、直尺、滤纸、脱模器等与击实试验相同。

3.试样

将具有代表性的风干试料(必要时可在50℃烘箱内烘干),用木碾捣碎,但应尽量注意不使土或粒料的单个颗粒破碎。土团均应捣碎到通过5mm的筛孔。

采取有代表性的试料50kg,用40mm筛筛除大于40mm的颗粒,并记录超尺寸颗粒的百分数。将已过筛的试料按四分法取出约25kg。再用四分法将取出的试料分成4份,每份质量6kg,供击实试验和制试件之用。

在预定做击实试验的前一天,取有代表性的试料测定其风干含水率。测定含水率用的试样数量可参照击实试验中的数量。

4.试验步骤

(1)称试筒本身质量(m_1),将试筒固定在底板上,将垫块放入筒内,并在垫块上放一张滤纸,安上套环。

(2)将1份试料,按规定的层数和每层的击数,求试料的最大干密度和最佳含水率。

(3)将其余3份试料,按最佳含水率制备3个试件。将一份试料平铺于金属盘内,按事先计算得的该份试料应加的水量均匀地喷洒在试料上。用小铲将试料充分拌和到均匀状态,然后装入密闭容器或塑料口袋内浸润备用。浸润时间:重黏土不得少于24h;轻黏土可缩短到12h;砂土可缩短到1h;天然砂砾可缩短到2h左右。

制每个试件时,都要取样测定试料的含水率。

注:需要时,可制备3种干密度试件。如每种干密度试件制3个,则共制9个试件。每层击数分别为30、50和98次,使试件的干密度从95%到等于100%的最大干密度。这样,9个试件共需试料约55kg。

(4)将试筒放在坚硬的地面上,取备好的试样3～5次倒入筒内(视最大料径而定)。按五层法时,每层需试样约900g(细粒土)～1 100g(粗粒土)。按三层法时,每层需试样1 700g左右(其量应使击实后的试样高出1/3筒高1～2mm)。整平表并稍加压紧,然后按规定的击数进行第一层试样的击实,击实时锤应自由垂直落下,锤迹必须均匀分布于试样面上。第一层击实完后,将试样层面"拉毛",然后再装入套筒,重复上述方法进行其余每层试样的击实。大试筒击实后,试样不宜高出筒高10mm。

(5)卸下套环,用直刮刀沿试筒顶修平击实的试件,表面不平整处用细料修补。取出垫块,称试筒和试件的质量(m_2)。

(6)泡水测膨胀量的步骤如下:

①在试件制成后,取下试件顶面的破残滤纸,放一张好滤纸,并在上安装附有调节杆的多孔板,在多孔板上加4块荷载板。

②将试筒与多孔板一起放入槽内(先不放水),并用拉杆将模具拉紧,安装百分表,并读取初读数。

③向水槽内放水,使水自由进到试件的顶部和底部。在泡水期间,槽内水面应保持在试件顶面以上大约 25mm。通常试件要泡水 4 昼夜。

④泡水终了时,读取试件上百分表终读数,并用下式计算膨胀量:

$$\text{膨胀量}=\frac{\text{泡水后试件高度变化}}{\text{原试件高}(=120\text{mm})}\times 100 \tag{1-70}$$

⑤从水槽中取出试件,倒出试件顶面的水,静置 15min,让其排水,然后卸去附加荷载和多孔板、底板和滤纸,并称量(m_3),以计算试件的湿度和密度的变化。

(7)贯入试验

①将泡水试验终了的试件放到路面材料强度试验仪的升降台上,调整偏球座,使贯入杆与试件顶面全面接触,在贯入杆周围放置 4 块荷载板。

②先在贯入杆上施加 45N 荷载,然后将测力和测变形的百分表的指针都调整至零点。

③加荷使贯入杆以 1～1.25mm/min 的速度压入试件,记录测力计内百分表某些读数(如 20、40、60)时的贯入量,并注意使贯入量为 250×10^{-2}mm 时,能有 5 个以上的读数。因此,测力计内的第一个读数应是贯入量 30×10^{-2}mm 左右。

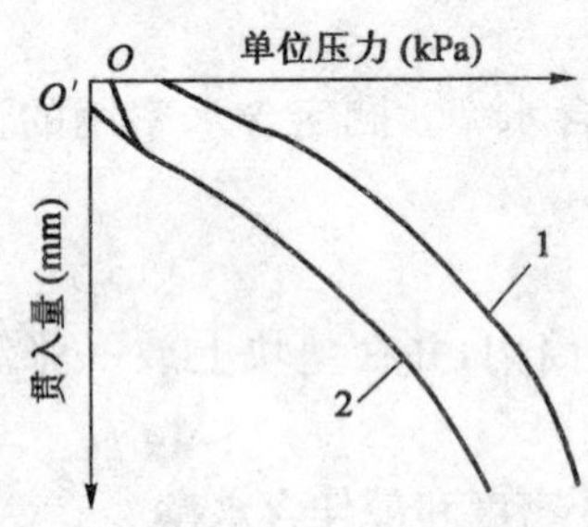

图 1-6　单位压力与贯入量的关系曲线

5. 结果整理

(1)以单位压力(p)为横坐标,贯入量(l)为纵坐标,绘制 p-l 关系曲线,如图 1-6 所示。图上曲线 1 是合适的。曲线 2 开始段是凹曲线,需进行修正。修正时,在变曲率点引一切线,与纵坐标交于 O' 点,O' 即为修正后的原点。

(2)一般采用贯入量为 2.5mm 时的单位压力与标准压力之比作为材料的承载比(CBR),即:

$$\text{CBR}=p/7\,000\times 100 \tag{1-71}$$

式中:CBR——承载比(%);

p——单位压力(kPa)。

同时计算贯入量为 5mm 时的承载比:

$$\text{CBR}=(p/10\,500)\times 100 \tag{1-72}$$

如贯入量为 5mm 时的承载比大于 2.5mm 时的承载比,则试验要重作。如结果仍然如此,则采用 5mm 时的承载比。

(3)试件的湿密度用下式计算:

$$\rho=\frac{m_2-m_1}{2\,177} \tag{1-73}$$

式中:ρ——试件的湿密度(g/cm³);

m_2——试筒和试件的合质量(g);

m_1——试筒的质量(g);

2 177——试筒的容积(cm³)。

(4)泡水后试件的吸水量按下式计算:

$$w_a = m_3 - m_2 \tag{1-74}$$

式中：w_a——泡水后试件的吸水量(g)；

m_3——泡水后试筒和试件的合质量(g)；

m_2——试筒和试件的合质量(g)。

6.精度要求

如根据3个平行试验结果计算得的承载比变异系数 C_v 大于12%，则去掉一个偏离大的值，取其余2个结果的平均值。如 C_v 小于12%，且3个平行试验结果计算的干密度偏差小于0.03g/cm³，则取3个结果的平均值。如3个试件结果计算的干密度偏差超过0.03g/cm³，则去掉一个偏离大的值，取其余2个结果的平均值。

承载比小于100，相对偏差不大于5%；承载比大于100，相对偏差不大于10%。

第七节　土的化学性质试验和水理性试验

一、土的膨胀性试验

土的膨胀过程与收缩相反。当水分子浸入水膜较薄的地方，将土粒推开，土体因而膨胀。反映土的膨胀性质的指标有膨胀率、膨胀力等。土体膨胀会使土的强度降低。因此，在工程上对土的膨胀问题应给以充分重视。我国《公路土工试验规程》介绍了自由膨胀率试验、有荷载膨胀率试验、无荷载膨胀率试验和膨胀力试验。

自由膨胀率为松散的烘干的土粒在水中和空气中分别自由堆积的体积之差与在空气中自由堆积的体积之比，以百分数表示，用以判定无结构力的松散土粒在水中的膨胀特性。自由膨胀率试验方法适宜于膨胀土的自由膨胀率测定。

为了模拟覆盖压力或某种特定荷载条件，可按实际荷载大小做有荷载有侧限的膨胀率试验或做不同荷载下的膨胀率试验。有荷载膨胀率试验适用于测定原状土或击实黏质土在特定荷载的膨胀率，或荷载与膨胀的关系曲线。测量指标是荷载膨胀率。

无荷载膨胀率试验用于测定试样在无荷载有侧限条件下，浸水后在高度方向上的单向膨胀与原高度的比值。这一比值称膨胀率，以百分数表示。无荷载膨胀率试验适用于测定原状土或击实土样的无荷载膨胀率，供评价黏质土膨胀势能时参考。

膨胀力是土体在吸水膨胀时所产生的内应力。膨胀力试验适用于测定原状土和击实土样在体积不变时由于膨胀所产生的最大内应力，采用加荷平衡法。

二、收缩试验

土的收缩是湿土变干时由于含水率减少所引起的。当包围土粒的薄膜水厚度变薄，土粒在分子吸引力的作用下，相互移近，土的体积因而减小。反映土的收缩性质指标有缩限和体积收缩(线塑率、体缩率和收缩系数)。收缩会导致土体产生裂缝。有了裂缝的土体，其强度会显著降低，透水性会显著增大。我国规程介绍了测定原状土和击实土试样在自然风干条件下的线缩率、体缩率及缩限的收缩试验。

试验要点如下：①制备试样。②试件饱和。③装好百分表，记下初读数。④在室温不高于

30℃条件下进行收缩试验，根据试样温度及收缩速度，宜每隔 1～4h 测记百分表读数，并称整套装置和试样质量。两天后，每隔 6～24h 测记百分表读数，并称质量，至两次百分表读数不变，在收缩曲线的Ⅰ阶段内应取不得少于 4 个数据。⑤试验结束，取出试样，并在 105～110℃下烘干，称干土质量。⑥用蜡封法测定烘干试样体积。⑦结果整理。

(1)按下式计算起始和收缩过程的含水率。

$$w = (m_t/m_s - 1) \times 100 \tag{1-75}$$

式中：w——起始或某时刻的含水率(%)；

m_t——某时刻称得的试样质量(g)；

m_s——干土质量(g)。

(2)按下式计算线缩率：

$$e_{sL} = R_t - R_0/H_0 \times 100 \tag{1-76}$$

式中：e_{sL}——线缩率(%)；

H_0——试样原高度(mm)；

R_0——百分表初读数(mm)；

R_t——收缩过程中某时刻百分表读数(mm)。

(3)体缩率按下式计算

$$e_s = (V_0 - V_1)/V_0 \times 100 \tag{1-77}$$

式中：e_s——体缩率(%)；

V_0——试样原体积(环刀容积)(cm^3)；

V_1——试样烘干后的体积(cm^3)。

(4)以线收缩率为纵坐标，含水率为横坐标，绘制关系曲线，依据《公路土工试验规程》(JTG E40—2007)相关介绍判定缩限。

三、毛细管水上升高度试验

毛细管现象是土粒与水分子的相互吸引力以及水的表面张力而产生的。土的毛细管水上升高度是水在土孔隙中因毛细管作用而上升的最大高度。

毛细管作用使土中自由水从自由水面通过土的微小通道逐渐上升。其上升的高度和速度取决于土的孔隙、有效粒径、土孔隙中吸附空气和水的性质以及温度等，可用试验方法测定。一般来说，这个高度对于卵石为零至几厘米；对砂土则在数十厘米之间；对黏土则可达数百厘米。影响毛细性的因素中土的粒度成分影响最为显著。矿物成分不同，毛细性也不同。水溶液的成分和浓度对黏性土的毛细性影响很大。

本试验的目的是测定土的毛细管水上升高度和速度，用于估计地下水位升高时路基被浸湿的可能性和浸湿的程度。结合道路工程的特点，我国规程采用直接观测法，本试验适用于确定对道路发生危害的路基土的强烈毛细管水上升高度，即在含水率与上升高度的关系曲线上，取含水率等于塑限时的下部高度为强烈毛细管水上升高度。试验过程如下。

(1)装好毛细管试验仪，将底座的垫圈和铜丝网垫好，然后将有机玻璃管拧紧，同时将管上排气孔和小孔全部拧上盖，对于毛细水上升高度较大的土，如需要两根或两根以上的管时，应先准备好接口、螺栓，以便随时拼接。

(2)取具有代表性的风干土样 5kg 左右(每个管需土 2.0～2.5kg 左右),借漏斗分数次装入有机玻璃管中,并用捣棒不断振捣,使其密实度均匀。当装满一根管后,若需要继续拼接时,用胶布将两管包好,外用接口接上,拧紧固定螺栓,继续将土样装入,同时边用捣棒振捣,直至装满为止。顶端盖上铝盖。

(3)将有机玻璃管放入装好的试验架上,固定管身,使其垂直。

(4)将盛水筒装满水,盖上盖子,拧上弹簧,接上塑料管,挂上挂绳。

(5)用水平尺控制盛水筒水面比有机玻璃管零点高出 0.5～1.0cm,然后固定挂绳于挂钩上,这时筒内水面高度将始终保持不变。

(6)接通塑料管和有机玻璃管底部的接口,然后开启排气小孔,使空气排出,直到孔内有水流出时,拧紧螺帽。

(7)从小孔有水排出时计起,经 30min、60min,以后每隔数小时,根据管中土的颜色,测记该时的毛细管水上升高度,直至上千稳定为止。

(8)若需要了解强烈毛细管水上升高度,可将筒壁小洞盖打开,依次用小勺取出土样,测其含水率。

(9)在半对数纸上,以毛细管水上升高度 h 为纵坐标,以时间 t 为横坐标,绘制毛细管水上升高度 h 与时间 t 的关系曲线。绘制时,应根据实测值的散点分布,确定 h-t 关系的数学模型。

(10)另绘制毛细管水上升高度 h 与含水率 w 的关系曲线。在横坐标上找出含水率等于该土塑限之点,从该点引垂线,交曲线于 A 点,再由 A 点引水平线,交纵坐标于 B 点。B 点的纵坐标即代表该土的强烈毛细管水上升高度。

四、渗透试验

渗透是液体在多孔介质中运动的现象。这一现象表达的定量指标是渗透系数。土的渗透性是由于土颗粒骨架之间存在连通的孔隙结构,构成了水的运移通道,土中自由水在重力作用下,通过土颗粒骨架的孔隙运动,而使土体所具有的一种水力学特性。土中孔隙水的运动和孔隙水压力的变化,常常是影响土的各种力学性质及控制各种土工建筑物设计和施工的重要因素。影响渗透系数的因素很多,但重要因素有土粒的大小和级配、土的孔隙比、水的动力黏滞系数、土中封闭气体含量、土的结构构造、结合水膜厚度。

选用何种方法测定土的渗透系数,应根据土样的渗透性大小来确定采用常水头或变水头。两种方法测试原理不同,故效果各异。在一般情况下,常水头法适用渗透系数大于 10^{-4} cm/s 的土,变水头法适用于渗透系数为 10^{-4}～10^{-7} cm/s 的土。我国规范规定常水头渗透试验适用于砂类土和含水率砾石的无凝聚性土。试验用水应采用实际作用于土的天然水。如有困难,允许用蒸馏水或一般经过滤的清水,但试验前必须用抽气法或煮沸法脱气。试验时水温宜高于试验室温度 3～4℃。变水头渗透试验适用于黏质土。

常水头渗透试验按下式计算渗透系数:

$$k_t = QL/(AHt) \tag{1-78}$$

式中:k_t——水温 t℃时试样渗透系数(cm/s);

Q——时间 t 内的渗透水量(cm^3);

L——两测压孔中心之间的试样高度(等于测压孔中心间距:$L=100cm$);

A——试样的断面积(cm^2);

H——平均水位差,$H=(H_1+H_2)/2(cm)$;

t——时间(s)。

我国规定20℃为渗透系数的标准温度。水温不是标准温度,需要换算成标准温度下的渗透系数。变水头渗透试验按下式计算试样渗透系数:

$$k_t = 2.3aL/[A(t_2-t_1)]\times \lg(H_1/H_2) \tag{1-79}$$

式中:k_t——水温为t℃时试样的渗透系数(cm/s);

a——变水头管的内径面积(cm^2);

L——渗径,即试样高度(cm);

t_1、t_2——分别为测读水头的起始和终止时间(s);

H_1、H_2——起始和终止水头;

A——试样的过水面积。

五、酸碱度试验

1. 目的和适用范围

本方法适用于各类土。

2. 仪器设备

(1)酸度计:应附玻璃电极、甘汞电极或复合电极,以及电磁搅拌器等。

(2)电动振荡器。

(3)天平:称量100g,感量0.01g。

3. 试剂

(1)pH4.01标准缓冲溶液,称10.21g经105~110℃烘干的苯二甲酸氢钾($KHC_8H_4O_4$分析纯)溶于水后定容至1L。

(2)pH6.87标准缓冲溶液,称3.53g经105~110℃烘干的Na_2HPO_4(分析纯)和3.39g KH_2PO_4(分析纯)溶于水中,定容至1L。

(3)pH9.18标准缓冲溶液3.8g硼砂($Na_2B_4O_7\cdot 10H_2O$分析纯)溶于无CO_2的冷水中,定容至1L。此溶液的pH值易于变化,所以应储存于密闭的塑料瓶中(宜保存使用2个月)。

(4)饱和氯化钾(KCl)溶液:向少量纯水中加入KCl,边加入边搅拌,直至不继续溶解为止。

4. 试验步骤

(1)酸度计的校正:在测定土样前应按照所用仪器的使用说明书校正酸度计。

(2)土悬液的制备:称取通过1mm筛的风干土样10g,放入具塞的广口瓶中,加水50mL(土水比为1:5)。在振荡器上振荡3min。静置30min。

(3)土悬液pH值的测定:将25~30mL的土悬液盛于50mL烧杯中,将该烧杯移至电磁搅拌器上。再向该烧杯中加一只搅拌子;然后将已校正完毕的玻璃电极、甘汞电极(或复合电极)插入杯中,开动电磁搅拌器搅拌2min,从酸度计的表盘(或数字显示器)上自接测定pH值,准确至0.01;测记土悬液温度,进行温度补偿操作。

(4)测定完毕，应关闭酸度计和电磁搅拌器的电源，用水冲洗电极，并用滤纸吸干电极上沾附的水。若一批试验完后第二天仍继续测定的话，可将玻璃电极部分浸泡在纯水中。

5. 精密度和允许差

酸碱度试验 pH 值的测定结果要求两次称样平行测定结果允许偏差为 0.1。

六、烧失量试验

1. 目的和适用范围

本方法适用于各类土。

2. 仪器设备

(1)高温炉：自动控制温达 1 300℃。

(2)分析天平：称量 100g。

(3)瓷坩埚、干燥器、坩埚钳等。

3. 试验步骤

(1)先将空干坩埚放入已升温至 950℃的高温炉中灼烧 0.5h，取出稍冷(0.5～1min)，放入干燥器中冷却 0.5h，称量。

(2)称取通过 1mm 筛孔的烘干土(在 100～105℃烘干 8h)1～2g(称准到 0.000 1g)，放入已灼烧至恒量的坩埚中，把坩埚放入未升温的高温炉内，斜盖上坩埚盖。徐徐升温至 950℃，并保持恒温 0.5h，取出稍冷，盖上坩埚盖。放入干燥器内，冷却 0.5h 后称量。重复灼烧量，至前后两次质量相差小于 0.5mg，即为恒量。至少做一次平行试验。

4. 结果整理

烧失量按下式计算：

$$\text{烧失量}(\%) = [m - (m_2 - m_1)]/m \times 100 \tag{1-80}$$

式中：m——烘干土样质量(g)；

m_1——空坩埚质量(g)；

m_2——灼烧后土样＋坩埚质量(g)。

七、有机质含量试验

1. 目的和适用范围

本试验目的在于了解土中有机质的含量。本测定方法适用于有机质含量不超过 15%的土。测定方法采用重铬酸钾容量法——油浴加热法，实测有机碳含量，然后计算出有机质含量

2. 仪器设备

(1)分析天平：称量 200g。

(2)电炉：附自动控温调节器。

(3)油浴锅：应带铁丝笼。

(4)温度计：0～250℃，精度 1℃。

3. 试剂

(1)0.075 0mol/L $1/6K_2Cr_2O_7—H_2SO_4$ 溶液：用分析天平称取经 105～110℃烘干并研

细的重铬酸钾 44.123 1g，溶于 800mL 蒸馏水中(必要时可加热)，缓缓加入浓硫酸 1 000mL，边加入边搅拌，冷却至室温用水定容至 2L。

(2)0.2mol/L 硫酸亚铁(或硫酸亚铁铵)溶液：称取硫酸亚铁($FeSO_4 \cdot 7H_2O$ 分析纯)56g 或硫酸亚铁铵$(NH_4)_2SO_4FSO_4 \cdot 6H_2O$80g，溶于蒸馏水中，加 15mL 浓硫酸(密度 1.84g/mL 化学纯)。然后加蒸馏水稀释至 1L，密封储于棕色瓶中。

(3)邻菲咯啉指示剂：称取邻菲咯啉 ($C_{12}N_8N_2 \cdot H_2O$)1.485g，硫酸亚铁($FeSO_4 \cdot 7H_2O$) 0.695g，溶于 100mL 蒸馏水中，此时试剂与 Fe^{2+} 形成棕色络合物，即$[Fe(C_{12}H_8N_2)_3]^{2+}$，储于棕色滴瓶中。

(4)石蜡(固体)或植物油 2kg。

(5)浓硫酸(H_2SO_4)(密度 1.84g/mL)化学纯。

(6)灼烧过的浮石粉或土样：取浮石或矿质土约 200g，磨细并通过 0.25mm 筛，分散装入数个瓷蒸发皿中，在 700～800℃的高温炉内灼烧 1～2h，把有机质完全烧尽后备用。

(7)硫酸亚铁(或硫酸亚铁铵)溶液的标定

准确吸取 $K_2Cr_2O_7$ 标准溶液 3 份，每份 20mL 分别注入 150mL 锥形瓶中，用蒸馏水稀释至 60mL 左右，滴入邻菲咯啉指示剂 3～5 滴，用硫酸亚铁(或硫酸亚铁铵)溶液进行滴定，使锥形瓶中的溶液由橙黄经蓝绿色突变至橙红色为止。按用量计算硫酸亚铁(或硫酸亚铁铵)溶液的深度，准确至 0.000 1mol/L，取 3 份计算结果的算术平均值即为硫酸亚铁(或硫酸亚铁铵)溶液的标准浓度。

4. 试验步骤

(1)用分析天平准确称取通过 100 目筛(0.15mm)的风干土样 0.100 0～0.500 0g，放入一干燥的硬质试管中，用滴定管准确加入 0.075 0mol/L $1/6K_2Cr_2O_7—H_2SO_4$ 标准溶液 10mL (在加入 3mL 时摇动试管使土样分散)，并在试管口插入一小玻璃漏斗，以冷凝蒸出之水汽。

(2)将 8～10 个已装入土样和标准溶液的试管插入铁丝笼中(每笼中均有 1～2 个空白试管)，然后将铁丝笼放入温度为 185～190℃的石蜡油浴锅中，试管内的液面应低于油面。要求放入后油浴锅内油温下降至 170～180℃，以后应注意控制电炉，使油温维持在 170～180℃，待试管内试液沸腾时开始计时，煮沸 5min，取出试管稍冷，并擦净试管外部油液。

(3)将试管内试样倾入 250mL 锥形瓶中，用水洗净试管内部及小玻璃漏斗，使锥形瓶中的溶液总体积达 60～70mL，然后加入邻菲咯啉指示剂 3～5 滴，摇匀，用硫酸亚铁(或硫酸亚铁铵)标准溶液滴定，溶液由橙黄色经蓝绿色突变为橙红色时即为终点，记下硫酸亚铁(或硫酸亚铁铵)标准溶液的用量，精确至 0.01mL。

(4)空白标定：即用灼烧土代替土样，其他操作均与土样试验相同，记录硫酸亚铁用量

5. 结果整理

有机质含量按下式计算：

$$有机质(\%)=C_{FeSO_4}(V'_{FeSO_4}-V_{FeSO_4})\times 0.003\times 1.724\times 1.1/m_s \quad (1\text{-}81)$$

式中：C_{FeSO_4}——硫酸亚铁标准溶液的浓度(mol/L)；

V'_{FeSO_4}——空白标定时用去的硫酸亚铁标准溶液的量(mL)；

V_{FeSO_4}——测定土样时所用去的硫酸亚铁标准溶液的量(mL)；

m_s——土样质量(将风干土换算为烘干土)(g)；

0.003——1/4 碳原子的摩尔质量(g/mmol)；

1.724——有机碳换算成有机质的系数；

1.1——氧化校正系数。

第八节　土样和试样制备

一、土样的采集、运输和保管

1.土样要求

(1)采取原状土或扰动土视工程对象而定，凡属桥梁、涵洞、隧道、挡土墙、房层建筑物的天然地基以及挖方边坡、渠道等，应采取原状土样；如为填土路基、堤坝、取土坑(场)或只要求土的分类试验者，可采取扰动土样。

(2)土样可在试坑、平洞、竖井、天然地面及钻孔中采取。取原状土样时，必须保持土样的原状结构及天然含水率，并使土样不受扰动。用钻机取土时，土样的直径不得小于10cm，并使用专门的薄壁取土器。在试坑中或天然地面下挖取原状土时，可用有上、下盖的铁壁取土筒，打开下盖，扣在欲取的土层上，边挖筒周围土，边压土筒至筒内装满土样；然后挖断筒底土层(或左、右摆动即断)，取出土筒，翻转削平筒内土样，若周围有空隙，可用原土填满，盖好下盖，密封取土筒。采取扰动土时，应先清除表层土，然后分层用四分法取样。对于盐渍土，一般应分别在0～0.05m，0.05～0.25m，0.25～0.50m，0.50～0.75m，0.75～1.0m垂直深度处，分层取样。取土同时，应测记采样季节、时间和气温。

(3)土样数量按相应试验项目规定采取。

(4)取土记录和编号。

2.土样包装和运输

(1)原状土或需要保持天然含水率的扰动土，在取样之后，应立即密封取土筒，即先用胶布贴封取土上的所有缝隙，在两端盖上用红油漆写明“上、下”字样，以示土样层位。在筒壁贴上“取样记录簿”中扯下的标签，然后用纱布包裹，再浇注融蜡，以防水分散失。

(2)密封后的原状土在装箱之前应放于阴凉处，不需保持天然含水率的扰动土，最好风干稍加粉碎后装入袋中。

(3)土样装箱时，应与“取样记录簿”对照清点，无误后再装入，并在记录簿存根上注明装入箱号，对原状土应按上、下部位将筒立放，木箱中筒间空隙宜以稻(麦)草或软物填紧，以免在运输过程中受振、受冻。木箱上应编号并写明“小心轻放”“切勿倒置”、“上”、“下”等字样。对已取好的扰动土样的土袋，在对照清点后可以装入麻袋内，扎紧袋口，麻袋上写明编号并拴上标签(如同行李签)，签上注明麻袋号数、麻袋内共装的土袋数和土袋号。

(4)盐渍土的扰动土样宜用塑料袋装，为防止取样记录标签在袋内湿烂，可用另一小塑料袋装标签，再放入土袋中；或将标签折叠后放在盛土的塑料袋口，并将塑料袋折叠收口，用橡皮圈绕扎袋口标签以下，再将放标签的袋口向下折叠，然后再以未绕完的橡皮圈绕完的橡皮圈绕扎系紧。每一盐渍土剖面所取的5个塑料袋土，可以合装于一个稍大的布袋内。同样在装入布袋前要与记录簿存根清点对照，并将布袋号补记在原始记录簿中。

3. 土样的接受与管理

(1)土样运到试验单位,应主动附送"试验委托书"。委托书内各栏根据"取样记录簿"的存根填写清楚,若还有其他试验要求,可在委托书内注明。

(2)试验单位在接到土样之后,即按照"试验委托书"清点土样,核对编号并检查所送土样是否满足试验项目的需要等。同时,每清点一个土样,即在委托书中的试验室编号栏内进行统一编号,并将此编号记入原标签上,以免与其他工程所送土样编号相重而发生错误。

(3)土样清点验收后,即根据"试验委托书"登记于"土样收发登记簿"内,并交土样交负责试验人员妥善保存,按要求逐项进行试验。土样试验完毕,将余土仍装入原装内,待试验结果发出,并在委托单位收到报告书一个月后,仍无人查询,即可将土样处理。若有疑问,尚可用余土复试。试验结果报告书发出时,即在原来"土样收发登记簿"内注明发出日期。

二、土样和试件制备

1. 细粒土扰动土样的制备程序

(1)将扰动土样进行土样描述,如颜色、土类、气味及夹杂物等,如有需要,将扰动土样充分均匀,取代表性土样进行含水率测定。

(2)将块状扰动土放在橡皮板上用木碾或粉碎机碾散,但切勿压碎颗粒,如含水率较大不能碾散时,应风干至可碾散时为止。

(3)根据试验所需土样数量,将碾散后的土样过筛,物理性试验如液限、塑限、缩限等试验,需过 0.5mm 筛,水理及力学试验土样,需过 2mm 筛;击实试验土样的最大粒径必须满足击实试验采用不同击实筒试验时的土样最大粒径要求,需过 5mm 筛。按规定过筛后,取出足够数量的代表性试样,然后分别装入容器内,标以标签。标签上应注明工程名称、土样编号、过筛孔径、用途、制备日期和人员等,以备各项试验之用;若含有多量粗砂少量细粒土(泥砂或黏土)的松散土样,应加水润湿松散后,用四分法取出代表性试验;若系净砂,则可用匀土器取代表性试样。

(4)为配制一定含水率的试样,取过 2mm 筛的足够试验用的风干土 1～5kg,计算所需的加水量,然后将所取土样平铺于小吸水的盘内,用喷雾设备喷洒预计的加水量,并充分拌和,然后装入容器内盖紧,润湿一昼夜备用(砂类土浸润时间可酌量缩短)。

(5)测定湿润土样不同位置的含水率(至少两个以上),要求差值满足含水率测定的允许平行差值。

(6)对不同土层的土样制备混合试样时,应根据各土层厚度,按比例计算相应质量配合,然后按本试验中(1)～(4)步骤进行扰动土的制备工序。

2. 扰动土样制备的计算

(1)按下式计算干土质量:

$$m_s = m/(1 + 0.01w_h) \tag{1-82}$$

式中:m_s——干土质量(g);

m——风干土质量(或天然土质量)(g);

w_h——风干含水率(或天然含水率)(%)。

(2)按下式计算制备土样所需加水量:

$$m_w = m/(1+0.01w_h) \times 0.01(w-w_h) \tag{1-83}$$

式中：m_w——土样所需加水量(g)；

m——风干含水率时的土样质量(g)；

w_h——风干含水率(%)；

w——土样所要求的含水率(%)。

(3)按下式计算制备扰动土样所需总土质量：

$$m = (1+0.01w_h)\rho_d V \tag{1-84}$$

式中：m——制备土样所需总土质量(g)；

ρ_d——制备土样所要求的干密度(g/cm³)；

V——计算出击实土样或压模土样体积(cm³)；

w_h——风干含水率(%)。

(4)按下式计算制备扰动土样应增加的水量：

$$\Delta m_w = 0.01(w-w_h)\rho_d V \tag{1-85}$$

式中：Δm_w——制备扰动土样应增加的水量(cm³)；

其余符号含义同前。

3.粗粒土扰动土样的制备程序

(1)无凝聚性的松散砂土、砂砾及砾石等按前述制备土样，然后取具有代表性足够试验用的土样作颗粒分析作用，其余过5mm筛，筛上筛下土样分别储存，供作比重及最大、最小孔隙比等试验用，取一部分过2mm筛的土样备力学性质试验之用。

(2)如砂砾土有部分黏土黏附在砾石上，可用毛刷仔细刷尽捏碎过筛，或先用水浸泡，然后用2mm筛将浸泡过的土样在筛上冲洗，取筛上及筛下具有代表性试样作颗粒分析用。

(3)将过筛土样或冲洗下来的土浆风干至碾散为止，再按细粒土扰动土样的制备程序中(1)～(4)步骤操作。

4.扰动土样试件的制备程序

根据工程要求，将扰动土制备成所需的试件进行水理、物理力学等试验之用。

根据试件高度要求分别选用击实法和压样法，高度小的采用单层击实法，高度大的采用压样法。

(1)击实法

①根据工程要求，选用相应的夯击功进行击实。

②按试件所要求的干质量、含水率，按前述方法制备湿土样，并称制备好的湿土样质量，准确至0.01g。

③将试验用的切土环刀内壁涂一薄层凡士林，刀口向下，放在试件上，用切土刀将试件削成略大于环刀自径的土柱。然后将环刀垂直向下压，边压边削，至土样伸出环刀为止，削平环刀两端，擦净环刀外壁，称环土合质量，准确至0.1g，并测定环刀两端所削下土样的含水率。

④试件制备应尽量迅速，以免水分蒸发。

⑤试件制备的数量视试验需要而定，一般应多制备1～2组备用，同一组试件或平行试件

的密度，含水率与制备标准之差值，分别在±0.1g/cm³ 或 2%范围之内。

(2)压样法

①按击实法②中的规定，将湿土倒入压模内，拂平土样表面，以静压力将土压至一定高度，用推土器将土样推出。

②按击实法③～⑤的规定进行操作。

5.原状土试件制备程序

按土样上下层次小心开启原状土包装皮，将土样取出放正，整平两端。在环刀壁涂一薄层凡士林，刀口向下，放在土样上，无特殊要求时，切土方向与天然土层层面垂直。

按击实法③中的操作步骤切取试件，试件与环刀要密合，否则应重取。

切削过程中，应细心观察并记录试件的层次、气味、颜色，有无杂质，土质是否均匀，有无裂缝等。

如连续切取数个试件，应注意使含水率不发生变化。

视试件本身及工程要求，决定试件是否进行饱和，如不立即进行试验或饱和时，则将试验暂存于保湿器内。

切取试件后，剩余的原状土样用蜡纸包好置于保湿器内，以备补做试验之用。切削的余土做物理性试验。

平行试验或同一组试件密度差值不大于±0.1g/cm³，含水率差值不大于 2 % 。

6.试件饱和

土的孔隙逐渐被水填充的过程称为饱和。孔隙被水充满时的土，称为饱和土。

根据土的性质，决定饱和方法。

砂类土：可直接在仪器内浸水饱和。较易透水的黏性土：即渗透系数大于 10^{-4} cm/s 时，采用毛细管饱和法较为方便。不易透水的黏性土：即渗透系数小于 10^{-4} cm/s 时，采用真空饱和法。如土的结构性较弱，抽气可能发生扰动，不宜采用。

7.化学试验的土样制备

把土样平铺在搪瓷盘、木板或厚纸上，摊成薄层，放于室内阴凉通风处风干，不时翻拌，并将大块土捏散，促使均匀风干。风干场所力求干燥清洁，并要防止酸碱蒸汽的侵蚀和尘埃落入。

风干土样用木棍压碎，仔细检查砂砾，过 2mm 孔径的筛，筛出土块重新压碎，使全部通过为止。过筛后的土样经四分法缩减至 200g 左右，放在瓷研钵中研细，使其全部通过 1mm 的筛子，取其中 3/4(用二次四分法，每次取一半)供一般化学试验之用，其余 1/4 重又研细，使全部通过 0.5mm 筛子，由四分法分出 1/2，置于 105～110℃烘箱中烘至恒温，储于干燥器中，供碳酸盐等分析之用。剩余 1/2，压成扁平薄层，划成许多小方格，用角匙按分格规律均匀挑取样品 10g 左右，放入玛瑙研钵中仔细研碎，使其全部通过 0.1mm 筛子，最后也在 105～110℃烘箱中烘 8h，放在干燥器内，供矿质成分全量分析之用。

8.结果整理

按下式计算饱和度：

$$S_r=\frac{(\rho-\rho_d)G_s}{e\rho_d} \tag{1-86}$$

或

$$S_r = \frac{wG_s}{e} \tag{1-87}$$

式中：S_r——饱和度(%)；

ρ——饱和后的密度(g/cm^3)；

ρ_d——土的干密度(g/cm^3)；

e——土的孔隙比；

G_s——土粒相对密度；

w——饱和后的含水率(%)。

第二章

集　料

第一节　粗　集　料

一、集料的概念

集料是在混合料中起骨架和填充作用的粒料，包括碎石、砾石、机制砂、石屑、砂等。在沥青混合料中，粗集料是指粒径大于 2.36mm 的碎石、破碎砾石、筛选砾石和矿渣等；在水泥混凝土中，粗集料是指粒径大于 4.75mm 的碎石、砾石和破碎砾石。

在沥青混合料中，细集料是指粒径小于 2.36mm 的天然砂、人工砂（包括机制砂）及石屑；在水泥混凝土中，细集料是指粒径小于 4.75mm 的天然砂、人工砂。关于细集料的定义，国内外对水泥混凝土等建筑行业均以 4.75mm 为粗细集料的分界，而对沥青路面和基层均以 2.36mm为分界。但是有时在沥青混合料中也常以起骨架作用的集料粒径作为粗集料看待，如 SMA 等嵌挤型混合料，SMA-10 以 2.36mm 以上为粗集料，SMA-13 以上的混合料以 4.75mm以上的颗粒作为粗集料。

天然砂指自然风化、水流冲刷、堆积形成的、粒径小于 4.75mm 的岩石颗粒，按生存环境分河砂、海砂、山砂等。

经人为加工处理得到的符合规格要求的细集料，通常指石料加工过程中采取真空抽吸等方法除去大部分土和细粉，或将石屑水洗得到的洁净的细集料，称为人工砂。从广义上分类，机制砂、矿渣砂和煅烧砂都属于人工砂。

由碎石及砾石经制砂机反复破碎加工至粒径小于 2.36mm 的人工砂，称机制砂，亦称破碎砂。

采石场加工碎石时通过最小筛孔（通常为 2.36mm 或 4.75mm）的筛下部分，称为石屑，也称筛屑。

由天然砂、人工砂、机制砂或石屑等按一定比例混合形成的细集料的统称为混合砂。

在沥青混合料中起填充作用的，粒径小于 0.075mm 的矿物质粉末，称为填料。通常是石灰岩等碱性料加工磨细得到的矿粉，水泥、消石灰、粉煤灰等矿物质有时也可作为填料使用。

由石灰岩等碱性石料经磨细加工得到的，在沥青混合料中起填料作用的，以碳酸钙为主要成分的矿物质粉末称为矿粉。

标准筛是对颗粒性材料进行筛分试验用的、符合标准形状和尺寸规格要求的系列样品筛。标准筛筛孔为正方形（方孔筛），筛孔尺寸依次为 75mm、63mm、53mm、37.5mm、31.5mm、26.5mm、19mm、16mm、13.2mm、9.5mm、4.75mm、2.36mm、1.18mm、0.6mm、0.3mm、0.15mm、0.075mm。

集料最大粒径指集料的100%都要求通过的最小的标准筛筛孔尺寸。

集料的公称最大粒径指集料可能全部通过或允许有少量不通过(一般容许筛余不超过10%)的最小标准筛筛孔尺寸,通常比集料最大粒径小一个粒级。

例如,某种集料,100%通过26.5mm筛,在19mm筛上的筛余小于10%,则此集料的最大粒径为26.5mm,而公称最大粒径为19mm。有的人往往将公称最大粒径直接简称为最大粒径,没有严格的区分。今后使用这些术语时应注意区分。

根据不同的方式可将集料划分成不同类型。

(1)按集料形成过程分为自然风化、地质作用形成的卵石(砾石)和人工机械加工而成的碎石。

(2)按粒径大小分为粗集料和细集料(又称砂)。

(3)按化学成分分为酸性集料和碱性集料。

二、粗集料的密度

1. 集料密度、相对密度的概念

现在对粗集料的密度、相对密度的定义、测定、使用方法比较混乱,常常出现错误的理解。首先,应特别注意各种相对密度和密度的不同用途,工程上常用相对密度而少用密度。例如在沥青混合料的配合比设计时,常用表观相对密度、毛体积相对密度,有时(如日本)也用表干相对密度,而对水泥混凝土材料则常用表干相对密度。

密度是在一定条件下测量的单位体积的质量,单位为t/m^3或g/cm^3,通常以ρ表示。对材料内部没有孔隙的匀质材料,测定的密度只有一种。但对于工程上用的粗细集料,由于材料状态及测定条件的不同,便衍生出各种各样的"密度"来。计算密度用的质量有干燥质量与潮湿质量的不同,计算用的体积也因所包含集料内部的孔隙情况不同,因而计算结果就不一样,由此得出不同的密度定义。

(1)真实密度:矿粉的密度接近于真实密度,它是规定条件下,材料单位体积(全部为矿质材料的体积,不计任何内部孔隙)的质量,也叫真密度。

(2)毛体积密度:其计算单位体积为表面轮廓线范围内的全部毛体积,包含了材料实体、开口及闭口孔隙。当质量以干质量(烘干)为准时,称绝干毛体积密度,即通常所称的毛体积密度。

(3)表干密度:其计算单位体积与毛体积密度相同,但计算质量以表干质量(饱和面干状态,包括了吸入开口孔隙中的水)为准时,称表干毛体积密度,即通常所称的表干密度。

(4)表观密度:材料单位体积中包含了材料实体及不吸水的闭口孔隙,但不包括能吸水的开口孔隙,也称视密度。

测定时,集料的烘干质量(绝干状态)为m_a,即矿质实体的质量。当用网篮或广口瓶测定集料的水中质量时,由浮力测定的集料排开水的体积即为矿质实体包括内部闭口孔隙在内的体积,即烘干质量m_a与水中质量m_w之差,并由此计算得表观相对密度。

当集料成为表干状态(即饱和面干状态)时,集料仅擦干了表面水,开口孔隙中仍充满了水,集料的表干质量m_f与水中质量m_w之差相当于除了浮力以外又加上了开口孔隙的体积,即为集料的毛体积。由此求得的绝干毛体积相对密度,即通常所称的毛体积相对密度。

表干相对密度是在计算时使用已被水浸满开口孔隙的毛体积质量(饱和面干质量)作为集

料质量。

在测得三种相对密度后，便可以利用规范中水的温度与密度的关系，换算得到表观密度、毛体积密度及表干密度。

(5)堆积密度：单位体积(含物质颗粒固体及其闭口、开口孔隙体积及颗粒间空隙体积)物质颗粒的质量称为堆积密度。有干堆积密度及湿堆积密度之分。我国规程介绍了测定粗集料的堆积密度，包括自然堆积状态、振实状态、捣实状态下的堆积密度。

根据各种密度的定义，集料颗粒密度存在如下关系：真实密度＞表观密度(视密度)＞表干密度＞毛体积密度＞堆积密度。

集料的吸水率 w_x 即吸入集料开口孔隙中的水的质量与集料固体部分质量之比。

以 γ_a 代表表观相对密度，γ_s 代表表干相对密度，γ_b 代表毛体积相对密度，w_x 代表吸水率，这几个测定值之间可互相换算：

$$\gamma_s = (1 + \frac{w_x}{100}) \times \gamma_b \tag{2-1}$$

$$\gamma_a = \frac{1}{\frac{1}{\gamma_b} - \frac{w_x}{100}} \tag{2-2}$$

$$\gamma_a = \frac{1}{\frac{1 + w_x/100}{\gamma_s} - \frac{w_x}{100}} \tag{2-3}$$

$$w_x = (\frac{1}{\gamma_b} - \frac{1}{\gamma_a}) \times 100 \tag{2-4}$$

2. 石料毛体积密度试验(水中称重法)要点

(1)试件可采用规则或不规则形状，试件尺寸应大于组成岩石最大颗粒粒径的 10 倍，每个试件质量不宜小于 150g。试件至少 3 块，洗净编号备用。

(2)试件在烘箱中加热烘至恒重，经干燥器冷却至室温后，在天平上称出待测试件在空气中的质量，精确至 0.01g。

(3)将试件放入盛水容器中，进行浸水饱和，饱和方法可依岩石性质选用煮沸法或真空抽气法，确保试件达到充分吸水程度。

(4)采用静水天平称出试件吸饱水后在水中的质量。然后取出已吸饱水的试件，用毛巾擦干试件表面水分后，立即称出饱水状态时的质量，记录水温。

(5)试验结果计算。计算结果对于材质均匀的石料，取 3 个试件测试结果的平均值；不均匀的石料分别记录每个试件试验结果。结果计算精确至 0.01 g/m^3。

3. 粗集料密度及吸水率试验(网篮法)

(1)目的与适用范围

本方法适用于测定各种粗集料的表观相对密度、表干相对密度、毛体积相对密度、表观密度、表干密度、毛体积密度，以及粗集料的吸水率。

(2)仪具与材料

①天平或浸水天平：可悬挂吊篮测定集料的水中质量，称量应满足试样数量称量要求，感量不大于最大称量的 0.05%。

②吊篮:耐锈蚀材料制成,直径和高度为150mm左右,四周及底部用1～2mm的筛网编制或具有密集的孔眼。

③溢流水槽:在称量水中质量时能保持水面高度一定。

④烘箱:能控温在105℃±5℃。

⑤毛巾:纯棉制,洁净,也可用纯棉的汗衫布代替。

⑥温度计。

⑦标准筛。

⑧盛水容器(如搪瓷盘)。

⑨其他:刷子等。

(3)试验准备

①将试样用标准筛过筛除去其中的细集料。对较粗的粗集料可用4.75mm筛过筛;对2.36～4.75mm集料,或者混在4.75mm以下石屑中的粗集料,则用2.36mm标准筛过筛,用四分法或分料器法缩分至要求的质量,分两份备用;对沥青路面用粗集料,应对不同规格的集料分别测定,不得混杂,所取的每一份集料试样应基本上保持原有的级配。在测定2.36～4.75mm的粗集料时,试验过程中应特别小心,不得丢失集料。

②经缩分后供测定密度和吸水率的粗集料质量应符合表2-1的规定。

测定密度所需要的试样最小质量 表2-1

公称最大粒径(mm)	4.75	9.5	16	19	26.5	31.5	37.5	63	75
每一份试样的最小质量(kg)	0.8	1	1	1	1.5	1.5	2	3	3

③将每一份集料试样浸泡在水中,并适当搅动,仔细洗去附在集料表面的尘土和石粉,经多次漂洗干净至水完全清澈为止。清洗过程中不得散失集料颗粒。

(4)试验步骤

①取试样一份装入干净的搪瓷盘中,注入洁净的水,水面至少应高出试样20mm,轻轻搅动石料,使附着在石料上的气泡完全逸出。在室温下保持浸水24h。

②将吊篮挂在天平的吊钩上,浸入溢流水槽中,向溢流水槽中注水,水面高度至水槽的溢流孔,将天平调零,吊篮的筛网应保证集料不会通过筛孔流失,对2.36～4.75mm的粗集料应更换小孔筛网,或在网篮中间放入一个浅盘。

③调节水温在15～25℃范围内。将试样移入吊篮中。溢流水槽中的水面高度由水槽的溢流孔控制,维持不变,称取集料的水中质量m_w。

④提起吊篮,稍稍滴水后,较粗的粗集料可以直接倒在拧干的湿毛巾上。将较细的粗集料(2.36～4.75mm)连同浅盘一起取出,稍稍倾斜搪瓷盘,仔细倒出余水,将粗集料倒在拧干的湿毛巾上,用毛巾吸走从集料中漏出的自由水。此步骤需特别注意,不得有颗粒丢失,或有小颗粒附在吊篮上。再用拧干的湿毛巾轻轻擦干集料颗粒的表面水,至表面看不到发亮的水迹,即为饱和面干状态。当粗集料尺寸较大时,宜逐颗擦干。注意对较粗的粗集料,拧湿毛巾时不要太用劲,防止拧得太干;对较细的含水较多的粗集料,毛巾可拧得稍干些。擦颗粒的表面水时,既要将表面水擦掉,又千万不能将颗粒内部的水吸出,整个过程中不得有集料丢失,且已擦干的集料不得继续在空气中放置,以防止集料干燥。

注:对粒径为 2.36~4.75mm 的集料,用毛巾擦拭时容易沾附细颗粒集料从而造成集料损失,此时宜改用洁净的纯棉汗衫布擦拭至表干状态。

⑤在保持表干状态下,立即称取集料的表干质最 m_f。

⑥将集料置于浅盘中,放入 105℃±5℃的烘箱中烘干至恒重。取出浅盘,放在带盖的容器中冷却至室温,称取集料的烘干质量 m_a。

注:恒重是指相邻两次称量间隔时间大于 3h 的情况下,其前后两次称量之差小于该项试验要求的精密度,即 0.1%。一般在烘箱中烘烤的时间不得少于 4~6h。

⑦对同一规格的集料应平行试验两次,取平均值作为试验结果。

(5)计算

①表观相对密度 γ_a、表干相对密度 γ_s、毛体积相对密度 γ_b 按式(2-5)、式(2-6)、式(2-7)计算至小数点后 3 位。

$$\gamma_a=\frac{m_a}{m_a-m_w} \tag{2-5}$$

$$\gamma_s=\frac{m_f}{m_f-m_w} \tag{2-6}$$

$$\gamma_b=\frac{m_a}{m_f-m_w} \tag{2-7}$$

式中:γ_a——集料的表观相对密度,无量纲;

γ_s——集料的表干相对密度,无量纲;

γ_b——集料的毛体积相对密度,无量纲;

m_a——集料的烘干质量(g);

m_f——集料的表干质量(g);

m_w——集料的水中质量(g)。

②集料的吸水率以烘干试样为基准,按式(2-8)计算,精确至 0.01%。

$$w_x=\frac{m_f-m_a}{m_a}\times 100 \tag{2-8}$$

式中:w_x——粗集料的吸水率(%)。

③粗集料的表观密度(视密度)ρ_a、表干密度 ρ_s、毛体积密度 ρ_b,按式(2-9)、式(2-10)、式(2-11)计算,准确至小数点后 3 位。不同水温条件下测量的粗集料表观密度需进行水温修正,不同试验温度下水的密度 ρ_T 及水的温度修正系数 α_T 按试验规程附录 B 选用。

$$\rho_a=\gamma_a\times\rho_T \quad 或 \quad \rho_a=(\gamma_a-\alpha_T)\times\rho_w \tag{2-9}$$

$$\rho_s=\gamma_s\times\rho_T \quad 或 \quad \rho_s=(\gamma_s-\alpha_T)\times\rho_w \tag{2-10}$$

$$\rho_b=\gamma_b\times\rho_T \quad 或 \quad \rho_b=(\gamma_b-\alpha_T)\times\rho_w \tag{2-11}$$

式中:ρ_a——粗集料的表观密度(g/cm^3);

ρ_s——粗集料的表干密度(g/cm^3);

ρ_b——粗集料的毛体积密度(g/cm^3);

ρ_T——试验温度 T 时水的密度(g/cm^3);

α_T——试验温度 T 时的水温修正系数;

ρ_w——水在 4℃时的密度(1.000g/cm^3)。

(6)精密度或允许差

重复试验的精密度，对表观相对密度、表干相对密度、毛体积相对密度，两次结果相差不得超过0.02，对吸水率不得超过0.2%。

三、粗集料(石料)的吸水性和耐候性

吸水性是衡量一定条件下，集料(石料)吸水能力的大小。可用吸水率和饱水率两项指标表示。

(1)吸水率：石料在室温(20℃±2℃)和大气压条件下，自由吸水24h(粗集料)、48h(石料)试样最大吸水质量占烘干(105℃±5℃)集料试样质量的百分率。

(2)饱水率：石料在室温(20℃±2℃)和煮沸法或真空抽气法饱和试件的条件下，石料试样最大吸水量占烘干集料试样质量的百分率。饱水率比吸水率大，饱水率的计算方法与吸水率相似。

耐候性：集料在自然环境下的使用过程中，首先要承受周围环境温度改变引起的温度应力作用，其次是承受因正、负气温的交替冻融引起内部组织结构受到的破坏作用，评价集料这种抵抗自然破坏因素的性能称为耐候性。该性能用抗冻性和坚固性两项指标来评价。粗集料坚固性试验是确定碎石或砾石经饱和硫酸钠溶液多次浸泡与烘干循环，承受硫酸钠结晶压力而不发生显著破坏或强度降低的性能，是测定石料坚固性能(也称安定性)的方法。岩石的抗冻性是用来评估岩石在饱和状态下经受规定次数的冻融循环后抵抗破坏的能力，岩石抗冻性对于不同的工程环境气候有不同的要求。冻融次数规定：严寒地区为25次，在寒冷地区为15次。寒冷地区，均应进行岩石的抗冻性试验。坚固性试验是测量岩石材料抗冻性的一种简易快速方法。有条件者均应采用直接冻融法进行岩石的抗冻性试验。

抗冻性和坚固性试验方法参见第七章石料。岩石的抗冻性与其矿物成分、结构特征有关，而同岩石的吸水率指标关系更加密切。岩石的抗冻性主要取决于岩石中大开口孔隙的发育情况、亲水性和可溶性矿物的含量及矿物颗粒间的连接力。大开口孔隙越多，亲水性和可溶性矿物的含量越高时，岩石的抗冻性越低；反之，越高。一般来说，孔隙率越大，岩石材料的耐候性越差。

四、粗集料颗粒形状

集料，特别是粗集料的颗粒形状，对水泥混凝土和沥青混凝土的性能有显著的影响。通常，集料颗粒有浑圆状、多棱角状、针状和片状四种类型的形状，其中，较好的是接近球体或立方体的浑圆状和多棱角状颗粒。而呈细长和扁平的针状和片状颗粒对水泥混凝土和沥青混凝土的和易性、强度和稳定性等性能有不良影响，因此，在集料中应限制针、片状颗粒含量。在水泥混凝土中，针状颗粒是集料中颗粒长度大于所属粒级平均粒径的2.4倍的颗粒。片状颗粒是指集料颗粒厚度小于所属粒级平均粒径的0.4倍的颗粒。在沥青混合料中，针、片状颗粒是指用游标卡尺测定的粗集料颗粒的最大长度(或宽度)方向与最小厚度(或直径)方向的尺寸之比大于3倍的颗粒。我国规范规定，水泥混凝土用粗集料针片状含量用规准仪法测定，沥青混合料用粗集料针片状颗粒含量用游标卡尺法测定。用规准仪法测定的针片状颗粒含量要比用游标卡尺法测定的针片状颗粒含量(1:3)少得多。

水泥混凝土用粗集料针片状含量用规准仪法测定水泥混凝土使用的4.75mm以上的粗集料的针状及片状颗粒含量，用于评价粗集料的形状，推测抗压碎能力，以评定其工程性质。沥青混

合料用游标卡尺法测定的沥青混凝土使用的4.75mm以上的粗集料中针片状颗粒的含量，可用于评价集料的形状和抗压碎能力，以评定石料生产厂的生产水平及该材料在工程中的适用性。

1.水泥混凝土用粗集料针片状颗粒含量试验(规准仪法)

(1)目的与适用范围

①本方法适用于测定水泥混凝土使用的4.75mm以上的粗集料的针状及片状颗粒含量，以百分率计。

②本方法测定的针片状颗粒，是指使用专用规准仪测定的粗集料颗粒的最小厚度(或直径)方向与最大长度(或宽度)方向的尺寸之比小于一定比例的颗粒。

③本方法测定的粗集料中针片状颗粒的含量，可用于评价集料的形状及其在工程中的适用性。

(2)仪具与材料

①水泥混凝土集料针状规准仪和片状规准仪：片状规准仪的钢板基板厚度3mm，尺寸应符合表2-2的要求。

水泥混凝土集料针片状颗粒试验的粒级划分及其相应的规准仪孔宽或间距　表2-2

粒级(方孔筛)(mm)	4.75～9.5	9.5～16	16～19	19～26.5	26.5～31.5	31.5～37.5
针状规准仪上相对应的立柱之间的间距宽(mm)	17.1 (B_1)	30.6 (B_2)	42.0 (B_3)	54.6 (B_4)	69.6 (B_5)	82.8 (B_6)
片状规准仪上相时应的孔宽(mm)	2.8 (A_1)	5.1 (A_2)	7.0 (A_3)	9.1 (A_4)	11.6 (A_5)	13.8 (A_6)

②天平或台秤：感量不大于称量值的0.1%。

③标准筛：孔径分别为4.75mm、9.5mm、16mm、19mm、26.5mm、31.5mm、37.5mm，试验时根据需要选用。

(3)试验准备

将来样在室内风干至表面干燥，并用四分法或分料器法缩分至满足表2-3规定的质量，称量m，然后筛分成表2-3所规定的粒级备用。

针片状颗粒试验所需的试样最小质量　表2-3

公称最大粒径(mm)	9.5	16	19	26.5	31.5	37.5	37.5	37.5
试样的最小质量(kg)	0.3	1	2	3	5	10	10	10

(4)试验步骤

①目测挑出接近立方体形状的规则颗粒，将目测有可能属于针片状颗粒的集料按表2-3所规定的粒级用规准仪逐粒对试样进行针状颗粒鉴定，挑出颗粒长度大于针状规准仪上相应间距而不能通过者，为针状颗粒。

②将通过针状规准仪上相应间距的非针状颗粒逐粒对试样进行片状颗粒鉴定，挑出厚度小于片状规准仪上相应孔宽能通过者，为片状颗粒。

③称量由各粒级挑出的针状颗粒和片状颗粒的质量，其总质量为m_1。

(5)计算

碎石或砾石中，针片状颗粒含量按式(2-12)计算，精确至0.1%。

$$Q_e = \frac{m_1}{m_0} \times 100 \tag{2-12}$$

式中：Q_e——试样的针片状颗粒含量(%)；

m_1——试样中所含针状颗粒与片状颗粒的总质量(g)；

m_0——试样总质量(g)。

(6)试验说明和注意事项

①如果需要，可以分别计算针状颗粒和片状颗粒的含量百分数。

②用规准仪测定粗集料针片状颗粒含量的测定方法，仅适用于水泥混凝土集料。

③在本方法的片状规准仪中，针状颗粒及片状颗粒的定义并没有一定的比例。片状规准仪的开口尺寸比例为 1∶6，但是实际上通过该孔集料的比例也不一定是小于 1∶6的。以 4.75～9.5mm集料为例，用间距 17.1mm 鉴定，凡是颗粒长度大于 17.1 mm 者为针状颗粒，则比例为不小于 1.8～3.6 倍；将通过 17.1mm 的颗粒用 2.8mm 宽的片状规准仪鉴定，凡是厚度小于 2.8mm 的为片状颗粒，则比例为不小于 1.7～3.4 倍，如果某颗粒长度恰好为17.1mm，而宽度小于 2.8mm，则其倍数大于 6.1 倍。也就是说，通不过针状颗粒规准仪及通过片状颗粒规准仪的颗粒的最大长度与最小厚度的比例可能为 1.7～6.1 倍，所以用规准仪法测定的针片状颗粒含量也要比用游标卡尺法测定的 1∶3少得多。这一点务必注意，两个方法千万不能混用。

④采用规准仪进行颗粒形状判断时，首先要通过标准筛将粗集料进行分级，不同粒径的颗粒要对应于规准仪相应的孔宽和间距来判断，不可错位。

2.粗集料针片状颗粒含量试验(游标卡尺法)

(1)目的与适用范围

①本方法适用于测定粗集料的针状及片状颗粒含量，以百分率计。

②本方法测定的针片状颗粒，是指用游标卡尺测定的粗集料颗粒的最大长度(或宽度)方向与最小厚度(或直径)方向的尺寸之比大于 3 倍的颗粒。

③本方法测定的粗集料中，针片状颗粒的含量，可用于评价集料的形状和抗压碎能力，以评定石料生产厂的生产水平及该材料在工程中的适用性。

(2)仪具与材料

①标准筛：方孔筛 4.75mm。

②游标卡尺：精密度为 0.1mm。

③天平：感量不大于 1g。

(3)试验步骤

①按粗集料取样方法，采集粗集料试样。

②按分料器法或四分法选取 1kg 左右的试样。对每一种规格的粗集料，应按照不同的公称粒径，分别取样检验。

③用 4.75mm 标准筛将试样过筛，取筛上部分供试验用，称取试样的总质量 m_0，准确至 1g，试样数量应不少于 800g，并不少于 100 颗。

④将试样平摊于桌面上，首先用目测挑出接近立方体的颗粒，剩下可能属于针状(细长)和片状(扁平)的颗粒。

⑤按图2-1所示的方法，将欲测量的颗粒放在桌面上成一稳定的状态（确定好颗粒基准面），图中颗粒平面方向的最大长度为L，侧面厚度的最大尺寸为t，颗粒最大宽度为w（$t<w<L$），用卡尺逐颗测量石料的L及t，将$L/t\geqslant 3$的颗粒（即最大长度方向与最大厚度方向的尺寸之比大于3的颗粒）分别挑出作为针片状颗粒。称取针片状颗粒的质量m_1，准确至1g。

注：稳定状态是指平放的状态，不是直立状态，侧面厚度的最大尺寸t为图中状态的颗粒顶部至平台的厚度，是在最薄的一个面上测量的，但并非颗粒中最薄部位的厚度。

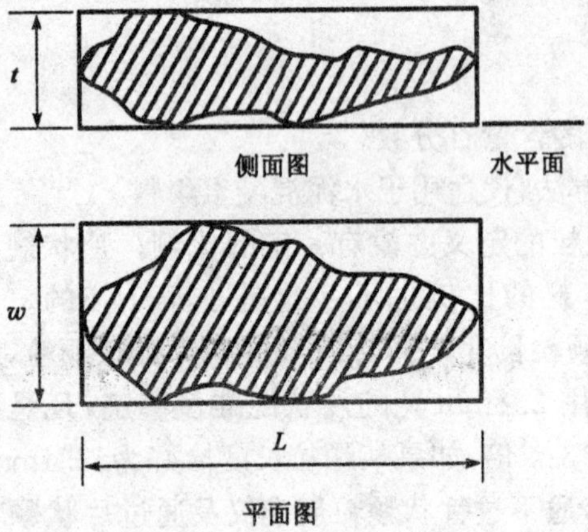

图2-1　针片状颗粒稳定状态

(4)计算

按式(2-13)计算针片状颗粒含量。

$$Q_e = \frac{m_1}{m_0} \times 100 \tag{2-13}$$

式中：Q_e——针片状颗粒含量(%)；

m_1——针片状颗粒的质最(g)；

m_0——试验用的集料总质量(g)。

(5)报告

试验要平行测定两次，计算两次结果的平均值。如两次结果之差小于平均值的20%，取平均值为试验值；如大于或等于20%，应追加测定一次，取三次结果的平均值为测定值。

(6)试验说明和注意事项

①由于沥青路面对粗集料针片状颗粒的要求更为严格，两种不同用途集料的针片状颗粒检测方法采用不同的手段，因此不能用规准仪法代替游标卡尺法判定沥青混合料粗集料的形状。

②采用游标卡尺对集料颗粒进行甄别时，首先要确定好颗粒基准面，然后再测量其厚度和长度等相应尺寸。

③对2.36～4.75mm的粗集料，由于卡尺测量有困难，故一般不作测定。

五、粗集料的力学性质试验

路用粗集料的力学性质主要是指压碎能力（指标为压碎值）、磨耗性（与岩石的一致），指标为磨耗损失，同时包括高等级公路抗滑表层用粗集料专用指标磨光值、磨耗值、冲击值。

压碎值：指在连续施加荷载的试验条件下，集料抵抗被压碎的能力，评价其相对承载能力。压碎值越大，集料抗压碎能力越差。

磨光值：耐磨光性，以满足长期使用时高速行驶车辆对路面抗滑的要求。用石料的磨光值(PSV)来表示，磨光值越高，抗滑性越好。

冲击值：车辆在高速行驶过程中紧急制动或车辆产生颠簸时，对路面产生冲击作用，集料抵抗连续重复冲击荷载作用的性能称为冲击韧性，用集料冲击值(AIV)表示。冲击值越小，表示集料的抗冲击性能越好。

洛杉矶磨耗试验：测定标准条件下粗集料抵抗摩擦、撞击的能力，用磨耗损失表示。一般磨耗损失小的集料坚硬、耐磨，耐久性好。

磨耗值：评定抗滑表层中集料抵抗车轮磨耗的能力。采用道瑞磨耗试验机测定集料的磨耗值(AAV)。磨耗值越小，表示抗磨耗性越好。

1. 粗集料压碎值试验

(1)目的与适用范围

集料压碎值用于衡量石料在逐渐增加的荷载下抵抗压碎的能力，是衡量石料力学性质的指标，以评定其在公路工程中的适用性。

(2)仪具与材料

①石料压碎值试验仪：由内径 150mm、两端开口的钢制圆形试筒、压柱和底板组成，其形状和尺寸见表 2-4。试筒内壁、压柱的底面及底板的上表面等与石料接触的表面都应进行热处理，使表面硬化，达到维氏硬度 65，并保持光滑状态。

试筒、压柱和底板尺寸　　表 2-4

部　位	符　号	名　称	尺　寸　(mm)
试筒	A B C	内径 高度 壁厚	150±0.3 125～128 ≥12
压柱	D E F G	压头直径 压杆直径 压柱总长 压头厚度	149±0.2 100～149 100～110 ≥25
底板	H I J	直径 厚度(中间部分) 边缘厚度	200～220 6.4±0.2 10±0.2

②金属棒：直径 10mm，长 450～600mm，一端加工成半球形。

③天平：称量 2～3kg，感量不大于 1g。

④标准筛：筛孔尺寸为 13.2mm、9.5mm、2.36mm 的方孔筛各一个。

⑤压力机：500kN，应能在 10min 内达到 400kN。

⑥金属筒：圆柱形，内径 112.0mm，高 179.4mm，容积 1 767cm。

(3)试验准备

①采用风干石料，用 13.2mm 和 9.5mm 标准筛过筛，取 9.5～13.2mm 的试样 3 组各 3 000g，供试验用。如石料过于潮湿需加热烘干时，烘箱温度不得超过 100℃，烘干时间不超过 4h。试验前，石料应冷却至室温。

②每次试验的石料数量，应满足按下述方法夯击后石料在试筒内的深度为 100mm。

在金属筒中确定石料数量的方法如下：

将试样分 3 次(每次数量大体相同)均匀装入试模中，每次均将试样表面整平，用金属棒的半球面端从石料表面上均匀捣实 25 次。最后用金属棒作为直刮刀将表面仔细整平。称取量筒中试样质量 m_0。以相同质量的试样进行压碎值的平行试验。

(4)试验步骤

①将试筒安放在底板上。

②将要求质量的试样分3次(每次数量大体相同)均匀装入试模中,每次均将试样表面整平,用金属棒的半球面端从石料表面上均匀捣实25次。最后用金属棒作为直刮刀将表面仔细整平。

③将装有试样的试模放到压力机上,同时将压头放入试筒内石料面上,注意使压头摆平,勿楔挤试模侧壁。

④开动压力机,均匀地施加荷载,在10min左右的时间内达到总荷载400kN,稳压5s,然后卸荷。

⑤将试模从压力机上取下,取出试样。

⑥用2.36mm标准筛筛分经压碎的全部试样,可分几次筛分,均需筛到在1min内无明显的筛出物为止。

⑦称取通过2.36mm筛孔的全部细料质量m_1,准确至1g。

(5)计算

石料压碎值按式(2-14)计算,精确至0.1%。

$$Q'_a = \frac{m_1}{m_0} \times 100 \tag{2-14}$$

式中:Q'_a——石料压碎值(%);

m_0——试验前试样质量(g);

m_1——试验后通过2.36mm筛孔的细料质量(g)。

(6)压力机安全操作

操作者必须熟悉本压力机的结构、性能、操作系统、液压系统、防护装置、电气等基本知识、使用方法。上机操作前按规定穿戴好劳动防护用品,女操作人员必须将头发压入工作帽内。

①开机前检查确认油压系统,压力表防护罩、安全防护装置,及其他部件是否正常。

②使用时不得超过设备额定压力。

③开机后注意压力表指针转动情况,如发现来回摆动或不动,应停机检查。

④压力机工作时,操作人员不得离岗。

⑤严禁将夹具伸进挤压范围内。

⑥两人以上操作时,应定专人开机、指挥。

⑦停机后应将压力落下,并断开电路、油路、气路。

⑧认真做好设备维护保养工作。

2.*粗集料磨耗试验(洛杉矶法)*

(1)目的与适用范围

①测定标准条件下粗集料抵抗摩擦、撞击的能力,以磨耗损失(%)表示。

②本方法适用于各种等级规格集料的磨耗试验。

(2)仪具与材料

①洛杉矶磨耗试验机:圆筒内径710mm±5mm,内侧长510mm±5mm,两端封闭,投料口的钢盖通过紧固螺栓和橡胶垫与钢筒紧闭密封。钢筒的回转速率为30~33r/min。

②钢球:直径约46.8mm,质量为390~445g,大小稍有不同,以便按要求组合成符合要求

的总质量。

③台秤：感量 5g。

④标准筛：符合要求的标准筛系列，以及筛孔为 1.7mm 的方孔筛一个。

⑤烘箱：能使温度控制在 105℃±5℃范围内。

⑥容器：搪瓷盘等。

(3)试验步骤

①将不同规格的集料用水冲洗干净，置烘箱中烘干至恒重。

②对所使用的集料，根据实际情况按表 2-5 选择最接近的粒级类别，确定相应的试验条件，按规定的粒级组成备料、筛分。其中，水泥混凝土用集料宜采用 A 级粒度；沥青路面及各种基层、底基层的粗集料，表中的 16mm 筛孔也可用 13.2mm 筛孔代替。对非规格材料，应根据材料的实际粒度，从表 2-5 中选择最接近的粒级类别及试验条件。

粗集料洛杉矶试验条件

表 2-5

粒度类别	粒级组成 (mm)	试样质量 (g)	试样总质量 (g)	钢球数量 (个)	钢球总质量 (g)	转动次数 (转)	适用的粗集料	
							规格	公称粒径 (mm)
A	26.5～37.5 19.0～26.5 16.0～19.0 9.5～16.0	1 250±25 1 250±25 1 250±10 1 250±10	5 000±10	12	5 000±25	500		
B	19.0～26.5 16.0～19.0	2 500±10 2 500±10	5 000±10	11	4 850±25	500	S6 S7 S8	15～30 10～30 10～25
C	9.5～16.0 4.75～9.5	2 500±10 2 500±10	5 000±10	8	3 320±20	500	S9 S10 S11 S12	10～20 10～15 5～15 5～10
D	2.36～4.75	5 000±10	5 000±10	6	2 500±15	500	S13 S14	3～10 3～5
E	63～75 53～63 37.5～53	2 500±50 2 500±50 5 000±50	10 000±100	12	5 000±25	1 000	S1 S2	40～75 40～60
F	37.5～53 26.5～37.5	5 000±50 5 000±25	10 000±75	12	5 000±25	1 000	S3 S4	30～60 25～50
G	26.5～37.5 19～26.5	5 000±25 5 000±25	10 000±50	12	5 000±25	1 000	S5	20～40

注：①表中 16mm 也可用 13.2mm 代替。

②A 级适用于未筛碎石混合料及水泥混凝土用集料。

③C 级中 S12 可全部采用 4.75～9.5mm 颗粒 5 000g；S9 及 S10 可全部采用 9.5～16mm 颗粒 5 000g。

④E 级中 S2 中缺 63～75mm 颗粒可用 53～63mm 颗粒代替。

③分级称量(准确至 5g),称取总质量 m_1,装入磨耗机圆筒中。

④选择钢球,使钢球的数量及总质量符合表 2-5 的规定,将钢球加入钢筒中,盖好筒盖,紧固密封。

⑤将计数器调整到零位,设定要求的回转次数。对水泥混凝土集料,回转次数为 500 转,对沥青混合料集料,回转次数应符合表 2-5 的要求。开动磨耗机,以 30～33r/min 转速转动至要求的回转次数为止。

⑥取出钢球,将经过磨耗后的试样从投料口倒入接受容器(搪瓷盘)中。

⑦将试样用 1.7mm 的方孔筛过筛,筛去试样中被撞击磨碎的细屑。

⑧用水冲干净留在筛上的碎石,置 105℃±5℃烘箱中烘干至恒量(通常不少于 4h),准确称量 m_2。

(4)计算

按式(2-15)计算粗集料洛杉矶磨耗损失,精确至 0.1%。

$$Q=\frac{m_1-m_2}{m_1}\times 100 \tag{2-15}$$

式中:Q——洛杉矶磨耗损失(%);

m_1——装入圆筒中试样质量(g);

m_2——试验后在 1.7mm 筛上洗净烘干的试样质量(g)。

(5)报告

①试验报告应记录所使用的粒级类别和试验条件。

②粗集料的磨耗损失取两次平行试验结果的算术平均值为测定值,两次试验的差值应不大于 2%,否则须重做试验。

3. 粗集料磨耗试验(道瑞试验)

1)目的与适用范围

本试验用于评定公路路面表层所用粗集料抵抗车轮撞击及磨耗的能力。

2)试验步骤

(1)准备工作

①将待测试样过筛后,取 9.5～13.2mm 的部分用于制作试件。

②安装好试模,并在试模内表面涂抹一层肥皂水,烘干待用。

③用镊子夹起集料颗粒,将其单层排列在试模内,较平整的面放在模底。试模中排布的集料颗粒不得少于 24 块。

④集料颗粒之间的空隙用细砂(0.1～0.3mm)填充,填充高度约为颗粒高度的 3/4,用洗耳球吹实找平,并吹去多余的部分。

⑤在环氧树脂中按比例加入固化剂,再加入 0.1～0.45mm 的细砂拌和均匀,要求三者比例:环氧树脂:固化剂:细砂为 1g:0.25mL:3.8g。两块试件大约需环氧树脂 30g、固化剂 7.5mL、细砂 114g。然后将拌制好的环氧树脂砂浆填入试模,并用热的油灰刀抹平。注意环氧树脂砂胶浆尽可能填充密实,且不要碰动排好的集料颗粒。

⑥常温下养生 24h 后拆模,除去多余的砂浆和松散的砂粒。

(2)分别称出 2 块试件的质量 m_1,准确至 0.1g。在操作之前应使机器在溜砂状态下空转

一圈，以便在转盘上留有一层砂。

(3)将2块试件分别放入2个托盘内，注意确保试件与托盘之间紧密配合。称出试件、托盘和配重的质量，并将合计质量调整到2kg±10g。

(4)将试件连同托盘放入磨耗机内，使其径向相对，试件中心到研磨转盘中心的距离为260mm，集料裸露面朝向转盘；然后将相应的配重放在试件上。

(5)以28～30r/min的转速转动转盘100圈，同时将符合如上要求的研磨石英砂装入料斗，使其连续不断地溜在试件前面的转盘上。溜砂宽度要能覆盖整个试件的宽度，溜砂速率为700～900g/min(料斗溜砂缝隙约为1.3mm)。

用橡胶刮片将砂清除出转盘，刮片的安装要使得橡胶边轻轻地立在转盘上，刮片宽度应与研磨转盘的外缘环部宽度相等。

(6)将集料斗中回收的砂过1.18mm的筛，重复使用数次，直至整个试验完成时废弃。

(7)取出试件，检查有无异常情况。

(8)重复上述步骤，再磨400圈，可分4个100圈重复4次磨完，也可连续1次磨完。在作连续磨时必须经常掀起磨耗机的盖子观察溜砂情况是否正常。

(9)转完500转后从磨耗机内取出试件，牵开托盘，用毛刷清除残留的砂，称出试件的质量m_2，准确至0.1g。

如果由于集料易磨耗而磨到砂浆衬时要中断试验，记录转数；相反，有些非常硬的集料可能会划伤研磨盘，在这种情况下，应对研磨转盘进行刨削处理。

3)试验结果计算

每块试件的集料磨耗值按式(2-16)计算。

$$AAV=\frac{3(m_1-m_2)}{\rho_s}\times 100 \tag{2-16}$$

式中：AAV——集料的道瑞磨耗值；

m_1——磨耗前试件的质量(g)；

m_2——磨耗后试件的质量(g)；

ρ_s——集料的表干密度(g/cm^3)。

4. 粗集料磨光值试验和结果整理

1)目的与适用范围

(1)集料磨光值是利用加速磨光机磨光集料，用摆式摩擦系数测定仪测定的集料经磨光后的摩擦系数值，以PSV表示。

(2)本方法适用于各种粗集料的磨光值测定。

2)试验步骤

(1)试验准备

①试验前应按相关试验规程对摆式仪进行检查或标定。

②将集料过筛，剔除针片状颗粒，取9.5～13.2mm的集料颗粒用水洗净后置于温度为105℃±5℃的烘箱中烘干。

注：根据需要，也可采用4.75～9.5mm的粗集料进行磨光值试验。

③将试模拼装并涂上脱模剂(或肥皂水)后烘干。安装试模端板时要注意使端板与模体

齐平。

④用清水淘洗小于0.3mm的砂，置105℃±5℃的烘箱中烘干成为干砂。

⑤预磨新橡胶轮：新橡胶轮正式使用前要在安装好试件的道路轮上进行预磨，C轮用粗金刚砂预磨6h，X轮用细金刚砂预磨6h，然后方能投入正常试验。

(2)试件制备

①排料：每种集料宜制备6～10块试件，从中挑选4块试件供两次平行试验用。将9.5～13.2mm集料颗粒尽量紧密地排列于试模中(大面、平面向下)。排料时应除去高度大于试模的不合格颗粒。采用4.75～9.5mm的粗集料进行磨光试验时，各道工序需更加仔细。

②吹砂：用小勺将干砂填入已排妥的集料间隙中，并用洗耳球轻轻吹动干砂，使之填充密实。然后再吹去多余的砂，使砂与试模台阶大致齐平，但台阶上不得有砂。用洗耳球吹动干砂时不得碰动集料，且不使集料试样表面附有砂粒。

③配制环氧树脂砂浆：将固化剂与环氧树脂按一定比例(如使用6101环氧树脂时为1∶4)配料、拌匀制成黏结剂，再与干砂按1∶4～1∶4.5的质量比拌匀制成环氧树脂砂浆。

注：一块试模中的环氧树脂砂浆各组成材料的用量通常为：环氧树脂9.0g，固化制2.4g、干砂48g，允许根据所选用的黏结剂品种及试件的强度对此用量作适当调整。用4.75～9.5mm的集料试验时，环氧树脂砂浆用量应酌情增加。

④填充环氧树脂砂浆：用小油灰刀将拌好的环氧树脂砂浆填入试模中，并尽量填充密实，但不得碰动集料。然后用热油灰刀在试模上刮去多余的填料，并将表面反复抹平，使填充的环氧树脂砂浆与试模顶部齐平。

⑤养护：通常在40℃烘箱中养护3h，再自然冷却9h拆模；如在室温下养护，时间应更长，使试件达到足够强度。有集料颗粒松动脱落，或有环氧树脂砂浆渗出表面时，试件应予废弃。

(3)磨光试验

①试件分组：每轮1次磨14块试件，每种集料为2块试件，包括6种试验用集料和1种标准集料。

②试件编号：在试件的环氧树脂砂浆衬背和弧形侧边上用记号笔对6种集料编号为1～12，1种集料赋以相邻两个编号，标准试件为13、14号。

③试件安装：按表2-6的序号将试件排列在道路轮上，其中1号位和8号位为标准试件。试件应将有标记的一侧统一朝外(靠活动盖板一侧)，每两块试件间加垫一片或数片1mm厚的橡胶石棉板垫片。垫片与试件端部断面相仿，但略低于试件高度2～3mm。然后盖上道路轮外侧板，边拧螺钉边用橡胶锤敲打外侧板，确保试件与道路轮紧密配合，以避免磨光过程中试件断裂或松动。随后将道路轮安装到轮轴上。

试件在道路轮上的排列次序　　表2-6

位置号	1	2	3	4	5	6	7	8	9	10	11	12	13	14
试件号	12	9	3	7	5	1	11	14	10	4	8	6	2	12

(4)磨光过程操作

①试件的加速磨光应在室温20℃±2℃的房间内进行。

②粗砂磨光。

a.把标记C的橡胶轮安装在调整臂上，盖上道路轮罩，下面置一积砂盘，给储水支架上的储水罐加满水，调节流量阀，使水流暂时中断。

b. 准备好 30 号金刚砂粗砂，装入专用储砂斗，将储砂斗安装在橡胶轮侧上方的位置上并接上微型电机电源。转动荷载调整手轮，使凸轮转动放下橡胶轮，将橡胶轮的轮辐完全压着道路轮上的集料试件表面。

c. 调节溜砂量：用专用接料斗在出料口接住溜出的金刚砂，同时开始计时，1min 后移出料斗，用天平称出溜砂量，使流量为 27g/min±7g/min；如不满足要求，应用调速按钮或调节贮料斗控制闸板的方法调整。

d. 在控制面板上设定转数为 57 600 转，按下电源开关启动磨光机开始运转，同时按动粗砂调速按钮，打开储砂斗控制闸板，使金刚砂溜砂量控制为 27g/min±7g/min。此时立即调节流量计，使水的流量达 60mL/min。

e. 在试验进行 1h 和 2h 时磨光机自动停机（注意不要按下面板上复零按钮和电源开关），用毛刷和小铲清除箱体上和沉在机器底部积砂盘中的金刚砂，检查并拧紧道路轮上有可能松动的螺母，再起动磨光机，至转数显示屏上显示 57 600 转时磨光机自动停止。所需的磨光时间约为 3h。

f. 转动荷载调整手轮使凸轮托起调整臂，清洗道路轮和试件，除去所有残留的金刚砂。

③细砂磨光。

a. 卸下 C 标记橡胶轮，更换为 X 标记橡胶轮，按粗砂磨光 a. 的方法安装。

b. 准备好 280 号金刚砂细砂，按粗砂磨光 b. 方法装入专用储砂斗。

c. 重复粗砂磨光 c. 步骤，调节溜砂量使流量为 3g/min±1g/min。

d. 按粗砂磨光 d. 的步骤设定转数为 57 600 转，开始磨光操作，控制金刚砂溜砂量为 3g/min±1g/min，水的流最达 60mL/min。

e. 将试件磨 2h 后停机作适当清洁，按粗砂磨光 e. 方法检查并拧紧道路轮螺母，然后再起动磨光机至 57 600 转时自动停机。

f. 按粗砂磨光 f. 方法清理试件及磨光机。

(5)磨光值测定

①在试验前 2h 和试验过程中应控制室温为 20℃±2℃。

②将试件从道路轮上卸下并清洗试件，用毛刷清洗集料颗粒的间隙，去除所有残留的金刚砂。

③将试件表面向下放在 18～20℃的水中 2h，然后取出试件，按下列步骤用摆式摩擦系数测定仪测定磨光值。

a. 调零：将摆式仪固定在测试平台上，松开固定把手，转动升降把手使摆升高并能自由摆动，然后锁紧固定把手，转动调平旋钮，使水准泡居中。当摆从右边水平位置落下并拨动指针后，指针应指零；若指针不指零，应拧紧或放松指针调节螺母，直至空摆时指针指零。

b. 固定试件：将试件放在测试平台的固定槽内，使摆可在其上面摆过，并使滑溜块居于试件轮迹中心。应使摆式仪摆头滑溜块在试件上的滑动方向与试件在磨光机上橡胶轮的运行方向一致，即测试时试件上作标记的弧形边背向测试者。

c. 测试：调节摆的高度，使滑溜块在试件上的滑动长度为 76mm，用喷水壶喷洒清水润湿试件表面（注意，在试验中的任何时刻，试件都应保持湿润）将摆向右提起挂在悬臂上，同时用左手拨动指针使之与摆杆轴线平行。按下释放开关使摆回落向左运动，当摆达到最高位最后下落时，用左手将摆杆接住，读取指针所指（小度盘）位置上的值，记录测试结果，准确到0.1。

注：摆式仪使用新橡胶片时应该预磨使之达到稳定状态，预磨的方法是用新橡胶片在干燥的试块上（不用磨光后的试件）摆动10次，然后在湿润的试块上摆动20次。另外，橡胶片不得被油类污染。

d. 一块试件重复测试5次，5次读数的最大值和最小值之差不得大于3。取5次读数的平均值作为该试件的磨光值读数(PSV_r)。标准试件的磨光值读数用$PSVb_r$表示。

(6)1种集料重复测试2次，每次都需同时对标准集料试件进行测试。

3)计算

①按式(2-17)计算两次平行试验4块试件（每轮2块）的算术平均值PSV_{ra}，精确到0.1。但4块试件的磨光值读数PSV_r的最大值与最小值之差不得大于4.7，否则试验作废，应重新试验。

$$PSV_{ra}=\sum PSV_{ri}/4 \tag{2-17}$$

式中：PSV_{ri}——4块试件的磨光值读数；

$i=1\sim4$。

②按式(2-18)计算两次平行试验4块标准试件（每轮2块）的算术平均值PSV_{bra}，准确到0.1。但4块标准试件磨光值读数的平均值PSV_{bra}必须在46～52范围内，否则试验作废，应重新试验。

$$PSV_{bra}=\sum PSV_{bri}/4 \tag{2-18}$$

式中：PSV_{bra}——4块标准试件的磨光值读数；

$i=1\sim4$。

③按式(2-19)计算集料的PSV值，取整数。

$$PSV= PSV_{ra}+49-PSV_{bra} \tag{2-19}$$

六、粗集料的化学性质

集料是与结合料（水泥或沥青）组成混凝土或混合料而使用于各种结构的，这就要求集料与结合料之间有好的黏结性，在使用中集料有较好的稳定性，而且集料中对结合料有害的物质应尽量少。这些都与集料的化学性质有关。

公路工程上根据石料中氧化硅含量的多少，将其分成表2-7中三种。

集料类型划分　表2-7

石料类型	氧化硅含量(%)	常见石料
酸性石料	>65	花岗岩、石英岩
中性石料	52～65	辉绿岩、闪长岩
碱性石料	<52	石灰岩、玄武岩

集料的化学组成和酸、碱性对水泥混凝土和沥青混合料的应用有很大影响。在其他条件完全相同的情况下，仅是矿质集料的矿物成分不同时，水泥混凝土水泥中的碱与某些碱活性集料发生化学反应，可引起混凝土膨胀、开裂、甚至破坏。对沥青混合料的影响则是与沥青的黏附性较差，严重影响沥青混合料的抗水破坏等路用性能。

七、粗集料技术要求

粗集料的技术要求包括物理性质和力学性质。粗集料的物理性质，主要包括表观密度、毛体积密度、表干密度、堆积密度、空隙率等物理常数，以及级配、坚固性。粗集料的力学性质主要包括压碎值、磨耗性两大指标，做表面层时，还涉及磨光值、磨耗值和冲击值等指标。

我国设计规范对应用于水泥混凝土、沥青混凝土和底基层、基层材料的粗集料提出了相应的技术要求。

1. 沥青混凝土混合料对粗集料的技术要求

(1)粗集料应该洁净、干燥、表面粗糙，质量应符合表 2-8 的规定。当单一规格集料的质量指标达不到表中要求，而按照集料配比计算的质量指标符合要求时，工程上允许使用。对受热易变质的集料，宜采用经拌和机烘干后的集料进行检验。

沥青混合料用粗集料质量技术要求 表 2-8

指 标		单位	高速公路及一级公路		其他等级公路	试验方法
			表面层	其他层次		
石料压碎值	不大于	%	26	28	30	T 0316
洛杉矶磨耗损失	不大于	%	28	30	35	T 0317
表观相对密度	不小于	—	2.60	2.50	2.45	T 0304
吸水率	不大于	%	2.0	3.0	3.0	T 0304
坚固性	不大于	%	12	12	—	T 0314
针片状颗粒含量(混合料)	不大于	%	15	18	20	T 0312
其中粒径大于 9.5mm	不大于	%	12	15	—	
其中粒径小于 9.5mm	不大于	%	18	20	—	
水洗法<0.075mm 颗粒含量	不大于	%	1	1	1	T 0310
软石含量	不大于	%	3	5	5	T 0320

注：① 坚固性试验可根据需要进行。

② 用于高速公路、一级公路时，多孔玄武岩的视密度可放宽至 2.45t/m³，吸水率可放宽至 3%，但必须得到建设单位的批准，且不得用于 SMA 路面。

③ 对 S14 即 3～5 规格的粗集料，针片状颗粒含量可不予要求，<0.075mm 含量可放宽到 3%。

(2)粗集料的粒径规格应按表 2-9 的规定生产和使用。

(3)采石场在生产过程中必须彻底清除覆盖层及泥土夹层。生产碎石用的原石不得含有土块、杂物，集料成品不得堆放在泥土地上。

(4)高速公路、一级公路沥青路面表面层(或磨耗层)粗集料的磨光值应符合表 2-10 的要求。除 SMA、OGFC 路面外，允许在硬质粗集料中掺加部分较小粒径的磨光值达不到要求的粗集料，其最大掺加比例由磨光值试验确定。

(5)粗集料与沥青的黏附性应符合表 2-10 的要求，当使用不符合要求的粗集料时，宜掺加消石灰、水泥或用饱和石灰水处理后使用，必要时可同时在沥青中掺加耐热、耐水、长期性能好的抗剥落剂，也可采用改性沥青的措施，使沥青混合料的水稳定性检验达到要求。掺加外加剂的剂量由沥青混合料的水稳定性检验确定。

沥青混合料用粗集料规格　　表 2-9

规格名称	公称粒径(mm)	通过下列筛孔(mm)的质量百分率(%)												
		106	75	63	53	37.5	31.5	26.5	19.0	13.2	9.5	4.75	2.36	0.6
S1	40～75	100	90～100	—	—	0～15	—	0～5						
S2	40～60		100	90～100	—	0～15	—	0～5						
S3	30～60		100	90～100	—	—	0～15	—	0～5					
S4	25～50			100	90～100	—	—	0～15	—	0～5				
S5	20～40				100	90～100	—	—	0～15	—	0～5			
S6	15～30					100	90～100	—	—	0～15	—	0～5		
S7	10～30					100	90～100	—	—	—	0～15	0～5		
S8	10～25						100	90～100	—	0～15	—	0～5		
S9	10～20							100	90～100	—	0～15	0～5		
S10	10～15								100	90～100	0～15	0～5		
S11	5～15								100	90～100	40～70	0～15	0～5	
S12	5～10									100	90～100	0～15	0～5	
S13	3～10									100	90～100	40～70	0～20	0～5
S14	3～5										100	90～100	0～15	0～3

粗集料与沥青的黏附性、磨光值的技术要求　　表 2-10

雨量气候区	1（潮湿区）	2(湿润区）	3(半干区）	4(干旱区）	试验方法
年降雨量(mm)	>1 000	1 000～500	500～250	<250	附录 A
粗集料的磨光值 PSV　不小于 高速公路、一级公路表面层	42	40	38	36	T 0321
粗集料与沥青的黏附性　不小于 高速公路、一级公路表面层	5	4	4	3	T 0616
高速公路、一级公路的其他层次 及其他等级公路的各个层次	4	4	3	3	T 0663

(6)破碎砾石应采用粒径大于 50mm、含泥量不大于 1%的砾石轧制，破碎砾石的破碎面应符合表 2-11 的要求。

粗集料对破碎面的要求　　表 2-11

路面部位或混合料类型	具有一定数量破碎面颗粒的含量(%)		试验方法
	1 个破碎面	2 个或 2 个以上破碎面	
沥青路面表面层 高速公路、一级公路 其他等级公路	 100 80	 90 60	T 0361
沥青路面中下面层、基层 高速公路、一级公路 其他等级公路	 90 70	 80 50	
SMA 混合料	100	90	
贯入式路面	80	60	

(7)筛选砾石仅适用于三级及三级以下公路的沥青表面处治路面。

(8)经过破碎且存放期超过6个月以上的钢渣可作为粗集料使用。除吸水率允许适当放宽外,各项质量指标应符合表2-8的要求。钢渣在使用前应进行活性检验,要求钢渣中的游离氧化钙含量不大于3%,浸水膨胀率不大于2%。

2.水泥混凝土对粗集料的技术要求

(1)粗集料应使用质地坚硬、耐久、洁净的碎石、碎卵石和卵石,并应符合表2-12的规定。高速公路、一级公路、二级公路及有抗冻(盐)要求的三、四级公路混凝土路面使用的粗集料级别应不低于II级,无抗(盐)冻要求的三、四级公路混凝土路面、碾压混凝土及贫混凝土基层可使用III级粗集料。有抗(盐)冻要求时,I级集料吸水率不应大于1.0%,II级集料吸水率不应大于2.0%。

碎石、碎卵石和卵石技术指标　　表2-12

项　目	技术要求		
	I级	II级	III级
碎石压碎指标(%)	<10	<15	<20①
卵石压碎指标(%)	<12	<14	<16
坚固性(按质量损失计%)	<5	<8	<12
针片状颗粒含量(按质量计%)	<5	<15	<20②
含泥量(按质量计%)	<0.5	<1.0	<1.5
泥块含量(按质量计%)	<0	<0.2	<0.5
有机物含量(比色法)	合格	合格	合格
硫化物及硫酸盐(按 SO_3 质量计)	<0.5	<1.0	<1.0
岩石抗压强度	火成岩不应小于100MPa;变质岩不应小于80MPa;水成岩不应小于60MPa		
表观密度	>2 500kg/m^3		
松散堆积密度	>1 350kg/m^3		
空隙率	<47%		
碱集料反应	经碱集料反应试验后,试件无裂缝、酥裂、胶体外溢等现象,在规定试验龄期的膨胀率应小于0.10%		

注:①III级碎石的压碎指标,用做路面时,应小于20%;用做下面层或基层时,可小于25%。

②III级粗集料的针片状颗粒含量,用做路面时,应小于20%;用做下面层或基层时,可小于25%。

(2)用做路面的混凝土的粗集料不得使用不分级的统料,应按最大公称粒径的不同,采用2～4个粒级的集料进行掺配,并应符合表2-13合成级配的要求。卵石最大公称粒径不宜大于19.0mm;碎卵石最大公称粒径不宜大于26.5mm;碎石最大公称粒径不应大于31.5mm。

粗集料级配范围 表 2-13

粒径		方筛孔尺寸(mm)							
		2.36	4.75	9.50	16.0	19.0	26.5	31.5	37.5
		累计筛余(以质量计)(%)							
合成级配	4.75～16	95～100	85～100	40～60	0～10				
	4.75～19	95～100	85～90	60～75	30～45	0～5	0		
	4.75～26.5	95～100	90～100	70～90	50～70	25～40	0～5	0	
	4.75～31.5	95～100	90～100	75～90	60～75	40～60	20～35	0～5	0
粒级	4.75～9.5	95～100	80～100	0～15	0				
	9.5～16		95～100	80～100	0～15	0			
	9.5～19		95～100	85～100	40～60	0～15	0		
	16～26.5			95～100	55～70	25～40	0～10	0	
	16～31.5			95～100	85～100	55～70	25～40	0～10	0

3. 基层、底基层材料对粗集料的技术要求

基层、底基层材料对粗集料的技术要求参见第五章基层、底基层材料。

第二节 细集料的技术性质

一、细集料的技术要求

在沥青混合料中，细集料是指粒径小于2.36mm的天然砂、人工砂(包括机制砂)及石屑；在水泥混凝土中，细集料是指粒径小于4.75mm的天然砂、人工砂。

1. 沥青混合料用细集料的技术要求

(1)沥青混合料的细集料包括天然砂、机制砂、石屑。细集料必须由具有生产许可证的采石场、采砂场生产。

(2)细集料应洁净、干燥、无风化、无杂质，并有适当的颗粒级配，其质量应符合表 2-14 的规定。细集料的洁净程度，天然砂以小于0.075mm含量的百分数表示，石屑和机制砂以砂当量(适用于0～4.75mm)或亚甲蓝值(适用于0～2.36mm或0～0.15mm)表示。

沥青混合料用细集料质量要求 表 2-14

项目		单位	高速公路、一级公路	其他等级公路	试验方法
表观相对密度	不小于	—	2.50	2.45	T 0328
坚固性(>0.3mm部分)	不小于	%	12	—	T 0340
含泥量(小于0.075mm的含量)	不大于	%	3	5	T 0333
砂当量	不小于	%	60	50	T 0334
亚甲蓝值	不大于	g/kg	25	—	T 0346
棱角性(流动时间)	不小于	s	30	—	T 0345

注：坚固性试验可根据需要进行。

(3)天然砂可采用河砂或海砂,通常宜采用粗、中砂,其规格应符合表2-15的规定,砂的含泥量超过规定时应水洗后使用,海砂中的贝壳类材料必须筛除。热拌密级配沥青混合料中天然砂的用量通常不宜超过集料总量的20%,SMA和OGFC混合料不宜使用天然砂。

沥青混合料用天然砂规格 表2-15

筛孔尺寸(mm)	通过各孔筛的质量百分率(%)		
	粗砂	中砂	细砂
9.5	100	100	100
4.75	90~100	90~100	90~100
2.36	65~95	75~90	85~100
1.18	35~65	50~90	75~100
0.6	15~30	30~60	60~84
0.3	5~20	8~30	15~45
0.15	0~10	0~10	0~10
0.075	0~5	0~5	0~5

(4)石屑是采石场破碎石料时通过4.75mm或2.36mm的筛下部分,其规格应符合表2-16的要求。采石场在生产石屑的过程中应具备抽吸设备,高速公路和一级公路的沥青混合料,宜将S14与S16组合使用,S15可在沥青稳定碎石基层或其他等级公路中使用。

沥青混合料用机制砂或石屑规格 表2-16

规格	公称粒径	水洗法通过各筛孔(mm)的质量百分率(%)							
		9.5	4.75	2.36	1.18	0.6	0.3	0.15	0.075
S15	0~5	100	90~100	60~90	40~75	20~55	7~40	2~20	0~10
S16	0~3		100	80~100	50~80	25~60	8~45	0~25	0~15

注:当生产石屑采用喷水抑制扬尘工艺时,应特别注意含粉量不得超过表中要求。

(5)机制砂宜采用专用的制砂机制造,并选用优质石料生产,其级配应符合S16的要求。

2. 水泥混凝土用细集料技术要求

(1)细集料应采用质地坚硬、耐久、洁净的天然砂、机制砂或混合砂,并应符合表2-17的规定。高速公路、一级公路、二级公路及有抗(盐)冻要求的三、四级公路混凝土路面使用的砂应不低于II级,无抗(盐)冻要求的三、四级公路混凝土路面、碾压混凝土及贫混凝土基层可采用III级砂。特重、重交通混凝土路面宜使用河砂,砂的硅质含量不应低于25%。

(2)细集料的级配要求应符合表2-18的规定,路面和桥面用天然砂宜为中砂,也可使用细度模数在2.0~3.5之间的砂。同一配合比用砂的细度模数变化范围不应超过0.3;否则,应分别堆放,并调整配合比中的砂率后使用。

3. 砂中有害成分及分析方法

砂(包括天然砂和机制砂)中有害成分包括含泥量或泥块、云母、轻物质、有机物含量以及SO_3等。

含泥量。指砂中小于0.075mm颗粒的含量,由于它妨碍集料与水泥浆的黏结,影响混凝土的强度和耐久性,通常用水洗法检验。

细集料技术指标　　表 2-17

项　目	技术要求		
	I级	II级	III级
机制砂单粒级最大压碎指标(%)	<20	<25	<30
氯化物(氯离子质量计%)	<0.01	<0.02	<0.06
坚固性(按质量损失计%)	<6	<8	<10
云母(按质量计%)	<1.0	<2.0	<2.0
天然砂、机制砂含泥量(按质量计%)	<1.0	<2.0	<3.0①
天然砂、机制砂泥块含量(按质量计%)	<0	<1.0	<2.0
机制砂 MB 值<1.4 或合格石粉含量(按质量计%)	<3.0	<5.0	<7.0
机制砂 MB 值≥1.4 或不合格石粉含量(按质量计%)	<1.0	<3.0	<5.0
有机物含量(比色法)	合格		
硫化物及硫酸盐(按 SO_3 质量计%)	<0.5		
轻物质(按质量计%)	<1.0		
机制砂母岩抗压强度	火成岩不应小于 100MPa,变质岩不应小于 80MPa,水成岩不应小于 60MPa		
表观密度	>2 500kg/m³		
松散堆积密度	>1 350 kg/m³		
空隙率	<47%		
碱集料反应	经碱集料反应试验后,由砂配制的试件无裂缝、酥裂、胶体外溢等现象,在规定试验龄期的膨胀率应小于 0.10%		

注:天然 III 级砂用做路面时,含泥量应小于 3%;用做贫混凝土基层时,可小于 5%。

细集料级配范围　　表 2-18

砂分级	方筛孔尺寸(mm)					
	0.15	0.30	0.60	1.18	2.36	4.75
	累计筛余(以质量计)(%)					
粗砂	90～100	80～95	71～85	35～65	5～35	0～10
中砂	90～100	70～92	41～70	10～50	0～25	0～10
细砂	90～100	55～85	16～40	0～25	0～15	0～10

云母含量。云母呈薄片状,表面光滑,且极易沿节理开裂,它与水泥浆的黏结性极差,影响混凝土的和易性,对混凝土的抗冻、抗渗也不利。检验方法是在放大镜下用针挑拣。

轻物质。指相对密度小于 2 的颗粒,可用相对密度为 1.95～2.00 的重液来分离测定。

有机质含量。指砂中混有动植物腐殖质、腐殖土等有机物,它会延缓混凝土凝结时间,并降低混凝土强度,多采用比色法来检验。

SO_3 含量，指砂中硫化物及硫酸盐一类物质的含量，它会同混凝土中的水化铝酸钙反应生成结晶，体积膨胀，使混凝土破坏。常用硫酸钡进行定性试验。

二、细集料的筛分试验

1. 颗粒级配及粗细程度

集料由不同粒径的颗粒组成，颗粒级配是指集料中各种粒径颗粒的搭配情况，常用级配曲线表示。粗细程度是指不同粒径混合后的总体粗细程度，常用细度模数表示。集料的级配和粗细程度采用筛分的方法进行测定。我国规范规定，对沥青路面用细集料用水洗法筛分方法，而对水泥混凝土用砂，因考虑级配的影响不大，故仍保留原来的干筛方法。通过筛分试验，测定试样在各筛上的筛余质量。然后计算反映集料级配的相关参数，包括分计筛余百分率、累计筛余百分率和通过率。各参数的定义和计算方法如下。

(1)分计筛余百分率 a_i：是指某号筛上的筛余质量占试样总质量百分率，即 $a_i(\%)=\frac{m_i}{M}\times 100$。

(2)累计筛余百分率 A_i：是指某号筛上的分计筛余百分率和大于该筛号的各筛分计筛余百分率之和，即 $A_i(\%)=a_1+a_2+\cdots+a_i$。

(3)通过百分率 P_i：是指通过某号筛的试样质量占试样总质量的百分率，即 $P_i(\%)=100-A_i$。即某号筛的质量通过百分率等于 100 减去该号筛的累计筛余百分率。

2. 细度模数的计算和含义

集料的筛分分析结果反映了集料的级配情况。集料的粗细程度可用细度模数表征。理论上，细度模数与集料的对数平均粒径成正比，因此，它反映的是集料的平均颗粒大小，常用于细集料粗细程度的评定。细度模数越大，表示砂的颗粒越粗，天然砂的细度模数按式(2-20)计算，精确至 0.01。

$$M_x=\frac{(A_{0.15}+A_{0.3}+A_{0.6}+A_{1.18}+A_{2.36})-5A_{4.75}}{100-A_{4.75}} \tag{2-20}$$

式中：M_x——砂的细度模数；

$A_{0.15}$、$A_{0.3}$、…、$A_{4.75}$——分别为 0.15mm、0.3mm、…、4.75mm 各筛上的累计筛余百分率(%)。

根据细度模数大小将砂分为四级。

粗砂：细度模数在 3.7～3.1 之间。

中砂：细度模数在 3.0～2.3 之间。

细砂：细度模数在 2.2～1.6 之间。

特细砂：细度模数在 1.5～0.7 之间。

例题：用于桥涵工程的某砂筛分结果如表 2-19 所示，计算该砂的细度模数并分级。

筛 分 结 果　　表 2-19

筛孔尺寸(mm)	4.75	2.36	1.18	0.6	0.3	0.15	0.075
筛余量(g)	10	150	75	110	130	20	5

解：集料总质量＝10＋150＋75＋110＋130＋20＋5＝500(g)

计算各筛分计筛余率：

$$a_1=10/500\times100\%=2\%;a_2=150/500=30\%;a_3=75/500=15\%;$$
$$a_4=110/500=22\%;a_5=130/500=26\%;a_6=20/500=4\%$$

计算各筛累计筛余百分率：

$$A_1=2\%;\ A_2=32\%;A_3=47\%;A_4=69\%;A_5=95\%;A_6=99\%$$

计算砂细度模数：

$$M_x=[(A_2+A_3+A_4+A_5+A_6)-5A_1]/(100-A_1)$$
$$=[(32+47+69+95+99)-5\times2]/(100-2)=3.4$$

因为细度模数在 3.1～3.7 之间，所以该砂为粗砂。

3. 细集料筛分试验

1)目的与适用范围

测定细集料（天然砂、人工砂、石屑）的颗粒级配及粗细程度，对水泥混凝土用细集料可采用干筛法，如果需要也可采用水洗法筛分；对沥青混合料及基层用细集料必须用水洗法筛分。

注：当细集料中含有粗集料时，可参照此方法用水洗法筛分，但需特别注意保护标准筛筛面不遭损坏。

2)仪具与材料

(1)标准筛。

(2)天平：称量 1 000g，感量不大于 0.5g。

(3)摇筛机。

(4)烘箱：能控温在 105℃±5℃。

(5)其他：浅盘和硬、软毛刷等。

3)试验准备

根据样品中最大粒径的大小，选用适宜的标准筛，通常为 9.5mm 筛（水泥混凝土用天然砂）或 4.75mm 筛（沥青路面及基层用天然砂、石屑、机制砂等），筛除其中的超粒径材料，然后将样品在潮湿状态下充分拌匀，用分料器法或四分法缩分至每份不少于 550g 的试样两份，在 105℃±5℃的烘箱中烘干至恒重，冷却至室温后备用。

4)试验步骤

(1)干筛法试验步骤

①准确称取烘干试样约 500g(m_1)，精确至 0.5g，置于套筛的最上面一只，即 4.75mm 筛上，将套筛装入摇筛机，摇筛约 10min，然后取出套筛，再按筛孔大小顺序，从最大的筛号开始，在清洁的浅盘上逐个进行手筛，直到每分钟的筛出量不超过筛上剩余量的 0.1%时为止，将筛出通过的颗粒并入下一号筛，和下一号筛中的试样一起过筛，以此顺序进行至各号筛全部筛完为止。

②称量各筛筛余试样的质量，精确至 0.5g。所有各筛的分计筛余量和底盘中剩余量的总量与筛分前的试样总量，相差不得超过后者的 1%。

(2)水洗法试验步骤

①准确称取烘干试样约 500g，即 m_1，精确至 0.5g。

②将试样置一洁净容器中，加入足够数量的洁净水，将集料全部淹没。

③ 用搅棒充分搅动集料，将集料表面洗涤干净，使细粉悬浮在水中，但不得有集料从水中溅出。

④用 1.18mm 筛及 0.075mm 筛组成套筛，仔细将容器中混有细粉的悬浮液徐徐倒出，经过套筛流入另一容器中，但不得将集料倒出。

⑤重复②～④步骤，直至倒出的水洁净且小于 0.075mm 的颗粒全部倒出。

⑥将容器中的集料倒入搪瓷盘中，用少量水冲洗，使容器上黏附的集料颗粒全部进入搪瓷盘中，将筛子反扣过来，用少量的水将筛上集料冲入搪瓷盘中。操作过程中不得有集料散失。

⑦将搪瓷盘连同集料一起置 105℃±5℃烘箱中烘干至恒量，称取干燥集料试样的总质量 m_2。精确至 0.1%。m_1 与 m_2 之差即为通过 0.075mm 筛的部分。

⑧将全部要求筛孔组成套筛（但不需 0.075mm 筛），将已经洗去小于 0.075mm 部分的干燥集料置于套筛上（通常为 4.75mm 筛），将套筛装入摇筛机，摇筛约 10min，然后取出套筛，再按筛孔大小顺序，从最大的筛号开始，在清洁的浅盘上逐个进行手筛，直至每分钟的筛出量不超过筛上剩余量的 0.1%时为止，将筛出通过的颗粒并入下一号筛，和下一号筛中的试样一起过筛，这样顺序进行，直至各号筛全部筛完为止。

⑨称量各筛筛余试样的质量，精确至 0.5g。所有各筛的分计筛余量和底盘中剩余量的总质量与筛分前后试样总量 m_2 的差值不得超过后者的 1%。

5）计算

（1）计算分计筛余百分率。各号筛的分计筛余百分率为各号筛上的筛余量除以试样总量 m_1 的百分率，精确至 0.1%。对沥青路面细集料而言，0.15mm 筛下部分即为 0.075mm 的分计筛余，由⑦测得的 m_1 与 m_2 之差即为小于 0.075mm 的筛底部分。

（2）计算累计筛余百分率。各号筛的累计筛余百分率为该号筛及大于该号筛的各号筛的分计筛余百分率之和，精确至 0.1%。

（3）计算质量通过百分率。各号筛的质量通过百分率等于 100 减去该号筛的累计筛余百分率，精确至 0.1%。

（4）根据各筛的累计筛余百分率或通过百分率，绘制级配曲线。

（5）天然砂的细度模数按式(2-20)计算，精确至 0.01。

（6）进行两次平行试验，以试验结果的算术平均值作为测定值。如两次试验所得的细度模数之差大于 0.2，应重新进行试验。

6）试验说明和注意事项

（1）对水泥混凝土用细集料可采用干筛法，如果需要也可采用水洗法筛分；对沥青混合料及基层用细集料必须用水洗法筛分。

（2）恒量系指相邻两次称量间隔时间大于 3h（通常不少于 6h）的情况下，前后两次称量之差小于该项试验所要求的称量精密度。

（3）试样如为特细砂时，试样质量可减少到 100g。如试样含泥量超过 5%，不宜采用干筛法。

（4）所有各筛的分计筛余量和底盘中剩余量的总质量与筛分前后试样总量 m_2 的差值不得超过后者的 1%。两次试验所得的细度模数之差大于 0.2，应重新进行试验。在筛分过程中，当没有出现砂颗粒损失现象，且各筛孔的存留质量之和与试样总质量相比相差不超过 1% 时，差值部分可当作小于 0.075mm 的颗粒看待，这样，计算时的总质量仍是 500g；也可按存留量之和的实际结果进行计算，这样处理两者结果相差很小。

三、细集料密度

1. 细集料密度试验方法及适用范围

细集料表观密度试验(容量瓶法)用容量瓶法测定细集料(天然砂、石屑、机制砂)在23℃时对水的表观相对密度和表观密度。本方法适用于含有少量大于2.36mm部分的细集料。

细集料密度及吸水率试验(坍落筒法)用坍落筒法测定细集料(天然砂、机制砂、石屑)在23℃时对水的毛体积相对密度、表观相对密度、表干相对密度(饱和面干相对密度),处于饱和面干状态时的吸水率和毛体积密度、表观密度、表干密度(饱和面干密度)。本方法适用于小于2.36mm以下的细集料。当含有大于2.36mm的成分时,如0～4.75mm石屑,宜采用2.36mm的标准筛进行筛分,其中大于2.36mm的部分采用"粗集料密度与吸水率测定方法"测定,小于2.36mm的部分用本方法测定。试验得出的两个指标毛体积相对密度和饱和面干毛体积相对密度是两个性质不同的指标,千万别搞混淆了。毛体积相对密度是以烘干状态(绝干)为基准与试样毛体积的比值,它常用于热拌沥青混合料体积指标的计算;而饱和面干毛体积相对密度是以表干状态为基准与试样毛体积的比值,它常用于水泥混凝土用量的计算。

细集料堆积密度及紧装密度试验用来测定砂自然状态下的堆积密度、紧装密度及空隙率。

容量瓶法和坍落筒法都是用来测定细集料的各种相对密度及密度、吸水率的试验方法。坍落筒法是在采用坍落筒的同时得出饱和面干状态,再用容量瓶法测定毛体积相对密度。下面仅介绍细集料密度及吸水率试验(坍落筒法)。

2. 细集料密度及吸水率试验(坍落筒法)

(1)目的与适用范围

①用坍落筒法测定细集料(天然砂、机制砂、石屑)在23℃时对水的毛体积相对密度、表观相对密度、表干相对密度(饱和面干相对密度)。

②用坍落筒法测定细集料(天然砂、机制砂、石屑)处于饱和面干状态时的吸水率。

③用坍落筒法测定细集料(天然砂、机制砂、石屑)的毛体积密度、表观密度、表干密度(饱和面干密度)。

④本方法适用于小于2.36mm以下的细集料。当含有大于2.36mm的成分时,如0～4.75mm石屑,宜采用2.36mm的标准筛进行筛分,其中大于2.36mm的部分采用T 0308"粗集料密度与吸水率测定方法"测定,小于2.36mm的部分用本方法测定。

(2)仪具与材料

①天平:称量1kg,感量不大于0.1g。

②饱和面干试模:上口径为40mm±3mm,下口径为90mm±3mm,高为75mm±3mm的坍落筒。

③捣捧:金属捧,直径25mm±3mm,质量340g±15g。

④烧杯:500mL。

⑤容量瓶:500mL。

⑥烘箱:能控温在105℃±5℃。

⑦洁净水:温度为23℃±1.7℃。

⑧其他:干燥器、吹风机(手提式)、浅盘、铝制料勺、玻璃捧、温度计等。

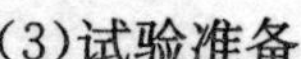

(3)试验准备

①将来样用 2.36mm 标准筛过筛，除去大于 2.36mm 的部分。在潮湿状态下用分料器法或四分法缩分细集料至每份约 1 000g，拌匀后分成两份，分别装入浅盘或其他合适的容器中。

②注入洁净水，使水面高出试样表面 20mm 左右（测量水温并控制在 23℃±1.7℃），用玻璃棒连续搅拌 5min，以排除气泡，静置 24h。

③细心地倒去试样上部的水，但不得将细粉部分倒走，并用吸管吸去余水。

④将试样在盘中摊开，用手提吹风机缓缓吹入暖风，并不断翻拌试样，使集料表面的水在各部位均匀蒸发，达到估计的饱和面干状态。注意吹风过程中不得使细粉损失。

⑤然后将试样松散地一次装入饱和面干试模中，用捣棒轻捣 25 次，捣棒端面距试样表面距离不超过 10mm，使之自由落下，捣完后刮平模口，如留有空隙亦不必再装满。

⑥从垂直方向徐徐提起试模，如试样保留锥形没有坍落，则说明集料中尚含有表面水，应继续按上述方法用暖风干燥、试验，直至试模提起后试样开始出现坍落为止。如试模提起后试样坍落过多，则说明试样已干燥过度，此时应将试样均匀洒水约 5mL，经充分拌匀，并静置于加盖容器中 30min 后，再按上述方法进行试验，至达到饱和面干状态为止。判断饱和面干状态的标准，对天然砂，宜以“在试样中心部分上部成为 2/3 左右的圆锥体，即大致坍塌 1/3 左右”作为标准状态；对机制砂和石屑，宜以“当移去坍落筒第一次出现坍落时的含水率即最大含水率作为试样的饱和面干状态”。

(4)试验步骤

①立即称取饱和面干试样约 300g，即 m_3。

②将试样迅速放入容量瓶中，勿使水分蒸发和集料粒散失，而后加洁净水至约 450mL 刻度处，转动容量瓶排除气泡后，再仔细加水至 500mL 刻度处，塞紧瓶塞，擦干瓶外水分，称其总量 m_2。

③全部倒出集料试样，洗净瓶内外，用同样的水（每次需测量水温，宜为 23℃±1.7℃，两次水温相差不大于 2℃），加至 500mL 刻度处，塞紧瓶塞，擦干瓶外水分，称其总量 m_1。将倒出的集料样置 105℃±5℃ 的烘箱中烘干至恒重，在干燥器内冷却至室温后，称取干样的质量 m_0。

(5)计算

①细集料的表观相对密度 γ_a、表干相对密度 γ_s 及毛体积相对密度 γ_b 按式(2-21)～式(2-23)计算，精确至小数点后 3 位。

$$\gamma_a = \frac{m_0}{m_0 + m_1 - m_2} \tag{2-21}$$

$$\gamma_s = \frac{m_3}{m_3 + m_1 - m_2} \tag{2-22}$$

$$\gamma_b = \frac{m_0}{m_3 + m_1 - m_2} \tag{2-23}$$

式中：γ_a——集料的表观相对密度，无量纲；

γ_s——集料的表干相对密度，无量纲；

γ_b——集料的毛体积相对密度，无量纲；

m_0——集料的烘干后质量(g)；

m_1——水、瓶总质量(g)；

m_2——饱和面干试样、水、瓶总质量(g)；

m_3——饱和面干试样质量(g)。

②细集料的表观密度 ρ_a、表干密度 ρ_s 及毛体积密度 ρ_b 按式(2-24)～式(2-26)计算，精确至小数点后3位。

$$\rho_a=(\gamma_a-\alpha_T)\times\rho_w \tag{2-24}$$

$$\rho_s=(\gamma_s-\alpha_T)\times\rho_w \tag{2-25}$$

$$\rho_b=(\gamma_b-\alpha_T)\times\rho_w \tag{2-26}$$

式中：ρ_a——集料的表观密度(g/cm^3)；

ρ_s——集料的表干密度(g/cm^3)；

ρ_b——集料的毛体积密度(g/cm^3)；

ρ_w——水在4℃时的密度(g/cm^3)。

α_T——试验时水温对水密度影响的修正系数。

③细集料的吸水率按式(2-27)计算，精确至0.01%。

$$w_x=(m_3-m_0)/m_0\times 100 \tag{2-27}$$

式中：w_x——集料的吸水率(%)；

m_3——饱和面干试样质量(g)；

m_0——烘干试样质量(g)。

④如因特殊需要，需以饱和面干状态的试样为基准求取细集料的吸水率时，细集料的饱和面干吸水率按式(2-28)计算，精确至0.01%，但需在报告中注明。

$$w'_x=\frac{m_3-m_0}{m_3}\times 100 \tag{2-28}$$

式中：w'_x——集料的饱和面干吸水率(%)；

m_3——饱和面干试样质量(g)；

m_0——烘干试样质量(g)。

(6)精度与允许差

①毛体积密度及饱和面干密度以两次平行试验结果的算术平均值为测定值，如两次结果与平均值之差大于0.01g/cm^3 时，应重新取样进行试验。

②吸水率以两次平行试验结果的算术平均值作为测定值，如两次结果与平均值之差大于0.02%，应重新取样进行试验。

(7)试验说明和注意事项

①本试验适用范围为天然砂、机制砂、石屑，试验时要求使用的洁净水可以用蒸馏水，也可以用纯净水。

②对天然砂和机制砂、石屑，试验时在掌握坍塌的尺度上应该有所不同，本方法提出了不同的判断标准。对天然砂，宜以“在试样中心部分上部成为2/3左右的圆锥体，即大致坍塌1/3左右”作为标准状态；对机制砂和石屑，宜以“当移去坍落筒第一次出现坍落时的含水率即最大含水率作为试样的饱和面干状态”。

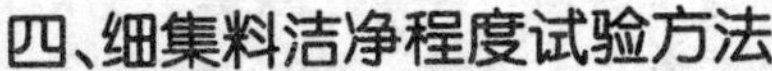

四、细集料洁净程度试验方法

细集料中的泥土杂物对细集料的使用性能有很大的影响，尤其是对沥青混合料，当水分进入混合料内部时遇水即会软化，以前我国通行水洗法测定小于0.075mm的含量，将其作为含泥量，即T 0333的方法。但是将小于0.075mm含量都看成土是不正确的。在天然砂的规格中，通常允许0.075mm通过率为0～5%（以前甚至为10%），而含泥量一般不超过3%。其实，不管天然砂、石屑、机制砂，各种细集料中小于0.075mm的部分不一定是土，大部分可能是石粉或超细砂粒。为了将小于0.075mm的矿粉、细砂与含泥量加以区分，通常采用砂当量试验。试验表明，如果控制砂当量不小于60%，将能控制含土量不超过6%。砂当量测定值不仅仅取决于含土量，细集料中石粉也会影响砂当量的大小。因此，国际上还通行一种称为亚甲蓝的试验方法，在欧洲共同体的CEN标准中，已经将亚甲蓝试验方法定为标准方法，而原来像法国等许多国家也使用的砂当量试验却不用了，关于这个问题，我国尚未研究，目前仍然采用砂当量试验作为标准试验方法。

细集料的洁净程度，天然砂以小于0.075mm含量的百分数表示，石屑和机制砂以砂当量（适用于0～4.75mm）或亚甲蓝值（适用于0～2.36mm或0～0.15mm）表示。

1.细集料含泥量试验（筛洗法）

(1)目的与适用范围

①本方法仅用于测定天然砂中粒径小于0.075mm的尘屑、淤泥和黏土的含量。

②本方法不适用于人工砂、石屑等矿粉成分较多的细集料。

(2)仪具与材料

①天平：称量1kg，感量不大于1g。

②烘箱：能控温在105℃±5℃。

③标准筛：孔径0.075mm及1.18mm的方孔筛。

④其他：筒、浅盘等。

(3)试验准备

将来样用四分法缩分至每份约1 000g，置于温度为105℃±5℃的烘箱中烘干至恒量，冷却至室温后，称取约400g(m_0)的试样两份备用。

(4)试验步骤

①取烘干的试样一份置于筒中，并注入洁净的水，使水面高出砂面约200mm，充分拌和均匀后，浸泡24h，然后用手在水中淘洗试样，使尘屑、淤泥和黏土与砂粒分离，并使之悬浮水中，缓缓地将浑浊液倒入1.18～0.075mm的套筛上，滤去小于0.075mm的颗粒，试验前筛子的两面应先用水湿润，在整个试验过程中应注意避免砂粒丢失。

注：不得直接将试样放在0.075mm筛上用水冲洗，或者将试样放在0.075mm筛上后在水中淘洗，以免误将小于0.075mm的砂颗粒当作泥土冲走。

②再次加水于筒中，重复上述过程，直至筒内砂样洗出的水清澈为止。

③用水冲洗剩留在筛上的细粒，并将0.075mm筛放在水中（使水面略高出筛中砂粒的上表面）来回摇动，以充分洗除小于0.075mm的颗粒；然后将两筛上筛余的颗粒和筒中已经洗净的试样一并装入浅盘，置于温度为105℃±5℃的烘箱中烘干至恒量，冷却至室温，称取试样

的质量 m_1。

(5)计算

砂的含泥量按式(2-29)计算,精确至 0.1%。

$$Q_n = \frac{m_0 - m_1}{m_0} \times 100 \tag{2-29}$$

式中:Q_n——砂的含泥量(%);

m_0——试验前的烘干试样质量(g);

m_1——试验后的烘干试样质量(g)。

以两个试样试验结果的算术平均值作为测定值。两次结果的差值超过 0.5%时,应重新取样进行试验。

(6)试验说明和注意事项

本方法含泥量应该是指天然砂中的含泥量,是将天然砂放在水中淘洗,让砂沉淀,悬浮液倒走,并用 0.075mm 过滤的方法区别砂与土,所以试验时务必不使砂(有不少细砂颗粒会小于 0.075mm)随水一起冲走,否则就不一定是含"泥"量了。但淘洗后,小于 0.075mm 部分的细砂粒沉淀很慢,是很容易随土一起倾走的。有的实验室在试验时直接用 0.075mm 筛在水中淘洗或者直接将砂放在 0.075mm 筛上用水冲洗,将通过 0.075mm 部分部当作"泥"看待,这种做法是不对的。因此严格来说,本方法是测不准真正的含泥量的,应该尽可能采用 T 0334的砂当量试验。对机制砂、石屑等细粉成分较多的细集料,不适用于本方法。

2. 细集料砂当量试验

1)目的与适用范围

(1)本方法适用于测定天然砂、人工砂、石屑等各种细集料中所含的黏性土或杂质的含量,以评定集料的洁净程度。砂当量用 SE 表示。

(2)本方法适用于公称最大粒径不超过 4.75mm 的集料。

2)仪具与材料

(1)仪具

①透明圆柱形试筒:透明塑料制,外径 40mm±0.5mm,内径 32mm±0.25mm,高度 420mm±0.25mm。在距试筒底部 100mm、380mm 处刻画刻度线,试筒口配有橡胶瓶口塞。

③冲洗管:由一根弯曲的硬管组成,不锈钢或冷锻钢制,其外径为 6mm±0.5mm,内径为 4mm±0.2mm。管的上部有一个开关,下部有一个不锈钢两侧带孔尖头,孔径为 1mm±0.1mm。

③透明玻璃或塑料桶:容积 5L,有一根虹吸管放置桶中,桶底面高出工作台约 1m。

④橡胶管(或塑料管):长约 1.5m,内径约 5mm,同冲洗管连在一起吸液用,配有金属夹,以控制冲洗液流量。

⑤配重活塞:由长 440mm±0.25mm 的杆、直径 25mm±0.1mm 的底座(下面平坦、光滑,垂直杆轴)、套筒和配重组成,且在活塞上有三个横向螺钉可保持活塞在试筒中间,并使活塞与试筒之间有一条小缝隙。

套筒为黄铜或不锈钢制,厚 10mm±0.1mm,大小适合试筒并且引导活塞杆,能标记筒中活塞下沉的位置。套筒上有一个螺钉用以固定活塞杆。配重为 1kg±5g。

⑥机械振荡器:可以使试筒产生横向的直线运动振荡,振幅 203mm±1.0mm,频率

180 次/min±2 次/min。

⑦天平：称量 1kg，感量不大于 0.1g。

⑧烘箱：能使温度控制在 105℃±5℃。

⑨秒表。

⑩标准筛：筛孔为 4.75mm。

⑪温度计。

⑫广口漏斗：玻璃或塑料制，口的直径 100mm 左右。

⑬钢板尺：长 50 cm，刻度 1mm。

⑭其他：量筒（500mL）、烧杯（1L）、塑料桶（5L）、烧杯、刷子、盘子、刮刀、勺子等。

（2）试剂

①无水氯化钙（$CaCl_2$）：分析纯，含量 96%以上，分子量 110.99，纯品为无色立方结晶，在水中溶解度大，溶解时放出大量热，它的水溶液呈微酸性，具有一定的腐蚀性。

②丙三醇（$C_3H_8O_3$）：又称甘油，分析纯，含量 98%以上，分子量 92.09。

③甲醛（HCHO）：分析纯，含量 36%以上，分子量 30.03。

④洁净水或纯净水。

3）试验准备

（1）试样制备

①将样品通过孔径为 4.75mm 的筛，去掉筛上的粗颗粒部分，试样数量不少于 1 000g。如样品过分干燥，可在筛分之前加少量水分润湿（含水率约为 3%），用包橡胶的小锤打碎土块，然后再过筛，以防止将土块作为粗颗粒筛除。当粗颗粒部分被在筛分时不能分离的杂质裹覆时，应将筛上部分的粗集料进行清洗，并回收其中的细粒放入试样中。

②测定试样含水率。试验用的样品，在测定含水率和取样试验期间不要丢失水分。

由于试样是加水湿润过的，对试样含水率应按现行含水率测定方法进行，含水率以两次测定的平均值计，准确至 0.1%。经过含水率测定的试样不得用于试验。

③称取试样的湿重。根据测定的含水率按式（2-30）计算相当于 120g 干燥试样的湿重，准确至 0.1g。

$$m_1 = \frac{120 \times (100 + w)}{100} \tag{2-30}$$

式中：w——集料试样的含水率（%）；

m_1——相当于干燥试样 120g 时的潮湿试样的质量（g）。

（2）配制冲洗液

①根据需要确定冲洗液的数量，通常一次配制 5L，约可进行 10 次试验。如试验次数较少，可以按比例减少，但不宜少于 2L，以减小试验误差。冲洗液的浓度以每升冲洗液中的氯化钙、甘油、甲醛含量分别为 2.79g、12.12g、0.34g 控制。称取配制 5L 冲洗液的各种试剂的用量：氯化钙 14.0g，甘油 60.6g，甲醛 1.7g。

②称取无水氯化钙 14.0g 放入烧杯中，加洁净水 30mL，充分溶解，此时溶液温度会升高，待溶液冷却至室温，观察是否有不溶的杂质，若有杂质必须用滤纸将溶液过滤，以除去不溶的杂质。

③然后倒入适量洁净水稀释，加入甘油 60.6g，用玻璃棒搅拌均匀后，再加入甲醛 1.7g，用玻璃棒搅拌均匀后全部倒入 1L 量筒中，并用少量洁净水分别对盛过 3 种试剂的器皿洗涤 3 次，每次洗涤的水均放入量筒中，最后加入洁净水至 1L 刻度线。

④将配制的 1L 溶液倒入塑料桶或其他容器中，再加入 4L 洁净水或纯净水稀释至 5L±0.005L。该冲洗液的使用期限不得超过 2 周，超过 2 周后必须废弃，其工作温度为 22℃±3℃。

注：有条件时，可向专门机构购买高浓度的冲洗液，按照要求稀释后使用。

4）试验步骤

（1）用冲洗管将冲洗液加入试筒，直到最下面的 100mm 刻度处（约需 80mL 试验用冲洗液）。

（2）把相当于 120g±1g 干料重的湿样用漏斗仔细地倒入竖立的试筒中。

（3）用手掌反复敲打试筒下部，以除去气泡，并使试样尽快润湿，然后放置 10min。

（4）在试样静止 10min±1min 后，在试筒上塞上橡胶塞堵住试筒，用手将试筒横向水平放置，或将试筒水平固定在振荡机上。

（5）开动机械振荡器，在 30s±1s 的时间内振荡 90 次。用手振荡时，仅需手腕振荡，不必晃动手臂，以维持振幅 230mm±25mm，振荡时间和次数与机械振荡器同。然后将试筒取下竖直放回试验台上，拧下橡胶塞。

（6）将冲洗管插入试筒中，用冲洗液冲洗附在试筒壁上的集料，然后迅速将冲洗管插到试筒底部，不断转动冲洗管，使附着在集料表面的土粒杂质浮游上来。

（7）缓慢匀速向上拔出冲洗管，当冲洗管抽出液面，且保持液面位于 380mm 刻度线时，切断冲洗管的液流，使液面保持在 380mm 刻度线处，然后开动秒表在没有扰动的情况下静置 20min±15s。

（8）在静置 20min 后，用尺量测从试筒底部到絮状凝结物上液面的高度 h_1。

（9）将配重活塞徐徐插入试筒里，直至碰到沉淀物时，立即拧紧套筒上的固定螺钉。将活塞取出，用直尺插入套筒开口中，量取套筒顶面至活塞底面的高度 h_2，精确至 1mm，同时记录试筒内的温度，精确至 1℃。

（10）按上述步骤进行 2 个试样的平行试验。

5）计算

（1）试样的砂当量值按式（2-31）计算。

$$SE=\frac{h_2}{h_1}\times 100 \tag{2-31}$$

式中：SE——试样的砂当量（%）；

h_2——试筒中用活塞测定的集料沉淀物的高度（mm）；

h_1——试筒中絮凝物和沉淀物的总高度（mm）。

（2）一种集料应平行测定两次，取两个试样的平均值，并以活塞测得砂当量为准，并以整数表示。

6）试验说明和注意事项

（1）为了不影响沉淀的过程，试验必须在无振动的水平台上进行。随时检查试验的冲洗管口，防止堵塞。

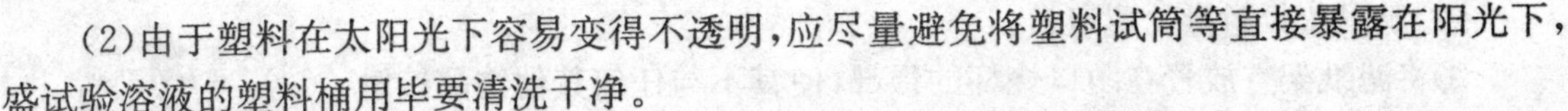

(2)由于塑料在太阳光下容易变得不透明，应尽量避免将塑料试筒等直接暴露在阳光下，盛试验溶液的塑料桶用毕要清洗干净。

(3)砂当量测定值不仅仅取决于含土量，细集料中石粉也会影响砂当量的大小，说明砂当量受土含量的影响十分显著。

(4)在配制稀浆封层及微表处混合料时，4.75mm部分经常由两种以上的集料混合而成，如由3～5mm和3mm以下石屑混合，或由石屑与天然砂混合组成时，可分别对每种集料按本方法测定其砂当量，然后按组成比例计算合成的砂当量。为减少工作量，通常的做法是将样品按配比混合组成后用4.75mm的筛过筛，测定集料混合料的砂当量，以鉴定材料是否合格。

3.细集料亚甲蓝试验

1)目的与适用范围

(1)本方法适用于确定细集料中是否存在膨胀性黏土矿物，并测定其含量，以评定集料的洁净程度，以亚甲蓝值MBV表示。

(2)本方法适用于小于2.36mm或小于0.15mm的细集料，也可用于矿粉的质量检验。

(3)当细集料中的0.075mm通过率小于3%时，可不进行此项试验即作为合格看待。

2)试验步骤

(1)标准亚甲蓝溶液(10.0g/L±0.1g/L标准浓度)配制

①测定亚甲蓝中的水分含量w。称取5g左右的亚甲蓝粉末，记录质量m_h，精确到0.01g。在100℃±5℃的温度下烘干至恒重(若烘干温度超过105℃，亚甲蓝粉末会变质)，在干燥器中冷却，然后称重，记录质量m_g，精确到0.01g。按式(2-32)计算亚甲蓝的含水率w：

$$w = (m_h - m_g)/m_g \times 100 \tag{2-32}$$

式中：m_h——亚甲蓝粉末的质量(g)；

m_g——干燥后亚甲蓝的质量(g)。

注：每次配制亚甲蓝溶液前，都必须首先确定亚甲蓝的含水率。

②取亚甲蓝粉末(100+w)(10g±0.01g)/100(即亚甲蓝干粉末质量10g)，精确至0.01g。

③加热盛有约600mL洁净水的烧杯，水温不超过40℃。

④边搅动边加入亚甲蓝粉末，持续搅动45min，直至亚甲蓝粉末全部溶解为止，然后冷却至20℃。

⑤将溶液倒入1L容量瓶中，用洁净水淋洗烧杯等，使所有亚甲蓝溶液全部移入容量瓶，容量瓶和溶液的温度应保持在20℃±1℃，加洁净水至容量瓶1L刻度。

⑥摇晃容量瓶以保证亚甲蓝粉末完全溶解。将标准液移入深色储藏瓶中，亚甲蓝标准溶液保质期应不超过28d；配制好的溶液应标明制备日期、失效日期，并避光保存。

(2)制备细集料悬浊液

①取代表性试样，缩分至约400g，置烘箱中在105℃±5℃条件下烘干至恒重，待冷却至室温后，筛除大于2.36mm颗粒，分两份备用。

②称取试样200g，精确至0.1g。将试样倒入盛有500mL±5mL洁净水的烧杯中，将搅拌器速度调整到600r/min，搅拌器叶轮离烧杯底部约10mm。搅拌5min，形成悬浊液，用移液管准确加入5mL亚甲蓝溶液，然后保持400r/min±40r/min转速不断搅拌，直到试验结束。

(3)亚甲蓝吸附量的测定

①将滤纸架空放置在敞口烧杯的顶部,使其不与任何其他物品接触。

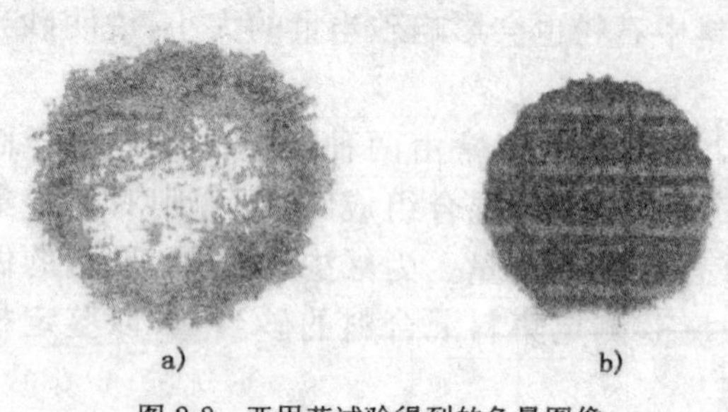

图 2-2　亚甲蓝试验得到的色晕图像

a)符合要求;b)不符合要求

②细集料悬浊液在加入亚甲蓝溶液并经400r/min±40r/min 转速搅拌 1min 起,在滤纸上进行第一次色晕检验。即用玻璃棒沾取一滴悬浊液滴于滤纸上,液滴在滤纸上形成环状,中间是集料沉淀物,液滴的数量应使沉淀物直径在 8~12mm 之间。外围环绕一圈无色的水环,当在沉淀物周围边缘放射出一个宽度约 1mm 左右的浅蓝色色晕时(图 2-2),试验结果称为阳性。

③如果第一次的 5mL 亚甲蓝没有使沉淀物周围出现色晕,再向悬浊液中加入 5mL 亚甲蓝溶液,继续搅拌 1min,再用玻璃棒沾取一滴悬浊液,滴于滤纸上,进行第二次色晕试验,若沉淀物周围仍来出现色晕,重复上述步骤,直到沉淀物周围放射出约 1mm 的稳定浅蓝色色晕。

④停止滴加亚甲蓝溶液,但继续搅拌悬浊液,每 1min 进行一次色晕试验。若色晕在最初的 4min 内消失,再加入 5mL 亚甲蓝溶液;若色晕在第 5min 消失,再加入 2mL 亚甲蓝溶液。两种情况下,均应继续搅拌并进行色晕试验,直至色晕可持续 5min 为止。

⑤记录色晕持续 5min 时所加入的亚甲蓝溶液总体积,精确至 1mL。

注:试验结束后应立即用水彻底清洗试验用容器。清洗后的容器不得含有清洁剂成分,建议将这些容器作为亚甲蓝试验的专门容器。

(4)亚甲蓝的快速评价试验

①按(2)中要求制样及搅拌。

②一次性向烧杯中加入 30mL 亚甲蓝溶液,以 400r/min±40r/min 转速持续搅拌 8min,然后用玻璃棒沾取一滴悬浊液,滴于滤纸上,观察沉淀物周围是否出现明显色晕。

(5)小于 0.15mm 粒径部分的亚甲蓝值 MBV_F 的测定

按(1)~(3)的规定准备试样,进行亚甲蓝试验测试,但试样为 0~0.15mm 部分,取 30g±0.1g。

(6)测定含泥量或石粉含量

按筛洗法测定细集料中含泥量或石粉含量。

3)计算

(1)细集料亚甲蓝值 MBV 按式(2-33)计算,精确至 0.1。

$$MBV=\frac{V}{m}\times 10 \tag{2-33}$$

式中:MBV——亚甲蓝值(g/kg),表示每千克 0~2.36mm 粒级试样所消耗的亚甲蓝克数;

m——试样质量(g);

V——所加入的亚甲蓝溶液的总量(mL)。

注:公式中的系数 10 用于将每千克试样消耗的亚甲蓝溶液体积换算成亚甲蓝质量。

(2)亚甲蓝快速试验结果评定。若沉淀物周围出现明显色晕,则判定亚甲蓝快速试验为合格,若沉淀物周围未出现明显色晕,则判定亚甲蓝快速试验为不合格。

(3)小于0.15mm部分或矿粉的亚甲蓝值MBV_F按式(2-34)计算,精确至0.1。

$$MBV_F = \frac{V_1}{m_1} \times 10 \tag{2-34}$$

式中:MBV_F——亚甲蓝值(g/kg),表示每千克0~0.15mm粒级或矿粉试样所消耗的亚甲蓝克数;

m_1——试样质量(g);

V_1——加入的亚甲蓝溶液的总量(mL)。

(4)细集料中含泥量或石粉含量计算和评定按细集料含泥量(筛洗法)的方法进行。

4)试验说明和注意事项

(1)对砂当量试验和亚甲蓝试验究竟哪个更好的问题,各有各的看法。一般认为,对较粗的细集料,适宜于采用砂当量试验,在试验时它采用的是小于4.75mm以下部分;而亚甲蓝试验更适合于较细的细集料试验,甚至于小于0.15mm的粉料试验,不适宜于有大于4.75mm以上的集料。

(2)亚甲蓝试验的目的是确定细集料、细粉、矿粉中是否存在膨胀性黏土矿物并确定其含量的整体指标。它的试验原理是向集料与水搅拌制成的悬浊液中不断加入亚甲蓝溶液,每加入一定量的亚甲蓝溶液后,亚甲蓝为细集料中的粉料所吸附,用玻璃棒沾取少许悬浊液滴到滤纸上观察是否有游离的亚甲蓝放射出的浅蓝色色晕,判断集料对染料溶液的吸附情况。通过色晕试验,确定添加亚甲蓝染料的终点,直到该染料停止表面吸附。当出现游离的亚甲蓝(以浅蓝色色晕宽度1mm左右作为标准)时,计算亚甲蓝值MBV,计算结果表示每1 000g试样吸收的亚甲蓝的克数。

(3)由于集料吸附亚甲蓝需要一定的时间才能完成,在色晕试验过程中,色晕可能在出现后又消失了。为此,需每隔1min进行一次色晕检验,连续5次出现色晕方为有效。

第三节 矿 料 级 配

一、级配理论

对沥青混合料的矿料级配范围,按照粗细集料、沥青与矿粉组成的结合料两大部分的构成,历来有两种不同的理论。

一种是以富勒(W. B. Fuller)曲线为代表的最大密度线理论,它是从集料与结合料组成一个密实的整体,形成比较大的密度的角度出发,设计成密级配的沥青混合料,同时它具有适当的空隙率。这种级配通常称为悬浮密实式级配,它意味着集料是分散在结合料胶浆(有时也包括部分细集料)中间,并没有形成很好的嵌挤的混合料。这种级配一般是连续式级配。

富勒曲线的基本公式为:

$$p = 100\left(\frac{d}{D}\right)^n \tag{2-35}$$

式中:p——相应于各级矿料粒径d的通过率;

D——集料最大粒径。

指数 n 在富勒的提案中为 0.5，后来美国 FHWA、AASHTO、AI 以及在 Superpave 中都使用了 0.45，且一直沿用至今。对于沥青混合料，当指数是 0.45 时密度最大；对于水泥混凝土，当指数为 0.25～0.45 时工作性更好。以后许多国家，包括我国在内，都对 n 值或者此式的应用作了许多研究，且出现了许多新的变化了的公式，但基本意义没有改变。因此，矿料的级配计算公式指数通常在 0.3～0.7 之间，允许矿料的级配曲线在一定范围内变动。这是目前世界上应用最普遍的级配理论，而且绝大部分有关级配研究的基础都是按富勒曲线的原理配制的。

另一种是建立在粒子干涉理论的基础上形成的矿料级配原理，例如魏茅斯(C. A. G. Weymouth)理论以及美国以利诺伊州 Robert D. Bailey(我国一些学者称为贝雷法)的理论等。在我国也有一些学者对此进行了许多研究。它的基本原理是将集料假设为一定规则形状的颗粒，颗粒之间的空隙由次一级的颗粒填充，剩余的空隙再由更小一级的颗粒填充，这样逐级填充的颗粒最后由结合料填充。为了防止填充的颗粒出现干涉现象，即将粗一级颗粒顶开的情况，粗一级集料和细一级集料的比例必须有一定的比例，细一级集料与更细一级的集料也有一定的比例，最后由沥青矿粉结合料填充，留下一定的空隙率。这样才能形成集料与集料之间的良好嵌挤，同时也是密实的混合料。这样形成的级配我们通常称为嵌挤密实型级配。

这种理论的目的是企图制造一种既有充分嵌挤，又相对密实(空隙率较小)的混合料，即所谓嵌挤密实式结构。它既具有上一种理论的密实的优点，又弥补了粗集料悬浮、不能形成良好嵌挤的缺点。其目的与现在众所周知的 SMA 原理一样。所不同的是，SMA 是在粗集料嵌挤结构中利用了较多的沥青胶浆来填充，而这种嵌挤密实式结构的机理是一级一级的用粗细集料、乃至矿粉、沥青胶浆来填充。所以实际的配合比设计难度比 SMA 还要困难，其成功率也取决于设计技术水平和施工实际水平的影响。

但是实际上由理论法计算的矿料级配很难直接用于规范，一方面，计算得到的级配范围很难适用于所有筛孔，使用上有困难；另一方面，在实际使用时往往必须根据路面的结构组成及混合料的使用部位(层次或路面等级等)对级配作不同的调整。这就使选择理论用的系数发生困难，因此由长期实践得出的经验便非常宝贵。各国的经验主要体现在各自的规范中。

二、级配曲线的绘制方法和级配范围

我国采用半对数坐标系绘制级配曲线的方法，首先要按对数计算出各种颗粒粒径在横坐标轴上的位置，而表示通过百分率的纵坐标则按普通算术坐标绘制，绘制好纵坐标、横坐标后，最后将计算所得的各颗粒粒径的通过百分率绘制的坐标图上，再将确定的各点连接为光滑的曲线，如图 2-3 所示。泰勒曲线的标准画法，其指数 $n=0.45$，横坐标按 $y=10^{0.45\lg d_i}$ 计算，如表 2-20 所示，纵坐标为普通坐标，可利用计算机的电子表格功能绘制。

表 2-20

d_i	0.075	0.15	0.3	0.6	1.18	2.36	4.75
y	0.312	0.426	0.582	0.795	1.077	1.472	2.016
d_i	9.5	13.2	16	19	26.5	31.5	37.5
y	2.745	3.193	3.482	3.762	4.370	4.723	5.109

由于矿料在轧制过程中的不均匀性，以及混合料配制时的误差等因素影响，所配制的混合料往往不可能与理论级配完全符合，因此允许配料时的合成级配在适当的范围内波动，这就是级配范围。

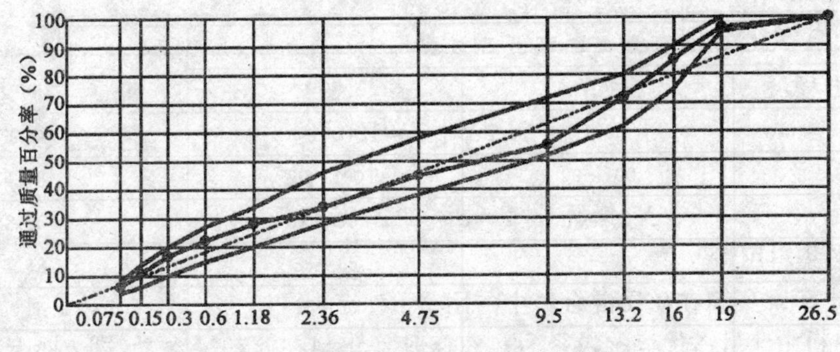

图 2-3 混合料矿料组成级配曲线示例

三、矿料的级配类型及特点

(1)连续级配：连续级配是某一矿料在标准套筛中进行筛分后，矿料的颗粒由大到小连续分布，每一级都占有适当的比例。连续级配的级配平顺圆滑，曲线具有连续性，相邻粒径粒料间有一定的比例关系。级配曲线愈接近抛物线密度愈大。级配特点：细集料多，粗集料较少，悬浮于细集料中，不能形成嵌挤骨架，空隙率较小。连续级配混合料密实耐久、内摩阻力相对较小，高温稳定性较差。

(2)间断级配：在矿料颗粒分布的整个区间里，从中间剔除一个或连续几个粒级，形成一种不连续的级配。间断级配是以一个连续级配的集料为骨架，在保证粗集料不被挤开的条件下用另一个连续级配细集料填隙。级配特点：粗集料形成骨架，细集料充分填充骨架空隙，形成密实、骨架嵌挤结构。

(3)开级配：整个矿料颗粒分布范围较窄，从最大粒径到最小粒径仅在数个粒级上以连续的形式出现，形成所谓的连续开级配。级配特点：粗集料较多，细集料较少，不足以充分填充粗骨架空隙，空隙率较大。开级配混合料使用特点：温度稳定性好、耐久性较差。

四、矿料混合料组成设计

级配组成设计的方法很多，主要有数解法合图解法。在进行级配组成设计时，必须已知各档材料的筛分结果和要求的集料级配范围。

1. 数解法——试算法

需要根据集料的分计筛余进行计算。

1)基本假定

某一粒径的颗粒由一种集料提供，其他集料中不含此粒径的颗粒。

该粒径的颗粒在该集料中是占优势的。

2)计算过程

已知：有 A、B、C 三种集料，需要合成级配为 M 的矿料混合料。

(1)准备工作:各集料的分计筛余和合成混合料要求的分计筛余见表2-21。

表2-21

参　数	集料 A	集料 B	集料 C	混合料 M
筛孔 i 的分计筛余(%)	$a_{A(i)}$	$a_{B(i)}$	$a_{C(i)}$	$a_{M(i)}$
在混合料中的比例(%)	X	Y	Z	100

(2)计算方程:

$$X+Y+Z=100 \tag{2-36}$$

$d=i$ 时:

$$X \cdot a_{A(i)} + Y \cdot a_{B(i)} + Z \cdot a_{C(i)} = a_{M(i)} \tag{2-37}$$

(3)确定各集料用量

步骤①:计算 A 集料在矿质混合料中的用量 X

确定 A 集料中含量占优势的粒径为 i,忽略其他集料在此粒径含量,即 $a_{B(i)}=0$、$a_{C(i)}=0$,代入式(2-37)。

A 集料用量 X 为:

$$X=a_{M(i)}/a_{A(i)} \times 100 \tag{2-38}$$

步骤②:计算 C 集料在矿质混合料中的用量 Z。确定 C 集料中含量占优势的粒径为 j 忽略 A、C 集料同一粒径含量,即　$a_{A(j)}=0$、$a_{B(j)}=0$。

C 集料用量 Z 为:

$$Z \cdot a_{C(j)} = a_{M(j)}$$

$$Z= a_{M(j)} / a_{C(j)} \times 100 \tag{2-39}$$

步骤③:计算 B 集料在矿质混合料中的用量 Y

由式(2-36):　$$Y=100-(X+Z)$$

(4)校核调整

计算合成矿质混合料的通过百分率 $P_{M(i)}$——合成级配。

$$XP_{A(i)} + YP_{B(i)} + ZP_{C(i)} = P_{M(i)} \tag{2-40}$$

要求:

①合成级配 $a_{M(i)}$ 或 $P_{M(i)}$ 应在规定的级配范围内。

②调整配合比后还应重新进行校核,直至符合要求为止。

③经调整后仍不能满足级配要求时,可掺加单粒级集料或调换集料。

2. 图解法——修正平衡面积法

(1)准备工作

对所使用的各集料进行筛分,并计算出各自的通过量百分率。明确设计级配要求的级配范围,并计算出该要求级配范围的中值。

(2)绘制框图

按比例(通常纵横边各为100mm和150mm)绘制一矩形框图,从左下向右上引对角线 OO' 作为合成级配的中值,见图2-4。纵坐标表示通过百分率,按常数标尺在纵坐标上标出通过量百分率刻度;横坐标则表示筛孔尺寸,而各个筛孔具体位置则根据合成级配要求的某筛孔通过量百分率中值,在纵坐标上找出该中值的位置,然后从纵坐标引水平线与对角线相交,再

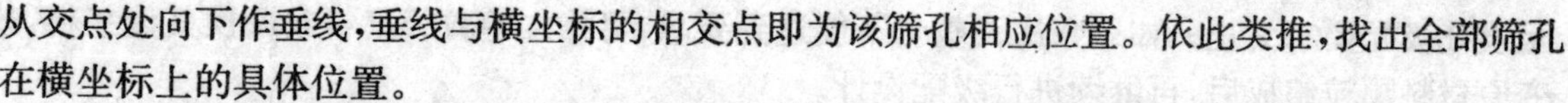

从交点处向下作垂线，垂线与横坐标的相交点即为该筛孔相应位置。依此类推，找出全部筛孔在横坐标上的具体位置。

(3)确定各集料用量

将参与级配合成的各集料的通过量绘制在框图中，用折线的形式连成级配曲线。假设以四种集料进行级配合成，见图 2-4。根据框图中相邻两条级配曲线的关系，确定各集料在混合料中的掺配比例。

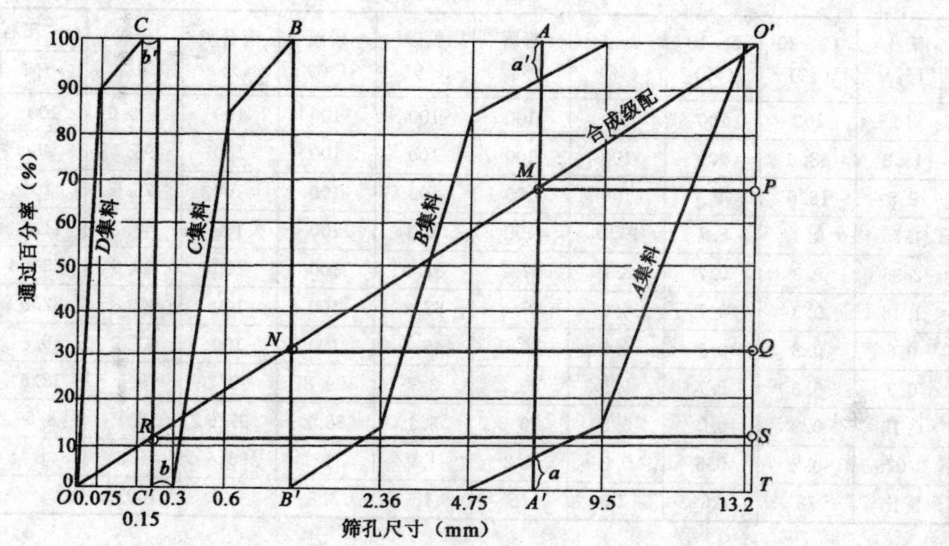

图 2-4 组成集料级配曲线和要求的混合级配曲线图

①重叠关系：相邻两条曲线相互重叠，图 2-4 中集料 A 的级配曲线下部与集料 B 的级配曲线上部搭接。针对这种相邻关系，在两条级配曲线之间引一条垂线 AA'，要求该垂线与集料 A 的级配曲线和集料 B 的级配曲线所截取的截距相等，即 $a=a'$。此时垂线 AA' 与对角线 OO' 相交于点 M，再通过点 M 引水平线与纵坐标交于 P 点，OP 线段的几何长度(mm)就是集料 A 的用量比例(%)。

②相接关系：相邻两条曲线首尾相接，图 2-4 中集料 B 的末端与集料 C 的首端正好相接。针对这种相邻关系，此时只需从 C 集料的首端向 B 集料的末端引垂线 BB'，该垂线与对角线 OO' 相交于点 N，过 N 点引水平线与纵坐标交于点 Q，则 PQ 线段的几何长度就是集料 B 的用量(%)。

③分离关系：相邻两条曲线分离，图 2-4 中集料 C 的级配曲线与集料 D 的级配曲线在水平方向彼此分离。此时作一条垂线 CC' 平分这段水平距离，要求 $b=b'$。垂线 CC' 与对角线 OO' 交于点 R，通过该点引水平线与纵坐标交于点 S，则 QS 线段的几何长度就代表集料 C 的用量(%)。剩余的 ST 即为集料 D 的用量。

可以说，框图中相邻集料级配曲线的关系只可能是这三种情况，但实际操作过程中以第一种关系即重叠关系为最常见。

(4)合成级配的计算与校核

与试算法相同，根据图解过程求得的各集料用量比例，计算出合成级配的结果。当合成级配超出级配范围时，说明图解法得到的比例不是很合适，需要进行各集料的用量调整，直到满足设计级配要求为止。如经数次调整仍不能达到要求，可掺加单粒级集料或调换其他集料，改变原材料颗粒组成后，再继续进行级配设计。

3.级配设计计算

已知各档集料的筛分结果和试配配比，绘制矿料级配曲线，计算合成级配。

集料筛分结果、配比、合成级配和设计级配范围见表 2-22，矿料级配曲线见图 2-5。

矿料级配设计计算表示例　表 2-22

筛孔（%）	10～20（%）	5～10（%）	3～5（%）	石屑（%）	黄砂（%）	矿粉（%）	消石灰（%）	合成级配	工程设计级配范围		
									中值	下限	上限
16	100	100	100	100	100	100	100	100.0	100	100	100
13.2	88.6	100	100	100	100	100	100	96.7	95	90	100
9.5	16.6	99.7	100	100	100	100	100	76.6	70	60	80
4.75	0.4	8.7	94.9	100	100	100	100	47.7	41.5	30	53
2.36	0.3	0.7	3.7	97.2	87.9	100	100	30.6	30	20	40
1.18	0.3	0.7	0.5	67.8	62.2	100	100	22.8	22.5	15	30
0.6	0.3	0.7	0.5	40.5	46.4	100	100	17.2	16.5	10	23
0.3	0.3	0.7	0.5	30.2	3.7	99.8	99.2	9.5	12.5	7	18
0.15	0.3	0.7	0.5	20.6	3.1	96.2	97.6	8.1	8.5	5	12
0.075	0.2	0.6	0.3	4.2	1.9	84.7	95.6	5.5	6	4	8
配比	28	26	14	12	15	3.3	1.7	100.0			

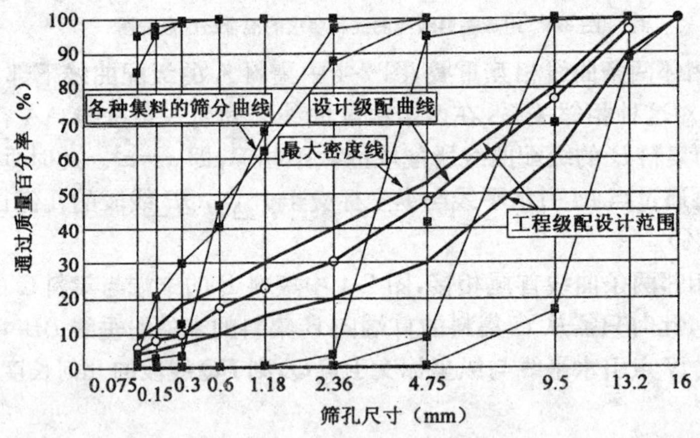

图 2-5　矿料级配曲线示例

根据各集料筛分结果和配比，计算出合成级配的结果（表 2-22）。当合成级配超出级配范围时，说明矿料比例不是很合适，需要进行各集料的用量调整，直到满足设计级配要求为止。如经数次调整仍不能达到要求，可掺加单粒级集料或调换其他集料，改变原材料颗粒组成后，再继续进行级配设计。本例合成级配曲线在工程设计级配曲线范围内，且合成级配曲线光滑，说明级配组成合理。

第三章

水泥和水泥混凝土

第一节　水　　泥

一、水泥的基本概念

(一)水泥的分类

水泥是能与水发生物理化学作用,使其由可塑性浆体硬化成坚硬的人造石材的一种粉末状水硬性胶凝材料。它是重要的建筑材料。水泥按用途与性能划分为通用水泥、专用水泥及特性水泥三类。专用水泥是指专门用途的水泥,如道路硅酸盐水泥;特性水泥是指某种性能比较突出的水泥,如快硬硅酸盐水泥。

通用硅酸盐水泥是以硅酸盐水泥熟料和适量的石膏及规定的混合材料制成的水硬性胶凝材料。通用硅酸盐水泥按混合材料的品种和掺量分为硅酸盐水泥、普通硅酸盐水泥、矿渣硅酸盐水泥、火山灰质硅酸盐水泥、粉煤灰硅酸盐水泥和复合硅酸盐水泥。

(1)硅酸盐水泥:硅酸盐水泥熟料中掺入 0～5%的石灰石或粒化高炉矿渣等混合料,以及适量石膏混合磨细制成的水泥。其中完全不掺混合料的称为Ⅰ型硅酸盐水泥(代号 P·Ⅰ),混合料掺入量≤5%称为Ⅱ型硅酸盐水泥(代号 P·Ⅱ)。

(2)普通硅酸盐水泥:在硅酸盐水泥熟料中掺入活性混合材料掺加量为>5%且≤20%的混合料及适量石膏加工磨细后得到的水泥(代号 P·O)。

(3)矿渣硅酸盐水泥:在硅酸盐水泥熟料中掺入>20%且≤70%的粒化高炉矿渣和适量石膏加工磨细制成的水泥,分为 A 型和 B 型。A 型粒化高炉矿渣>20%且≤50%(代号 P·S·A);B 型粒化高炉矿渣>50%且≤70%(代号 P·S·B)。

(4)火山灰硅酸盐水泥:在硅酸盐水泥熟料中掺入>20%且≤40%的火山灰质材料和适量石膏加工磨细制成的水泥(代号 P·P)。

(5)粉煤灰硅酸盐水泥:在硅酸盐水泥熟料中掺入>20%且≤40%的粉煤灰和适量石膏加工磨细制成的水泥(代号 P·F)。

(6)复合硅酸盐水泥:是由硅酸盐水泥、两种或两种以上规定的混合材料,水泥中混合材料总掺加量>20%且≤50%,与适量石膏磨细制成的水硬性胶凝材料(代号 P·C)。

(二)水泥的生产

将原料按一定的比例掺配,混合磨细,在水泥生产窑中经 1 450℃的高温煅烧,形成以硅酸钙为主要成分的水泥熟料;然后在熟料中加入 3%左右的石膏(或其他混合料)再加工磨细,就得到硅酸盐水泥。

1. 硅酸盐水泥生产概述

生产硅酸盐水泥的原料主要有：石灰质原料（如石灰石、白垩等，主要提供氧化钙）和黏土质原料（如黏土、页岩等，主要提供氧化硅及氧化铝与氧化铁），还有少量辅助原料，如铁矿石。煅烧所得的熟料还要加入作缓凝剂用的石膏磨制水泥。硅酸盐水泥的生产工艺概括起来就是“两磨一烧”，如图 3-1 所示。

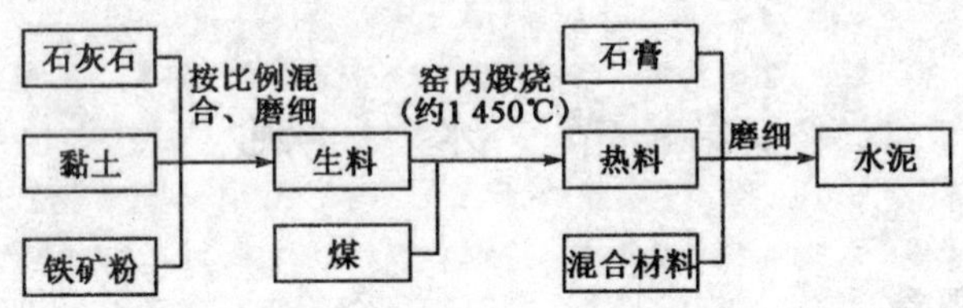

图 3-1　水泥生产工艺流程示意图

2. 掺加石膏及外掺料的原因

在水泥熟料中加入 3%左右的石膏是用来调节水泥的凝结速度，使水泥水化速度的快慢适应实际使用的需要。因此，石膏是水泥组成中必不可少的缓凝剂。但石膏的用量必须严格控制，否则过量的石膏必会造成水泥在水化过程中体积上的不安定现象。

水泥熟料中或多或少要掺入一些混合料，这些外加混合料所起的作用是在增加水泥产量、降低生产成本的同时，用来改善水泥的品质。如掺入一定量的混合料，不仅可以促成水泥后期强度的提高，而且还能有效降低水泥的水化热，非常适合大体积混凝土的施工和结构形成的需求。

掺入的混合料大致可分为活性和非活性两类。所谓活性混合料是指具有水化胶凝性质的混合料，在一定条件下可与水反应产生水化产物，并在水中硬化，这类混合料有符合 GB/T 203、GB/T 18046、GB/T 1596、GB/T 2847 标准要求的粒化高炉矿渣、粒化高炉矿渣粉、粉煤灰、火山灰质混合材料。非活性混合料不具备与水的反应能力，所起的作用主要是提高产量、降低水化热的作用，活性指标分别低于 GB/T 203、GB/T 18046、GB/T 1596、GB/T 2847 标准要求的粒化高炉矿渣、粒化高炉矿渣粉、粉煤灰、火山灰质混合材料、石灰石和砂岩，其中石灰石中的三氧化二铝含量应不大于 2.5%。

(三)水泥品种和适应性

几种常见水泥品种都可以配置普通水泥混凝土，但应结合工程性质和气候环境及施工条件进行合理选择。表 3-1 提供了选择水泥品种的归纳性参考。

硅酸盐水泥和普通硅酸盐水泥在实际工程中应用最为普遍。矿渣水泥、火山灰水泥和粉煤灰水泥中熟料矿物含量比硅酸盐水泥少得多，而且常温下二次水化反应进行缓慢，因此，凝结硬化较慢，水化放热较小，早期强度较低。但在硬化后期(28d 以后)，由于二次水化反应，使水化硅酸钙凝胶数量增多，水泥石强度不断增长，甚至超过同强度等级的硅酸盐水泥。二次反应对环境的温度和湿度条件较为敏感，为不保证这些水泥强度的稳步增长，需要较长时间的养护。这些水泥的抗软水、海水和硫酸盐腐蚀的能力比硅酸盐水泥强，抗碳化能力、抗冻性和耐磨性较差。

水泥品种的特性及其适应性　　表 3-1

	硅酸盐水泥	普通水泥	矿渣水泥	火山灰水泥	粉煤灰水泥	复合硅酸盐水泥
特性	早期强度高；水化热较大；抗冻性较好；耐蚀性差；干缩较小	与硅酸盐水泥基本相同	早期强度较低，后期强度增长较快；水化热较低；耐热性好；耐蚀性较强；抗冻性差；干缩性较大；泌水较多	早期强度较低，后期强度增长较快；水化热较低；耐蚀性较强；抗渗性好；抗冻性差；干缩性大	早期强度较低，后期强度增长较快；水化热较低；耐蚀性较强；干缩性较小；抗裂性较高；抗冻性差	早期强度较低，后期强度增长较快，水化热较小；抗冻性较差；抗碳化能力较差；耐硫酸盐腐蚀及耐软水侵蚀性较好；其他性能与混合材料有关
适用范围	一般土建工程中钢筋混凝土及预应力钢筋混凝土结构；受反复冰冻作用的结构；配制高强混凝土	与硅酸盐水泥基本相同	高温车间和有耐热耐火要求的混凝土结构；大体积混凝土结构；蒸汽养护的构件；有抗硫酸盐侵蚀要求的工程	地下、水中大体积混凝土结构和有抗渗要求的混凝土结构；蒸汽养护的构件；有抗硫酸盐侵蚀要求的工程	地上、地下及水中大体积混凝土结构；蒸汽养护的构件；抗裂性要求较高的构件；有抗硫酸盐侵蚀要求的工程	厚大体积混凝土结构；普通气候环境中的混凝土；在高湿度或水下混凝土；有抗渗要求的混凝土
不适用范围	大体积混凝土结构；受化学及海水侵蚀的工程	与硅酸盐水泥基本相同	早期强度要求高的工程；有抗冻要求的混凝土工程	处在干燥环境中的混凝土工程；其他同矿渣水泥	有抗碳化要求的工程；其他同矿渣水泥	要求快硬的混凝土；有抗冻要求的混凝土工程

(四)硅酸盐水泥熟料各矿物成分特性

1. 水泥熟料主要矿物组成的性质

硅酸盐水泥熟料是指由主要含 CaO、SiO_2、Al_2O_3、Fe_2O_3 的原料，按适当比例磨成细粉烧至部分熔融所得以硅酸钙为主要矿物成分的水硬性胶凝物质。其中硅酸钙矿物不小于 66%，氧化钙和氧化硅质量比不小于 2.0。

硅酸盐水泥熟料的主要矿物是硅酸三钙、硅酸二钙、铝酸三钙和铁铝酸四钙。它们在熟料中的含量和特性如下。

(1)硅酸三钙(简称 C_3S)

硅酸三钙是硅酸盐水泥中最主要的矿物组分，其矿物组成为 $3CaO \cdot SiO_2$，其含量通常在 50%左右，它对硅酸盐水泥性质有重要的影响。硅酸三钙遇水反应速度较快，水化热高，水化产物对水泥早期强度和后期强度起主要作用。

(2)硅酸二钙(简称 C_2S)

硅酸二钙在硅酸盐水泥中的含量约为 10%～40%，其矿物组成为 $2CaO \cdot SiO_2$，亦为主要矿物组分，遇水时对水反应速度较慢，水化热较低。它的水化产物对水泥早期强度贡献较小，但对水泥后期强度起重要作用。其耐化学侵蚀性和干缩性较好。

(3)铝酸三钙(简称 C_3A)

铝酸三钙在硅酸盐水泥中含量通常在 15%以下，其矿物组成为 $3CaO \cdot Al_2O_3$。它是四种组分中遇水反应最快、水化热最高的组分。铝酸三钙的含量决定水泥的凝结速度和释热量。通常为调节水泥凝结速度需掺加石膏、铝酸三钙与石膏形成的水化产物，对水泥早期强度起一定作用。其耐化学侵蚀性差，干缩性大。

(4)铁铝酸四钙(简称 C_4AF)

铁铝酸四钙在硅酸盐水泥中，通常含量为5%～15%。其矿物组成为 $4CaO \cdot Al_2O_3 \cdot Fe_2O_3$，遇水反应较快，水化热较高；强度较低，但对水泥抗折强度起重要作用；耐化学侵蚀性好，干缩性小。

(5)其他矿物组成

硅酸盐水泥熟料中还含有少量的游离氧化钙和游离氧化镁及少量的碱(氧化钠和氧化钾)。它们可能对水泥的质量及应用带来不利影响。

2. 水泥熟料主要成分特性比较(由高至低排列)

(1)反应速度：C_3A、C_3S、C_4AF、C_2S；

(2)释热量：C_3A、C_3S、C_4AF、C_2S；

(3)强度：C_3S、C_2S、C_3A，但 C_4AF 对抗强度有利；

(4)耐侵蚀性：C_4AF、C_2S、C_3S、C_3A；

(5)干缩性：C_3A 最大，C_3S 居中，C_4AF、C_2S 最小。

3. 矿物组成对水泥性能的影响

不同的矿物成分表现出不同的特性。水泥是由多种矿物成分组成的，改变各种矿物成分的含量比例以及它们之间的匹配，则可以生产出性能各异的水泥。如大坝水泥：降低 C_3A、C_3S 的含量，提高 C_2S 的含量；道路水泥：提高 C_3S 和 C_4AF 的含量；高强水泥：提高 C_3S 的含量。

二、水泥细度

细度的大小反映了水泥颗粒粗细程度或水泥的分散程度，它对水泥的水化速度、水泥的需水量、和易性、放热速率和强度的形成都有一定的影响。水泥的水化硬化过程都是从水泥颗粒的表面开始的，水泥的颗粒愈细，水泥与水发生反应的表面积愈大，水化速度就愈快。所以水泥的细度愈大，水化反应和凝结速度就愈快，早期强度就愈高，因此水泥颗粒达到较高的细度是确保水泥品质的基本要求。但随着水泥细度的提高，需水量随之增加，水泥水化过程中产生的收缩变形明显加大，且不易长期存放。同时，提高水泥细度必定加大粉末的投入，增加成本。因此，水泥细度应控制在合理范围。

水泥细度测定常采用的方法是筛析法，它以 80μm 标准水泥筛或 45μm 方孔筛上存留物的多少来表示细度。操作方法又分为水筛和负压筛两种方式。当两种方式所得的结果有争议时，以负压筛为准。另一种方法是比表面积法，它是以单位质量水泥材料表面积的大小来表示细度。筛析法试验是通过水泥细度检测，判定水泥颗粒的大小，为评定水泥品质的物理性质的试验之一。

(一)水泥细度试验

1. 目的和适用范围

本方法规定用 80μm 筛检验水泥细度。

本方法适用于通用硅酸盐水泥、道路硅酸盐水泥及指定采用本方法的其他水泥。

2. 试验仪器

(1)试验筛：分负压筛和水筛。

(2)负压筛析仪:能够产生 4 000～6 000Pa 负压压力。

(3)水筛架和喷头。

(4)天平:感量小于 0.05g。

3. 试样准备

水泥样品应充分拌匀,通过 0.9mm 方孔筛,记录筛余物情况,要防止过筛时混进其他水泥。

4. 试验步骤

(1)负压筛法

①筛析试验前,应把负压筛放在筛盖上,盖上筛盖,接通电源,检查控制系统,调节负压至 4 000～6 000MPa 范围内。

②称取试样 25g,置于洁净的负压筛中,放在筛盖上,盖上筛盖,开动筛析仪连续筛析 2min,在此期间如有试样附着在筛盖上,可轻轻地敲打筛盖使试样落下。筛毕,用天平称量筛余物。

③当工作负压小于 4 000MPa 时,应清理吸尘器内水泥,使负压恢复正常。

(2)水筛法

①筛析试验前,使水中无泥、砂,调整好水压及水筛架的位置,使其能正常运转;喷头底面和筛网之间距离为 35～75mm。

②称取试样 25g,置于洁净的水筛中,立即用淡水冲洗至大部分细粉通过后,放在水筛架上,用水压为 0.05MPa±0.02MPa 的喷头连续冲洗 3min。筛毕,用少量水把筛余物冲至蒸发皿中,等水泥颗粒全部沉淀后,小心倒出清水,烘干并用天平称量筛余物。

(3)试验筛的清洗

试验筛必须保持洁净,筛孔通畅,使用 10 次后要进行清洗。金属筛框、铜丝网筛洗时应用专门的清洗剂,不可用弱碱浸泡。

5. 试验结果处理

(1)筛析法测定水泥细度计算公式

$$F=\frac{m_1}{m_0}\times 100 \tag{3-1}$$

式中:F——水泥样品的筛余百分率(%);

m_1——标准筛上的筛余量(g);

m_0——试验用水泥试样质量(g)。

(2)筛余结果的修正

为使试验结果可比,应采用试验筛修正系数方法来修正计算结果。修正系数的测定,按《公路工程水泥及水泥混凝土试验规程》(JTG E30—2005)进行。

合格评定时,每个样品应称取两个试样分别筛析,取筛余平均值为筛余结果。若两次筛余结果绝对误差大于 0.5%时(筛余值大于 5.0%时可放至 1.0%),应再做一次试验。取两次相近结果的算术平均值作为最终结果。

(3)负压筛法与水筛法测定的结果发生争议时,以负压筛法为准。

(二)水泥比表面积测定方法(勃氏法)

比表面积测定可采用勃氏法进行。勃氏法适用于硅酸盐水泥、普通硅酸盐水泥、矿渣硅酸盐水泥、粉煤灰硅酸盐水泥、火山灰硅酸盐水泥、复合硅酸盐水泥、道路硅酸盐水泥以及指定采用本方法的其他粉状物料。此方法不适用于测定多孔材料及超细粉状物料。

1. 勃氏法测定水泥比表面积试验步骤

(1)试样准备

①水泥试样，应先通过 0.9mm 方孔筛，再在 110℃±5℃下烘干，并在干燥器中冷却至室温。

②将冷却到室温的标准试样倒入 100mL 的密闭瓶内，用力摇动 2min，将结块成团的试样振碎，使试样松散。静置 2min 后，打开瓶盖，轻轻搅动，使在松散过程中落到表面的细粉，分布到整个试样中。

(2)确定试验量

校正试验用的标准试样质量和被测定水泥的质量，应达到在制备的试料层中的空隙率为 0.500±0.005(50.0%±0.5%)，计算式为：

$$W = \rho V(1-\varepsilon) \tag{3-2}$$

式中：W——需要的试样量(kg)，精确至 1mg；

ρ——试样密度(kg/m^3)；

V——按方法测定的试料层体积(m^3)；

ε——试料层空隙率。

(3)试料层制备

将穿孔板放入透气圆筒的突缘上，用一根直径比圆筒略小的细棒把一片滤纸送到穿孔板上，边缘压紧。称取按式(3-2)确定的水泥量，精确到 0.001g，倒入圆筒。轻敲圆筒的边，使水泥层表面平坦。再放入一片滤纸，用捣器均匀捣实试料直至捣器的支持环紧紧接触圆筒顶边并旋转两周，慢慢取出捣器。

(4)透气试验

①将装有试料层的透气圆筒连接到压力计上，要保证紧密连接不致漏气，并不振动所制备的试料层。

②打开微型电磁泵慢慢从压力计一臂中抽出空气，直到压力计内液面上升到扩大部下端时关闭阀门。当压力计内液体的弯月液面下降到第一个刻度线时开始计时，当液体的弯月面下降到第二条刻度线时停止计时，记录液面从第一条刻度线下降到第二刻度线所需的时间，以秒表(s)记录，并记下试验时的温度(℃)。

2. 试验结果

(1)当被测物料的密度、试料层中空隙率与标准试样相同，试验时温差不大于±3℃时，可按式(3-3)计算：

$$S_C = \frac{S_S\sqrt{T}}{\sqrt{T_S}} \tag{3-3}$$

如试验时温差大于±3℃时，则按式(3-4)计算：

$$S_C = \frac{S_S\sqrt{T}\sqrt{\eta_S}}{\sqrt{T_S}\sqrt{\eta}} \tag{3-4}$$

式中：S_C——被测试样的比表面积(m^2/kg)；

S_S——标准试样的比表面积(m^2/kg)；

T——被测试样试验时，压力计中液面降落测得的时间(s)；

T_S——标准试样试验时，压力计中液面降落测得的时间(s)；

η——被测试样试验温度下的空气黏度(Pa·s)；

η_S——标准试样试验温度下的空气黏度(Pa·s)。

(2)当被测试样的试料层中空隙率与标准试样试料层中空隙率不同，试验时温差不大于±3℃时，可按式(3-5)计算：

$$S_C = \frac{S_S\sqrt{T}(1-\varepsilon_S)\sqrt{\varepsilon^3}}{\sqrt{T_S}(1-\varepsilon)\sqrt{\varepsilon_S^3}} \tag{3-5}$$

如试验时温差大于±3℃时，则按式(3-6)计算：

$$S_C = \frac{S_S\sqrt{T}(1-\varepsilon_S)\sqrt{\varepsilon^3}\sqrt{\eta_S}}{\sqrt{T_S}(1-\varepsilon)\sqrt{\varepsilon_S^3}\sqrt{\eta}} \tag{3-6}$$

式中：ε——被测试样试料层中的空隙率；

ε_S——标准试样试料层中的空隙率。

(3)当被测试样的密度和空隙率均与标准试样不同，试验时温差不大于±3℃时，则按式(3-7)计算：

$$S_C = \frac{S_S\sqrt{T}(1-\varepsilon_S)\sqrt{\varepsilon^3}\rho_S}{\sqrt{T_S}(1-\varepsilon)\sqrt{\varepsilon_S^3}\rho} \tag{3-7}$$

如试验时温差大于±3℃时，则按式(3-8)计算：

$$S_C = \frac{S_S\sqrt{T}(1-\varepsilon_S)\sqrt{\varepsilon^3}\rho_S\sqrt{\eta_S}}{\sqrt{T_S}(1-\varepsilon)\sqrt{\varepsilon_S^3}\rho\sqrt{\eta}} \tag{3-8}$$

式中：ρ——被测试样的密度(kg/m^3)；

ρ_s——标准试样的密度(kg/m^3)。

(4)比表面积的单位为 m^2/kg，精确至 $1m^2/kg$。

(5)水泥比表面积应由两次透气试验结果的平均值确定，精确至 $1m^2/kg$。如两次试验结果相差2%以上时，应重新试验。

三、水泥净浆标准稠度用水量

水泥标准稠度是指水泥净浆对标准试杆沉入时所产生的阻力达到规定状态所具有的水和水泥用量百分率。在进行有关性能检测时，不同品种的水泥需要不同的用水量。因此，规定在标准试验条件下达到统一试验状态即标准稠度。

标准法是让标准试杆沉入净浆，当试杆沉入的距离正好离地板6mm±1mm时的水泥浆就是标准稠度净浆，此时的拌和用水量为该品种水泥标准稠度用水量。代用法是以稠度仪的试锥贯入的深度正好为28mm±2mm时的水泥浆为标准稠度净浆，此时的拌和水量即为该水泥的标准稠度用水量。

1.试验目的

水泥浆对标准试杆或试锥的沉入具有一定的阻力，通过试验不同用水量时水泥净浆的穿透性，确定水泥净浆达到标准稠度所需的水量，以此作为水泥凝结时间和安定性两项重要物理指标测定结果具有可比性的基础。

2. 试验仪器

水泥净浆标准稠度仪、试锥、盛装水泥净浆的圆台形试模、标准维卡仪、净浆搅拌机、天平、量筒。

3. 试验方法和步骤

(1)标准稠度用水量测定(标准法)

①拌和结束后，立即将拌制好的水泥净浆装入已放在玻璃板上的试模中，用小刀插捣，轻轻振动数次，刮去多余的净浆。

②抹平后迅速将试模和底板移到维卡仪上，并将其中心定在试杆下，降低试杆直到与水泥净浆表面接触，拧紧螺丝 1～2s 后，突然放松，使试杆垂直自由地沉入水泥净浆中。在试杆停止沉入或释放试杆 30s 时记录试杆到底板的距离，升起试杆后，立即擦净。

③整个操作应在搅拌 1.5min 内完成。以试杆沉入净浆并距底板 6mm ± 1mm 的水泥净浆为标准稠度净浆。其拌和水量为该水泥的标准稠度用水量(P)，按水泥质量的百分比计。

④当试杆距玻璃板小于 5mm 时，应适当减水，重复水泥浆的拌制和上述过程；若距离大于 7mm 时，则应适当加水，并重复水泥浆的拌制和上述过程。

试锥法中调整水量法和不变水量法的结果有冲突时，以调整水量法的结果为准。当采用不变水量法测定的试锥下沉深度小于 13mm 时，此时只能采用调整水量法。

(2)标准稠度用水量测定步骤(代用法)

①拌和结束后，立即将拌制好的净浆装入锥模内，用小刀插捣，轻轻振动数次，刮去多余的净浆，抹平后迅速放到试锥下面固定位置上。将试锥降至净浆表面处，拧紧螺丝 1～2s 后，突然放松，使试锥垂直自由地沉入水泥净浆中，到试锥停止下沉或释放试锥 30s 时记录试锥下沉深度，整个操作应在搅拌后 1.5min 内完成。

②用调整水量法测定时，以试锥下沉深度 28mm ± 2mm 时的净浆为标准稠度净浆，其拌和用水量为该水泥的标准稠度用水量(P)，按水泥质量的百分比计。如下沉深度超出范围，须另称试样，调整水量，重新试验，直到达到 28mm ± 2mm 时为止。

③用不变水量法测定时，根据测得的试锥下沉深度 S(mm)，按下式(或仪器上对应标尺)计算得到标准稠度用水量 P(%)：

$$P(\%) = 33.4 - 0.185S \tag{3-9}$$

当试锥下沉深度小于 13mm 时，应改用调整水量法测定。

四、水泥凝结和硬化

(一) 硅酸盐水泥的水化硬化

1. 硅酸盐水泥熟料矿物的水化

硅酸盐水泥拌和水后，四种主要熟料矿物与水反应分述如下。

(1)硅酸三钙水化

硅酸三钙在常温下的水化反应生成水化硅酸钙(C—S—H 凝胶)和氢氧化钙。

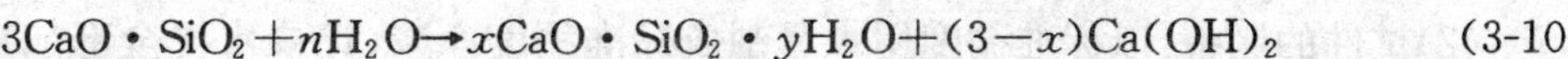

$$3CaO \cdot SiO_2 + nH_2O \rightarrow xCaO \cdot SiO_2 \cdot yH_2O + (3-x)Ca(OH)_2 \quad (3\text{-}10)$$

(2)硅酸二钙的水化

C_2S 的水化与 C_3S 相似，只不过水化速度慢而已。

$$2CaO \cdot SiO_2 + nH_2O \rightarrow xCaO \cdot SiO_2 \cdot yH_2O + (2-x)Ca(OH)_2 \quad (3\text{-}11)$$

所形成的水化硅酸钙在 C/S 和形貌方面与 C_3S 水化生成的都无大区别，故也称为 C—S—H凝胶；但 CH 生成量比 C_3S 的少，结晶却粗大些。

(3)铝酸三钙的水化

铝酸三钙的水化迅速，放热快，其水化产物组成和结构受液相 CaO 浓度和温度的影响很大，先生成水化铝酸钙，最终转化为水石榴石(C_3AH_6)。

在有石膏的情况下，C_3A 水化的最终产物与其石膏掺入量有关。最初形成的三硫型水化硫铝酸钙，简称钙矾石，常用 AFt 表示。若石膏在 C_3A 完全水化前耗尽，则钙矾石与 C_3A 作用转化为单硫型水化硫铝酸钙(AFm)。

(4)铁相固溶体的水化

水泥熟料中铁相固溶体可用 C_4AF 作为代表。它的水化速率比 C_3A 略慢，水化热较低，即使单独水化也不会引起快凝。其水化反应及其产物与 C_3A 很相似。

2. 硅酸盐水泥的凝结硬化

硅酸盐水泥水化初期，水化产物的数量较少，水泥浆还具有良好的可塑性。随后水化产物的数量不断增加，自由水分不断减少，水化产物颗粒间逐渐接近，部分颗粒黏结在一起形成了一定的网状结构，水泥浆体失去可塑性，产生凝结。石膏对硅酸盐水泥水化起缓凝剂作用。

随着水化的进一步进行，水化产物不断生成并填充水泥颗粒的空隙。更多的水化产物颗粒间产生黏结作用使所形成的网状结构更加密实，此时水泥浆体逐步产生强度进入硬化阶段。

凝结硬化的影响因素有：水泥的熟料矿物组成及细度、水泥浆的水灰比、环境温度和湿度和龄期，以及石膏的掺量。

水和水泥混合后，从最初的可塑状态逐渐成为不可塑状态，要经过一定的时间，水泥的凝结时间就是这种过程时间长短的一种定量的表示方法。它以标准试针沉入标准稠度水泥净浆达到一定深度所需的时间来表示，并分为初凝时间和终凝时间。初凝时间是指从水泥全部加入水中到水泥浆开始失去塑性所需的时间；终凝时间是指从水泥全部加入水中到完全失去塑性所需的时间。

水泥凝结时间的长短对水泥混凝土的施工有着重要意义。初凝时间太短，不利于整个混凝土施工工序的正常进行；但终凝时间过长，又不利于混凝土结构的形成、模具的周转，以及会影响到养护周期时间的长短等。因此，水泥凝结时间要求初凝不宜过短，终凝时间不宜过长。

(二)水泥凝结时间测定

1. 凝结时间测定试验目的

通过测定水泥从加水时刻起，到水泥开始失去塑性和完全失去塑性产生凝固所需要的时间，以此掌握水泥使用时的适宜施工过程。

2. 试验仪器

湿气养护箱、试针，其他仪器同水泥净浆标准稠度试验。

3. 试验方法和步骤

(1)测定前准备工作：调整凝结时间测定仪的试针接触玻璃板，使指针对准零点。

(2)试件的制备:以标准稠度用水量制成标准稠度净浆(记录水泥全部加入水中的时间作为凝结时间的起始时间)一次装满试模,振动数次刮平,立即放入湿气养护箱中。

(3)初凝时间测定步骤如下:

①记录水泥全部加入水中至初凝状态的时间作为初凝时间,用 min 计。

②试件在湿气养护箱中养护至加水后 30min 时进行第一次测定。测定时,从湿气养护箱中取出试模放到试针下,降低试针与水泥净浆表面接触。拧紧螺丝 1～2s 后,突然放松,使试杆垂直自由地沉入水泥净浆中。观察试杆停止沉入或释放试杆 30s 时指针的读数。

③临近初凝时,每隔 5min 测定一次。当试针沉至距底板 4mm ± 1mm 时,为水泥达到初凝状态。

④达到初凝时应立即重复测定一次,当两次结论相同时才能定为达到初凝状态。

(4)终凝时间测定步骤如下:

①由水泥全部加入水中至终凝状态的时间为水泥的终凝时间,用 min 计。

②为了准确观察试件沉入的状况,在终凝针上安装了一个环形附件。在完成初凝时间测定后,立即将试模连同浆体以平移的方式从玻璃板下翻转 180°。直径大端向上,小端向下放在玻璃板上,再放入湿气养护箱中继续养护。

③临近终凝时间每隔 15min 测定一次。当试针沉入试件 0.5mm,即环形附件开始不能再试件上留下痕迹时,为水泥达到终凝状态。

④达到初凝时应立即重复测定一次,当两次结论相同时才能定为达到初凝状态。

测定时应注意:在最初测定的操作时应轻扶金属柱,使其徐徐下降,以防止试针撞弯,但结果以自由下落为准;在整个测试过程中,试针沉入的位置至少要距试模内壁 10mm,每次测定不能让试针落入原针孔;每次测定完毕须将试针擦净并将试模放回湿气养护箱内,整个测试过程要防止试模振动。

五、水泥安定性

安定性是一项表示水泥浆体硬化后是否发生不均匀性体积变化的指标。水泥在凝结硬化过长中,总是伴随一定体积上的变化,这种变化如果轻微均匀,或发生在水泥完全失去塑性之前,将不会影响混凝土的质量。但如果水泥产生不均匀变形或在水泥硬化后变形较大,会使混凝土构件产生变形、膨胀,严重时造成开裂,从而影响混凝土的质量,此时这种水泥称为体积不安定的水泥。水泥安定性不良是由于水泥中某些有害成分造成的,如掺加石膏时带入的三氧化硫、水泥煅烧时残存的游离氧化镁或游离氧化钙等。这些成分在水泥浆体硬化过程和硬化后继续与水或周围的介质发生反应,反应后形成的产物体积增大,引起水泥石内部的不均匀体积变化。当这种变化形成的应力超出水泥结构所能承受的极限时,将会给整个结构造成极为不利的影响,严重时引起结构的破坏。水泥安定性试验如下所述。

1.试验目的

通过安定性试验,检测一些有害成分对水泥在水化凝固过程中是否造成过量的体积上的变化,来判断该有害成分是否对水泥水化形成的结构造成破坏作用。现行水泥安定性试验可检测出游离氧化钙引起的水泥体积变化,以判断水泥体积安定性是否合格。

2. 试验仪器

沸煮箱、雷氏夹、雷氏夹膨胀剂、玻璃板、小抹刀、直尺、黄油，其他仪器同标准稠度用水量试验。

3. 试验方法和步骤

1)雷氏夹法安定性测定(标准法)

(1)测定前的准备工作

每个试件需要两个试件，每个雷氏夹需配备质量约 75～80g 的玻璃板两块。凡与水泥净浆接触的玻璃板和雷氏夹表面都要稍稍涂上一层油。

(2)雷氏夹试件的制备方法

将预先准备好的雷氏夹放在已稍擦油的玻璃板上，并立刻将已制好的标准稠度净浆装满雷氏夹。装浆时一只手轻扶雷氏夹，另一只手用宽约 10mm 的小刀插捣数次然后抹平，盖上稍涂油的玻璃板，接着立刻将雷氏夹移至湿气养护箱内养护 24h±2h。

(3)沸煮

①调整好沸煮箱内的水位，使之在整个沸煮过程中都能没过试件，不需中途添补试验用水，同时保证在 30min±5min 内水能沸腾。

②脱去玻璃板取下试件，先测量雷氏夹指针尖端间的距离 A，精确到 0.5mm，接着将试件放入水中试件架上，指针朝上，试件之间互不交叉，然后在 30min±5min 内加热水至沸腾，并恒沸 3h±5min。

(4)结果判别

沸煮结束后，即放掉箱中的热水，打开箱盖，待箱体冷却至室温，取出试件进行判别。

测量雷氏夹指针尖端间的距离 C，精确至 0.5mm，当两个试件煮后增加距离($C-A$)的平均值不大于 5.0mm 时，即认为该水泥安定性合格。当两个试件的($C-A$)值相差超过 4.0mm 时，应用同一样品立即重做一次试验；再如此，则认为该水泥为安定性不合格。

2)试饼法安定性测定(代用法)

(1)测定前的准备工作

每个样品需准备两块约 100mm×100mm 的玻璃板。凡与水泥净浆接触的玻璃板都要稍稍涂上一层隔离剂。

(2)试饼的成型方法

将制好的净浆取出一部分分成两等份，使之呈球形，放在预先准备好的玻璃板上，轻轻振动玻璃板并用湿布擦净的小刀由边缘向中央抹动，做成直径 70～80mm、中心厚约 10mm、边缘渐薄、表面光滑的试饼，接着将试饼放入湿气养护箱内养护 24h±2h。

(3)沸煮

①调整好沸煮箱内的水位，使之在整个沸煮过程中都能没过试件，不需中途添补试验用水，同时保证在 30min±5min 内水能沸腾。

②脱去玻璃板取下试件，先检查试饼是否完整(如已开裂、翘曲，要检查原因，确定无外因时，该试饼已属不合格品，不必沸煮)。在试饼无缺陷的情况下将试饼放在沸煮箱的水中篦板上，然后在 30min±5min 内加热至水沸腾，并恒沸 3h±5min。

(4)结果判别

沸煮结束后，即放掉箱中的热水，打开箱盖，待箱体冷却至室温，取出试件进行判别。目测试饼未发现裂缝，用钢直尺检查也没有弯曲(使钢直尺和试饼底部紧靠，以两者间不透光为不弯曲)的试饼为安定性合格；反之为不合格。当两个试饼判别结果有矛盾时，该水泥的安定性为不合格。

六、水泥力学性质

(一)影响水泥强度的因素

1. 水泥的熟料矿物组成及细度

水泥熟料中各种矿物的凝结硬化特点不同，当水泥中各矿物的相对含量不同时，水泥的凝结硬化特点就不同。

水泥磨得愈细，水泥颗粒平均粒径小，比表面积大，水化时与水的接触面大，水化速度快，凝结硬化快，早期强度就高。

2. 水泥浆的水灰比

水泥浆的水灰比是指水泥浆中水与水泥的质量之比。当水泥浆中加水较多时，水灰比较大，此时水泥的初期水化反应得以充分进行；但是水泥颗粒间原来被水隔开的距离较远，颗粒间相互连接形成骨架结构所需的凝结时间长，所以水泥浆凝结较慢，且空隙多，降低水泥石的强度。

3. 石膏的掺量

硅酸盐水泥中加入适量的石膏会起到良好的缓凝效果，且由于钙矾石的生成，还能提高水泥石的强度。但是石膏掺量过多时，可能危害水泥石的安定性。

4. 环境温度和湿度

水泥水化反应的速度与环境的温度有关，只有处于适当温度下，水泥的水化、凝结和硬化才能进行。通常，温度较高时，水泥的水化、凝结和硬化速度就较快。当环境温度低于0℃时水泥水化趋于停止，就难以凝结硬化。

水泥水化是水泥与水之间的反应，必须在水泥颗粒表面保持有足够的水分，水泥的水化、凝结硬化才能充分进行。保持水泥浆温度和湿度的措施，称为水泥的养护。

5. 龄期

水泥浆随着时间的延长水化物增多，内部结构就逐渐致密，一般来说，强度在不断增长。

(二)水泥砂胶强度试验

水泥强度检验是将水泥和标准砂以1∶3的比例混合后，以水灰比0.5拌制成一组塑性胶砂，制成40mm×40mm×160mm标准试件，在标准条件下养护到规定的龄期，然后采用规定的方法测出抗折和抗压强度。

强度是评价水泥强度等级的重要指标，同时也是水泥混凝土配合比的重要参数。水泥强度包括抗压强度和抗折强度两个方面。强度除了与水泥自身熟料矿物组成和细度有关外，还与水和水泥用量之比(水灰比)、试件制作方法、养护条件和时间密切相关。我国采用胶砂法检验水泥的强度。

1. 试验目的

本试验采用ISO法，通过试验确定水泥的强度等级。

2. 试验仪器

胶砂搅拌机、胶砂振实台、试模、下料漏斗、压力试验机、抗压试验夹具、刮平器和播料器、试验筛、天平、量筒、ISO 标准砂。

3. 试验方法和步骤

(1)试件成型

①成型前将试模擦净,四周的模板与底座的接触面上应涂黄油,紧密装配,防止漏浆,内壁均匀地刷一薄层机油。

②水泥与 ISO 砂的质量比为 1:3,水灰比为 0.5。

③每成型三条试件需称量的材料及用量为:水泥 450g±2g;ISO 砂 1 350g±5g、水225mL±1mL。

④将水加入锅中,再加入水泥,把锅放在固定架上并上升至固定位置。然后立即开动机器,低速搅拌 30s 后,在第二个 30s 开始的同时均匀将砂子加入。当砂是分级装时,应从最粗粒径开始,依次加入,再高速搅拌 30s。停拌 90s,在停拌的第一个 15s 内用胶皮刮具将叶片盒锅壁上的胶砂刮入锅中。在高速下继续搅拌 60s,各个阶段时间误差应在±1s 内。

⑤用振实台成型时,将空试模和模套固定在振动台上,用适当的勺子直接从搅拌锅中将胶砂分为两层装入试模。装第一层时,每个槽中约放 300g 砂浆,用大播料器垂直架在模套顶部,沿每个模槽来回一次将料层播平,接着振实 60s。再装入第二层胶砂,用小播料器播平,再振实 60 次。移走模套,从振实台取下试模,并用刮刀以 90°的角度架在试模顶的一端,沿试模长度方向以横向锯割动作慢慢向另一端移动,一次将超出试模的胶砂刮去。并用同一直尺在近乎水平的情况下将试件表面抹平。

⑥当采用代用振动台成型时,在搅拌胶砂的同时将试模及下料漏斗卡紧在振动台台面中心。将搅拌好的全部胶砂均匀地装于下料漏斗中,开始振动,120s±5s 停止。振动完毕,取下试模,用刮刀尺按⑤方法刮去多余胶砂并抹平试件。

⑦在试模上做标记或加字条标明试件的编号和试件相对于振动台的位置。两个龄期以上的试件,编号时应将同一试模中的三条试件分在两个以上的龄期内。

⑧试验前或更换水泥品种时,需将搅拌锅、叶片和下料漏斗等擦抹干净。

(2)养护

①编号后,将试模放入养护箱养护,养护箱内箅板必须水平。水平放置时刮平面应朝上。对于 24h 龄期的,应在破型试验前 20min 内脱模。对于 24h 以上龄期的,应在成型后20~24h内脱模。脱模时要非常小心,应防止试件损伤。硬化很慢的水泥允许延期脱模,但须记录脱模时间。

②试件脱模后即放入水槽中养护,试件之间间隙和试件上表面的水深不得小于 5mm。每个养护池中只能养护同类水泥试件,并应随时加水,保持恒定水位,不允许养护期间全部换水。

③除 24h 龄期或延迟 48h 脱模的试件外,任何到龄期的试件应在试验(破型)前 15min 从水中取出。抹去试件表面沉淀物,并用湿布覆盖。

(3)强度试验

①各龄期(试件龄期从水泥加水搅拌开始算起)的试件应在下列时间内进行强度试验:

龄期	试验时间
24h	24h±15min
48h	48h±30min
72h	72h±45min

7d　　　　　　　　　　　　7d±2h

28d　　　　　　　　　　　　28d±8h

②抗折强度试验如下：

a. 以中心加荷法测定抗折强度。

b. 采用杠杆式抗折试验机试验时，试件放入前，应使杠杆成水平状态，将试件成型侧面朝上放入抗折试验机内。试件放入后调整夹具，使杠杆在试件折断时尽可能地接近水平位置。

c. 抗折试验加荷速度为50N/s±10N/s，直至折断，并保持两个半截棱柱试件处于潮湿状态直至抗压试验。

③抗压强度试验如下：

a. 抗折试验后的断块应立即进行抗压试验。抗压试验须用抗压夹具进行，试件受压面为试件成型时的两个侧面，面积为40mm×40mm。试验前应清除试件受压面与加压板间的砂粒或杂物，试件的底面柱体中心语压力机压板中心差应在±0.5mm内，棱柱体露在压板外的部分约为10mm。

b. 压力机加荷速度应控制在2 400N/s±200N/s速率范围内，在接近破坏时应更严格掌握。

(4)抗折强度：

$$R_f = \frac{1.5F_f L}{B^3} \tag{3-12}$$

式中：R_f——水泥胶砂抗折强度(MPa)，精确至0.1MPa(下同)；

F_f——水泥胶砂试件折断时施加的荷载(N)；

L——试件支撑间距离(mm)，标准状况为100mm；

B——水泥胶砂试件正方形截面的边长，40mm。

试验结果处理：抗折强度结果取3个试件的平均值，精确至0.1MPa。当三个强度中有超出平均值±10%时，应剔除后再平均，以平均值作为抗折强度试验结果。

(5)抗压强度：

$$R_c = \frac{F_c}{A} \tag{3-13}$$

式中：R_c——水泥胶砂抗压强度(MPa)；

F_c——破坏时的最大荷载(N)；

A——受压面积(40mm×40mm)。

试验结果处理：抗压强度结果为一组6个断块试件抗压强度的算术平均值，精确至0.1MPa。如果6个强度值中有一个超过平均值±10%的，应剔除后以剩下的5个值的算术平均值作为最后结果。如果5个值中再有超过平均值±10%的，则此组试件无效。

七、化学性质

(一)水泥的化学性质

水泥的化学性质主要指对水泥物理力学性能造成不利影响的有害成分。为保证水泥的品质，要限定这些成分不能超出规定的限量。

水泥化学品质指标有不溶物、烧失量、氧化镁、SO_3、氯离子和碱含量等指标。

1. 有害成分

有害成分指水泥中游离氧化镁、三氧化硫、氯离子或碱含量。

氧化镁的含量:指水泥中游离的 MgO 含量,其水化反应速度慢,体积膨胀,引起水泥体积不安定。石膏含量过多时,亦引起体积膨胀,不安定。游离氧化镁和氧化钙都是过烧的,熟化很慢,在水泥已经硬化后才发生熟化反应,产生固相体积膨胀,引起不均匀的体积变化,导致水泥石开裂。当石膏掺量过多时,在水泥硬化后,残留的石膏还会继续与固态的水化铝酸钙反应生成高硫型水化硫铝酸钙,体积约增大 1.5 倍,也会引起水泥石开裂。氯化物既可以存在于新拌混凝土中,也可以通过渗透进入水泥浆体。由于氯化物对钢筋有腐蚀作用,几乎所有国家在有关水泥标准中都将拌和料中的氯化物含量进行限制。在混凝土结构使用过程中,氯化物可以从各种各样的来源渗透进混凝土,其中最主要的是海水、除冰盐和聚氯乙烯燃烧后的灰。

若水泥中碱含量高,当选用含有活性的集料配制混凝土时,会产生碱集料反应,国际相关组织规定:水泥中碱含量按 $Na_2O+0.658K_2O$ 计算值来表示,若使用活性集料,用户要求提供低碱水泥时,则水泥中的碱含量不大于 0.60%或由双方商定。我国将碱含量作为选择性指标。

2. 不溶物

不溶物指用盐酸溶解后的不溶残渣。水泥中的不溶物来自原料中的黏土和氧化硅,由于煅烧不良,化学反应不充分而未能形成熟料矿物,这些物质的存在将影响水泥的有效成分含量。

3. 烧失量

水泥由于受潮或煅烧不佳都会使水泥在规定温度加热时增加质量的损失,表明水泥的品质受到不利因素的影响。

(二)游离氧化镁和氧化钙的评价思路

游离氧化钙引起的水泥体积安定性不良,可用沸煮法检验。测试方法有试饼法和雷氏法。试饼法是观察水泥净浆试饼沸煮 3h 后的外形变化;雷氏法是测定水泥净浆在雷氏夹中沸煮 3h 后的膨胀值(有争议时以雷氏法为准)。由于游离氧化镁在压蒸条件下加速熟化,石膏的危害则需长期在常温水中才能发现,两者均不便于快速检验。所以目前采用的安定性检测方法只是针对游离氧化钙的影响,并未涉及游离氧化镁和石膏造成的安定性问题。为保证水泥的安定性合格,对于硅酸盐水泥和普通硅酸盐水泥,水泥中氧化镁含量不得超过 5.0%,若经压蒸安定性试验合格,允许放宽到 6.0%;三氧化硫含量不得超过 3.5%。

八、水泥技术标准和质量评定

(一)通用硅酸盐水泥技术要求

国家标准《通用普通硅酸盐水泥》(GB 175—2007)对通用硅酸盐水泥的不溶物、烧失量、氧化镁、三氧化硫、氯离子、细度、凝结时间、安定性、强度和碱含量 10 个方面提出了技术要求。

1. 化学指标

水泥的化学指标技术要求见下表 3-2。

化学指标 表 3-2

品　种	代　号	不溶物（质量分数，%）	烧失量（质量分数，%）	三氧化硫（质量分数，%）	氧化镁（质量分数，%）	氯离子（质量分数，%）
硅酸盐水泥	P·I	≤0.75	≤3.0	≤3.5	≤5.0①	≤0.06③
	P·II	≤1.50	≤3.5			
普通硅酸盐水泥	P·O	—	≤5.0			
矿渣硅酸盐水泥	P·S·A	—	—	≤4.0	≤6.0②	
	P·S·B	—	—			
火山灰质硅酸盐水泥	P·P	—	—	≤3.5	≤6.0②	
粉煤灰硅酸盐水泥	P·F	—	—			
复合硅酸盐水泥	P·C	—	—			

注：①如果水泥压蒸试验合格，则水泥中氧化镁的含量（质量分数）允许放宽至 6.0%。

②如果水泥中氧化镁的含量（质量分数）大于 6.0%时，需进行水泥压蒸安定性试验并合格。

③当有更低要求时，该指标由买卖双方协商确定。

2. 碱含量（选择性指标）

水泥中碱含量按 $Na_2O+0.658K_2O$ 计算值表示。若使用活性集料，用户要求提供低碱水泥时，水泥中的碱含量应不大于 0.60%或由买卖双方协商确定。

3. 物理指标

(1)凝结时间

硅酸盐水泥初凝不小于 45min，终凝不大于 390min；普通硅酸盐水泥、矿渣硅酸盐水泥、火山灰质硅酸盐水泥、粉煤灰硅酸盐水泥和复合硅酸盐水泥初凝不小于 45min，终凝不大于 600min。

(2)安定性

沸煮法合格。

4. 强度

不同品种不同强度等级的通用硅酸盐水泥，其不同各龄期的强度应符合表 3-3 的规定。

5. 细度（选择性指标）

硅酸盐水泥和普通硅酸盐水泥以比表面积表示，不小于 $300m^2/kg$；矿渣硅酸盐水泥、火山灰质硅酸盐水泥、粉煤灰硅酸盐水泥和复合硅酸盐水泥以筛余表示，80μm 方孔筛筛余不大于 10%或 45μm 方孔筛筛余不大于 30%。

(二)道路水泥技术要求

对道路水泥(Portland cement for road)的性能要求是：耐磨性好、收缩小、抗冻性好、抗冲击性好，有高的抗折强度和良好的耐久性。道路水泥的上述特性，主要依靠改变水泥熟料的矿物组成、粉磨细度、石膏加入量及外加剂来达到。道路水泥熟料的矿物组成，与普通水泥熟料相比，一般适当提高 C_3S 和 C_4AF 含量，C_4AF 的脆性小，体积收缩最小，提高 C_4AF 的含量，对提高水泥的抗折强度及耐磨性有利。但是，有些国家和水泥厂也不强调提高 C_3S 含量，而主要适当提高 C_4AF 含量和限制 C_3A 含量。因此，我国对道路水泥的化学成分和物理指标提出了要求，具体见表 3-4。

通用硅酸盐水泥不同各龄期的强度(MPa)　　表 3-3

品 种	等 级 强 度	抗压强度		抗折强度	
		3d	28d	3d	28d
硅酸盐水泥	42.5	≥17.0	≥42.5	≥3.5	≥6.5
	42.5R	≥22.0		≥4.0	
	52.5	≥23.0	≥52.5	≥4.0	≥7.0
	52.5R	≥27.0		≥5.0	
	62.5	≥28.0	≥62.5	≥5.0	≥8.0
	62.5R	≥32.0		≥5.5	
普通硅酸盐水泥	42.5	≥17.0	≥42.5	≥3.5	≥6.5
	42.5R	≥22.0		≥4.0	
	52.5	≥23.0	≥52.5	≥4.0	≥7.0
	52.5R	≥27.0		≥5.0	
矿渣硅酸盐水泥 火山灰硅酸盐水泥 粉煤灰硅酸盐水泥 复合硅酸盐水泥	32.5	≥10.0	≥32.5	≥2.5	≥5.5
	32.5R	≥15.0		≥3.5	
	42.5	≥15.0	≥42.5	≥3.5	≥6.5
	42.5R	≥19.0		≥4.0	
	52.5	≥21.0	≥52.5	≥4.0	≥7.0
	52.5R	≥23.0		≥4.5	

各交通等级路面所使用水泥的化学成分和物理指标　　表 3-4

水泥性能	特重、重交通路面	中、轻交通路面
铝酸三钙	不宜>7.0%	不宜>9.0%
铁铝酸四钙	不宜<15.0%	不宜<12.0%
游离氧化钙	不得>1.0%	不得>1.5%
氧化镁	不得>5.0%	不得>6.0%
三氧化硫	不得>3.5%	不得>4.0%
碱含量	Na_2O+0.658K_2O≤0.6%	怀疑有碱活性集料时,≤0.6%;无碱活性集料时,≤1.0%
混合材种类	不得掺窑灰、煤矸石、火山灰和黏土,有抗盐冻要求时不得掺石灰、石粉	不得掺窑灰、煤矸石、火山灰和黏土,有抗盐冻要求时不得掺石灰、石粉
出磨时安定性	雷氏夹或蒸煮法检验必须合格	蒸煮法检验必须合格
标准稠度需水量	不宜>28%	不宜>30%
烧失量	不得>3.0%	不得>5.0%
比表面积	宜在300~450m²/kg	宜在300~450m²/kg

续上表

水泥性能	特重、重交通路面	中、轻交通路面
细度(80μm)	筛余量不得＞10%	筛余量不得＞10%
初凝时间	不早于 1.5h	不早于 1.5h
终凝时间	不迟于 10h	不迟于 10h
28d 干缩率	不得＞0.09%	不得＞0.10%
耐磨性	不得＞3.6kg/m²	不得＞3.6kg/m²

注:28d 干缩率和耐磨性试验方法采用《道路硅酸盐水泥》(GB 13693)标准。

(三)通用硅酸盐水泥强度等级

硅酸盐水泥的强度等级可划分为 42.5、42.5R、52.5、52.5R、62.5、62.5R 六个等级，普通硅酸盐水泥的强度等级分为 42.5、42.5R、52.5、52.5R 四个等级，矿渣硅酸盐水泥、火山灰质硅酸盐水泥、粉煤灰硅酸盐水泥、复合硅酸盐水泥的强度等级分为 32.5、32.5R、42.5、42.5R、52.5、52.5R 六个等级。

(四)通用硅酸盐水泥质量判定规则

我国现行规范规定:凡检验结果符合表 3-2 中化学指标、凝结时间、安定性、强度的为合格产品;凡不符合其中的任何一条的均为不合格产品。

第二节 水泥混凝土

一、普通混凝土概念

水泥混凝土是由水泥、粗细集料和水按适当比例配合，在需要时掺加适宜的外加剂、掺和料等配制而成。其中水泥起胶凝和填充作用，集料起骨架和密实作用，水泥与水发生化学反应生成具有胶凝作用的水化物，将集料颗粒紧密黏结在一起，经过一定凝结硬化时间后形成人造石材，成为混凝土。下面给出了各种混凝土的定义。

普通混凝土指干密度为 2 000～2 800kg/m³ 的水泥混凝土。

干硬性混凝土指混凝土拌和物的坍落度小于 10mm 且须用维勃稠度(s)表示其稠度的混凝土。

塑性混凝土指混凝土拌和物坍落度为 10～90mm 的混凝土。

流动性混凝土混凝土指拌和物坍落度为 100～150mm 的混凝土。

大流动性混凝土混凝土指拌和物坍落度等于或大于 160mm 的混凝土。

抗渗混凝土指抗渗等级等于或大于 P6 级的混凝土。

抗冻混凝土指抗冻等级等于或大于 F50 级的混凝土。

高强混凝土指强度等级为 C60 及其以上的混凝土。

泵送混凝土混凝土指拌和物的坍落度不低于 100mm 并用泵送施工的混凝土。

大体积混凝土混凝土指结构物实体最小尺寸等于或大于 1m 或预计会因水泥水化热引起混凝土内外温差过大而导致裂缝的混凝土。

二、新拌水泥混凝土的工作性(和易性)

(一)混凝土工作性的定义

新拌混凝土的工作性又称和易性，是指混凝土具有流动性、可塑性、稳定性和易密性等几方面的一项综合性能。

(1)流动性：是指混凝土拌和物在自重或机械振捣作用下，能产生流动，并均匀密实地填满模板的性能；

(2)可塑性：指拌和物在外力作用下产生塑性流动，不发生脆性断裂的性质；

(3)稳定性：指拌和物在外力作用下，集料在水泥浆体中保持均匀分布，不会产生离析或出现泌水现象的性能；

(4)易密性：指拌和物在捣实或振动过程中克服摩阻力达到密实稠度的能力。

(二)工作性的测定和指标

目前，还没有能够全面反映混凝土拌和物工作性的简单测定方法。通常，通过试验测定流动性，以目测和经验评定混凝土的黏聚性和保水性。混凝土的流动性用稠度表示，其测定方法有坍落度与坍落扩展度法和维勃稠度法。

1.坍落度

对于坍落度大于10mm，集料公称最大粒径不大于31.5mm的混凝土，采用坍落度与坍落扩展度测定稠度。坍落度试验是将待测混凝土以规定的方式分三层装入标准坍落筒内，每层按要求均匀插捣25次，多余的混凝土用镘刀抹平。随后垂直地提起坍落筒，在重力作用下混凝土会自动坍落。测出筒高与坍落后混凝土试件最高点之间的高差(单位为mm)，作为试验结果，称为坍落度，作为流动性指标。坍落度越大，表示其流动性越大。当混凝土拌和物的坍落度大于220mm时，坍落度不能准确反映混凝土的流动性，用混凝土扩展后的平均直径即坍落扩展度，作为流动性指标。

在测定坍落度与坍落扩展度的同时，应观察混凝土拌和物的黏聚性及保水性，以全面评定新拌混凝土的工作性。

2.维勃稠度法

对于集料公称最大粒径不大于31.5mm的混凝土及维勃时间在5～30s之间的干稠性水泥混凝土，采用维勃稠度法测定稠度，用维勃稠度仪测定。维勃稠度试验是按规定方法将拌和物装填到放在维勃稠度仪上的坍落度筒中，提起坍落度筒后，将一透明圆盘扣在混凝土拌和物上。开启振动台，同时用秒表开始计时，当透明圆盘底面被水泥浆布满的瞬间停止计时，并关闭振动台。以这一过程所需的时间作为维勃稠度试验的结果，以秒为单位。显然维勃时间愈长，混凝土拌和物的坍落度愈小。

(三)影响混凝土工作性的因素

能够影响到混凝土拌和物工作性的因素概括地分为内因和外因两大类。外因主要指施工环境条件，包括外界环境的气温、湿度、风力大小以及时间等。但应值得重视和了解的因素是在构成混凝土组成材料的特点及其配合比等内因上，其中包括原材料特性、单位用水量、水灰比和砂率等方面。

1. 水泥浆的数量和稠度

在新拌混凝土中,水泥浆填充集料间的空隙,并包裹集料,它赋予新拌混凝土一定的流动性。因此,水泥浆的数量和稠度对新拌混凝土的和易性有显著影响。新拌混凝土中的水泥浆量增多时,流动性增大。但是水泥浆量过多,将会出现流浆现象,容易发生离析。如果水泥浆量过少,则集料间缺少黏结物质,黏聚性变差,易出现崩坍。新拌混凝土中的水泥浆较稠时,流动性较小。如果水泥浆干稠,新拌混凝土的流动性过低,会使施工困难。如果水泥浆过稀,又造成黏聚性和保水性不良,产生流浆和离析现象。水泥浆的稠度决定于水灰比,但水灰比直接影响混凝土的强度和耐久性。所以,水灰比的大小,应根据混凝土强度和耐久性的要求合理确定。

事实上,对新拌混凝土流动性起决定作用的是用水量。无论提高水灰比或增加水泥浆量都表现为混凝土用水量的增加。在拌制混凝土时,不能用单纯改变用水量的办法来调整新拌混凝土的流动性。单纯加大用水量会降低混凝土的强度和耐久性。因此,应该在保持水灰比不变的条件下,用调整水泥浆量的办法来调整新拌混凝土的流动性。

2. 砂率

砂率是指混凝土中砂的质量占砂石总质量的百分率。

砂率的变动,会影响新拌混凝土中集料的级配,使集料的空隙率和总表面积有很大变化,对新拌混凝土的和易性产生显著影响。在水泥浆数量一定时,砂率过大,集料的总表面积及空隙率都会增大,需较多水泥浆填充和包裹集料,使起润滑作用的水泥浆减少,新拌混凝土的流动性减小。砂率过小,集料的空隙率显著增加,不能保证在粗集料之间有足够的砂浆层,也会降低新拌混凝土的流动性,并会严重影响黏聚性和保水性,容易造成离析、流浆等现象。显然,砂率有一个合理范围,处于这一范围的砂率称为合理砂率。当采用合理砂率时,在用水量和水泥用量一定的情况下,能使混凝土拌和物获得最大的流动性且能保持良好的黏聚性和保水性。合理砂率随粗集料种类、最大粒径和级配、砂子的粗细程度和级配,混凝土的水灰比和施工要求的流动性而变化,需要根据实际施工条件,通过试验来选择。

3. 组成材料的性质

(1)水泥

水泥对新拌混凝土和易性的影响主要是水泥的需水量和泌水性。需水量大的水泥拌制的新拌混凝土的流动性较小,但一般黏聚性和保水性较好,泌水性大的水泥拌制的新拌混凝土的保水性差。

(2)集料

集料对新拌混凝土和易性的影响主要是集料的级配、颗粒形状、表面特征及最大粒径。一般来说,级配好的集料拌制的新拌混凝土的流动性较大,黏聚性和保水性也较好。集料中针、片、长颗粒较多时,新拌混凝土的流动性减小,易产生离析。表面光滑的集料(如河砂、卵石)拌制的新拌混凝土的流动性较好。集料的最大粒径增大,总表面积减小,新拌混凝土的流动性较大。

(3)外加剂和掺和料

在新拌混凝土中,加入少量减水剂,能使流动性大幅度增加;加入引气剂,能增加流动性,改善黏聚性,降低泌水性;加入增稠剂,能增加大流动性混凝土的黏聚性,减少泌水。

在混凝土中掺入掺和料，能增加新拌混凝土的黏聚性，减少离析和泌水。当同时加入优质粉煤灰、硅灰等超细微粒掺和料还能增加新拌混凝土的流动性。

4. 时间和温度

新拌混凝土中的流动性随时间的延长而减小，其原因是水泥水化、集料吸收、水分蒸发以及水泥浆凝聚结构的形成，都使混凝土中起润滑作用的自由水减少，致使新拌混凝土拌和物的流动性变差。新拌混凝土流动性随时间的延长而减小的现象称为坍落度损失。

新拌混凝土流动性还受温度的影响。随着环境温度的升高，水分蒸发及水泥水化反应加快，新拌混凝土的初始流动性减小，坍落度损失加快。

(四)水泥混凝土拌和物稠度试验方法(坍落度仪法)

1. 目的和适用范围

坍落度为表示混凝土拌和物稠度的一项指标，本试验适用于坍落度大于 10mm、集料公称最大粒径不大于 31.5mm 的混凝土。

2. 仪器设备

(1)坍落筒：坍落筒为铁板制成的截头圆锥筒，厚度不小于 1.5mm，内侧平滑，没有铆钉头之类的突出物，在筒上方约 2/3 高度处有两个把手，近下端两侧焊有两个踏脚板，保证坍落筒可稳定操作。

(2)捣棒：为直径 16mm、长约 600mm 并具有半球形端头的钢质圆棒。

(3)其他：小铲、木尺、小钢尺、镘刀和钢平板等。

3. 试验步骤

(1)试验前将坍落筒内外洗净，放在经水润湿过的平板上(平板吸水时应垫以塑料布)，踏紧踏脚板。

(2)将代表样分三层装入筒内，每层装入高度稍大于筒高的 1/3，用捣棒在每一层的横截面上均匀插捣 25 次。插捣在全部面积上进行，沿螺旋线由边缘至中心，插捣底层时插至底部。插捣其他两层时，应插透本层并插入下层约 20～30mm，插捣须垂直压下(边缘部分除外)，不得冲击。

在插捣顶层时，装入的混凝土应高出坍落筒，随插捣过程随时添加拌和物，当顶层插捣完毕后，将捣棒用锯和滚的动作，以清除掉多余的混凝土，用镘刀抹平筒口，刮净筒底周围的拌和物，而后立即垂直地提起坍落筒，提筒在 5～10s 内完成，并使混凝土不受横向及扭力作用。从开始装筒至提起坍落筒的全过程，不应超过 150s。

(3)将坍落筒放在锥体混凝土试样一旁，筒顶平放木尺，用小钢尺量出木尺底面至试样顶面中心的垂直距离，即为该混凝土拌和物的坍落度，精确至 1mm。

(4)当混凝土试件的一侧发生崩坍或一边剪切破坏，则应重新取样另测。如果第二次仍发生上述情况，则表示该混凝土和易性不好，应记录。

(5)当混凝土拌和物的坍落度大于 220mm 时，用钢尺测量混凝土扩展后最终的最大直径和最小直径，在这两个直径之差小于 50mm 的条件下，用其算术平均值作为坍落扩展度值；否则，此次试验无效。

(6)做坍落度试验的同时，可用目测方法评定混凝土拌和物的下列性质，并予记录。

①棍度：按插捣混凝土拌和物时难易程度评定，分“上”、“中”、“下”三级。

"上":表示插捣容易。

"中":表示插捣时稍有石子阻滞的感觉。

"下":表示很难插捣。

②含砂情况:按拌和物外观砂多少而评定,分"多"、"中"、"少"三级。

"多":表示用镘刀抹拌和物表面时,一两次即可使拌和物表面平整无蜂窝。

"中":表示抹五六次才可使表面平整无蜂窝。

"少":表示抹面困难,不易抹平,有空隙及石子外露等现象。

③黏聚性:观察拌和物各组分相互黏聚情况。评定方法是用捣棒在已坍落的混凝土锥体侧面轻打,如锥体在轻打后逐渐下沉,表示黏聚性良好;如锥体突然倒塌、部分崩裂或发生石子离析现象,即表示黏聚性不好。

④保水性:指水分从拌和物中析出情况,分"多量"、"少量"、"无"。

"多量":表示提起坍落筒后,有较多水分从底部析出。

"少量":表示提起坍落筒后,有少量水分从底部析出。

"无":表示提起坍落筒后,没有水分从底部析出。

4. 试验结果

混凝土拌和物坍落度和坍落扩展度值以毫米(mm)为单位,测量精确至1mm,结果修约至最接近的5mm。

5. 试验说明和注意事项

(1)在评价水泥混凝土拌和物的稠度方面,坍落度是重要指标之一。对流态混凝土,用坍落扩展度来评价其稠度。其他评价水泥混凝土拌和物工作性的指标有:棍度、含砂情况、黏聚性和保水性。这些指标内容难以定量描述,需要一定的工作经验辅助判断。

(2)坍落筒中的装填插捣操作,是将捣棒垂直压下,而不能采用冲击的方式进行。

三、混凝土拌和物凝结时间

水泥的水化是混凝土产生凝结的主要原因,但是,混凝土的凝结时间与水泥的凝结时间并不一致,因为水灰比的大小会明显影响水泥的凝结时间,水灰比越大,凝结时间越长,一般混凝土的水灰比与测定水泥凝结时间的水灰比是不同的,凝结时间便有所不同。而且新拌混凝土的凝结时间,还受温度、外加剂等其他各种因素的影响。

贯入阻力达到3.5MPa和28.0MPa的时间,分别是新拌混凝土的初凝和终凝时间。这是从实用角度人为划分的,实际上,贯入阻力达到3.5MPa时,混凝土还没有抗压强度,初凝时间表示的是新拌混凝土正常地搅拌、浇注和捣实的极限;贯入阻力达到28MPa时,抗压强度约为0.7MPa,终凝时间表示混凝土力学强度开始快速发展。

(一)混凝土拌和物凝结时间试验

1. 试验目的和适用范围

通过测定贯入阻力的试验方法,检测混凝土拌和物的凝结时间,来控制现场施工流程。其适用于各通用水泥和常见外加剂以及不同水泥混凝土配合比、坍落度值不为零的水泥混凝土拌和物的凝结时间测定。

2. 试样制备

(1)取有代表性的混凝土拌和物,用 4.75mm 的标准筛尽快过筛,筛去 4.75mm 以上的粗集料,再经人工翻拌后,装入试模。每批混凝土拌和物取 1 个试样,共取 3 个试样,分装到 3 个试模中。

(2)对于坍落度不大于 70mm 的混凝土宜用振动振实砂浆,振动应持续到表面出浆为止且应避免过振;对于坍落度大于 70mm 的宜用捣棒人工捣实,沿螺旋方向由外向中心均匀插捣 25 次,然后用橡胶锤轻击试模侧面,以排除其中的空洞。进一步整平砂浆表面,且表面要低于试模上沿约 10mm。砂浆试样筒应立即加盖。

(3)将试件放在 20℃±2℃或尽可能与现场相同的环境中,并在以后的试验中,环境温度始终保持 20℃±2℃。在整个测试过程中,除在吸取泌水或贯入试验外,试筒应始终加盖。

(4)约 1h 后,将试件一侧稍微垫高约 20mm,使其倾斜静置约 2min,用吸液管吸去泌水,以后每到测试前约 2min,同上步骤用吸液管吸去泌水。若在贯入测试前还有泌水,也应吸干。

3. 试验步骤

(1)先将待测试件放在贯入阻力仪底座上,记录此时刻度盘上显示的砂浆和试模的总质量。

(2)试验时根据试样贯入阻力的大小,选择合适的测针;当砂浆表面测孔周围出现微小裂缝时,应改换较小截面积的测针。

(3)先使测针端面刚刚接触砂浆表面,然后转动手轮让测针在 10s±2s 内垂直且均匀地插入试样内,深度为 25mm±2mm,记下刻度盘显示的质量增值,并记下从开始加水拌和所经过的时间(精确至 1min)和环境温度(精确至 0.5℃)。

每次测定时,测针应距试模边缘至少 25mm,而每次测针的检测点之间净距离也至少为所用测针直径的 2 倍且不小于 15mm。3 个试模每次各测 1~2 点,取其算术平均值为该时间的贯入阻力。

(4)每个试样做贯入阻力试验应在 0.2~28MPa 间,且次数应不少于 6 次,最后一次的单位面积贯入阻力应不低于 28MPa。从加水拌和时刻算起,常温下普通混凝土 3h 后开始测定,以后每次间隔 1h;快硬混凝土或气温较高时,则应在 2h 后开始测定,以后每隔 0. 5h 测一次;缓凝混凝土或低温环境下,可 5h 后开始测定,以后每隔 2h 测一次。在临近初凝、终凝时可增加测定次数。

4. 数据整理

(1)单位面积贯入阻力 f_{PR} 按下式计算。

$$f_{PR}=P/A \tag{3-14}$$

式中:f_{PR}——单位面积贯入阻力(MPa);

P——测针贯入深度 25mm 时的贯入压力(N),即测针垂直插入 25mm 时刻度盘质量增值;

A——贯入针截面面积(mm^2)。

(2)以单位面积贯入阻力为纵坐标,测试时间为横坐标,绘制单位面积贯入阻力与测试时间的关系曲线。经 3.5 MPa 及 28 MPa 画两条与横坐标平行的直线,则该直线与关系曲线交点对应的横坐标分别为混凝土的初凝和终凝时间,见图 3-2。

(3)凝结时间取 3 个试样的平均值:3 个测值中最大值或最小值,如果有 1 个与中间值之差超过中间值的 10%,则以中间值为试验结果;如果最大值与最小值与中间值之差均超过中间值的10%时，则此试验无效。凝结时间用h:min表示，并精确至5min。

5.试验说明和注意事项

每次测定时，测针应距试模边缘至少25mm，而每次测针的检测点之间净距离也至少为所用测针直径的2倍且不小于15mm。

如果混凝土进行湿筛不好操作时，可以按混凝土中水泥砂浆的配合比，直接称料拌和成砂浆再进行试验，但注意应按粗集料的吸水率修正加水量。

(二)水泥混凝土凝结时间对水泥混凝土施工的意义

初凝时间太短，不利于整个混凝土施工工序的正常进行；但终凝时间过长，又不利于混凝土结构的形成、模具的周转，还会影响到养护周期时间的长短等。因此，对混凝土的凝结时间要求初凝不宜过短，终凝时间不宜过长。

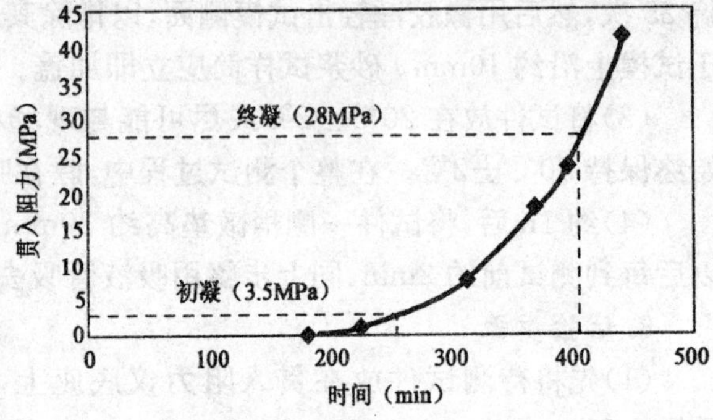

图3-2　时间—贯入阻力曲线

四、硬化后混凝土的性能

混凝土材料的强度是用强度等级作为设计依据的。在结构设计时，混凝土各种力学强度的标准值，均可由强度的标准值，一般可由强度等级换算出，所以强度等级是混凝土各种力学强度标准值的基础。

(一)立方体抗压强度(f_{cu})

按照标准的制作方法制成边长为150mm的立方体试件，在标准养护条件下(20℃±2℃，相对湿度95%以上)，养护至28d龄期，按照标准的测定方法测定其受压极限破坏荷载，以此求得混凝土抗压强度，以f_{cu}表示，按式(3-15)计算，以MPa计。

$$f_{cu}=\frac{F}{A} \tag{3-15}$$

式中：F——破坏荷载(N)；

A——试件承压面积(mm^2)。

以3个试件为一组，取3个试件强度的算术平均值作为每组试件的强度代表值。如任一个测值与中值的差超过中值的15%时，则取中值为测定值。如有两个测值的差值均超过上述规定，则该组试验结果无效。

(二)立方体抗压强度标准值($f_{cu,k}$)

按照标准方法制作和养护的边长为150mm的立方体试件，在28d龄期，用标准试验方法测定的抗压强度总体分布的一个值，强度低于该值的百分率不超过5%(即具有95%保证率的抗压强度)，以MPa计。

从以上定义可知，立方体抗压强度(f_{cu})只是一组混凝土试件抗压强度的算术平均值，并未涉及数理统计、保证率的概念。而立方体抗压强度标准值($f_{cu,k}$)是按数理统计方法确定，具有不低于95%保证率的立方体抗压强度。

(三)混凝土强度等级

混凝土“强度等级”是根据“立方体抗压强度标准值”来确定的。

强度等级表示方法，是用符号“C”和“立方体抗压强度标准值”两项内容表示。例如 C30 即表示混凝土立方体抗压强度标准值 $f_{cu,k}$ 为 30MPa。

按照我国现行规范规定，普通混凝土按立方体抗压强度标准值划分为：C7.5、C10、C15、C20、C25、C30、C35、C40、C45、C50、C55 和 C60 等 12 个强度等级。

(四)影响混凝土强度的因素

影响混凝土强度的因素很多，主要是组成原材料的影响，包括原材料的特征和各材料之间的组成比例等内因，以及养护条件和试验检测条件等外因。

1.组成材料和配合比

(1)胶凝材料的强度和水胶比

试验证明，混凝土强度随水胶比的增大而降低，呈曲线关系。当混凝土强度等级小于 C60 时，混凝土的抗压强度与水胶比和水泥强度之间符合以下近似关系：

$$f_{cu,o} = a_a f_b \left(\frac{B}{W} - a_b\right) \tag{3-16}$$

式中：B/W——混凝土水胶比；

$f_{cu,o}$——混凝土配制强度(MPa)；

f_b——胶凝材料 28d 胶砂抗压强度(MPa)；

a_a、a_b——经验系数，与集料品种有关，其数值需通过试验求得，当不具备试验统计资料，通常取值如下。

对于碎石：$a_a=0.53$、$a_b=0.2$；

对于卵石：$a_a=0.49$、$a_b=0.13$。

其中，胶凝材料的实际强度(f_b)应通过试验确定。当无法取得实际强度数值时，可采用下式估计：

$$f_b = \gamma_f \gamma_s f_{ce} = \gamma_f \gamma_s \gamma_c f_{ce,g} \tag{3-17}$$

式中：γ_f，γ_s——粉煤灰影响系数，粒化高炉矿渣粉影响系数

f_{ce}——水泥 28d 胶砂抗压强度值(MPa)；

$f_{ce,g}$——水泥强度等级值(MPa)；

r_c——水泥强度等级值的富余系数，可按实际统计资料确定。

利用上式，可根据所用的水泥强度等级和水胶比估计混凝土的强度，也可根据水泥强度等级和要求的混凝土强度等级来计算应采用的水胶比。

(2)集料的影响

集料的表面状况影响水泥石与集料的黏结，从而影响混凝土的强度。碎石表面粗糙，黏结力较大；卵石表面光滑，黏结力较小。因此，在配合比相同的条件下，碎石混凝土的强度比卵石混凝土的强度高，特别是在水灰比比较低(＜0.4)时差异较明显。

集料的最大粒径对混凝土的强度也有影响，集料的最大粒径愈大，混凝土的强度愈小，特别是对水灰比较低的中强和高强混凝土，集料最大粒径的影响十分明显。

针片状颗粒含量给施工带来不利影响，并引起混凝土空隙率的提高，所以混凝土用的粗集料要限制针片状颗粒含量。

(3)外加剂和掺和料

在混凝土中掺入外加剂，可使混凝土获得早强和高强性能，混凝土中掺入早强剂，可显著提高早期强度；掺入减水剂可大幅度减少拌和用水量，在较低的水灰比下，混凝土仍能较好地成型密实，获得很高的 28d 强度。

在混凝土中加入掺和料，可提高水泥石的密实度，改善水泥石与集料的界面黏结强度，提高混凝土的长期强度。因此，在混凝土中掺入高效减水剂和掺和料是制备高强和高性能混凝土所必须的技术措施。

(4)浆集比

混凝土中水泥浆的体积和集料体积之比称为浆集比。在水灰比相同的条件下，达到最佳浆集比后，混凝土强度随着混凝土浆集比的增加而降低。

2. 养护条件

(1)养护的温度和湿度

养护温度对水泥的水化速度有显著的影响，养护温度高水泥的初期水化速度快，混凝土早期强度高。但是，早期的快速水化会导致水化物分布不均匀，在水泥石中形成密实度低的薄弱区，影响混凝土的后期强度。养护温度降低时，水泥的水化速度减慢，水化物有充分时间扩散，从而在水泥石中分布均匀，有利于后期强度的发展。混凝土早期强度较低，容易破坏。所以，应防止混凝土早期受冻。

湿度对水泥的时候能否正常进行有显著影响，湿度适当时，水泥水化进行顺利，混凝土的强度能充分发展。如果湿度不够，混凝土会失水干燥，影响水泥水化的正常进行，甚至使水化停止，严重降低混凝土的强度。而且，因水化未完成，混凝土的结构疏松，抗渗性较差，严重时还会形成干缩裂缝，影响混凝土的耐久性。

(2)龄期

混凝土在正常养护条件下，其强度将随着龄期的增加而增长。最初的 7～14d 内，强度增长较快，28d 以后增长缓慢，龄期延续很长，混凝土的强度仍有所增长。

在标准条件下，混凝土强度的发展大致与其龄期的对数成正比关系（龄期不小于 3d）：

$$f_n = f_{28}\frac{\lg n}{\lg 28} \tag{3-18}$$

式中：f_n——n 天龄期混凝土的抗压强度（MPa）；

f_{28}——28d 龄期混凝土的抗压强度（MPa）；

n——养护龄期（$n \geqslant 3$）（d）。

式(3-18)表明，在一定条件下养护的混凝土，可根据其早期强度大致地估计 28d 的强度。但是，由于影响混凝土强度的因素很多，上式仅适用于普通水泥制作的中等强度的混凝土。

3. 试验条件

(1)试件的尺寸和形状

形状相同的试件，试件的尺寸越小，试验测得的强度越高，反之亦然。混凝土的强度与试件尺寸有关的现象称为尺寸效应。混凝土试件的尺寸大时，内部缺陷出现的几率大，易引起应

力集中，导致强度降低。我国标准规定采用 150mm×150mm×150mm 的立方体试件作为标准试件。当采用非标准的其他尺寸试件时，如果混凝土的强度等级小于 C60，所测得的抗压强度应乘以表 3-5 所列的尺寸换算系数。如果混凝土的强度等级为 C60 及以上，其强度的尺寸换算系数可通过试验确定。

混凝土试件尺寸及强度的尺寸换算系数 表 3-5

集料最大粒径(mm)	试件尺寸(mm)	强度的尺寸换算系数
31.5	100×100×100	0.95
63	200×200×200	1.05
40	100×100×100	1.00

混凝土的抗压强度还与试件的形状有关，棱柱体(或圆柱体)试件的抗压强度低于立方体试件的抗压强度。棱柱体(或圆柱体)试件的强度与其高宽(径)比有关，高宽(径)比越大，抗压强度越小。这种现象是由于"环箍效应"所产生的。环箍效应是指试件受压时，试件的受压面与试验机的承压板之间的摩擦力对试件受压时相对于承压板的横向膨胀起的约束作用。试验结果表明，棱柱体的抗压强度随高宽比的增大而减小，当高宽比由 1 增加至 2 时，强度降低很快，高宽比超过 2 时，强度降低很少。

(2)表面状况

混凝土试件承压面的状况也是影响混凝土强度测试结果的重要因素。

当试件受压面上有油脂润滑剂时，环箍效应大大减小，试件将出现直裂破坏，测得的强度值较低。

试件的承压面必须平整且与试件的轴线垂直。一般试件承压面凹凸在 0.05 以下。如果承压面不平整，则易形成局部受压，引起应力集中，使强度降低。

(3)加荷速度

混凝土的抗压强度与加荷速度有关。加荷速度越快，测得的强度值越高；当加荷速度超过 1.0MPa/s 时，这种趋势较为明显。因此，我国标准根据混凝土的强度等级，规定加荷速度为每秒 0.3～1.0MPa，且应连续均匀地加荷。

(五)混凝土耐久性

混凝土的耐久性是混凝土在使用环境下抵抗各种物理和化学作用破坏的能力。混凝土的耐久性直接影响结构物的安全性和使用性能。耐久性包括抗渗性、抗冻性、化学侵蚀和碱集料反应等。

1.耐久性概念

(1)抗渗性

抗渗性是指混凝土抵抗水、油等液体在压力作用下渗透的性能。抗渗性对混凝土的耐久性起重要作用，因为抗渗性控制着水分渗入的速率，这些水可能含有侵蚀性的化合物，同时控制混凝土受热或受冻时水的移动。混凝土的抗渗性用抗渗等级(P)或渗透系数来表示。我国标准采用抗渗等级。抗渗等级是以 28d 龄期的标准试件，按标准试验方法进行试验时所能承受的最大水压力来确定。《混凝土质量控制标准》(GB 50164—1992)根据混凝土试件在抗渗试验时所能承受的最大水压力，混凝土的抗渗等级划分为

P4、P6、P8、P10、P12 等五个等级，相应表示混凝土抗渗试验时一组 6 个试件中 4 个试件未出现渗水时不同的最大水压力。如 P6、P8、P10、P12，相应表示抵抗 0.6MPa、0.8MPa、1.0MPa 及 1.2MPa 的水压力而不渗漏。

试配要求的抗渗水压值应比设计提高 0.2 MPa。试配时应采用水灰比最大的配合比做抗渗试验（表 3-6）。

抗渗等级与最大水胶比 表 3-6

抗渗等级	最大水胶比	
	C20～C30	C30 以上
P6	0.60	0.55
P8～P12	0.55	0.50
>P12	0.50	0.45

其抗渗试验结果（p_t）应符合下式要求：

$$P_t \geqslant P/10 + 0.2 \tag{3-19}$$

式中：P——设计要求的抗渗等级。

提高混凝土抗渗性能的措施是提高混凝土的密实度，改善孔隙结构，减少渗透通道。常用的办法是掺用引气型外加剂，使混凝土内部产生不连通的气泡，截断毛细管通道，改变孔隙结构，从而提高混凝土的抗渗性。此外，减小水灰比，选用适当品种及强度等级的水泥，保证施工质量，特别是注意振捣密实、养护充分等，都对提高抗渗性能有重要作用。

(2)抗冻性

混凝土的抗冻性是指混凝土在饱水状态下，经受多次冻融循环作用，能保持强度和外观完整性的能力。在寒冷地区，尤其是在接触水又受冻的环境下的混凝土，要求具有较高的抗冻性能。混凝土的抗冻性用抗冻等级（F）表示。抗冻等级 F50 以上的混凝土简称为抗冻混凝土。抗冻等级是以 28d 龄期的试件，按标准试验方法（慢冷法）进行反复冻融循环试验时，以同时满足强度损失率不超过 25%，质量损失率不超过 5%所能承受的最大冻融循环次数来表示。根据混凝土所能承受的最大冻融循环次数（慢冻法），混凝土的抗冻等级划分为 F10、F15、F25、F50、F100、F150、F200、F250、F300 等 9 个等级，相应表示混凝土抗冻性试验能经受 10 次、15 次、25 次、50 次、100 次、150 次、200 次、250 次、300 次的冻融循环。当采用快冻法进行试验时，可参照慢冻法进行等级划分。

影响混凝土抗冻性能的因素很多，主要是混凝土中孔隙的大小、构造、数量以及充水程度、环境的温湿度和经历冻融次数，冻结速度、混凝土受冻时的龄期和强度以及受冻时间的长短、集料的吸水性等。

(3)化学侵蚀

混凝土暴露在有化学物的环境和介质中，有可能遭受化学侵蚀而破坏。一般的化学侵蚀有水泥浆体组分的浸出、硫酸盐侵蚀、氯化物侵蚀、碳化等。

氯化物既可以存在于新拌混凝土中，也可以通过渗透进入水泥浆体。由于氯化物对钢筋有腐蚀作用，几乎所有国家在有关水泥标准中都将拌和料中的氯化物含量限制在 0.4%以下。在混凝土结构使用过程中，氯化物可以从各种各样的来源渗透进混凝土，其中最主要的是海水、除冰盐和聚氯乙烯燃烧后的灰。特别是除冰盐，已经在许多国家对桥梁造成了惊人的破坏。

我国的国家标准《普通混凝土长期性能和耐久性能试验方法》(GB/T 50082—2009)中规定了碳化试验方法，用于测定在一定浓度的二氧化碳气体介质中混凝土试件的碳化浓度，以评定该混凝土的抗碳化能力。

碳化试验应采用棱柱体混凝土试件，以3块为1组，棱柱体的高宽比应不小于3。无棱柱体时，也可用立方体试件代替，但其数量应相应增加。试件一般应在28d龄期进行碳化，采用掺和料的混凝土可根据其特性定碳化前的养护龄期。碳化试验需用碳化箱、气体分析仪及二氧化碳供气装置。碳化到3d、7d、14d及28d时，各取出试件，破型以测定其碳化深度。以各龄期计算所得的碳化深度绘制碳化时间与碳化浓度的关系曲线，以表示在该条件下的混凝土碳化发展规律。

(4)碱集料反应

水泥混凝土中因水泥和外加剂中超量的碱与某些活性集料发生不良反应而损坏水泥混凝土的现象。碱集料反应有三种类型：碱—氧化硅反应、碱—碳酸盐反应和碱—硅酸盐反应。

美国混凝土协会(ACI)汇编了集料中可能存在有破坏行为的硅质组分表。包括无定形二氧化硅(如蛋白石)、微晶和弱结晶二氧化硅(如玉髓)、破碎性石英和玻璃质二氧化硅(如安山岩、流纹岩中的玻璃体)，是其中最常见的碱活性二氧化硅。硬化波特兰水泥中液相pH值与水泥碱含量、水灰比有关，一般可达13以上。含无序结构二氧化硅的矿物在如此强碱性的溶液中，不能保持稳定，SiO_2结构将逐步解聚(如O—Si—O键的溶解)，并取决于它的无序程度、孔隙率、颗粒尺寸和温度。随后，碱金属离子吸附在新形成的反应产物表面上。当与水接触时，碱硅酸凝胶通过渗透吸水肿胀。如此发展的水压力被认为是反应集料膨胀开裂的原因，从而使周围的水泥浆体也发生膨胀开裂。

后来，研究者们发现硅质岩石，如千枚岩等也有ASR膨胀行为。此外，水泥中的碱还可能与白云石质石灰石产生膨胀反应，导致混凝土破坏，称为碱碳酸盐反应。1960年，包括某些含黏土的白云石质石灰岩在内的碱碳酸盐反应，也被发现有类似于ASR膨胀的破坏特征。

由于现场混凝土发生碱集料反应膨胀要若干年，大量研究都致力于发展评定潜在破坏性集料的快速度试验方法。不过，这些方法的有效性尚有许多争议。天然火山灰、粉煤灰、硅灰和矿渣等混合材代替水泥，能有效地控制ASR膨胀。

普遍的观点认为碱集料反应发生的必要条件如下：

①水泥中碱含量高；

② 集料中存在活性二氧化硅；

③ 潮湿、水分存在。

从工程应用的角度看，避其必要条件之一，即可避免碱集料反应。

当水泥混凝土中碱含量较高时，应采用下列方法鉴定集料与碱发生潜在有害反应，即水泥混凝土碱—硅酸盐反应和碱—硅酸反应的可能性。

①用岩相法检验，确定哪些集料可能与水泥中的碱发生反应。当集料中下列材料含量为1%时即有可能成为有害反应的集料，这些材料包括下列形式的二氧化硅：蛋白石、玉髓、鳞石英、方石英；在流纹岩、安山岩或英安岩中可能存在的中性重酸性(富硅)的火山玻璃；某些沸石和千枚岩等。

②砂浆长度法是将集料破碎成一定粒径，按一定比例与水泥制成砂浆长条，定期测长，当膨胀率半年不超过0.1%或3个月不超过0.05%，即可评为非活性集料。它的优点是直观、指标比较明确，比较接近混凝土实际，缺点是需时较长。

③抑制集料碱活性效能试验是以高活性的硬质玻璃砂和高碱硅酸盐水泥制成的试件为标准评定或优选水泥品种、混合材及外加剂的抑制效能。检定砂浆膨胀率14d不超过0.02%，56d不超过0.06%，即可认为合乎安全要求。

2.提高混凝土耐久性的措施

提高混凝土耐久性的措施，主要包括以下几个方面：

(1)选用适当品种的水泥及掺合料。

(2)适当控制混凝土的水灰比及水泥用量。水灰比的大小是决定混凝土密实性的主要因素，它不但影响混凝土的强度，而且也严重影响其耐久性，故必须严格控制水灰比。

保证足够的水泥用量，同样可以起到提高混凝土密实性和耐久性的作用。

《普通混凝土配合比设计规程》(JGJ 55—2011)对所用混凝土的最大水胶比及最小胶凝材料用量作了规定。

(3)长期处于潮湿或水位变动的寒冷和严寒环境以及盐冻环境中的混凝土，应掺用引气剂。引气剂的掺入量应根据混凝土的含气量确定。混凝土的最小含气量应符合表3-7的规定，混凝土的含气量亦不宜超过7%。混凝土中的粗集料和细集料应做坚固性试验。

掺用引气剂的混凝土最小含气量　　表3-7

粗骨料最大公称粒径(mm)	混凝土最小含气量(%)	
	潮湿或水位变动的寒冷和严寒环境	盐冻环境
40.0	4.5	5.0
25.0	5.0	5.5
20.0	5.5	6.0

注：含气量为气体占混凝土体积的百分比。

(4)选用较好的砂、石集料。质量良好、技术条件合格的砂、石集料，是保证混凝土耐久性的重要条件。

改善粗细集料的颗粒级配，在允许的最大粒径范围内尽量选用较大粒径的粗集料，可减少集料的空隙率和比表面积，也有助于提高混凝土的耐久性。

(5)掺用加气剂或减水剂。掺用加气剂或减水剂对提高抗渗、抗冻等有良好的作用，在某些情况下，还能节约水泥。

(6)改善混凝土的施工操作方法。在混凝土施工中，应当搅拌均匀、浇注和振捣密实及加强养护以保证混凝土的施工质量。

五、立方体、棱柱体混凝土试件制作方法

1.目的和使用范围

本方法规定了在常温环境中室内试验时立方体、棱柱体水泥混凝土试件制作方法。

2.试验仪器

(1)搅拌机：自由式或强制式。

(2)振动台:标准振动台,应符合《混凝土试验用振动台》(JG/T 245—2009)要求。

(3)压力机或万能试验机:压力机除符合《液压式万能试验机》(GB/T 3159—2008)及《试验机通用技术要求》(GB/T 2611—2007)中的要求外,其测量精度为±1%,试件破坏荷载应大于压力机全量程的20%且小于压力机全量程的80%。同时应具有加荷速度指示装置或加荷速度装置,上下压板平整并有足够的刚度,可以均匀连续加荷卸荷,可以保持固定荷载,开机停机灵活自如,能够满足试件破型吨位要求。

(4)球座:钢质坚硬,面部平整度要求在100mm距离内高低差不超过0.05mm,球面及球窝粗糙度 $R_a=0.32\mu m$,研磨,转动灵活。不应在大球座上做小试件破型,球座最好放置在试件顶面(特别是棱柱试件),并凸面朝上,当试件均匀受力后,一般不宜再敲动球座。

(5)试模:应符合《混凝土试模》(JG 237—2008),内表面刨光磨光(粗糙度 $R_a=3.2\mu m$);内部尺寸允许偏差为±0.2%;相邻面夹角为90°±0.3°。试件边长的尺寸公差为1mm。

(6)捣棒:符合《混凝土坍落度仪》(JG 248—2009)中的有关技术要求,为直径16mm,长约600mm,并具有半球形端头的钢质圆棒。

(7)橡胶锤:应带有质量约250g的橡皮锤头。

(8)游标卡尺。

3.立方体和棱柱体成型

(1)按照水泥混凝土拌和物拌和与现场取样方法拌和水泥混凝土。成型前试模内壁涂一薄层矿物油。

(2)取拌和物的总量至少比所需量高20%以上,并取出少量混凝土拌和物代表样,在5min内进行坍落度或维勃稠度试验,认为品质合格后,应在15min内开始制件。

(3)对于坍落度小于25mm时,可采用ϕ25mm的插入式振捣棒成型。将混凝土拌和物一次装入试模,装料时应用抹刀沿各试模壁插捣,并使混凝土拌和物高出试模口;振捣时振捣棒距底板10～20mm,且不要接触底板。振捣直到表面出浆为止,且应避免过振,以防止混凝土离析,一般振捣时间为20s。振捣棒拔出时要缓慢,拔出后不得留有孔洞。用刮刀刮去多余的混凝土,在临近初凝时,用抹刀抹平。试件抹面与试模边缘高低差不得超过0.5mm。

(4)当坍落度大于25mm且小于70mm时,用标准振动台成型。将试模放在振动台上夹牢,防止试模自由跳动,将拌和物一次装满试模并稍有富余,开动振动台至混凝土表面出现乳状水泥浆时为止,振动过程中随时添加混凝土使试模常满,记录振动时间(约为维勃秒数的2～3倍,一般不超过90s)。振动结束后,用金属直尺沿试模边缘刮去多余混凝土,用镘刀将表面初次抹平,待试件收浆后,再次用镘刀将试件仔细抹平,试件抹面与试模边缘的高低差不得超过0.5mm。

(5)当坍落度大于70mm时,用人工成型,拌和物分厚度大致相等的两层装入试模。捣固时按螺旋方向从边缘到中心均匀地进行。插捣底层混凝土时,捣棒应到达模底;插捣上层时,捣棒应贯穿上层后插入下层20～30mm处。插捣时应用力将捣棒压下,保持捣棒垂直,不得冲击,捣完一层后,用橡皮锤轻轻击打试模外端面10～15下,以填平插捣过程中留下的孔洞。每层插捣次数 $100cm^2$ 截面积内不得少于12次。试件抹面与试模边缘高低差不得超过0.5mm。

4. 养护

(1)试件成型后，用湿布覆盖表面，在室温 20℃±5℃、相对湿度大于 50%的环境中，静放一个到两个昼夜，然后拆模并做第一次外观检查，编号，对有缺陷的试件应除去或加工补平。

(2)混凝土试件应在标准养护室进行养护，标准养护室温度 20℃±3℃、相对湿度 95%以上。试件放在铁架或木架上，间距至少 10~20mm。试件表面应保持一层水膜，并避免用水直接冲淋。当无标准养护室时，将试件放入 20℃±2℃不流动的氢氧化钙饱和溶液中养护。

5. 试验说明和注意事项

(1)检查试模尺寸，避免使用变形试模。

(2)给试模内涂脱模剂要均匀不易太多。

(3)当坍落度大于 70mm 时，用人工成型。装模分两次装模插捣时，捣棒要插入下层 20~30mm 处。捣固时按螺旋方向从边缘到中心均匀地进行。

(4)插捣完毕后，在混凝土临近初凝时抹平，试件抹面与试模边缘高低差不得超过 0.5mm。

六、混凝土立方体抗压强度试验

水泥混凝土的抗压强度明显高于其抗弯拉强度，在道路工程中，一般以混凝土的抗弯拉强度作为控制指标，但抗压强度仍然是设计过程中的一个控制标准。下面介绍混凝土的抗压强度试验方法。

1. 目的和适用范围

本试验规定了测定混凝土抗压极限强度的方法，以确定混凝土的强度等级，作为评定混凝土品质的主要指标，本试验适用于各类混凝土的立方体试件的极限抗压强度试验。

抗压强度试件尺寸表　　表 3-8

集料公称最大粒径(mm)	试件尺寸(mm)
26.5	100×100×100
31.5	150×150×150
53	200×200×200

2. 试件制备

(1)混凝土抗压强度试件以边长 150mm 的正方体为标准试件，其集料最大粒径为 31.5mm。

(2)混凝土抗压强度采用非标准试件时，其集料粒径应符合表 3-8 的规定。

(3)混凝土抗压强度试件应同龄期者为一组，每组为 3 个同条件制作和养护的混凝土试块。

3. 仪器设备

(1)压力机或万能试验机：其测量精度为±1%，试件破坏荷载应大于压力机全量程的 20%且小于压力机全量程的 80%。同时应具有加荷速度指示装置或加荷速度装置，上下压板平整并有足够的刚度，可以均匀连续加荷卸荷，可以保持固定荷载，开机停机灵活自如，能够满足试件破型吨位要求。

(2)球座：钢质坚硬，面部平整度要求在 100mm 距离内高低差不超过 0.05mm，球面及球窝粗糙度 Ra=0.32μm，研磨，转动灵活。

(3)混凝土强度大于等于 C60 时，试验机上下压板之间应各垫一钢垫板，平面尺寸不小于试件的承压面，其厚度至少 25mm。

(4) 钢尺:分度值为 1mm。

4. 抗压强度试验步骤

(1)至试验龄期时,自养护室取出试件,应尽快试验,避免其湿度变化。

(2)取出试件,检查其尺寸及形状,相对两面应平行。量出棱边长度,精确至 1mm。试件受力截面积按其与压力机上下接触面的平均值计算。在破型前,保持试件原有湿度,在试验时擦干试件。

(3)以成型时侧面为上下受压面,试件中心应与压力机几何对中。

(4)强度等级小于 C30 的混凝土取 0.3～0.5MPa/s 的加荷速度;强度等级大于 C30 小于 C60 时,则取 0.5～0.8MPa/s 的加荷速度;强度等级大于 C60 的混凝土,取 0.8～1.0MPa/s 的加荷速度。当试件接近破坏而开始迅速变形时,应停止调整试验机油门,直至试件破坏,记下破坏极限荷载 F(N)。

5. 抗压强度试验结果计算及评定

(1)混凝土立方体试件抗压强度按下式计算:

$$f_{cu}=\frac{F}{A} \tag{3-20}$$

式中:f_{cu}——混凝土立方体抗压强度(MPa);

F——极限荷载(N);

A——受压面积(mm^2)。

(2)以 3 个试件测值的算术平均值为测定值,计算精确至 0.1MPa。3 个测值中的最大值或最小值中如有一个与中间值之差超过中间值的 15%,则取中间值为测定值;如最大值和最小值与中间值之差均超过中间值的 15%,则该组试验结果无效。

(3)混凝土强度小于 C60 时,非标准试件的抗压强度应乘以尺寸换算系数(表 3-9),并应在报告中注明。当混凝土强度大于等于 C60,宜用标准试件,使用非标准试件,尺寸换算系数由试验确定。

立方体抗压强度尺寸换算系数表 表 3-9

试件尺寸(mm)	尺寸换算系数
100×100×100	0.95
150×150×150	1.00
200×200×200	1.05

结果计算精确至 0.1MPa。

七、混凝土抗折(抗弯拉)强度试验

混凝土在直接受拉时,很小变形就要开裂,它在断裂前没有残余变形,是一种脆性破坏。混凝土的抗拉强度只有抗压强度的 1/10～1/20。道路路面或机场道面用水泥混凝土,以抗弯拉强度为主要强度指标,抗压强度作为参考指标。混凝土抗弯拉强度的试验方法介绍如下。

1. 目的和适用范围

本试验规定了测定混凝土抗折(抗弯拉)极限强度的方法,以提供设计参数,检查混凝土施工品质和确定抗折弹性模量试验加荷标准,适用于各类水泥混凝土的棱柱体试件。

2. 试件制备

(1)标准试件尺寸为 150mm×150mm×550mm(600mm),集料公称最大粒径应不大于 31.5mm,如确有必要,允许采用 100mm×100mm×400mm 试件,集料公称最大粒径应不大于 26.5mm。在试件长度中部 1/3 区段内表面不得有直径超过 2mm 的孔洞。

(2)混凝土抗弯拉强度试件应取同龄期者为一组,每组为同条件制作和养护的试件3根。

3. 仪器设备

(1)压力机或万能试验机:同立方体抗压强度试验。

(2)抗弯拉试验装置(即三分点处双点加荷和三点自由支承式混凝土抗弯拉强度与抗弯拉弹性模量试验装置):如图3-3所示,图中1、2、6为一个钢球,3、5为两个钢球,4为试件,7为活动支座,8为机台,9为活动船形垫块(共4块),另附活动支架,以保证试件准确就位而不损及船形垫块下面的定位弹簧。

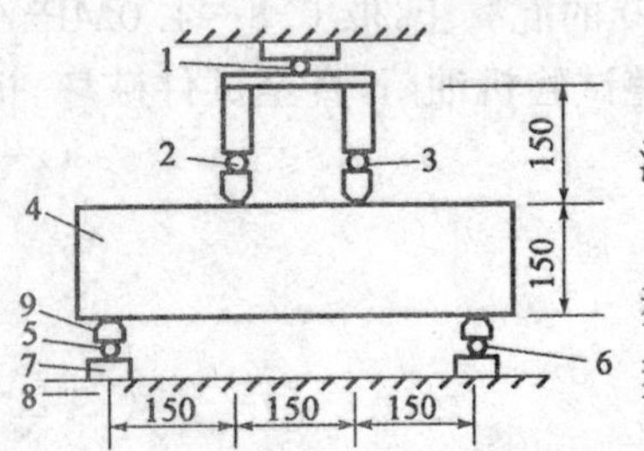

图3-3 抗折试验装置(尺寸单位:mm)

4. 试验步骤

(1)试件取出后,用湿毛巾覆盖并及时进行试验,保持试件干湿状态不变。在试件中部量出其宽度和高度,精确至1mm。

(2)调整两个可移动支座,将试件安放在支座上,试件成型时的侧面朝上,几何对中后,务必使支座及承压面与活动船型垫块的接触面平稳、均匀,否则应垫平。

(3)加荷时,应保持均匀、连续。当混凝土的强度等级小于C30时,加荷速度为0.02~0.05MPa/s;当混凝土的强度等级大于等于C30且小于C60时,加荷速度为0.05~0.08MPa/s;当混凝土的强度等级大于等于C60时,加荷速度为0.08~0.10MPa/s。当试件接近破坏面开始迅速变形时,不得调整试验机油门,直至试件破坏,记下破坏极限荷载F(N)。

(4)记录下最大荷载和试件下边缘断裂的位置。

5. 抗弯拉强度试验结果计算及评定

(1)当断面发生在两个加荷点之间时,抗弯拉强度f_f按下式计算:

$$f_f = \frac{FL}{bh^2} \tag{3-21}$$

式中:f_f——抗弯拉强度(MPa);

F——极限荷载(N);

L——支座间距离(mm);

b——试件宽度(mm);

h——试件高度(mm)。

(2)以3个试件测值的算术平均值为测定值。3个试件中最大值或最小值中如有1个与中间值之差超过中间值的15%,则把最大值和最小值舍去,以中间值作为试件的抗弯拉强度;如最大值和最小值与中间值之差值均超过中间值15%,则该组试验结果无效。

3个试件中如有一个断裂面位于加荷点外侧,则混凝土抗弯拉强度按另外2个试件的试验结果计算。如果这2个测值的差值不大于这2个测值中较小值的15%,则以2个测值的平均值为测试结果,否则结果无效。

如果有2根试件均出现断裂面位于加荷点外侧,则该组结果无效。断面位置在试件断块短边一侧的底面中轴线上量得。弯拉强度精确到0.01MPa。

(3)采用100mm×100mm×400mm非标准试件时,在三分点加荷的试验方法同前,但所取得的抗折强度值应乘以尺寸换算系数0.85。

6. 试验说明和注意事项

(1)弯拉强度试验装置对于试验结果有着显著影响,所以试验过程中必须使用符合规定的装置,使所有加荷头与试件均匀接触,并避免产生扭矩,使得试件不是折坏,而是折、扭复合破坏。

(2)试验时应选择合适的压力机加载量程,一般要求试件破坏荷载应大于压力机全量程的20%且小于压力机全量程的80%,否则可能引起较大误差。选择的思路是根据混凝土的设计强度(或判断可能达到的强度),通过强度公式反算出在此强度状况下达到的最大荷载,而能够使该荷载进入某量程的20%以上、80%以下的,则是合适的加载量程。

(3)试验要求的加载速率单位是 MPa/s,应根据加载速率要求和实际试验时试件的受压面积将其换算成力的单位,即 $kN/mm^2/s$。如常见的强度等级 C30 以上的150mm×150mm×150mm 抗压试件,其加载速率为 11.25~18.00$kN/mm^2/s$。

八、水泥混凝土立方体劈裂抗拉强度试验方法

混凝土抗拉试验过去多用“8”字形试件或棱柱体试件直接测定轴向抗拉强度,但是这种方法由于夹具附近局部破坏很难避免,而且外力作用线与试件轴心方向不易调成一致,所以我国采用立方体(国际上多用圆柱体)的劈裂抗拉试验来测定混凝土的抗拉强度。该方法的原理是在试件的两个相对的表面素线上,作用着均匀分布的压力,这样就能够在外力作用的竖向平面内产生均布拉伸应力,这个拉伸应力可以根据弹性理论计算得出。这个方法大大简化了抗拉试件的制作,并且较正确地反映了试件的抗拉强度。

1. 目的和适用范围

本试验规定了测定混凝土立方体试件的劈裂抗拉强度方法,适用于各类混凝土的立方体试件。

2. 试件制备

(1)采用边长 150mm 方块作为标准试件,其最大集料粒径应为 31.5mm。

(2)本试件应同龄期者为一组,每组为 3 个同条件制作和养护的混凝土试块。

3. 仪器设备

(1)主要设备同混凝土试件的制作设备。

(2)劈裂钢垫条和三合板垫层(或纤维板垫层),如图 3-4 所示。

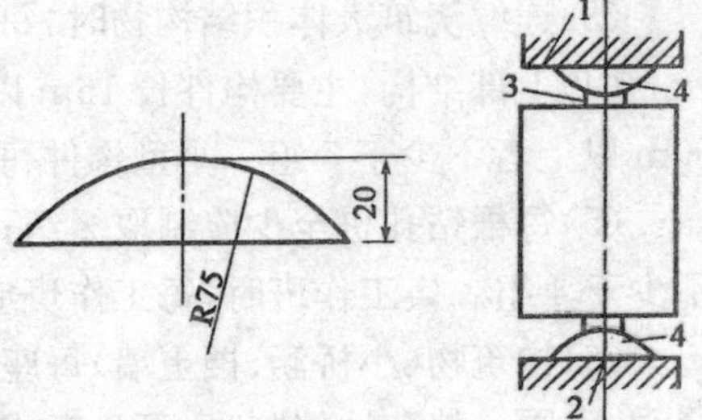

图 3-4 劈裂试验用钢垫条(尺寸单位:mm)
1-上压板;2-下压板;3-垫层;4-垫条

钢垫条顶面为直径 150mm 弧形,长度不小于试件边长。木质三合板或硬质纤维板垫层的宽度为 15~20mm,厚为 3~4mm,垫层不得重复使用。

4. 试验步骤

(1)试件从养护地点取出后,擦拭干净,测量尺寸,检查外观,在试件中部划出劈裂面位置线。劈裂面与试件成型时的顶面垂直,尺寸测量精确至 1mm。

(2)试件放在球座上,几何对中,放妥垫层垫条,其方向与试件成型时顶面垂直。

(3)当混凝土强度等级低于 C30 时,以0.02~0.05MPa/s的速度连续而均匀地加荷;当混

凝土强度等级大于等于 C30 且小于 C60 时，以 0.05～0.08MPa/s的速度连续而均匀地加荷；当混凝土强度等级大于等于 C60 时，以 0.08～0.10MPa/s 的速度连续而均匀地加荷。当试件接近破坏时，应停止调整油门，直至试件破坏，记下破坏荷载 F，准确至 0.01kN。

5. 试验结果计算

(1)混凝土劈裂抗拉强度 f_{ts} 按下式计算：

$$f_{ts}=\frac{2F}{\pi A}=0.637\frac{F}{A} \tag{3-22}$$

式中：f_{ts}——混凝土劈裂抗拉强度(MPa)；

F——极限荷载(N)；

A——试件劈裂面面积(mm^2)，为试件横断面面积。

(2)劈裂抗拉强度测定值的计算及异常数据的取舍原则，同抗弯拉强度试验的规定。结果计算精确至 0.01MPa。

九、水泥混凝土强度评定方法

(一)水泥混凝土抗压强度评定

1. 水泥混凝土的抗压强度

应以标准养护 28d 龄期的试件为准评定水泥混凝土的抗压强度。试件为边长 150mm 的立方体。3 个试件为 1 组，制取组数应符合下列规定：

(1)不同强度等级及不同配合比的混凝土应在浇筑地点或拌和地点分别随机制取试件。

(2)浇筑一般体积的结构物(如基础、墩台等)时，每一单元结构物应制取 2 组。

(3)连续浇筑大体积结构物时，每 80～200m^3 或每一工作班应制取 2 组。

(4)上部结构，主要构件长 16m 以下应制取 1 组，16～30m 制取 2 组，31～50m 制取 3 组，50m 以上者不少于 5 组。小型构件每批或每工作班至少应制取 2 组。

(5)每根钻孔桩至少应制取 2 组；桩长 20m 以上者不少于 3 组；桩径大，浇筑试件很长时，不少于 4 组。换工作班时，每工作班应制取 2 组。

(6)构筑物(小桥涵、挡土墙)每座、每处或每工作班制取不少于 2 组；当原材料和配合比相同，并由同一拌和站拌制时，可几座或几处合并制取 2 组。

(7)应根据施工需要，只制取几组与结构物同条件养护的试件，作为拆模、吊装、张拉预应力、承受荷载等施工阶段的强度依据。

2. 水泥混凝土抗压强度的合格标准

(1)试件多于 10 组(包含 10 组)时，应以数理统计方法按下述条件规定：

$$R_n-K_1S_n\geqslant 0.9R \tag{3-23}$$

$$R_{min}\geqslant K_2R \tag{3-24}$$

$$S_n=\sqrt{\frac{1}{n-1}(\sum_{i=1}^{n}R_i^2-nR_n^2)} \tag{3-25}$$

式中：n——同批混凝土试件组数；

R_n——同批几组试件强度的平均值(MPa)；

S_n——同批几组试件强度的标准差(MPa)，当$S_n<0.06R$时，取$S_n=0.06R$；

R——混凝土设计强度等级(MPa)；

R_{min}——n组试件中强度最低一组的值(MPa)；

K_1、K_2——合格判定系数，见表3-10。

合格判定系数K_1、K_2值　　表3-10

n	10～14	15～24	≥25
K_1	1.70	1.65	1.60
K_2	0.90	0.85	0.85

(2)试件小于10组时，可用非统计方法按下述条件进行评定：

$$R_n \geqslant 1.15R \tag{3-26}$$

$$R_{min} \geqslant 0.95R \tag{3-27}$$

例题：设计强度为C30的水泥混凝土，施工抽检了10组试件，其28d的抗压强度(标准尺寸试件、标准养生)为：

30.5MPa、28.4MPa、36.0MPa、35.5MPa、36.0MPa、38.0MPa、35.0MPa、29.0MPa、38.0MPa、33.8MPa，试评定该结果是否满足设计要求(取判定系数$K_1=1.7$，$K_2=0.9$)。

解：$n=10$

$R_n=\dfrac{\sum R_i}{n}=33.88(\text{MPa})$

$S_n=\sqrt{\dfrac{\sum(R_i-R_n)^2}{n-1}}=3.763(\text{MPa})$

$R=30(\text{MPa})$

$R_{min}=28.4(\text{MPa})$

$R_n-K_1S_n=33.88-1.7\times3.763=31.817(\text{MPa})$

$0.9R=30\times0.9=27(\text{MPa})$

因为$R_n-K_1S_n>0.9R$

$R_{min}=28.4(\text{MPa})$

$K_2R=0.9\times30=27(\text{MPa})$

所以$R_{min}>R_2R$，判定结果：强度满足要求。

(二)水泥混凝土弯拉强度评定

1.小梁法或劈裂法

试件标准养护时间为28d，按照《公路工程质量检验评定标准》(JTG F80/1—2004)中水泥混凝土面层实测项目所列检查频率，高速公路和一级公路每工作班制作2～4组：日进度大于等于1 000m取4组，大于或等于500m取3组，小于500m取2组；其他公路每工作班组制作1～3组：日进度大于等于1 000m取3组，大于或等于500m取2组，小于500m取1组。每组 3 个试件的平均值作为一个统计数据。

2. 混凝土抗弯拉强度的合格标准

(1)试件组数大于 10 组时，平均弯拉强度合格判断式为：

$$\overline{R} = R_{sz} + K\sigma \tag{3-28}$$

式中：$\overline{R}$——合格判断强度(MPa)；

R_{sz}——设计弯拉强度(MPa)；

K——合格判定系数，见表 3-11；

σ——强度均标准差。

合格判断数 K 值　　表 3-11

试件组数	11～14	15～19	≥20
K	0.75	0.70	0.65

当试件组数为 11～19 组时，允许有一组最小弯拉强度小于 0.85R_{sz}，但不得小于 0.8R_{sz}。当试件组数大于 20 组时，其他公路允许有一组最小弯拉强度小于 0.85R_{sz}，但不得小于 0.75R_{sz}。高速公路和一级公路均不得小于 0.85R_{sz}。

(2)试件组数等于或少于 10 组时，试件平均强度不得小于 1.10R_{sz}，任一组强度均不得小于 0.85 R_{sz}。

第三节　普通混凝土配合比

一、普通水泥混凝土组成材料技术要求

1. 水泥

水泥是混凝土中很重要的组分，其技术性质要求详见第一节。对于水泥的合理选用包括两个方面。

配制水泥混凝土一般可采用硅酸盐水泥、普通硅酸盐水泥、矿渣硅酸盐水泥、火山灰质硅酸盐水泥和粉煤灰硅酸盐水泥，必要时也可采用快硬硅酸盐水泥或其他水泥。采用何种水泥，应根据混凝土工程的特点和所处的环境条件进行选择，如大坝工程，宜用中热硅酸盐水泥或低热矿渣硅酸盐水泥，具体可参照表 3-1 选用。

水泥强度等级的选择应与混凝土的设计强度等级相适应。原则上配制高强度等级的混凝土应选用强度等级高的水泥，配制低强度等级的混凝土应选用强度等级低的水泥。如采用强度等级高的水泥配制低强度等级的混凝土，会使水泥用量偏少，影响和易性、密实性和耐久性，必须掺一定数量的掺和料。如采用强度等级低的水泥配制高强度等级的混凝土，会使水泥用量过多，不经济，而且会影响混凝土的其他技术性质产生如收缩加大、耐磨性降低等不良后果。根据经验，水泥强度等级和普通混凝土强度等级之间大致有 1.0～1.5 倍的匹配关系。

2. 集料

集料总体积占混凝土体积的 60%～80%，按粒径大小分为粗集料和细集料。

(1)集料的技术性质

集料的各项性能指标将直接影响到混凝土的施工性能和使用性能。集料的主要技术性质包括:颗粒级配及粗细程度、颗粒形态和表面特征、强度、坚固性、含泥量、泥块含量、有害物质及碱集料反应等。

(2)粗集料

普通混合料用的粗集料有碎石和卵石。由天然岩石或卵石经破碎、筛分而得的粗集料为碎石或碎卵石。岩石由于自然条件作用而形成的粗集料,称为卵石。对粗集料的技术要求主要体现在具有稳定的物理性质和化学性质,不与水泥发生有害反应等方面。

配制混凝土时所采用的粗集料质量有以下几个方面:

①力学性质。水泥混凝土强度等级与碎石、卵石技术等级应符合表3-12。

混凝土强度等级与碎石、卵石技术等级 表3-12

混凝土强度等级	≥C60	C30～C60	<C30
碎石、卵石技术等级	I级	II级	III级

②粒径、颗粒形状及级配。混凝土用粗集料的最大粒径应不大于结构截面最小尺寸的1/4,并且不超过钢筋最小净距的3/4;对于实心混凝土板,集料的最大粒径不宜超过板厚的1/3,且不得超过31.5mm。应针对不同强度等级混凝土,对最大粒径和针、片状颗粒含量均需要不同的限定。不同的级配类型配制的混凝土,将带来不同的影响。连续级配矿料配制的混凝土较为密实,并具有优良的工作性,不易产生离析,是经常采用的级配形式。但连续级配与间断级配相比,配制相同强度的混凝土,所需的水泥消耗量较高。采用间断级配矿料配制的混凝土,水泥消耗量较少,并且可以得到密实高强的混凝土,但间断级配混凝土拌和物容易产生离析现象。所以,混凝土中碎石、卵石颗粒组成应符合表3-13的规定。若生产的集料规格不符合表3-13的规定,但确认与其他材料掺配后的级配符合规格时,可以使用。根据工程要求,连续粒级可与单粒级配合使用,也允许直接采用单粒级,但必须避免混凝土离析。

③有害物质。粗集料中有害物质主要有黏土、泥块、硫化物及硫酸盐、有机质等,这些杂质会影响到水泥与集料之间的黏结性,对水泥水化效果产生消极作用。另外,粗集料中的一些活性成分,如活性氧化硅、活性碳酸盐等,在水存在条件下可以与水泥中的碱性成分发生反应,引起混凝土膨胀、开裂,甚至造成严重的破坏,这就是所谓的碱集料反应。对这些有害物质要加以限制,防止这些消极作用的发生。

(3)细集料技术要求

①混凝土所用细集料也应具备一定的强度和坚固性等力学要求。不同强度等级的混凝土应选用不同技术等级的细集料,二者关系见表3-14。

②分类、等级和规格

用于水泥混凝土中的砂是指粒径小于4.75mm的岩石碎屑,主要是在江河湖海水域中水流冲刷自然形成的,也可以是破碎岩石过程中形成的岩石碎屑(称作人工砂)。

按国家标准,用于水泥混凝土中的砂按其细度模数分为三大类,见表3-15。

③颗粒级配。对用于水泥混凝土中细度模数为3.7～1.6的砂,其颗粒级配应处于表3-16中任何一个级配区内。

碎石或卵石的颗粒级配规格　　表 3-13

级配情况	公称粒径(mm)	累计筛余，按质量计(%)											
		方孔筛筛孔尺寸(mm)											
		2.36	4.75	9.5	16.0	19.0	26.5	31.5	37.5	53.0	63.0	75.0	90
连续级配	4.75～9.5	95～100	80～100	0～15	0								
	4.75～16	95～100	90～100	30～60	0～10	0							
	4.75～19	95～100	90～100	40～70	—	0～10	0						
	4.75～26	95～100	90～100	—	30～70	—	0～5	0					
	4.75～31.5	95～100	90～100	70～90	—	15～45	—	0～5	0				
	4.75～37.5	—	95～100	75～90	—	30～60	—	—	0～5	0			
单级配	9.5～19	—	95～100	85～100	—	0～15	0						
	16～31.5	—	95～100	—	85～100	—	—	0～10	0				
	19.5～37.5	—	—	95～100	—	80～100	—	—	0～10	0			
	31.5～63	—	—	—	95～100	—	—	75～100	45～75	—	0～10	0	
	37.5～75	—	—	—	—	95～100	—	—	70～100	—	30～60	0～10	0

混凝土强度等级与细集料技术等级关系　　表 3-14

混凝土强度等级	≥C60	C30～C60	<C30
细集料技术等级	I级	II级	III级

水泥混凝土中的砂按其细度模数分类　　表 3-15

分类	粗砂	中砂	细砂
细度模数 M_x	3.7～3.1	3.0～2.3	2.2～1.6

注：细度模数主要反映全部颗粒的粗细程度，不完全反映颗粒的级配情况，混凝土配制时应同时考虑砂的细度模数和级配情况。

砂颗粒级配区表　　表 3-16

级配区 / 累计筛余（%） / 筛孔尺寸(mm)	I区	II区	III区	级配区 / 累计筛余（%） / 筛孔尺寸(mm)	I区	II区	III区
4.75	10～0	10～0	10～0	0.60	85～71	70～41	40～16
2.36	35～5	25～0	15～0	0.30	95～80	92～70	85～55
1.18	65～35	50～10	25～0	0.15	100～90	100～90	100～90

注：①砂的实际颗粒级配，除 4.750mm、0.60mm 筛孔外，其余各筛孔累计筛余允许超出本表的规定界限，但不应超出 5%；

②I区人工砂 0.15mm 筛孔的累计筛余可以放宽到 100～85；II区人工砂 0.15mm 筛孔的累计筛余可以放宽到 100～80；III区人工砂 0.15mm 筛孔的累计筛余可以放宽到 100～75。

工程用砂是把细度模数在 1.6～3.7 范围内的砂按 0.60mm 筛孔的累计筛余百分率分为三个级配区，若混凝土用砂的级配曲线完全处于三个区的某一个区中。（具体按 0.60mm 筛孔累计筛百分率确定），说明其级配符合混凝土用砂的级配要求。I区的砂属粗砂范畴，当采用I区砂配制混凝土时，应比II区的砂有较高的砂率，否则混凝土拌和物的内摩擦力较大、保水性差，不易捣实成型；III区的砂是由细砂和部分偏细的中砂组成，当采用III区砂配制混凝土时，应比II区的砂适当降低砂率，此时的拌和物较黏聚，易于捣实成型，但由于比表面积大，要求适当提高水泥用量，且对工作性影响较为敏感。配制混凝土优先选用级配符合II区级配要求的砂，II区砂由中砂和一部分偏粗的细砂组成，用其拌制的混凝土拌和物其内摩擦力，保水性及捣实性都较I区和III区砂要好，且混凝土的收缩小，耐磨性高。

④有害杂质。细集料中的有害杂质对混凝土的危害作用同粗集料中的有害杂质，其含量应限制在规定范围内。国家标准《建筑用砂》(GB/T 14684－2001)规定了建筑用砂的技术要求，见第二章中关于细集料的规定。

3. 混凝土用水

混凝土拌制和养护用水不得含有影响水泥正常凝结硬化的有害物质。凡是能饮用的自来水及清洁的天然水都能用来拌制和养护混凝土。污水、pH 值小于 4 的酸性水、含硫酸盐（按 SO_2 计）超过 1%的水均不能使用。当对水质有疑问时，可将该水与洁净水分别配制混凝土，做强度对比实验，如强度不低于用洁净水拌制的混凝土，则此水可以用。一般情况下不得用海水拌制混凝土，因海水中含有的硫酸盐、镁盐和氯化物会侵蚀水泥石和钢筋。

4. 矿物掺合料材料

粒化高炉矿渣、粒化高炉矿渣粉、粉煤灰、火山灰质混合材料的活性指标应符合相关标准要求。

矿物掺合料在混凝土中的掺量应通过试验确定。钢筋混凝土中矿物掺合料最大掺量宜符合表 3-17 的规定；预应力钢筋混凝土中矿物掺合料最大掺量宜符合表 3-18 的规定。对基础大体积混凝土，粉煤灰、粒化高炉矿渣粉和复合掺合料的最大掺量可增加 5%。采用掺量 30%以上的C类粉煤灰的混凝土应以实际使用的水泥和粉煤灰掺量进行安定性检验。

钢筋混凝土中矿物掺合料最大掺量　　表 3-17

矿物掺合料种类	水胶比	最大掺量(%)	
		硅酸盐水泥	普通硅酸盐水泥
粉煤灰	≤0.40	≤45	≤35
	>0.40	≤40	≤30
粒化高炉矿渣粉	≤0.40	≤65	≤55
	>0.40	≤55	≤45
钢渣粉		≤30	≤20
磷渣粉	—	≤30	≤20
硅灰	—	≤10	≤10
复合掺合料	≤0.40	≤65	≤55
	>0.40	≤55	≤45

注:①采用硅酸盐水泥和普通硅酸盐水泥之外的通用硅酸盐水泥时,宜将水泥混合材料掺量20%以上的混合材料计入矿物掺合料量。

②在混合使用两种或两种以上矿物掺合料时,矿物掺合料总量应符合表中复合掺合料的规定。

③复合掺合料中各组分的掺量不宜超过任一组分单掺时的最大掺量。

预应力钢筋混凝土中矿物掺合料最大掺量　　表 3-18

矿物掺合料种类	水胶比	最大掺量(%)	
		硅酸盐水泥	普通硅酸盐水泥
粉煤灰	≤0.40	≤35	≤30
	>0.40	≤25	≤20
粒化高炉矿渣粉	≤0.40	≤55	≤45
	>0.40	≤45	≤35
钢渣粉	—	≤20	≤10
磷渣粉	—	≤20	≤10
硅灰	—	≤10	≤10
复合掺合料	≤0.40	≤55	≤45
	>0.40	≤45	≤35

注:①采用硅酸盐水泥和普通硅酸盐水泥之外的通用硅酸盐水泥时,宜将水泥混合材料掺量20%以上的混合材料计入矿物掺合料量。

②在混合使用两种或两种以上矿物掺合料时,矿物掺合料总量应符合表中复合掺合料的规定。

③复合掺合料中各组分的掺量不宜超过任一组分单掺时的最大掺量。

二、混凝土配合比设计概述

(一)混凝土配合比设计要求

1. 满足结构物设计强度的要求

设计强度是混凝土设计过程中必须要达到的指标,针对结构物所发挥的作用、施工单位的施工管理水平,在配合比设计的实际操作过程中,采用一个比设计强度高一些的“配置强度”,

以确定最终的结果满足设计强度的要求。

2. 满足施工工作性要求

针对工程实际、构造物的特点,(包括断面尺寸、配筋状况)以及施工条件等来确定合适的工作性指标,以保证工程施工的需求。

3. 满足耐久性要求

配合比设计中通过考虑允许的“最大水胶比”和“最小胶凝材料用量”,来保证处于不利环境(如严寒地区、受水影响等)条件下混凝土的耐久性的要求。

4. 满足经济要求

在满足设计要求、工作性和耐久性要求的前提下,设计中通过合理减少价高材料(如水泥)的用量,多采用当地材料以及一些替代物(如工业废渣)等措施,降低混凝土费用,提高经济效益。

(二)水泥混凝土配合比表示方法

混凝土配合比可采用两种方法来表示:

(1)单位用量表示法:每立方混凝土中各材料的用量,如 $1m^3$ 混凝土中水泥∶水∶砂∶石=340kg∶170kg∶765kg∶1 292kg。

(2)相对用量表示法:以水泥的质量为 1,其他材料针对水泥的相对用量,并按“水泥∶砂∶石,水灰比”的顺序排列表示,如上列单位用水量表示法中所列内容为基础,采用相对用量来表示则可转化为 1∶2.25∶3.80,$W/C=0.5$。

(三)混凝土配合比设计内容

进行混凝土配合比计算时,其计算公式和有关参数表格中的数值均系以干燥状态集料为基准,当以饱和面干集料为基准进行计算时则应做相应的修正。干燥状态集料系指含水率小于 0.5%的细集料或含水率小于 0.2%的粗集料。

设计步骤分为计算初步配合比、提出基准配合比、确定试验室配合比和换算工地配合比四个阶段。各个步骤的主要工作内容如下:

(1)计算初步配合比:针对设计文件要求,根据原始资料和原材料的特点、性质,按照我国目前广泛采用的设计步骤,首先计算出一个初步配合比,即组成混凝土原材料的各自用量(kg/m^3),水泥∶矿物掺合料:水∶砂∶石=m_{c0}∶mf_0∶m_{w0}∶m_{s0}∶m_{g0}。

(2)提出基准配合比:采用施工实际使用的材料,通过实拌实测的方法,对初步配合比进行工作性检测,检验初步配合比的坍落度或维勃稠度,根据试验结果和必要的调整,提出能够满足工作性要求的基准配合比,即水泥∶矿物掺合料∶水∶砂∶石=m_{ca}∶m_{fa}∶m_{wa}∶m_{sa}∶m_{ga}。

(3)确定试验室配合比:在基准配合比的基础上,采用减少或增加水胶比的做法,拟订几组(一般为 3 组)满足工作性要求配合比,通过实际拌和、成型、养护和测试混凝土立方体抗压确定,确定符合强度(包括工作性)要求的水胶比,以此得出满足强度要求的试验室配合比,即水泥∶矿物掺合料:水∶砂∶石=m_{cb}∶m_{fb}∶m_{wb}∶m_{sb}∶m_{gb}。

(4)换算工地配合比:根据即时测得的工地现场材料的含水率,将试验室配合比换算成工地实际使用的配合比,即水泥∶矿物掺合料:水∶砂∶石=m_c∶m_f∶m_w∶m_s∶m_g。

在确定混凝土中水、胶凝材料、砂、石四种基本组成材料的用量时,关键是如何选择水胶比

(W/B)、用水量(W)和砂率(SP)这三个参数。其中,W/B反映了水与胶凝材料之间的比例关系,SP反映了集料之间的比例关系,W反映了水泥浆与集料之间的比例关系。

三、普通混凝土配合比

(一)配合比设计指标

混凝土配合比设计指标主要包括硬化后的结构强度、拌和物的工作性及使用时的耐久性等。

1. 混凝土配制强度

混凝土设计强度等级应根据实际工程构造物的结构特点、功能要求、所处环境等因素综合考虑决定。

(1)当混凝土的设计强度等级小于C60时,配制强度应按下式计算:

$$f_{cu,o} \geqslant f_{cu,k} + 1.645\sigma \tag{3-29}$$

式中:$f_{cu,o}$——混凝土配制强度(MPa);

$f_{cu,k}$——混凝土立方体抗压强度标准值,取设计混凝土强度等级值(MPa);

σ——混凝土强度标准差(MPa)。

(2)当设计强度等级大于或等于C60时,配制强度应按下式计算:

$$f_{cu,o} \geqslant 1.15 f_{cu,k} \tag{3-30}$$

(3)混凝土强度标准差应按照下列规定确定:

①当具有近1~3个月的同一品种、同一强度等级混凝土的强度资料时,其混凝土强度标准差σ应按下式计算:

$$\sigma = \sqrt{\frac{\sum_{i=1}^{n} f_{cu,i}^2 - n m_{fcu}^2}{n-1}} \tag{3-31}$$

式中:$f_{cu,i}$——第i组的试件强度(MPa);

m_{fcu}——n组试件的强度平均值(MPa);

n——试件组数,n值应大于或者等于30。

对于强度等级不大于C30的混凝土:当σ计算值不小于3.0MPa时,应按照计算结果取值;当σ计算值小于3.0MPa时,σ应取3.0MPa。对于强度等级大于C30且不大于C60的混凝土:当σ计算值不小于4.0MPa时,应按照计算结果取值;当σ计算值小于4.0MPa时,σ应取4.0MPa。

②当没有近期的同一品种、同一强度等级混凝土强度资料时,其强度标准差σ可按表3-19取值。

标准差σ值(MPa) 表3-19

混凝土强度标准值	≤C20	C25~C45	C50~C55
σ	4.0	5.0	6.0

2. 混凝土拌和物的工作性

混凝土的工作性的选择取决于混凝土构件自身的特点,包括构件截面尺寸大小、钢筋疏密

程度及施工方式等。通常，当构件截面尺寸较小，或钢筋较密，或采用人工插捣时，坍落度可选择的大一些；反之，则坍落度可选择小一些，见表 3-20。

混凝土浇筑时坍落度要求　表 3-20

构件种类	坍落度(mm)
基础或地面的垫层，无配筋的大体积结构或配筋稀的结构	10～30
板、梁和大型及中型截面的柱子	30～50
配筋密的结构	50～70
配筋特密的结构	70～90

3. 混凝土的耐久性

混凝土的耐久性主要取决于混凝土的密实程度，而密实度又取决于混凝土的水胶比和胶凝材料用量。当水胶比偏大或胶凝材料用量偏小时都有可能在硬化后的混凝土构件内部留下过多的孔隙，为日后引起混凝土耐久性不良现象留下隐患。当进行混凝土配合比设计时，为保证混凝土的耐久性，根据混凝土结构的环境类别(表 3-21)，对混凝土的最大水胶比和最小胶凝材料用量，应符合表 3-22、表 3-23 的规定。

(1)混凝土结构的环境类别划分应符合表 3-21 的要求。

混凝土结构的环境类别　表 3-21

环境类别	条件
一	室内干燥环境； 无侵蚀性静水浸没环境
二 a	室内潮湿环境； 非严寒和非寒冷地区的露天环境； 非严寒和非寒冷地区与无侵蚀性的水或土直接接触的环境； 严寒和寒冷地区的冰冻线以下与无侵蚀性的水或土直接接触的环境
二 b	干湿交替环境； 频繁变动环境； 严寒和寒冷地区的露天环境； 严寒和寒冷地区的冰冻线以上与无侵蚀性的水或土直接接触的环境
三 a	严寒和寒冷地区冬季水位变动区环境； 受除冰盐影响环境； 海风环境
三 b	盐渍土环境； 受除冰盐作用环境； 海岸环境
四	海水环境
五	受人为或自然的侵蚀性物资影响的环境

注：①室内潮湿环境是指构件表面经常处于结露或湿润状态的环境。

②严寒和寒冷地区的划分应符合《民用建筑热工设计规范》(GB 50176—1993)的有关规定。

③海岸环境和海风环境宜根据当地情况，考虑主导风向及结构所处迎风、背风部位等因素的影响，由调查研究和工程经验确定。

④受除冰盐影响环境为受到除冰盐盐雾影响的环境；受除冰盐作用环境指被除冰盐溶液溅射的环境以及使用除冰盐地区的洗车房、停车楼等建筑。

(2)设计使用年限为50年的混凝土结构,其混凝土材料宜符合表3-22的规定。

结构混凝土材料的耐久性基本要求　表3-22

环境等级	最大水胶比	最低强度等级	最大氯离子含量(%)	最大碱含量(kg/m^3)
一	0.60	C20	0.30	不限制
二a	0.55	C25	0.20	3.0
二b	0.50(0.55)	C30(C25)	0.15	
三a	0.45(0.50)	C35(C30)	0.15	
三b	0.40	C40	0.10	

注:①氯离子含量是指其占胶凝材料总量的百分比。
②预应力构件混凝土中的最大氯离子含量为0.05%;最低混凝土强度等级应按表中的规定提高两个等级。
③素混凝土构件的水胶比及最低强度等级的要求可适当放松。
④有可靠工程经验时,二类环境中的最低混凝土强度等级可降低一个等级。
⑤处于严寒和寒冷地区二b、三a类环境中的混凝土应使用引气剂,并可采用括号中的有关参数。
⑥当使用非碱活性集料时,对混凝土中的碱含量可不作限制。

(3)混凝土的最小胶凝材料用量应符合表3-23的规定;配制C15及其以下强度等级的混凝土,可不受表3-23的限制。

混凝土的最小胶凝材料用量　表3-23

最大水胶比	最小胶凝材料用量(kg/m^3)		
	素混凝土	钢筋混凝土	预应力混凝土
0.60	250	280	300
0.55	280	300	300
0.50	320		
≤0.45	330		

(4)一类环境中,设计使用年限为100年的混凝土结构应符合下列规定:

①钢筋混凝土结构的最低强度等级为C30,预应力混凝土结构的最低强度等级为C40。

②混凝土中的最大氯离子含量为0.05%。

③宜使用非碱活性集料,当使用碱活性集料时,混凝土中的最大碱含量为3.0kg/m^3。

④混凝土保护层厚度应按《混凝土结构设计规范》(GB 50010—2010)中第8.2.1条的规定增加40%;当采取有效的表面防护措施时,混凝土保护层厚度可适当减小。

⑤在设计使用年限内,应建立定期检测、维修的制度。

(5)二、三类环境中,设计使用年限100年的混凝土结构应采取专门的有效措施。

(二)混凝土初步配合比设计阶段

1.计算混凝土配制强度

(1)当混凝土的设计强度等级小于C60时,配制强度应按式(3-29)计算。

(2)当设计强度等级大于或等于C60时,配制强度应按式(3-30)计算。

2.计算水胶比(W/B)

(1)混凝土强度等级不大于C60等级时,混凝土水胶比宜按下式计算:

$$W/B=\frac{a_a f_b}{f_{cu,o}+a_a a_b f_b} \tag{3-32}$$

式中：a_a、a_b——回归系数，取值应符合规范规定；

f_b——胶凝材料（水泥与矿物掺合料按使用比例混合）28d 胶砂强度（MPa），试验方法应按《水泥胶砂强度检验方法（ISO 法）》（GB/T 17671—1999）执行；当无实测值时，可按下列规定确定。

①根据 3d 胶砂强度或快测强度推定 28d 胶砂强度关系式推定 f_b 值。

②当矿物掺合料为粉煤灰和粒化高炉矿渣粉时，可按下式推算 f_b 值。

$$f_b=\gamma_f\gamma_s f_{ce} \tag{3-33}$$

式中：γ_f、γ_s——粉煤灰影响系数和粒化高炉矿渣粉影响系数，可按表 3-24 选用；

f_{ce}——水泥强度等级值（MPa）。

粉煤灰影响系数 γ_f 和粒化高炉矿渣粉影响系数 γ_s 表 3-24

掺量（%） 种类	粉煤灰影响系数 γ_f	粒化高炉矿渣粉影响系数 γ_s
0	1.00	1.00
10	0.90～0.95	1.00
20	0.80～0.85	0.95～1.00
30	0.70～0.75	0.90～1.00
40	0.60～0.65	0.80～0.90
50	—	0.70～0.85

注：①本表应以 P·O 42.5 水泥为准；如采用普通硅酸盐水泥以外的通用硅酸盐水泥，可将水泥混合材掺量 20% 以上部分计入矿物掺合料。

②宜采用Ⅰ级或Ⅱ级粉煤灰；采用Ⅰ级灰宜取上限值，采用Ⅱ级灰宜取下限值。

③采用 S75 级粒化高炉矿渣粉宜取下限值，采用 S95 级粒化高炉矿渣粉宜取上限值，采用 S105 级粒化高炉矿渣粉可取上限值加 0.05。

④当超出表中的掺量时，粉煤灰和粒化高炉矿渣粉影响系数应经试验确定。

（2）回归系数 α_a 和 α_b 宜按下列规定确定：

①根据工程所使用的原材料，通过试验建立的水胶比与混凝土强度关系式来确定。

②当不具备上述试验统计资料时，可按表 3-25 采用。

回归系数 α_a、α_b 选用表 表 3-25

粗集料品种 系数	碎 石	卵 石
α_a	0.53	0.49
α_b	0.20	0.13

当无水泥胶砂 28d 抗压强度实测值时，式中的 f_{ce} 值可按下式确定：

$$f_{ce}=\gamma_c f_{ce,g} \tag{3-34}$$

式中：γ_c——水泥强度等级值的富余系数，可按实际统计资料确定，如无统计资料则可取按表 3-26 选择；

$f_{ce,g}$——水泥强度等级值(MPa)。

水泥强度等级值的富余系数 γ_c　　表 3-26

水泥强度等级值	32.5	42.5	52.5
富余系数	1.12	1.16	1.10

当计算求出 W/B 后,还应根据混凝土所处环境和耐久性要求的允许水胶比(表 3-22)进行校核,要满足标准所规定的最大水胶比限定。

3. 单位用水量(m_{w0})的确定

(1)干硬性或塑性混凝土的用水量(m_{wo})

根据粗集料的品种、粒径及施工要求的混凝土拌和物稠度,每立方米干硬性或塑性混凝土的用水量(m_{wo}),采用查表的方式进行,并应符合下列规定:

①混凝土水胶比在 0.40～0.80 范围时,可按表 3-27 和表 3-28 选取。

②混凝土水胶比小于 0.40 时,可通过试验确定。

干硬性混凝土的用水量(kg/m³)　　表 3-27

拌和物稠度		卵石最大公称粒径(mm)			碎石最大粒径(mm)		
项目	指标	10.0	20.0	40.0	16.0	20.0	40.0
维勃稠度(s)	16～20	175	160	145	180	170	155
	11～15	180	165	150	185	175	160
	5～10	185	170	155	190	180	165

塑性混凝土的用水量(kg/m³)　　表 3-28

拌和物稠度		卵石最大粒径(mm)				碎石最大粒径(mm)			
项目	指标	10.0	20.0	31.5	40.0	16.0	20.0	31.5	40.0
坍落度(mm)	10～30	190	170	160	150	200	185	175	165
	35～50	200	180	170	160	210	195	185	175
	55～70	210	190	180	170	220	105	195	185
	75～90	215	195	185	175	230	215	205	195

注:①本表用水量系采用中砂时的取值。采用细砂时,每立方米混凝土用水量可增加 5～10kg;采用粗砂时,可减少5～10kg。

②掺用矿物掺合料和外加剂时,用水量应相应调整。

(2)掺外加剂时,流动性和大流动性混凝土的用水量

每立方米流动性或大流动性混凝土的用水量(m_{wo})可按下式计算:

$$m_{wo} = m_{wo'}(1-\beta) \tag{3-35}$$

式中:$m_{wo'}$——满足实际坍落度要求的每立方米混凝土用水量(kg),以表 3-28 中 90mm 坍落度的用水量为基础,按每增大 20mm 坍落度相应增加 5kg 用水量来计算;

β——外加剂的减水率(%),应经混凝土试验确定。

4. 混凝土中外加剂用量(m_{ao})的确定

每立方米混凝土中外加剂用量应按下式计算:

$$m_{ao} = m_{bo}\beta_a \tag{3-36}$$

式中：m_{ao}——每立方米混凝土中外加剂用量(kg/m^3)；

m_{bo}——每立方米混凝土中胶凝材料用量(kg/m^3)；

β_a——外加剂掺量(%)，应经混凝土试验确定。

5. 计算胶凝材料、矿物掺合料和水泥用量

(1)每立方米混凝土的胶凝材料用量(m_{bo})应按下式计算：

$$m_{b0}=\frac{m_{w0}}{W/B} \tag{3-37}$$

(2)每立方米混凝土的矿物掺合料用量(m_{fo})计算应符合下列规定：

$$m_{fo}=m_{bo}\beta_f \tag{3-38}$$

式中：m_{fo}——计算配合比每立方米混凝土中矿物掺合料用量(kg/m^3)；

β_f——矿物掺合料掺量(%)，可结合矿物掺合料材料和水胶比的规定确定。

(3)每立方米混凝土的水泥用量(m_{co})应按下式计算：

$$m_{co}=m_{bo}-m_{fo} \tag{3-39}$$

式中：m_{co}——计算配合比每立方米混凝土中水泥用量(kg/m^3)。

6. 砂率

(1)当无历史资料可参考时，混凝土砂率的确定应符合下列规定：

①坍落度小于10mm的混凝土，其砂率应经试验确定。

②坍落度为10～60mm的混凝土砂率，可根据粗集料品种、最大公称粒径及水胶比按表3-29选取。

③坍落度大于60mm的混凝土砂率，可经试验确定，也可在表3-29的基础上，按坍落度每增大20mm、砂率增大1%的幅度予以调整。

混凝土的砂率(%)　　表3-29

水胶比(W/B)	卵石最大公称粒径(mm)			碎石最大粒径(mm)		
	10.0	20.0	40.0	16.0	20.0	40.0
0.40	26～32	25～31	24～30	30～35	29～34	27～32
0.50	30～35	29～34	28～33	33～38	32～37	30～35
0.60	33～38	32～37	31～36	36～41	35～40	33～38
0.70	36～41	35～40	34～39	39～44	38～43	36～41

注：①本表数值系中砂的选用砂率，对细砂或粗砂，可相应地减少或增大砂率。

②采用人工砂配制混凝土时，砂率可适当增大。

③只用一个单粒级粗集料配制混凝土时，砂率应适当增大。

④对薄壁构件，砂率宜取偏大值。

(2)砂率应按公式(3-41)计算。

7. 粗、细集料用量

(1)采用质量法计算粗、细集料用量时，应按下列公式计算：

$$m_{fo}+m_{co}+m_{go}+m_{so}+m_{wo}=m_{cp} \tag{3-40}$$

$$\beta_s=\frac{m_{so}}{m_{go}+m_{so}}\times 100\% \tag{3-41}$$

式中：m_{go}——每立方米混凝土的粗集料用量(kg/m³)；

m_{so}——每立方米混凝土的细集料用量(kg/m³)；

m_{wo}——每立方米混凝土的用水量(kg/m³)；

β_s——砂率(%)；

m_{cp}——每立方米混凝土拌和物的假定质量(kg/m³)，可取 2 350～2 450 kg/m³。

(2)采用体积法计算粗、细集料用量时，应按式(3-41)和式(3-42)计算：

$$\frac{m_{co}}{\rho_c}+\frac{m_{fo}}{\rho_f}+\frac{m_{go}}{\rho_g}+\frac{m_{so}}{\rho_s}+\frac{m_{wo}}{\rho_w}+0.01\alpha=1 \tag{3-42}$$

式中：ρ_c——水泥密度(kg/m³)，应按《水泥密度测定方法》(GB/T 208—1994)测定，也可取 2 900～3 100kg/m³；

ρ_f——矿物掺合料密度(kg/m³)，可按《水泥密度测定方法》(GB/T 208—1994)测定；

ρ_g——粗集料的表观密度(kg/m³)，应按现《普通混凝土用砂、石质量及检验方法标准》(JGJ 52—2006)测定；

ρ_s——细集料的表观密度(kg/m³)，应按现行行业标准《普通混凝土用砂、石质量及检验方法标准》(JGJ 52—2006)测定；

ρ_w——水的密度(kg/m³)，可取 1 000kg/m³；

α——混凝土的含气量百分数，在不使用引气型外加剂时，α 可取为 1。

这样就得到初步配合比为水泥：矿物掺合料：水：砂：石$=m_{co}:m_{fo}:m_{wo}:m_{so}:m_{go}$。

通过以上步骤可求出水、水泥、矿物掺合料、砂和石子的用量，得到混凝土的计算配合比，其中，砂、石材料的用量均系以干燥状态集料为基准(干燥状态集料系指含水率小于 0.5%的细集料或含水率小于 0.2%的粗集料)，如需以饱和面干集料为基准进行计算时则应做相应的修正。

(三)基准配合比设计阶段

初步配合比设计得到的结果，仅仅依靠的是一种经验方式，其结果必须通过实际检验来看看工作性是否满足施工和易性要求，必要时进行调整，提出符合工作性要求的基准配合比。

进行混凝土配合比试配时应采用工程中实际使用的原材料。混凝土试配应采用强制式搅拌机，搅拌机应符合《混凝土试验用搅拌机》(JG 244—2009)的规定，并宜与施工采用的搅拌方法相同。每盘混凝土试配的最小搅拌量应符合表 3-30 的规定，并不应小于搅拌机额定搅拌量的 1/4。

混凝土试配的最小搅拌量 表 3-30

粗集料最大公称粒径(mm)	最小搅拌的拌和物量(L)
≤31.5	20
40.0	25

应在计算配合比的基础上进行试拌。宜在水胶比不变、胶凝材料用量和外加剂用量合理的原则下调整胶凝材料用量、外加剂用量和砂率等，直到混凝土拌和物性能符合设计和施工要求，然后提出供混凝土强度试验用的基准配合比。

工作性调整思路：通过具体的坍落度(或维勃稠度)试验判断，混凝土的工作性检测结果会有以下几种可能：

(1)坍落度值(或维勃稠度)达到设计要求，且混凝土的黏聚性和保水性良好，则原有初步配合比无需调整，得到的基准配合比与初步配合比一致。

(2)混凝土的坍落度或维勃稠度不能满足设计要求，但黏聚性和保水性较好时，此时应在保持原有水胶比不变的条件下，调整水和胶凝材料用量，直至通过试验证实工作性满足要求。这样得到的基准配合比中，砂、石用量仍未发生变化，但胶凝材料、水的用量改变。

(3)当试拌实测之后，发现流动性能够达到设计要求，但黏聚性和保水性却不好，此时保持原有胶凝材料和水的用量，在维持砂石总量不变的条件下，适当调整砂率改变混凝土的黏聚性和保水性，直至坍落度、黏聚性和保水性均满足要求。经过调整，得到的基准配合比同初步配合比对照，其中胶凝材料和水的用量可能未变(也有可能在改变砂率的同时，相应要调整水泥浆的用量，使胶凝材料和水的用量也发生变化)，但砂和石各自的用量肯定发生改变。

(4)试拌实测后，如发现拌和物的坍落度(或维勃稠度)不能满足要求，且黏聚性和保水性也不好，则应水胶比和砂石总量维持不变的条件下，改变用水量和砂率，直至符合设计要求为止。此时提出的基准配合比与初步配合比完全不同。

(四)试验室配合比设计阶段

1. 混凝土强度试验

应在试拌配合比的基础上，进行混凝土强度试验，并应符合下列规定：

(1)应至少采用三个不同的配合比。当采用三个不同的配合比时，其中一个应为确定的试拌配合比，另外两个配合比的水胶比宜较试拌配合比分别增加和减少 0.05，用水量应与试拌配合比相同，砂率可分别增加和减少 1%。

(2)进行混凝土强度试验时，应继续保持拌和物性能符合设计和施工要求，并检验其坍落度或维勃稠度、黏聚性、保水性及表观密度等，作为相应配合比的混凝土拌和物性能指标。

(3)进行混凝土强度试验时，每种配合比至少应制作一组试件，标准养护到 28d 或设计强度要求的龄期时试压；也可同时多制作几组试件，按《早期推定混凝土强度试验方法标准》(JGJ/T 15—2008)早期推定混凝土强度，用于配合比调整，但最终应满足标准养护 28d 或设计规定龄期的强度要求。

2. 调整配合比

配合比调整应符合下述规定：

(1)根据混凝土强度试验结果，绘制强度和胶水比的线性关系图，用图解法或插值法求出与略大于配制强度的强度对应的胶水比，包括混凝土强度试验中的一个满足配制强度的胶水比。

(2)用水量(m_w)应在试拌配合比用水量的基础上，根据混凝土强度试验时实测的拌和物性能情况做适当调整。

(3)胶凝材料用量(m_b)应以用水量乘以图解法或插值法求出的胶水比计算得出。

(4)粗集料和细集料用量(m_g 和 m_s)应在用水量和胶凝材料用量调整的基础上，进行相应调整。

3. 校正配合比

配合比应按以下规定进行校正：

(1)应根据上述调整后的配合比按下式计算混凝土拌和物的表观密度计算值 $\rho_{c,c}$：

$$\rho_{c,c} = m_c + m_f + m_g + m_s + m_w \tag{3-43}$$

(2)应按下式计算混凝土配合比校正系数 δ：

$$\delta = \frac{\rho_{c,t}}{\rho_{c,c}} \tag{3-44}$$

式中：$\rho_{c,t}$——混凝土拌和物表观密度实测值(kg/m^3)；

$\rho_{c,c}$——混凝土拌和物表观密度计算值(kg/m^3)。

(3)当混凝土拌和物表观密度实测值与计算值之差的绝对值不超过计算值的 2%时，按调整的配合比可维持不变；当两者之差超过 2%时，应将配合比中每项材料用量均乘以校正系数 δ。

4. 确定配合比

配合比调整后，应测定拌和物水溶性氯离子含量，并应对设计要求的混凝土耐久性能进行试验，符合设计规定的氯离子含量和耐久性能要求的配合比方可确定为设计配合比。即为混凝土最终设计配合比为水泥：掺合料：水：砂：石$=m'_{cb}:m'_{fb}:m'_{wb}:m'_{sb}:m'_{gb}$。

(五)工地配合比设计阶段

试验室配合比是在砂、石材料干燥条件下进行试验和计算得到的结果，而工地所使用的砂、石材料都含有一定的水分，而且所含水分随时间和环境气候的变化，随时不断变动，与设计配合比有明显差异。所以工地现场进行混凝土拌和时，要按当时工地所测得的砂、石含水率进行材料用量的修正。含水率的定义为：砂、石中的水质量占干燥砂、石质量的百分率。因此，工地每立方米混凝土配合比的各材料用量用下列公式计算：

水泥　$$m_c = m'_{cb} \tag{3-45}$$

掺合料　$$m_f = m'_{fb} \tag{3-46}$$

砂　$$m_s = m'_{sb} \times (1 + w_s\%) \tag{3-47}$$

石　$$m_w = m'_{gb} \times (1 + w_g\%) \tag{3-48}$$

水　$$m_w = m'_{wb} - (m'_{sb} \times w_s\% + m'_{gb} \times w_g\%) \tag{3-49}$$

式中：w_s、w_g——分别为工地砂、石材料含水率(%)。

最终得到混凝土的施工现场配合比：水泥：掺合料：水：砂：石$=m_c:m_f:m_w:m_s:m_g$。

生产单位可根据常用材料设计出常用的混凝土配合比备用，并应在使用过程中予以验证或调整。遇有下列情况之一时，应重新进行配合比设计：

(1)对混凝土性能有特殊要求时；

(2)水泥外加剂或矿物掺合料品种质量有显著变化时；

(3)该配合比的混凝土生产间断半年以上时。

例题：若计算配合比每方混凝土材料用量为水 195kg，水泥 390kg，砂 588kg，石子 1 176kg/m³，经试拌坍落度大于设计要求，保水性和黏聚性好。

①按每方混凝土减少 5kg 水，水灰比不变，计算调整后每方混凝土材料用量；②若实测密度为 2 425kg/m³，计算密度调整后每方混凝土材料用量；③若现场每盘混凝土用两袋水泥，请计算每盘混凝土材料用量；④若现场砂的含水率为 4%，石子含水率为 1.5%，计算每盘混凝土材料用量。

解：①水灰比=195/390=0.5

$S_p = \frac{588}{588 + 1\,176} = 33\%$

$\rho = 195 + 390 + 588 + 1\,176 = 2\,349(\text{kg/m}^3)$

每方混凝土材料用量为：

水＝190(kg)

水泥＝$\frac{190}{0.5}$＝380(kg)

砂＝[2 349－(380＋190)]×0.33＝587(kg)

石＝2 349－190－587－380＝1 192(kg)

②$k=\frac{2\,425}{2\,349}=1.032\,354$

水为 190k＝196(kg)，水泥为 380k＝392(kg)，砂为 587k＝660(kg)，石为 1 192k＝1 231(kg)。

③配合比例：1∶1.55∶3.14∶0.5

④考虑砂石含水率后每盘混凝土材料用量

水泥为 100(kg)

砂为 155×(1＋4%)＝161(kg)

石为 314×(1＋1.5%)＝319(kg)

水为 50－(155×4%＋314×1.5%)＝39(kg)

第四节 路面水泥混凝土配合比

一、普通混凝土配合比设计

普通混凝土路面的配合比设计在兼顾经济性的同时应满足下列三项技术要求。

1. 弯拉强度

水泥混凝土的弯拉强度标准为强制性条文，在设计混凝土路面结构中，必须严格执行。各交通等级路面板的 28d 设计弯拉强度标准值 f_r 为：极重、特重和重交通，5.0MPa；中等交通，4.5 MPa；轻交通，4.0 MPa。

应按式(3-50)计算配制 28d 弯拉强度的均值。

$$f_c = \frac{f_r}{1 - 1.04c_v} + ts \tag{3-50}$$

式中：f_c——配制 28d 弯拉强度的均值(MPa)；

f_r——设计弯拉强度标准值(MPa)；

s——弯拉强度试验样本的标准差(MPa)；

t——保证率系数，应按表 3-31 确定；

c_v——弯拉强度变异系数，应按统计数据在表 3-32 的规定范围内取值；在无统计数据时，弯拉强度变异系数应按设计取值；如果施工配制弯拉强度超出设计给定的弯拉强度变异系数上限，则必须改进机械装备和提高施工控制水平。

保证率系数 t　　表 3-31

公路技术等级	判别概率 p	样本数 n（组）				
		3	6	9	15	20
高速公路	0.05	1.36	0.79	0.61	0.45	0.39
一级公路	0.10	0.95	0.59	0.46	0.35	0.30
二级公路	0.15	0.72	0.46	0.37	0.28	0.24
三、四级公路	0.20	0.56	0.37	0.29	0.22	0.19

各级公路混凝土路面弯拉强度变异系数　　表 3-32

公路技术等级	高速公路	一级公路		二级公路	三、四级公路	
混凝土弯拉强度变异水平等级	低	低	中	中	中	高
弯拉强度变异系数 c_v 允许变化范围	0.05～0.10	0.05～0.10	0.10～0.15	0.10～0.15	0.10～0.15	0.15～0.20

2. 工作性

混凝土的工作性是指混凝土混合料在特定施工工艺装备条件下在规定的时间内能否达到规定要求的密实程度合均匀性的一项技术指标，通过用坍落度或振动黏度系数来表征。采用滑模摊铺机铺筑混凝土路面，混合料的工作性指标应满足表 3-33 的要求；采用其他摊铺机具施工的混凝土路面，混合料的工作性应满足表 3-34 的规定。

混凝土路面滑模摊铺最佳工作性及允许范围　　表 3-33

界限指标	坍落度（mm）		振动黏度系数（Pa・s）
	卵石混凝土	碎石混凝土	
最佳工作性	20～40	25～50	200～500
允许波动范围	5～55	10～65	100～600

注：①本表适用于设超铺角的滑模摊铺机；对不设超铺角的滑模摊铺机，最佳振动黏度系数为 250～600Pa・s。
②滑模摊铺时的最大单位用水量卵石混凝土不宜大于 155kg/m³；碎石混凝土不宜大于 160kg/m³。

不同路面施工方式混凝土坍落度及最大单位用水量　　表 3-34

摊铺方式	轨道摊铺机摊铺		三辊轴机组摊铺		小型机具摊铺	
出机坍落度（mm）	40～60		30～50		10～40	
摊铺坍落度（mm）	20～40		10～30		0～20	
最大单位用水量（kg/m³）	碎石 156	卵石 153	碎石 153	卵石 148	碎石 150	卵石 145

注：①表中的最大单位用水量系采用中砂、粗细集料为风干状态的取值，采用细砂时，应使用减水率较大的减水剂。
②使用碎卵石时，最大单位用水量可取碎石与卵石中值。

3. 耐久性

混凝土的耐久性主要受冻融和腐蚀环境的影响，因此在冰冻地区以及海风、酸雨、除冰盐或硫酸盐影响环境内的混凝土路面和桥面，在使用硅酸盐水泥时，应掺加一定的添加料（如引气剂）以增强耐久性。

（1）根据当地路面无抗冻性、有抗冻性或有抗盐冻性要求及混凝土最大公称粒径，路面混凝土含气量宜符合表3-35的规定。

路面混凝土含气量及允许偏差(%) 表3-35

最大公称粒径(mm)	无抗冻性要求	有抗冻性要求	有抗盐冻要求
19.0	4.0±1.0	5.0±0.5	6.0±0.5
26.5	3.5±1.0	4.5±0.5	5.5±0.5
31.5	3.5±1.0	4.0±0.5	5.0±0.5

(2)为防止海风、酸雨、除冰盐或硫酸盐等腐蚀混凝土路面和桥面，可使用矿渣水泥或普通水泥，不宜单独使用硅酸盐水泥；若使用硅酸盐水泥，应掺加粉煤灰、磨细矿渣或硅灰掺和料。各交通等级路面混凝土满足耐久性要求的最大水灰(胶)比和最小单位水泥用量应符合表3-36的规定。最大单位水泥用量不宜大于400kg/m^3；掺粉煤灰时，最大单位胶材总量不宜大于420 kg/m^3。

混凝土满足耐久性要求的最大水灰(胶)比和最小单位水泥用量 表3-36

公路技术等级		高速公路、一级公路	二级公路	三、四级公路
最大水灰(胶)比		0.44	0.46	0.48
抗冰冻要求最大水灰(胶)比		0.42	0.44	0.46
抗盐冻要求最大水灰(胶)比		0.40	0.42	0.44
最小单位水泥用量(kg/m^3)	42.5级	300	300	290
	32.5级	310	310	305
抗冰(盐)冻时最小单位水泥用量(kg/m^3)	42.5级	320	320	315
	32.5级	330	330	325
掺粉煤灰时最小单位水泥用量(kg/m^3)	42.5级	260	260	255
	32.5级	280	280	265
抗冰(盐)冻掺粉煤灰最小单位水泥用量(42.5级水泥)(kg/m^3)		280	270	265

注：①掺粉煤灰，并有抗冰(盐)冻要求时，不得使用32.5级水泥。

②水灰(胶)比计算以砂石料的自然风干状态计(砂含水率≤1.0%；石子含水率≤0.5%)。

③处在除冰盐、海风、酸雨或硫酸盐等腐蚀性环境中或在大纵坡等加减速车道上的混凝土，最大水灰(胶)比可比表中数值降低0.01～0.02。

二、配合比设计参数的确定

1.水灰(胶)比的计算和确定

根据粗集料的类型，水灰比可分别按下列统计公式计算：

碎石和碎卵石混凝土：

$$\frac{W}{C}=\frac{1.5684}{f_c+1.0097-0.3595f_s} \tag{3-51}$$

卵石混凝土：

$$\frac{W}{C}=\frac{1.2618}{f_c+1.5492-0.4709f_s} \tag{3-52}$$

式中：$\frac{W}{C}$——水灰比；

f_c——配制28d弯拉强度的均值(MPa)；

f_s——水泥实测28d抗折强度(MPa)。

2. 砂率

砂率应根据砂的细度模数和粗集料种类，查表3-37取值。

砂的细度模数与最优砂率关系　　表3-37

砂细度模数		2.2～2.5	2.5～2.8	2.8～3.1	3.1～3.4	3.4～3.7
砂率 S_P(%)	碎石	30～34	32～36	34～38	36～40	38～42
	卵石	28～32	30～34	32～36	34～38	36～40

注：碎卵石可在碎石和卵石混凝土之间内插取值。

3. 单位用水量

根据粗集料种类和表3-33和表3-34中适宜的坍落度，分别按下列经验式计算单位用水量(砂石料以自然风干状态计)：

碎石：

$$W_0 = 104.97 + 0.309S_L + 11.27\frac{C}{W} + 0.61S_P \tag{3-53}$$

卵石：

$$W_0 = 86.89 + 0.370\ S_L + 11.24\frac{C}{W} + 1.00\ S_P \tag{3-54}$$

式中：W_0——不掺外加剂与掺合料混凝土的单位用水量(kg/m^3)；

S_L——坍落度(mm)；

S_P——砂率(%)；

$\frac{C}{W}$——灰水比，水灰比之倒数。

4. 单位水泥用量的计算

应由式(3-55)计算，并取计算值与表3-36规定值两者中的大值。

$$C_0 = \left(\frac{C}{W}\right)W_0 \tag{3-55}$$

式中：C_0——单位水泥用量(kg/m^3)。

5. 砂石料用量

可按质量法或体积法计算。按质量法计算时，混凝土单位质量可取2 400～2 450 kg/m^3；按体积法计算时，应计入设计含气量。采用超量取代法掺用粉煤灰时，超量部分应代替砂，并折减用砂量。经计算得到的配合比，应验算单项粗集料填充体积率，且不宜小于70%。

对于重要公路路面和桥面铺装工程，完成配合比计算确定后应采用正交试验法进行配合比优选。

第五节　砂　　浆

砌筑砂浆一般分为现场配制砂浆和预拌砂浆。现场配制砂浆又分为水泥砂浆和水泥混合砂浆。预拌砂浆(商品砂浆)是由专业生产厂生产的湿拌砂浆和干混砂浆,它的工作性、耐久性优良,生产时不分水泥砂浆和水泥混合砂浆。目前现场配制水泥砂浆时,有单纯用水泥作为胶凝材料进行拌制的,也有掺入粉煤灰等活性掺合料与水泥一起作为胶凝材料拌制的,因此,水泥砂浆包括单纯用水泥为胶凝材料拌制的砂浆,也包括掺入活性掺合料与水泥共同拌制的砂浆。

一、组成材料及要求

砂浆的组成材料除了不含粗集料外,基本上与混凝土的组成材料要求相同,但亦有其差异之处,其特点如下:

(1)考虑到拌制砂浆时会用到水泥、粉煤灰等可能含有放射性物质的材料,而砂浆大多用于人们从事活动的建筑物,所以砌筑砂浆所用原材料不应对人体、生物与环境造成有害的影响,并应符合现行国家标准《建筑材料放射性核素限量》(GB 6566—2010)的规定。

(2)为合理利用资源、节约材料,在配制砂浆时要尽量选用低强度等级的通用水泥和砌筑水泥。水泥宜采用通用硅酸盐水泥或砌筑水泥,且应符合现行国家标准《通用硅酸盐水泥》(GB 175—2007)和《砌筑水泥》(GB/T 3183—2003)的规定。水泥强度等级应根据砂浆品种及强度等级的要求进行选择。M15 及以下强度等级的砌筑砂浆宜选用 32.5 级的通用硅酸盐水泥或砌筑水泥,M15 以上强度等级的砌筑砂浆宜选用 42.5 级通用硅酸盐水泥。

(3)采用中砂拌制砂浆既能满足和易性要求,又节约水泥,因此,建议优先选用。

砂中含泥量过大,不但会增加砂浆的水泥用量,还会使砂浆的收缩值增大、耐久性降低,影响砌筑质量,需特别关注。

目前,人工砂使用越来越广泛,人工砂中石粉含量增大会增加砂浆的收缩,使用时要符合现行行业标准《普通混凝土用砂、石质量及检验方法标准》(JGJ 52—2006)的要求,且应全部通过 4.75mm 的筛孔。

(4)为了保证砂浆质量,需将生石灰、生石灰粉熟化成石灰膏后,方可使用。

①生石灰熟化成石灰膏时,应用孔径不大于 3mm×3mm 的网过滤,熟化时间不得少于 7d;磨细生石灰粉的熟化时间不得少于 2d。沉淀池中储存的石灰膏,应采取防止干燥、冻结和污染的措施。

为了保证石灰膏的质量,要求石灰膏需防止干燥、冻结、污染。脱水硬化的石灰膏不但起不到塑化作用,还会影响砂浆强度,故规定严禁使用。

②为了保证电石膏的质量,制作电石膏的电石渣应用孔径不大于 3mm×3mm 的网过滤,检验时应加热至 70℃后至少保持 20min,并应待乙炔挥发完后再使用。电石膏中乙炔含量大会对人体造成伤害,因此规定检验后才可使用。

③消石灰粉是未充分熟化的石灰,颗粒太粗,起不到改善和易性的作用,还会大幅度降低砂浆强度,因此规定不得使用。

磨细生石灰粉必须熟化成石灰膏才可使用。严寒地区，磨细生石灰直接加入砌筑砂浆中属冬季施工措施。

(5)石灰膏、电石膏试配时的稠度，应为120mm±5mm。如稠度不在规定范围可按表3-38进行换算。

石灰膏不同稠度的换算系数　表3-38

稠度(mm)	120	110	100	90	80	70	60	50	40	30
换算系数	1.00	0.99	0.97	0.95	0.93	0.92	0.90	0.88	0.87	0.86

该系数为石灰膏不同稠度时的重量换算系数。即当计算石灰膏用量为160kg时，而石灰膏的实际稠度为110mm，此时称量石灰膏的质量为158.4kg。

(6)粉煤灰、粒化高炉矿渣粉、硅灰、天然沸石粉应分别符合《用于水泥和混凝土中的粉煤灰》(GB/T 1596—2005)、《用于水泥和混凝土中的粒化高炉矿渣粉》(GB/T 18046—2008)、《高强高性能混凝土用矿物外加剂》(GB/T 18736—2002)和《混凝土和砂浆用天然沸石》(JG/T 3048—1998)的规定。当采用其他品种矿物掺合料时，应有充足的技术依据，并应在使用前进行试验验证。粉煤灰不宜采用Ⅲ级粉煤灰。高钙粉煤灰使用时，必须检验安定性指标是否合格，合格后方可使用。

(7)为满足砂浆和易性的要求，在拌制砂浆时有时会掺入保水增稠材料，但目前市场上的保水增稠材料质量参差不齐，有些保水增稠材料虽能改善和易性，却会大幅度降低砂浆强度从而影响砌体强度。因此规定采用保水增稠材料时，应在使用前进行试验验证，并应有完整的型式检验报告。

(8)砌筑砂浆中掺入砂浆外加剂是发展方向。国内外的试验数据表明有些外加剂的加入，会降低砌体破坏荷载，但随着材料技术发展，这种状况得到很大程度的改善，故规范规定外加剂应符合国家现行有关标准的规定，引气型外加剂还应有完整的型式检验报告。

(9)当水中含有有害物质时，将会影响水泥的正常凝结，并可能对钢筋产生锈蚀作用，故要求拌制砂浆用水应符合现行行业标准《混凝土用水标准》(JGJ 63—2006)的规定。

二、技术性质

1. 新拌砂浆和易性

砂浆再硬化前应具有良好的和易性。和易性包括流动性和保水性。

(1)流动性

砂浆的流动性是指其在自重或外力作用下流动的性能。砂浆的流动性与用水量、胶结料的品种和用量、细集料的级配和表面特征、掺合料及外加剂的特性和用量、拌和时间等因素有关。

通常情况下，基底为多孔吸水性材料，或在干热条件下施工时，应选择流动性大的砂浆。相反，基底吸水少，或湿冷条件下施工，应选流动性小的砂浆。

砂浆的流动性用“稠度”来表示。稠度是采用稠度仪测定。测定方法是将砂浆拌和物一次装入稠度仪的容器中，使砂浆表面低于容器口10mm左右，用捣棒插捣25次，然后轻轻将容器摇动或者敲打5～6下，使砂浆表面平整，将容器置于稠度仪上，使试锥与砂浆表面接触，旋紧

制动螺丝，使指针对准零点。拧开制动螺丝，同时计时间，待10s立即固定螺丝，从刻度盘读出试锥下沉深度(精确至1mm)即为砂浆的稠度。

根据目前常用砌块种类分为四类七种：烧结普通砖、混凝土多孔砖、普通混凝土小型空心砌块、轻集料混凝土小型空心砌块、非烧结砖、蒸压加气混凝土砌块及石砌体。石砌体主要是指由毛石等几乎不吸水的块体砌筑的砌体。在选用砂浆的稠度时，可根据砌体的类型、气候条件、施工条件等因素决定，参见表3-39。

砌筑砂浆的施工稠度(mm) 表3-39

砌体种类	施工稠度
烧结普通砖砌体、粉煤灰砖砌体	70～90
混凝土砖砌体、普通混凝土小型空心砌块砌体、灰砂砖砌体	50～70
烧结多孔砖砌体、烧结空心砖砌体、轻集料混凝土小型空心砌块砌体、蒸压加气混凝土砌块砌体	60～80
石砌体	30～50

(2)保水性

新拌砂浆能够保持水分的能力称为保水性。保水性也指砂浆中各项组成材料不易分离的性质。新拌砂浆在存放、运输和使用的过程中，都必须保持其中水分不致很快流失，才能形成均匀密实的砂浆缝，而最后保证砌体具有良好的质量。如果使用保水性不好的砂浆，在施工过程中就很容易泌水、分层、离析或是由于水分流失而使流动性变坏，不易铺成均匀的砂浆层。同时在砌筑时水分容易被砖石迅速吸收，影响胶凝材料的正常硬化，降低砂浆本身强度，而且与底面黏结不牢，最后会降低砌体的质量。凡是砂浆内胶凝材料充足，尤其是掺用可塑性混合材料(石灰膏浆或黏土膏浆)的砂浆，其保水性都很好。砂浆中掺入适量的加气剂或塑化剂也能改善砂浆的保水性或流动性。

砂浆的保水性与胶结材的类型和用量，细集料的级配、用水量以及有无掺合料和外加剂等有关。保水率是衡量砂浆保水性能的指标。砌筑砂浆的保水率要求见表3-40。

砌筑砂浆的保水率(%) 表3-40

砂浆种类	保水率
水泥砂浆	≥80
水泥混合砂浆	≥84
预拌砂浆	≥88

2.硬化后砂浆的强度

砂浆硬化后应具有足够的强度。而砂浆在圬工砌体中，主要是传递压力，所以要求砌筑砂浆应具有一定的抗压强度。砂浆抗压强度是确定其强度等级的重要依据。

砂浆的强度是指3块边长为70.7mm的立方体试件，在温度20℃±5℃，静置24h±2h后，拆模；然后在标准养护条件下(温度为20℃±2℃，相对湿度为90%)，养护至28d的抗压强度平均值(单位为MPa)。

3.收缩性能

收缩性能是指砂浆因物理化学作用而产生的体积缩小现象。其表现形式为由于水分散失和湿度下降而引起的干缩、由于内部热量的散失和温度下降而引起的冷缩、由于水泥水化而引起的减缩和由于砂颗粒沉降而引起的沉缩。

4.黏结力

砂浆的黏结力主要是指砂浆与基体的黏结强度的大小。砂浆的黏结力是影响砌体抗剪强度、耐久性和稳定性，乃至建筑物抗震能力和抗裂性的基本因素之一。通常，砂浆的抗压强度越高，黏结力越大。

三、砌筑砂浆的配合比设计

(一)砌筑砂浆的技术条件

按《砌筑砂浆配合比设计规程》(JGJ/T 98—2010)规定，砌筑砂浆需符合以下技术条件：

(1)水泥砂浆及预拌砂浆的强度等级可分为M5、M7.5、M10、M15、M20、M25、M30；水泥混合砂浆的强度等级可分为M5、M7.5、M10、M15。

(2)水泥砂浆拌和物的表观密度不宜小于1 900kg/m³；水泥混合砂浆拌和物的表观密度不宜小于1 800kg/m³。该密度值是对以砂为细集料拌制的砂浆密度值的规定，不包含轻集料砂浆。

(3)砌筑砂浆的稠度、保水率、试配抗压强度应同时满足要求。砌筑砂浆的稠度应按表3-39规定选用。保水率满足表表3-40规定要求。

(4)有抗冻性要求的砌体工程，砌筑砂浆应进行冻融试验。砌筑砂浆的抗冻性应符合表3-41的规定，且当设计对抗冻性有明确要求时尚应符合设计规定。

砌筑砂浆的抗冻性 表3-41

使用条件	抗冻指标	质量损失率(%)	强度损失率(%)
夏热冬暖地区	F15	≤5	≤25
夏热冬冷地区	F25		
寒冷地区	F35		
严寒地区	F50		

砌筑砂浆的材料用量(kg/m³) 表3-42

砂浆种类	材料用量
水泥砂浆	≥200
水泥混合砂浆	≥350
预拌砂浆	≥200

注：①水泥砂浆中的材料用量是指水泥用量。
②水泥混合砂浆中的材料用量是指水泥和石灰膏、电石膏的材料总量。
③预拌砂浆中的材料用量是指胶凝材料用量，包括水泥和替代水泥的粉煤灰等活性矿物掺合料。

(5)砌筑砂浆中的水泥和石灰膏、电石膏等材料的用量可按表3-42选用。

(6)砂浆中可掺入保水增稠材料、外加剂等，掺量应经试配后确定。

(7)砂浆试配时应采用机械搅拌。搅拌时间应自开始加水算起，并应符合下列规定：

①对水泥砂浆和水泥混合砂浆，搅拌时间不得少于120s；

②对预拌砂浆和掺有粉煤灰、外加剂、保水增稠材料等的砂浆，搅拌时间不得少于180s。

(二)现场配制砌筑砂浆的试配要求

1.现场配制水泥混合砂浆的试配应符合下列规定

(1)配合比应按下列步骤进行计算：

①计算砂浆试配强度($f_{m,0}$)；

②计算每立方米砂浆中的水泥用量(Q_c)；

③计算每立方米砂浆中石灰膏用量(Q_D);

④确定每立方米砂浆砂用量(Q_s);

⑤按砂浆稠度选每立方米砂浆用水量(Q_w)。

(2)砂浆的试配强度应按下式计算:

$$f_{m,0} = kf_2 \tag{3-56}$$

式中:$f_{m,0}$——砂浆的试配强度(MPa),应精确至0.1MPa;

f_2——砂浆强度等级值(MPa),应精确至0.1MPa;

k——系数,按表3-43取值。

砂浆强度标准差 σ 及 k 值 表3-43

施工水平 \ 强度等级	强度标准差 σ(MPa)							k
	M5	M7.5	M10	M15	M20	M25	M30	
优良	1.00	1.50	2.00	3.00	4.00	5.00	6.00	1.15
一般	1.25	1.88	2.50	3.75	5.00	6.25	7.50	1.20
较差	1.50	2.25	3.00	4.50	6.00	7.50	9.00	1.25

(3)砂浆强度标准差的确定应符合下列规定:

①当有统计资料时,砂浆强度标准差应按下式计算:

$$\sigma=\sqrt{\frac{\sum_{i=1}^{n} f_{m,i}^2 - n\mu_{f_m}^2}{n-1}} \tag{3-57}$$

式中:$f_{m,i}$——统计周期内同一品种砂浆第 i 组试件的强度(MPa);

μ_{fm}——统计周期内同一品种砂浆 n 组试件强度的平均值(MPa);

n——统计周期内同一品种砂浆试件的总组数,$n \geqslant 25$。

②当无统计资料时,砂浆强度标准差可按表3-43取值。

(4)水泥用量的计算应符合下列规定

①每立方米砂浆中的水泥用量,应按下式计算:

$$Q_c = 1\,000(f_{m,o} - \beta)/(\alpha \cdot f_{ce}) \tag{3-58}$$

式中:Q_c——每立方米砂浆的水泥用量(kg),应精确至1kg;

f_{ce}——水泥的实测强度(MPa),应精确至0.1MPa;

α,β——砂浆的特征系数,其中 α 取3.03,β 取−15.09。

注:各地区也可用本地区试验资料确定 α、β 值,统计用的试验组数不得少于30组。

②在无法取得水泥的实测强度值时,可按下式计算:

$$f_{ce} = \gamma_c \cdot f_{ce,k} \tag{3-59}$$

式中:$f_{ce,k}$——水泥强度等级值(MPa);

γ_c——水泥强度等级值的富余系数,宜按实际统计资料确定;无统计资料时可取1.0。

(5)石灰膏用量应按下式计算

$$Q_D = Q_A - Q_C \tag{3-60}$$

式中：Q_D——每立方米砂浆的石灰膏用量(kg)，应精确至1kg，石灰膏使用时的稠度宜为120mm±5mm；

Q_C——每立方米砂浆的水泥用量(kg)，应精确至1kg；

Q_A——每立方米砂浆中水泥和石灰膏总量，应精确至1kg，可为350kg。

(6)每立方米砂浆中的砂用量，应按干燥状态(含水率小于0.5%)的堆积密度值作为计算值(kg)。

(7)每立方米砂浆中的用水量，可根据砂浆稠度等要求选用210～310kg。

注：①混合砂浆中的用水量，不包括石灰膏中的水。

②当采用细砂或粗砂时，用水量分别取上限或下限。

③稠度小于70mm时，用水量可小于下限。

④施工现场气候炎热或干燥季节，可酌量增加用水量。

2. 现场配制水泥砂浆的试配应符合下列规定

(1)水泥砂浆的材料用量可按表3-44选用。

每立方米水泥砂浆材料用量(kg/m^3)　　表3-44

强度等级	水泥	砂	用水量
M5	200～230	砂的堆积密度值	270～330
M7.5	230～260		
M10	260～290		
M15	290～330		
M20	340～400		
M25	360～410		
M30	430～480		

注：① M15及M15以下强度等级水泥砂浆，水泥强度等级为32.5级；M15以上强度等级水泥砂浆，水泥强度等级为42.5级。

②当采用细砂或粗砂时，用水量分别取上限或下限。

③稠度小于70mm时，用水量可小于下限。

④施工现场气候炎热或干燥季节，可酌量增加用水量。

⑤试配强度应按式(3-57)计算。

(2)水泥粉煤灰砂浆材料用量可按表3-45选用。

每立方米水泥粉煤灰砂浆材料用量(kg/m^3)　　表3-45

强度等级	水泥和粉煤灰总量	粉煤灰	砂	用水量
M5	210～240	粉煤灰掺量可占胶凝材料总量的15%～25%	砂的堆积密度值	270～330
M7.5	240～270			
M10	270～300			
M15	300～330			

注：①表中水泥强度等级为32.5级。

②当采用细砂或粗砂时，用水量分别取上限或下限。

③稠度小于70mm时，用水量可小于下限。

④施工现场气候炎热或干燥季节，可酌量增加用水量。

⑤试配强度应按式(3-57)计算。

(三)预拌砌筑砂浆的试配要求

1.预拌砌筑砂浆应满足下列规定

(1)在确定湿拌砂浆稠度时应考虑砂浆在运输和储存过程中的稠度损失。

(2)湿拌砂浆应根据凝结时间要求确定外加剂掺量。

(3)干混砂浆应明确拌制时的加水量范围。

(4)预拌砂浆的搅拌、运输、储存等应符合现行行业标准《预拌砂浆》(JG/T 230—2007)的规定。

(5)预拌砂浆性能应符合现行行业标准《预拌砂浆》(JG/T 230—2007)的规定。

2.预拌砂浆的试配应满足下列规定

(1)预拌砂浆生产前应进行试配,试配强度应按式(3-56)计算确定,试配时稠度取 70~80mm;

(2)预拌砂浆中可掺入保水增稠材料、外加剂等,掺量应经试配后确定。

(四)砌筑砂浆配合比试配、调整与确定

(1)砌筑砂浆试配时应考虑工程实际要求,搅拌应符合本节砌筑砂浆的技术条件第(7)条的规定。

(2)按计算或查表所得配合比进行试拌时,应按现行行业标准《建筑砂浆基本性能试验方法标准》(JGJ/T 70—2007)测定砌筑砂浆拌和物的稠度和保水率。当稠度和保水率不能满足要求时,应调整材料用量,直到符合要求为止,然后确定为试配时的砂浆基准配合比。

(3)试配时至少应采用三个不同的配合比,其中一个配合比应为基准配合比,其余两个配合比的水泥用量应按基准配合比分别增加及减少 10%。在保证稠度、保水率合格的条件下,可将用水量、石灰膏、保水增稠材料或粉煤灰等活性掺合料用量作相应调整。

(4)砂浆试配时稠度应满足施工要求,并应按《建筑砂浆基本性能试验方法标准》(JGJ/T 70—2007)分别测定不同配合比砂浆的表观密度及强度;并应选定符合试配强度及和易性要求、水泥用量最低的配合比作为砂浆的试配配合比。

(5)砂浆试配配合比尚应按下列步骤进行校正:

①应根据上述内容确定的砂浆配合比材料用量,按下式计算砂浆的理论表观密度值:

$$\rho_t = Q_c + Q_D + Q_s + Q_w \quad (3\text{-}61)$$

式中:ρ_t——砂浆的理论表观密度值(kg/m^3),应精确至 $10kg/m^3$。

②应按下式计算砂浆配合比校正系数:

$$\delta = \rho_c / \rho_t \quad (3\text{-}62)$$

式中:ρ_c——砂浆的实测表观密度值(kg/m^3),应精确至 $10kg/m^3$。

③当砂浆的实测表观密度值与理论表观密度值之差的绝对值不超过理论值的 2%时,可将按上述第(4)条得出的试配配合比确定为砂浆设计配合比;当超过 2%时,应将试配配合比中每项材料用量均乘以校正系数(δ)后,确定为砂浆设计配合比。

(6)预拌砂浆生产前应进行试配、调整与确定,并应符合现行行业标准《预拌砂浆》(JG/T 230—2007)的规定。

第六节　混凝土外加剂

混凝土外加剂是一种在混凝土搅拌之前或拌制过程中加入的、用以改善新拌混凝土和(或)硬化混凝土性能的材料，以下简称外加剂。

一、外加剂的分类和均质性指标

1. 混凝土外加剂按主要功能分类

(1)改善混凝土拌和物流变性能的外加剂，如各种减水剂、引气剂、泵送剂、保水剂、灌浆剂等。

(2)调节混凝土凝结时间和硬化功能的外加剂，如缓凝剂、早强剂、速凝剂等。

(3)改善混凝土耐久性的外加剂，如引气剂、阻锈剂、防水剂等。

(4)改善混凝土其他性能的外加剂，如加气剂、膨胀剂、防冻剂、着色剂、碱—集料反应抑制剂等。

2. 均质性项目和指标

(1)含固量或含水率：对于液体外加剂，应在生产控制值相对量的3%以内；对于固体外加剂，应在生产控制值相对量的5%以内。

(2)密度：对液体外加剂，应在生产厂所控制值的±0.02g/cm^3。

(3)氯离子含量：应在生产控制值相对量的5%以内。

(4)水泥净浆流动度：应小于生产控制值的95%。

(5)细度：0.315mm方孔筛，筛余应小于10%。

(6)pH值：应在生产控制值的±1以内。

(7)表面张力：应在生产控制值的±1.5以内。

(8)还原糖：应在生产控制值的±3%以内。

(9)总碱量(Na_2O+0.658K_2O)：应在生产控制值的相对值5%以内。

(10)硫酸钠：应在生产控制值的相对值5%以内。

(11) 砂浆减水率：应在生产控制值的±1.5%以内。

二、常用混凝土外加剂机理

1. 减水剂

减水剂是在混凝土坍落度基本相同的条件下，能减少拌和用水的外加剂。

减水剂的作用机理是由于减水剂的吸附分散作用、润滑作用和湿润作用，只要掺加很少量的减水剂，就能使新拌混凝土的工作性显著地改善，同时并为硬化后的混凝土带来一系列优点。

2. 早强剂

早强剂是加速混凝土早期强度发展的外加剂。早强剂对水泥中的硅酸三钙和硅酸二钙等矿物的水化有催化作用，能加速水泥的水化和硬化，具有早期的作用。

3. 缓凝剂

缓凝剂是能延缓混凝土的凝结时间，对混凝土后期物理力学性能无不利影响的外加剂。

缓凝剂所以能延缓水泥凝结时间，是因其在水泥及其水化物表面上的吸附作用，或与水泥

反应生成不溶层而达到缓凝的效果。

三、掺外加剂普通混凝土配合比设计

1. 确定试配强度和水灰比

按前述普通水泥混凝土配合比设计方法相同，确定混凝土试配强度 $f_{cu,0}$，然后计算水灰比。

2. 计算掺外加剂混凝土的单位用水量

根据集料品种和规格、外掺剂的类型和掺量以及施工和易性的要求，按下式确定每立方米混凝土的用水量。

$$m_{w,ad} = m_w(1-\beta_{ad}) \tag{3-63}$$

式中：m_w——每立方米基准混凝土（未掺外加剂混凝土）中的用水量(kg)；

β_{ad}——外加剂的减水率，无减水作用的外加剂 $\beta=0$；

$m_{w,ad}$——每立方米外加剂混凝土的用水量。

3. 计算外加剂混凝土的单位水泥用量

$$m_{c,ad} = \frac{C}{W} \cdot m_{w,ad} \tag{3-64}$$

4. 计算单位粗、细集料用量

按前面砂率的表选定砂率，然后用质量法或者体积法确定粗、细集料用量。

5. 试拌调整

根据计算所得各种材料用量进行混凝土试拌，如不满足要求则应材料用量进行调整，重新计算和试拌，达到设计要求为止。

四、混凝土拌和物

(一)减水率测定

减水率为坍落度基本相同时基准混凝土和掺外加剂混凝土单位用水量之差与基准混凝土单位用水量之比。当外加剂用于路面或桥面时，基准混凝土和掺外加剂混凝土的坍落度应控制在 40mm±10mm，其他情况混凝土坍落度控制在 80mm±10mm。减水率按下式计算，精确到小数点后一位数。

$$W_R = \frac{W_0 - W_1}{W_0} \times 100 \tag{3-65}$$

式中：W_R——减水率(%)；

W_0——基准混凝土单位用水量(kg/m^3)；

W_1——掺外加剂混凝土单位用水量(kg/m^3)。

试验时，每批混凝土拌和物取一个试样，减水率 W_R 以 3 批 3 个试样的算术平均值计，精确到小数点后一位。若试验中 3 个试样的最大值或最小值有 1 个与中间值之差超过中间值的 15%时，则把最大值与最小值一并舍去，取中间值作为该组试验的减水率。如最大值和最小值与中间值之差均大于中间值的 15%时，则试验结果无效，应该重做。

(二) 泌水率比测定

泌水率比是受检混凝土和基准混凝土的泌水率之比。

泌水率比按下式计算，精确到小数点后一位数。

$$B_R = \frac{B_T}{B_C} \times 100 \tag{3-66}$$

式中：B_R——泌水率比(%)；

B_T——掺外加剂混凝土泌水率(%)；

B_C——基准混凝土泌水率(%)。

泌水率的测定和计算方法如下：先用湿布润湿容积为 5L 的带盖筒(内径为 185mm，高 200mm)，将混凝土拌和物一次装入，在振动台上振动 20s，然后用抹刀轻轻抹平，加盖以防水分蒸发。试样表面应比筒口边低约 20mm。自抹面开始计算时间，在前 60min，每隔 10min 用吸液管吸出泌水一次，以后每隔 20min 吸水一次，直至连续三次无泌水为止。每次吸水前 5min，应将筒底一侧垫高约 20mm，使筒倾斜，以便于吸水。吸水后，将筒轻轻放平盖好。将每次吸出的水都注入带塞的量筒，最后计算出总的泌水量，准确至 1g，并按下式计算：

$$B = \frac{V_W}{(W/G)G_W} \times 100 \tag{3-67}$$

式中：B——泌水率(%)；

V_W——泌水总质量(g)；

W——混凝土拌和物的用水量(g)；

G——混凝土拌和物的总质量(g)；

G_W——试样质量(g)；

$$G_W = G_1 + G_0 \tag{3-68}$$

式中：G_1——筒及试样质量(g)；

G_0——筒质量(g)。

试验时，每批混凝土拌和物取一个试样，泌水率 B 以 3 批 3 个试样的算术平均值计，精确到小数点后一位。若试验中 3 个试样的最大值或最小值有 1 个与中间值之差超过中间值的 15%时，则把最大值与最小值一并舍去，取中间值作为该组试验的泌水率。如最大值和最小值与中间值之差均大于中间值的 15%时，则试验结果无效，应该重做。

(三)含气量测定

含气量是指按照规定的试验方法，所测得水泥混凝土拌和物单位体积所含气体得百分率。

用气水混合式含气量测定仪，并按该仪器说明进行操作。混凝土拌和物一次装满并稍高于容器，掺非引气型外加剂的混凝土用振动台振实 15～20s，掺引气型外加剂的混凝土先用振动台振实 15～20s，再用高频插入式振动捣器在容器中心部位垂直插捣 10s。

试验时，每批混凝土拌和物取一个试样，含气量以 3 批 3 个试样的算术平均值计，精确到小数点后一位。若试验中的最大值或最小值中有一个与中间值之差超过中间值的 0.5%时，将最大值与最小值一并舍去，取中间值作为该组试验含气量的试验结果。如最大值和最小值与中间值之差均大于中间值的 0.5%，试验结果无效，应该重做。

(四)凝结时间差测定

凝结时间差指受检混凝土与基准混凝土凝结时间的差值。

凝结时间差按下式计算：

$$\Delta T = T_t - T_c \tag{3-69}$$

式中：T——凝结时间之差(min)；

T_t——掺外加剂混凝土的初凝或终凝时间(min)；

T_c——基准混凝土的初凝或终凝时间(min)。

凝结时间采用贯入阻力仪测定，仪器精度为 5N，凝结时间测定方法如下：

将混凝土拌和物用 4.75mm 振动筛筛出砂浆，拌匀后装入上口内径为 160mm，下口内径为 150mm，净高 150mm 钢性不渗水的金属圆筒，试样表面应低于筒口约 10mm，用振动台振实(约 3～5s)，置于 20℃±2℃的环境中，容器加盖。一般基准混凝土在成型后 3～4h，掺早强剂的混凝土在成型后 1～2h，掺缓凝剂的混凝土在成型后 4～6h 开始测定，以后每 0.5h 或 1h 测定一次，但在临近初、终凝时，应缩短测定间隔时间。每次测点应避开前一次测孔，其净距为试针直径的 2 倍，但至少不小于 15mm，试针与容器边缘之距离不小于 25mm。测定初凝时间用截面积为 $100mm^2$ 的试针，测定终凝时间用 $20mm^2$ 的试针。贯入阻力按下式计算。

$$R = P/A \tag{3-70}$$

式中：R——贯入阻力值(MPa)；

P——贯入深度达 25mm 时所需的净压力(N)；

A——贯入仪试针的截面积(mm^2)。

根据计算结果，以贯入阻力值为纵坐标，测试时间为横坐标，绘制贯入阻力值与时间关系曲线，求出贯入阻力值达到 3.5MPa 时对应的时间作为初凝时间、贯入阻力值达 28MPa 时对应的时间作为终凝时间，凝结时间从水泥与水接触时开始计算。

试验时，每批混凝土拌和物取一个试样，凝结时间以 3 批 3 个试样的算术平均值计。若试验中 3 个试样的最大值或最小值有 1 个与中间值之差超过 10%时，则把最大值与最小值一并舍去，取中间值作为该组试验的凝结时间。如最大值和最小值与中间值之差均大于 10%时，则试验结果无效，应该重做。

(五)抗压强度比测定

抗压强度比以掺外加剂混凝土与基准混凝土同龄期抗压强度之比表示，按下式计算：

$$R_s = \frac{S_t}{S_c} \times 100 \tag{3-71}$$

式中：R_s——抗压强度比(%)；

S_t——掺外加剂混凝土的抗压强度(MPa)；

S_c——基准混凝土的抗压强度(MPa)。

掺外加剂与基准混凝土的抗压强度试件的成型和养护，抗压强度试验和计算按《公路工程水泥及水泥混凝土试验规程》(JTG E30—2005)规定试验方法进行。试验结果以 3 批试验测值的平均值表示，每批试验的取样量按规定的数量。3 批中的最大值或最小值有 1 个与中间值的差值超过中间值的 15%，则把最大值和最小值一并舍去，取中间值作为试验结果。如有两批测值与中间值的差均超过中间值的 15%，则试验结果无效，应该重做。

第四章

沥青和沥青混合料

第一节　沥青材料及检测方法

一、沥青材料基本概念

(一)沥青分类

沥青是由一些极其复杂的高分子的碳氢化合物及其非金属(氧、硫、氮等)衍生物所组成的混合物,在常温下呈黑色或黑褐色的固体、半固体或液体。

1.沥青按其在自然界中获得的方式分类

按沥青在自然界中获得的方式可分为地沥青和焦油沥青两大类。

(1)地沥青

天然沥青——由沥青湖或含有沥青的砂岩等提炼而得,如湖沥青、岩石沥青、海底沥青。

石油沥青——由石油蒸馏后的残留物加工而得到的。

(2)焦油沥青

煤沥青——由煤焦油蒸馏后的残留物加工而得。

页岩沥青——由页岩炼油工业得副产品。

2.按原油的性质分类

石油按其含蜡量的多少可分为石蜡基、中间基和环烷基原油,不同性质的原油所炼制的沥青性质有很大差别。石蜡基沥青的蜡含量一般大于5%;环烷基沥青蜡含量少(一般低于3%),沥青黏性好,优质的道路石油沥青大多是环烷基沥青;中间基沥青的蜡含量为3%～5%。

3.按加工方法分类

(1)直馏沥青,它的温度稳定性和大气稳定性较差。

(2)溶剂沥青,这类沥青在常温下是半固体或固体。

(3)氧化沥青,常温下是固体,比直馏沥青有较高的热稳定性,高温抗变形能力较好,但低温变形能力较差,易形成开裂现象。

(4)裂化沥青,这种沥青具有更大的硬度,软化点也较高,但黏度、气候稳定性比直馏沥青和氧化沥青差。

(5)调和沥青,用调和法生产沥青是按照沥青质量要求,将几种沥青调和,调整沥青组分之间的比例以获得所要求的产品。

在道路工程中,主要应用石油沥青,另外还使用少量的煤沥青。目前,天然沥青也有应用。

沥青作为一种有机胶凝材料,具有良好得黏性、塑性、耐腐蚀性和憎水性。沥青与矿物集料的黏结力强，由沥青与矿物集料拌和而成得沥青混合料是道路工程重要的筑路材料，它具有良好的力学性能及一定的高温稳定性和低温柔韧性，大量用于道路工程。

(二)石油沥青的组分

通常从工程使用的角度出发，将沥青中化学成分和物理性质相近，并且具有某些共同特征的部分，划分为同一个组，称为组分。工程中一般将石油沥青划分为油分、树脂和沥青质三个主要组分，或饱和分、芳香分、胶质、沥青质四个主要组分。现行试验规程用抽提法进行道路石油沥青的三组分成分分析。采用溶剂沉淀及色谱柱法进行道路石油沥青的四组分成分分析。

不同的组分对石油沥青性能的影响不同。三组分分析中，油分赋予沥青流动性；树脂使沥青具有良好的塑性和黏结性；沥青质则决定沥青的稳定性(包括耐热性、黏性和脆性)。石油沥青的四组分分析中，各组分的含量与沥青的技术性质的关系如下：

(1)沥青质：占沥青总量的5%～25%。沥青质对沥青的热稳定性、流变性和黏性有很大影响。其含量越高，沥青软化点越高，黏度也越大，沥青相应也就越硬、越脆。

(2)胶质：特征是具有很强的黏附力。胶质和沥青质之间的比例决定了沥青的胶体结构类型。

(3)芳香分：占沥青总量的20%～50%，黏稠状液体，呈深棕色，对其他高分子烃类物质有较强的溶解能力。

(4)饱和分：占沥青总量的5%～20%，随饱和分含量增加，沥青的稠度降低，温度感应性加大。

(三)沥青适用性气候分区原则、分区方法

选择沥青结合料等级、沥青混合料配合比设计和检验应适应公路环境条件的需要，能承受高温、低温、雨(雪)水的考验。沥青路面的气候条件按沥青路面施工技术规范的气候分区执行。

气候分区的高温指标：采用最近30年内年最热月的平均日最高气温的平均值作为反映高温和重载条件下出现车辙等流动变形的气候因子，并作为气候区划的一级指标。全年高于30℃的积温及连续高温的持续时间可作为辅助参考值。按照设计高温指标，一级区划分为3个区，见表4-1。

沥青和沥青混合料气候分区的确定　　表4-1

气候分区指标		气候分区			
按照高温指标	高温气候区	1	2	3	
	气候区名称	夏炎热区	夏热区	夏凉区	
	七月平均最高温度(℃)	>30	20～30	<20	
按照低温指标	低温气候区	1	2	3	4
	气候区名称	冬严寒区	冬寒区	冬冷区	冬温区
	极端最低气温(℃)	<−37.5	−37.5～−21.5	−21.5～−9.0	>−9.0
按照雨量指标	雨量气候区	1	2	3	4
	气候区名称	潮湿区	湿润区	半干区	干旱区
	年降雨量(mm)	>1 000	1 000～500	500～250	<250

气候分区的低温指标：采用最近30年内的极端最低气温作为反映路面温缩裂缝的气候因子，并作为气候区划的二级指标。温降速率、冰冻指数可作为辅助参考值。按照设计低温指标，二级区划分为4个区。

气候分区的雨量指标：采用最近30年内的年降水量的平均值作为反映沥青路面受雨（雪）水影响的气候因子，并作为气候区划的三级指标。雨日数可作为辅助参考值。按照设计雨量指标，三级区划分为4个区。

沥青路面温度分区由高温和低温组合而成，第一个数字代表高温分区，第二个数字代表低温分区，数字越小表示气候因素越严重。气候区名与温度关系见表4-2。

气候区名与对应的温度范围　　表4-2

气候区名		最热月平均最高气温(℃)	年极端最低气温(℃)	备注
1-1	夏炎热冬严寒	>30	<−37.0	
1-2	夏炎热冬寒		−37.0～−21.5	
1-3	夏炎热冬冷		−21.5～−9.0	
1-4	夏炎热冬温		>−9.0	
2-1	夏热冬严寒	20～30	<−37.0	
2-2	夏热冬寒		−37.0～−21.5	
2-3	夏热冬冷		−21.5～−9.0	
2-4	夏热冬温		>−9.0	
3-1	夏凉冬严寒	<20	<−37.0	不存在
3-2	夏凉冬寒		−37.0～−21.5	
3-3	夏凉冬冷		−21.5～−9.0	不存在
3-4	夏凉冬温		>−9.0	不存在

（四）沥青标号的选择方法

沥青路面采用的沥青标号，宜按照公路等级、气候条件、交通条件、路面类型及在结构层中的层位及受力特点、施工方法等，结合当地的使用经验，经技术论证后确定。

对高速公路、一级公路，夏季温度高、高温持续时间长、重载交通、山区及丘陵区上坡路段、服务区、停车场等行车速度慢的路段，尤其是汽车荷载剪应力大的层次，宜采用稠度大、60℃黏度大的沥青，也可提高高温气候分区的温度水平选用沥青等级；对冬季寒冷的地区或交通量小的公路、旅游公路，宜选用稠度小、低温延度大的沥青；对温度日温差、年温差大的地区，宜注意选用针入度指数大的沥青。当高温要求与低温要求发生矛盾时，应优先考虑满足高温性能的要求。

当缺乏所需标号的沥青时，可采用不同标号掺配的调和沥青，其掺配比例由试验决定。掺配后的沥青质量应符合现行沥青路面施工技术规范中对道路石油沥青的技术要求。

二、沥青取样数量和试样的准备方法

进行沥青性质常规检验的取样数量为：黏稠沥青或固体沥青不少于4kg；液体沥青不少于

1L;沥青乳液不少于4L。

进行沥青性质非常规检验及沥青混合料性质试验所需的沥青数量,应根据实际需要确定。

1.试验目的

黏稠道路石油沥青、聚合物改性沥青等需要加热后才能进行试验的沥青试样,按此法准备的沥青供立即在试验室进行各项试验使用。

乳化沥青试样进行各项性能测试。每个样品的数量根据需要决定,常规测定宜不少于600g。

2.试验方法与步骤

(1)热沥青试样制备

①将装有试样的盛样器带盖放入恒温烘箱中,当石油沥青试样中含有水分时,烘箱温度80℃左右,加热至沥青全部熔化后供脱水用。当石油沥青中无水分时,烘箱温度宜为软化点温度以上90℃,通常为135℃左右。对取来的沥青试样不得直接采用电炉或煤气炉明火加热。

②当石油沥青试样中含有水分时,将盛样器皿放在可控温的砂浴、油浴、电热套上加热脱水,不得已采用电炉、煤气炉加热,脱水时必须加放石棉垫。时间不超过30min,并用玻璃棒轻轻搅拌,防止局部过热。在沥青温度不超过100℃的条件下,仔细脱水至无泡沫为止,最后的加热温度不宜超过软化点以上100℃。

③将盛样器中的沥青通过0.6mm的滤筛过滤,不等冷却立即一次灌入各项试验的模具中。根据需要也可将试样分装入擦拭干净并干燥的一个或数个沥青盛样器皿中,数量应满足一批试验项目所需的沥青样品。

④在沥青灌模过程中如温度下降可放入烘箱中适当加热,试样冷却后反复加热的次数不得超过两次,以防沥青老化影响试验结果。为避免混进气泡,在沥青灌模时不得反复搅动沥青。

⑤灌模剩余的沥青应立即清洗干净,不得重复使用。

(2)乳化沥青试样制备

①将按沥青和沥青混合料试验规程方法取有乳化沥青的盛样器适当晃动使试样上下均匀,试样数量较少时,宜将盛样器上下倒置数次,使上下均匀。

②将试样倒出要求数量,装入盛样器皿或烧杯中,供试验使用。

三、沥青针入度

(一)沥青黏滞性含义,针入度的含义及两者之间的关系

沥青的黏度是沥青试样在规定条件下流动时形成的抵抗力或内部阻力的度量,也称黏滞度。沥青的针入度是在规定温度和时间内,附加一定质量的标准针垂直贯入沥青试样的深度,以0.1mm计。针入度是表征黏稠沥青条件黏度的一种指标。

两者均可以表现沥青的黏度,针入度试验是一种用于量测沥青胶结料稠度的经验性试验。通常在25℃温度测针入度,该温度大约为热拌沥青混凝土路面的平均服务温度。虽然黏度是最好的量测形式,但现在在该温度量测针入度是沥青结合料稠度简单方法。

(二)沥青针入度与针入度指数

沥青标号根据沥青的针入度的大小划定范围,如70号沥青指针入度范围为60～80,50号

沥青指针入度范围为 40～60。

沥青的针入度指数是沥青结合料的温度敏感性指标，反映针入度随温度而变化的程度，由不同温度的针入度按规定方法计算得到，无量纲。针入度指数不仅可以用来评价沥青的温度敏感性，同时也可以用来判断沥青的胶体结构。按照沥青的针入度指数 PI 值可以分为溶胶型结构（PI＜－2）、溶凝胶型结构（PI＝－2～＋2）、凝胶型结构（PI＞＋2）。

（三）沥青针入度试验方法

1. 目的与适用范围

本方法适用于测定道路石油沥青、聚合物改性沥青针入度以及液体石油沥青蒸馏或乳化沥青蒸发后残留物的针入度。其标准试验条件为温度 25℃，荷重 100g，贯入时间 5s，以 0.1mm计。

针入度指数 PI 用以描述沥青的温度敏感性，宜在 15℃、25℃、30℃等 3 个或 3 个以上温度条件下测定针入度后按规定的方法计算得到，若 30℃时的针入度值过大，可采用 5℃代替。当量软化点 T_{800} 是相当于沥青针入度为 800 时的温度，用以评价沥青的高温稳定性。当量脆点 $T_{1.2}$ 是相当于沥青针入度为 1.2 时的温度，用以评价沥青的低温抗裂性能。

2. 仪具与材料技术要求

（1）针入度仪：为提高测试精度，针入度试验宜采用自动针入度仪进行测定，要求针和针连杆必须在无明显摩擦下垂直运动，针的贯入深度必须准确至 0.1mm。针和针连杆组合件总质量为 50g±0.05g，另附 50g±0.05g 砝码一只，试验时总质量为 100g±0.05g。仪器应有放置平底玻璃保温皿的平台，并有调节水平的装置，针连杆应与平台相垂直。应有针连杆制动按钮，使针连杆可自由下落。针连杆易于装拆，以便检查其质量。仪器还设有可自由转动与调节距离的悬臂，其端部有一面小镜或聚光灯泡，借以观察针尖与试样表面接触情况。温度应采用温度传感器测定，针入度值采用位移计测定，并能自动显示或记录测定结果，且应对自动装置的准确性经常校验。当采用其他试验条件时，应在试验结果中注明。

（2）标准针由硬化回火的不锈钢制成，洛氏硬度 HRC54～60，表面粗糙度 Ra0.2～0.3μm，针及针杆总质量 2.5g±0.05g，针杆上应打印有号码标志，针应设有固定用装置盒（筒），以免碰撞针尖，每根针必须附有计量部门的检验单，并定期进行检验。

（3）盛样皿：金属制，圆柱形平底。小盛样皿的内径 55mm，深 35mm（适用于针入度小于 200）；大盛样皿内径 70mm，深 45mm（适用于针入度 200～350）；对针入度大于 350 的试样需使用特殊盛样皿，其深度不小于 60mm，试样体积不少于 125mL。

（4）恒温水槽：容量不小于 10L，控温的准确度为 0.1℃。水槽中应设有一带孔的搁架，位于水面下不得小于 100mm，距水槽底不得小于 50mm 处。

（5）平底玻璃皿：容量不小于 1L，深度不小于 80mm。内设有一不锈钢三脚支架，能使盛样皿稳定。

（6）温度计：0～50℃，分度为 0.1℃。

（7）计时器：分度为 0.1s。

（8）盛样皿盖：平板玻璃，直径不小于盛样皿开口尺寸。

（9）溶剂：三氯乙烯等。

（10）其他：电炉或砂浴、石棉网、金属锅或瓷把坩埚等。

3. 方法与步骤

(1)准备工作

①按沥青试样准备方法准备试样。

②按试验要求将恒温水槽调节到要求的试验温度25℃,或15℃、30℃(或5℃)等,保持稳定。

③将试样注入盛样皿中,试样高度应超过预计针入度值10mm,并盖上盛样皿,以防落入灰尘。盛有试样的盛样皿在15~30℃室温中冷却不少于1.5h(小盛样皿)、2h(大盛样皿)或3h(特殊盛样皿)后移入保持规定试验温度±0.1℃的恒温水槽中应保温不少于1.5h(小盛样皿)、2h(大试样皿)或2.5h(特殊盛样皿)。

④调整针入度仪使之水平。检查针连杆和导轨,以确认无水或其他外来物,无明显摩擦。用三氯乙烯或其他溶剂清洗标准针,并拭干。将标准针插入针连杆,用螺钉固紧。按试验条件,加上附加砝码。

(2)试验步骤

①取出达到恒温的盛样皿,并移入水温控制在试验温度±0.1℃(可用恒温水槽中的水)的平底玻璃皿中的三脚支架上,试样表面以上的水层深度不小于10mm。

②将盛有试样的平底玻璃皿置于针入度仪的平台上。慢慢放下针连杆,用适当位置的反光镜或灯光反射观察,使针尖恰好与试样表面接触,将位移指示器复位回零。

③开始试验,按下释放键,这时计时与标准针落下贯入试样同时开始,至5s时自动停止。

④读取显示窗口显示的位移指示值,准确至0.1mm。

⑤同一试样平行试验至少3次,各测试点之间及与盛样皿边缘的距离不应小于10mm。每次试验后应将盛有盛样皿的平底玻璃皿放入恒温水槽,使平底玻璃皿中水温保持试验温度。每次试验应换一根干净标准针或将标准针取下用蘸有三氯乙烯溶剂的棉花或布揩净,再用干棉花或布擦干。

⑥测定针入度大于200的沥青试样时,至少用3支标准针,每次试验后将针留在试样中,直至3次平行试验完成后,才能将标准针取出。

⑦测定针入度指数PI时,按同样的方法在15℃、25℃、30℃(或5℃)3个或3个以上(必要时增加10℃、20℃等)温度条件下分别测定沥青的针入度,但用于仲裁试验的温度条件应为5个。

4. 计算

根据测试结果可按以下方法计算针入度指数、当量软化点及当量脆点。

(1)公式计算法

①将3个或3个以上不同温度条件下测试的针入度值取对数,令 $y=\lg P$,$x=T$,按式(4-1)的针入度对数与温度的直线关系,进行 $y=a+bx$ 一元一次方程的直线回归,求取针入度温度指数 $A_{\lg Pen}$。

$$\lg P = K + A_{\lg Pen} \times T \tag{4-1}$$

式中:$\lg P$——不同温度条件下测得的针入度值的对数;

T——试验温度(℃);

K——回归方程的常数项 a；

A_{lgPen}——回归方程系数 b。

按式(4-1)回归时必须进行相关性检验，直线回归相关系数 R 不得小于 0.997(置信度 95%)，否则试验无效。

②按式(4-2)确定沥青的针入度指数 PI，并记为 PI_{lgPen}。

$$PI_{lgPen}=\frac{20-500A_{lgpen}}{1+50A_{lgpen}} \tag{4-2}$$

③按式(4-3)确定沥青的当量软化点 T_{800}。

$$T_{800}=\frac{\lg 800-K}{A_{lgpen}}=\frac{2.903\,1-K}{A_{lgpen}} \tag{4-3}$$

④按式(4-4)确定沥青的当量脆点 $T_{1.2}$。

$$T_{1.2}=\frac{\lg 1.2-K}{A_{lgpen}}=\frac{0.079\,2-K}{A_{lgpen}} \tag{4-4}$$

⑤按式(4-5)计算沥青的塑性温度范围 ΔT。

$$\Delta T=T_{800}-T_{1.2}=\frac{2.823\,9}{A_{lgpen}} \tag{4-5}$$

(2)诺谟图法

将 3 个或 3 个以上不同温度条件下测试的针入度值绘于图 4-1 的针入度温度关系诺谟图中，按最小二乘法法则绘制回归直线，将直线向两端延长，分别与针入度为 800 及 1.2 的水平线相交，交点的温度即为当量软化点 T_{800} 和当量脆点 $T_{1.2}$。以图中 O 点为原点，绘制回归直线的平行线，与 PI 线相交，读取交点处的 PI 值即为该沥青的针入度指数。此法不能检验针入度对数与温度直线回归的相关系数，仅供快速草算时使用。

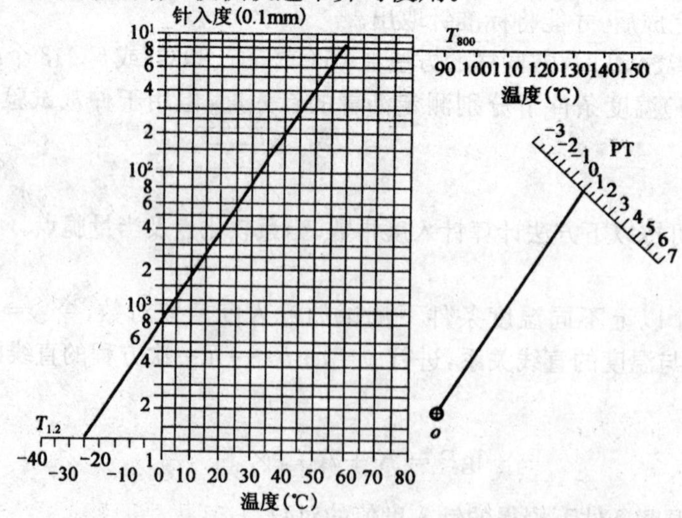

图 4-1　确定道路沥青 PI、T_{800}、$T_{1.2}$ 的针入度温度关系诺谟图

5. 报告

(1)应报告标准温度(25℃)时的针入度 T_{25} 以及其他试验温度 T 所对应的针入度 P,及由此求取针入度指数 PI、当量软化点 T_{800}、当量脆点 $T_{1.2}$ 的方法和结果,当采用公式计算法时,应报告按式[T 0604—2000 中式(1)]回归的直线相关系数 R。

(2)同一试样 3 次平行试验结果的最大值和最小值之差在下列允许偏差范围内时(表 4-3),计算 3 次试验结果的平均值,取整数作为针入度试验结果,以 0.1mm 为单位。

针入度值允许偏差范围　　表 4-3

针入度(0.1mm)	允许差值(0.1mm)	针入度(0.1mm)	允许差值(0.1mm)
0~49	2	150~249	12
50~149	4	250~500	20

当试验值不符合此要求时,应重新进行试验。

6. 精密度或允许差

(1)当试验结果小于 50(0.1mm)时,重复性试验的允许差为 2(0.1mm),复现性试验的允许差为 4(0.1mm)。

(2)当试验结果等于或大于 50(0.1mm)时,重复性试验的允许差为平均值的 4%,复现性试验的允许差为平均值的 8%。

7. 试验说明与注意问题

(1)试验的精密度和允许差规定是非常重要的项目,本法对精度的规定尽量按国际上通行的采用重复性和再现性的表示方法。

(2)针入度试验属于条件试验,因此试验时要注意其条件。针入度的条件有三项,分别为温度、时间和针质量,这三项要求不一样,会严重影响结果的正确性。试验时要定期检验标准针,尤其不能使用针尖被损的标准针,在每次试验时,均应用三氯乙烯擦拭标准针。同时要严格控制温度,使其满足精度要求。一般在其他试验条件不变的情况,若温度高于规定值(25℃±0.1℃),针入度测定值较真值偏大,相反则小。

(3)影响沥青针入度测定值的一个非常重要的步骤就是标准针与试样表面的接触情况。在试验时,一定要让标准针刚接触试样表面。试验时可将针入度仪置于光线照射处,从试样表面观察标准针的倒影,而后调节标准针升降,使标准针与其倒影刚好接触即可。

(4)将沥青试样注入试皿时,不应留有气泡。若有气泡,可用明火将其消掉,以免影响结果的正确性。

四、沥青软化点

(一)沥青软化点

沥青材料是一种非晶质高分子材料,它由液态凝结为固态,或由固态熔化为液态时,没有敏锐的固化点或液化点,在工程实用中为保证沥青不致由于温度升高而产生流动的状态,因此取液化点与固化点之间温度间隔的 87.21%作为软化点。软化点的数值随采用的仪器不同而异,我国现行规范试验采用环球点法测定。沥青软化点是沥青达到规定条件黏度时的温度,所以软化点既是反映沥青温度敏感性的重要指标，也是沥青黏稠性的一种量度。

沥青软化点试验有环球法及克沙氏法。除德国 DIN 外，国际上一般采用环球法测定。所以我国也以环球法为标准软化点试验方法。国外标准中同为环球法也有水槽法与油浴法之别，ASTM D 36 规定软化点在 80℃以上者用甘油浴测定。但 ASTM D 2398 及 AASHTO T 53 则规定均用乙烯乙二醇浴测定，该标准适用于软化点 30～175℃范围，并说明了与 ASTM 方法的差异。当软化点低于 80℃时，按 T 53 法测定的软化点要比按 D36 测定值高2.5℃，比石油学会 IP 58 法高 4.0℃；当软化点高于 80℃时，T 53 法测定结果比 D 36 法要高 1.5℃，与 IP 58法持平。对道路石油沥青来说，软化点不可能高于 80℃，除 AASHTO 外各国均使用水槽，因此我国规范方法亦采用水槽方法。但对一些聚合物改性沥青、建筑石油沥青等，软化点可能高于 80℃，则应按 ASTM D 36 规定使用甘油浴试验。影响软化点的因素为水浴温度、水浴时间、试验升温速度、试验方法等。软化点结果受温度影响，一是起始温度，当起始温度高时，对较稠硬的沥青可说无影响，对较软沥青结果则偏小；二是升温速度的影响，升温速度快，结果偏大，反之则小。

(二)沥青软化点试验

1.目的与适用范围

本方法适用于测定道路石油沥青、聚合物改性沥青、煤沥青的软化点，也适用于测定液体石油沥青经蒸馏或乳化沥青破乳蒸发后残留物的软化点。

2.仪具与材料技术要求

(1)软化点试验仪

①钢球：直径 9.53mm，质量 3.5g±0.05g。

②试样环：黄铜或不锈钢等制成。

③钢球定位环：黄铜或不锈钢制成。

④金属支架：由两个主杆和三层平行的金属板组成。上层为一圆盘，直径略大于烧杯直径，中间有一圆孔，用以插放温度计。中层板上有两个孔，各放置金属环，中间有一小孔可支持温度计的测温端部。一侧立杆距环上面 51mm 处刻有水高标记。环下面距下层底板为 25.4mm，而下底板距烧杯底不小于 12.7mm，也不得大于 19mm。三层金属板和两个主杆由两螺母固定在一起。

⑤耐热玻璃烧杯：容量 800～1000mL，直径不小于 86mm，高不小于 120mm。

⑥温度计：0～80℃，分度为 0.5℃。

(2)装有温度调节器的电炉或其他加热炉具(液化石油气、天然气等)。应采用带有振荡搅拌器的加热电炉，振荡子置于烧杯底部。

(3)当采用自动软化点仪时，各项要求与此项相同，温度采用温度传感器测定，并能自动显示或记录，且应对自动装置的准确性经常校验。为提高测试精密度，软化点试验宜采用自动软化点仪进行。

(4)试样底板：金属板(表面粗糙度应达 Ra0.8μm)或玻璃板。

(5)恒温水槽：控温的准确度为±0.5℃。

(6)平直刮刀。

(7)甘油、滑石粉隔离剂(甘油与滑石粉的比例为质量比 2∶1)。

(8)蒸馏水或纯净水。

(9)其他:石棉网。

3. 方法与步骤

(1)准备工作

①将试样环置于涂有甘油滑石粉隔离剂的试样底板上。按沥青试样准备方法规定方法将准备好的沥青试样徐徐注入试样环内至略高出环面为止。

如估计试样软化点高于120℃,则试样环和试样底板(不用玻璃板)均应预热至80～100℃。

②试样在室温冷却30min后,并用热刮刀刮除环面上的试样,务使与环面齐平。

(2)试验步骤

①试样软化点在80℃以下者:

a. 将装有试样的试样环连同试样底板置于5℃±0.5℃水的恒温水槽中至少15min;同时将金属支架、钢球、钢球定位环等亦置于相同水槽中。

b. 烧杯内注入新煮沸并冷却至5℃的蒸馏水或纯净水,水面略低于立杆上的深度标记。

c. 从恒温水槽中取出盛有试样的试样环放置在支架中层板的圆孔中,套上定位环;然后将整个环架放入烧杯中,调整水面至深度标记,并保持水温为5℃±0.5℃。环架上任何部分不得附有气泡。将0～80℃的温度计由上层板中心孔垂直插入,使端部测温头底部与试样环下面齐平。

d. 将盛有水和环架的烧杯移至放有石棉网的加热炉具上,然后将钢球放在定位环中间的试样中央,立即开动电磁振荡搅拌器,使水微微振荡,并开始加热,使杯中水温在3min内调节至维持每分钟上升5℃±0.5℃。在加热过程中,应记录每分钟上升的温度值,如温度上升速度超出此范围时,则试验应重做。

e. 试样受热软化逐渐下坠,至与下层底板表面接触时,立即读取温度,准确至0.5℃。

②试样软化点在80℃以上者:

a. 将装有试样的试样环连同试样底板置于装有32℃±1℃甘油的恒温槽中至少15min;同时将金属支架、钢球、钢球定位环等亦置于甘油中。

b. 在烧杯内注入预先加热至32℃的甘油,其液面略低于立杆上的深度标记。

c. 从恒温槽中取出装有试样的试样环,按上述①的方法进行测定,准确至1℃。

4. 试验说明与注意问题

当试样软化点小于80℃时,重复性试验精度的允许差为1℃,再现性试验精度允许差为4℃。当试验软化点等于或大于80℃时,重复性试验精度允许差为2℃,再现性试验精度的允许差为8℃。

环与球法在以前的试验规程中,并不要求对水浴的水进行搅拌,而现在参照国外大部分国家的方法要求在烧杯中加电磁振荡搅拌器。在水浴的水不搅拌情况下进行试验时,由于上下水温传导有一个时间差,将致使测定的软化点温度比搅拌了的高出1.5℃。如果使用搅拌器,则可以去除这个假象。

如估计试样软化点高于120℃,则试样环和试样底板(不得用玻璃板)均应预热至80～100℃。

五、沥青延度

（一）沥青延度

沥青的延性是当其受到外力的拉伸作用时，所能承受的塑性变形的总能力，通常是用延度作为条件延性指标来表征。延度是规定形态的沥青试样，在规定温度下以一定速度受拉伸至断开时的长度，以厘米（cm）计。

由规范规定，对道路石油沥青，要求试验温度为15℃、10℃，拉伸速度为5cm/min±0.25cm/min条件下的延度；对液体石油沥青，要求试验温度为25℃、拉伸速度为5cm/min±0.25cm/min条件下的延度。对SBS、SBR等聚合物改性沥青，要求试验温度为5℃，拉伸速度为5cm/min±0.25cm/min条件下的延度。试验温度与拉伸速度根据有关规定采用，通常采用的试验温度为25℃、15℃或5℃。不经过特别注明，拉伸速度为5cm/min±0.25cm/min。当低温时采用1cm/min±0.05cm/min拉伸速度时，需要在试验报告中特别注明。

延度试验条件：

（1）试件形状尺寸：8字形试样，中心断面为1cm；

（2）温度：试验温度为25℃或15℃或10℃或5℃；

（3）拉伸速度：非经注明时为5cm/min。

影响延度的因素：水浴温度、水浴恒温时间、水浴密度、试验温度、拉伸速度等。试验温度对于延度结果的影响要分两种情况：一是低温延度，当试验温度高于规定时，试验结果偏大，相反偏小；二是对高温延度（25℃），当温度高时，对较软的沥青结果可能偏小，温度低时可能结果偏大，但对较稠硬的沥青可能情况正好相反。

（二）沥青延度试验

1.目的与适用范围

（1）本方法适用于测定道路石油沥青、聚合物改性沥青、液体沥青蒸馏残留物和乳化沥青蒸发残留物等材料的延度。

（2）沥青延度的试验温度与拉伸速率可根据要求采用，通常采用的试验温度为25℃、15℃、10℃或5℃，拉伸速度为5cm/min±0.25cm/min。当低温采用1cm/min±0.05cm/min拉伸速度时，应在报告中注明。

2.仪具与材料技术要求

（1）延度仪：延度仪的测量长度不宜大于150cm，仪器应有自动控温、控速系统。将试件浸没于水中，能保持规定的试验温度及规定的拉伸速度拉伸试件的仪器均可使用。该仪器在试验时应无明显的振动。

（2）试模：黄铜制，由两个端模和两个侧模组成，试模内侧表面粗糙度Ra0.2μm。

（3）试模底板：玻璃板或磨光的铜板、不锈钢板（表面粗糙度Ra0.2μm）。

（4）恒温水槽：容量不小于10L，控制温度的准确度为0.1℃，水槽中应设有带孔搁架，搁架距水槽底不得小于50mm。试件浸入水中深度不小于100mm。

（5）温度计：0～50℃，分度为0.1℃。

（6）砂浴或其他加热炉具。

(7)甘油滑石粉隔离剂(甘油与滑石粉的质量比 2∶1)。

(8)其他:平刮刀、石棉网、酒精、食盐等。

3. 方法与步骤

(1)准备工作

①将隔离剂拌和均匀,涂于清洁干燥的试模底板和两个侧模的内侧表面,并将试模在试模底板上装妥。

②按本规定的方法准备试样,然后将试样仔细自试模的一端至另一端往返数次缓缓注入模中,最后略高出试模,灌模时应注意勿使气泡混入。

③试件在室温中冷却不少于试件在室温中冷却不少于 30～40min,然后置于规定试验温度±0.1℃的恒温水槽中,保持 30min 后取出,然后用热刮刀刮除高出试模的沥青,使沥青面与试模面齐平。沥青的刮法应自试模的中间刮向两端,且表面应刮得平滑。将试模连同底板再浸入规定的试验温度水槽中保温 1.5h。

④检查延度仪延伸速度是否符合规定要求,然后移动滑板使其指针正对标尺的零点。将延度仪注水,并保温达到试验温度±0.5℃。

(2)试验步骤

①将保温后的试件连同底板移入延度仪的水槽中,然后将盛有试样的试模自玻璃板或不锈钢板上取下,将试模两端的孔分别套在滑板及槽端固定板的金属柱上,并取下侧模。水面距试件表面应不小于 25mm。

②开动延度仪,并注意观察试样的延伸情况。此时应注意,在试验过程中,水温应始终保持在试验温度规定范围内,且仪器不得有振动,水面不得有晃动,当水槽采用循环水时,应暂时中断循环,停止水流。在试验中,如发现沥青细丝浮于水面或沉入槽底时,则应在水中加入酒精或食盐,调整水的密度至与试样相近后,重新试验。

③试件拉断时,读取指针所指标尺上的读数,以厘米表示,在正常情况下,试件延伸时应呈锥尖状,拉断时实际断面接近于零。如不能得到这种结果,则应在报告中注明。

4. 报告

同一试样,每次平行试验不少于 3 个,如 3 个测定结果均大于 100cm,试验结果记作“>100cm”;特殊需要也可分别记录实测值。如 3 个测定结果中,有一个以上的测定值小于 100cm 时,若最大值或最小值与平均值之差满足重复性试验精密度要求,则取 3 个测定结果的平均值的整数作为延度试验结果;若平均值大于 100cm,记作“>100cm”;若最大值或最小值与平均值之差不符合重复性试验精密度要求时,试验应重新进行。

5. 试验说明与注意问题

(1)隔离剂要调配适当,确保侧模及玻璃板不粘沥青,隔离剂不能涂得太多,以免挤占试样体积;

(2)当室温同试验温度相差太大时,为保证试样中心断面尺寸,试样应先恒温后铲平;

(3)铲平时刮刀不能过热,也不能用力过大,以免试样老化或底面受拉变形;

(4)当试样出现上浮或下沉时,应调整水的密度,重新试验;

(5)确保水面不受扰动;

(6)当试验结果小于 100cm 时,重复性试验的允许差为平均值的 20%;复现性试验的允许差为平均值的30%。

六、沥青的老化性

(一)现行试验规程评价沥青老化的方法、试验目的和适用范围

当沥青结合料在拌和装置中与热矿质集料拌和时，它承受了短期的老化；而沥青路面在承受环境和其他因素的服务寿命中，持续承受长期老化。我国沥青及沥青混合料试验规程使用薄膜烘箱试验(TFOT)以及旋转式薄膜烘箱试验(RTFOT)来估计热拌沥青混合料拌和装置中发生的短期老化，使用压力老化容器加速沥青老化试验(PAV)估计沥青在道路使用过程中发生的氧化老化。

旋转薄膜烘箱试验方法的优点是试样在垂直方向旋转，沥青膜较薄，能连续介入热空气，以加速老化，使试验时间缩短，试验结果精度较高。沥青旋转薄膜加热试验与沥青薄膜加热试验是同一性质的试验(简称RTFOT)，但试验条件不同，也是国际上通行的一种试验，美国等一些沥青标准中规定旋转薄膜加热可以用薄膜加热试验替代。由于RTFOT沥青膜更薄，只有5～10μm，但是试验时间可以缩短，且更加接近沥青混合料拌和时的实际情况。经过国内外大量试验证明，RTFOT与TFOT大体上有同等效果，故允许互相替代。

压力老化容器加速沥青老化试验采用高温和压缩空气在压力容器中对沥青进行加速老化，目的是模拟沥青在道路使用过程中发生的老化，用来评价不同沥青在试验温度和压力条件下沥青的的抗老化能力，但不能说明混合料因素的影响或沥青实际使用条件下对老化的影响。本方法使用的样品为旋转薄膜烘箱试验方法得到的残留物。

评价沥青在气候因素(光、热、氧和水)的综合作用下，路用性能衰降的程度，可以采用“自然老化”和“人工加速老化”试验。

老化的沥青三大指标的变化规律：针入度减小，软化点升高，延度减小。

经历老化后沥青抗老化能力评价方法：将加热后的试样按规定方法进行针入度或延度、软化点等各项薄膜加热试验后残留物的相应试验，据此评价沥青的抗老化性能。

(二)沥青薄膜加热试验

1.目的与适用范围

本方法适用于测定道路石油沥青、聚合物改性沥青薄膜加热后的质量损失，并根据需要，测定薄膜加热后残留物的针入度、延度、软化点、黏度等性质的变化，以评定沥青的耐老化性能。

2.仪具与材料技术要求

(1)薄膜加热烘箱：工作温度范围可达200℃，控温的准确度为1℃，装有温度调节器和可转动的圆盘架。

圆盘直径360～370mm上有4个浅槽，供放置盛样皿，转盘中心由一垂直轴悬挂于烘箱的中央，由传动机构使转盘水平转动，速度为5.5r/min±1r/min。门为双层，两层之间应留有间隙，内层门为玻璃制，只要打开外门，便可通过玻璃窗读取烘箱中温度计的读数。烘箱采用空气自然对流式通风。为使箱内通风均匀，在烘箱底部及顶部分别设有空气入口和出口，以供热空气和蒸气的逸出和空气进入。

(2)盛样皿:可用不锈钢或铝制成,不少于 4 个,在使用中不变形。

(3)温度计:0～200℃,分度为 0.5℃(允许用普通温度计代替)。

(4)分析天平:感量不大于 0.001g(1mg)。

(5)其他:干燥器、计时器等。

3. 方法与步骤

(1)准备工作

①将洁净、烘干、冷却后的盛样皿编号,称其质量(m_0),准确至 0.001g。

②按沥青试样准备方法准备沥青试样,分别注入 4 个已称质量的盛样皿中 50g±0.5g,并形成沥青厚度均匀的薄膜,放入干燥器中冷却至室温后称取质量(m_1),准确至 0.001g。同时按规定方法,测定沥青试样薄膜加热试验前的针入度、黏度、软化点、脆点及延度等性质。当试验项目需要,预计沥青数量不够时,可增加盛样皿数目,但不允许将不同品种或不同标号的沥青同时放在一个烘箱中试验。

③将温度计垂直悬挂于转盘轴上,位于转盘中心,水银球应在转盘顶面上的 6mm 处,并将烘箱加热并保持至 163℃±1℃。

(2)试验步骤

①把烘箱调整水平,使转盘在水平面上以 5.5r/min±1r/min 的速度旋转,转盘与水平面倾斜角不大于 3°,温度计位置距转盘中心和边缘距离相等。

②在烘箱达到恒温 163℃后,迅速将盛有试样的盛样皿放入烘箱内的转盘上,并关闭烘箱门和开动转盘架;使烘箱内温度回升至 162℃时开始计时,并在 163℃±1℃温度下保持 5h,但从放置试样开始至试验结束的总时间,不得超过 5.25h。

③试验结束后,从烘箱中取出盛样皿,如果不需要测定试样的质量变化,按⑤进行。如果需要测定试样的质量变化,随机取其中两个盛样皿放入干燥器中冷却至室温后,分别称其质量(m_2),准确至 0.001g。

④试样称重后,将盛样皿放回 163℃±1℃的烘箱中转动 15min;取出试样,立即按照⑤的步骤进行工作。

⑤将每个盛样皿的试样,用刮刀或刮铲刮入一适当的容器内,置于加热炉上加热,并适当搅拌使充分融化达流动状态,倒入针入度盛样皿或延度、软化点等试模内,并按规定方法进行针入度等各项薄膜加热试验后残留物的相应试验。如在当日不能进行试验时,试样应放置在容器内,但全部试验必须在加热后 72h 内完成。

4. 计算

(1)沥青薄膜试验后质量变化按式(4-6)计算,精确至小数点后 3 位(质量减小为负值,质量增加为正值)。

$$L_{\mathrm{T}} = \frac{m_2 - m_1}{m_1 - m_0} \times 100 \qquad (4\text{-}6)$$

式中:L_{T}——试样旋转薄膜加热质量变化(%);

m_0——盛样皿质量(g);

m_1——薄膜烘箱加热前盛样皿与试样合计质量(g);

m_2——薄膜烘箱加热后盛样皿与试样合计质量(g)。

(2)沥青薄膜烘箱试验后，残留物针入度比以残留物针入度占原试样针入度的比值按式(4-7)计算。

$$K_P = \frac{p_2}{p_1} \times 100 \tag{4-7}$$

式中：K_P——试样薄膜加热后残留物针入度比(%)；

p_1——薄膜加热试验前原试样的针入度(0.1mm)；

p_2——薄膜烘箱加热后残留物的针入度(0.1mm)。

(3)沥青薄膜加热试验的残留物软化点增值按式(4-8)计算。

$$\Delta T = T_2 - T_1 \tag{4-8}$$

式中：ΔT——薄膜加热试验后软化点增值(℃)；

T_1——薄膜加热试验前软化点(℃)；

T_2——薄膜加热试验后软化点(℃)。

(4)沥青薄膜加热试验黏度比按式(4-9)计算。

$$K_\eta = \frac{\eta_2}{\eta_1} \tag{4-9}$$

式中：K_η——薄膜加热试验前后 60℃黏度比；

η_2——薄膜加热试验后 60℃黏度(Pa·s)；

η_1——薄膜加热试验前 60℃黏度(Pa·s)。

(5)沥青的老化指数按式(4-10)计算。

$$C = \lg\lg(\eta_2 \times 10^3) - \lg\lg(\eta_1 \times 10^3) \tag{4-10}$$

式中：C——沥青薄膜加热试验的老化指数。

(三)沥青旋转薄膜加热试验

1.目的与适用范围

(1)本方法适用于测定道路石油沥青、聚合物改性沥青旋转薄膜烘箱加热(简称 RTFOT)后的质量损失，并根据需要测定旋转薄膜加热后沥青残留物的针入度、黏度、延度及脆点等性质的变化，以评定沥青的老化性能。

(2)本试验允许与沥青薄膜加热试验互相代替。

2.仪具与材料技术要求

(1)旋转薄膜烘箱：烘箱具有双层壁，电热系统应有温度自动调节器，可保持温度为 163℃±0.5℃，其内部尺寸为高 381mm、宽 483mm、深 445mm±13mm(关门后)。烘箱门上有一双层耐热的玻璃窗，其宽为 305～380mm、高 203～229mm，可以通过此窗观察烘箱内部试验情况。最上部的加热元件应位于烘箱顶板的下方 25mm±3mm，烘箱应调整成水平状态。

烘箱的顶部及底部均有通气口。底部通气口面积为 150mm²±7mm²，对称配置，可供均匀进入空气的加热之用。上部通气口匀称地排列在烘箱顶部，其开口面积为 93mm²±4.5mm²。

烘箱内有一内壁，烘箱与内壁之间有一个通风空间，间隙为 38.1mm。烘箱宽的中点上，且从环形金属架表面至其轴间 152.4mm 处，有一外径 133mm、宽 73mm 的鼠笼式风扇，并用一马达驱动旋转，其速度为 1 725r/min。鼠笼式风扇将以与叶片相反的方向转动。

烘箱温度的传感器装置在距左侧 25.4mm 及空气封闭箱内上顶板下约 38.1mm 处，以使测温元件处于距烘箱内后壁约 203.2mm 位置。将测试用的温度计悬挂或附着顶板的一个距烘箱右侧中点 50.8mm 装配架上，温度计悬挂时，其水银球与环形金属架的轴线相距 25.4mm 以内。温度控制器将能使全部装好沥青试样后，在 10min 之内达到试验温度。

烘箱内有一个直径为 304.8mm 的垂直环形架，架上装备有适当的能锁着及开启 8 个水平放置的玻璃盛样瓶的固定装置。垂直环形架通过直径 19mm 的轴，以 15r/min±0.2r/min 速度转动。

烘箱内装备有一个空气喷嘴，向转动玻璃盛样瓶在最低位置上喷进热空气。喷嘴孔径为 1.016mm，连接着一根长为 7.6m、外径为 8mm 的铜管。铜管是水平盘绕在烘箱的底部，并通着一个能调节流量、新鲜的和无尘的空气源。为保证空气充分干燥，可用活性硅胶作为指示剂。在烘箱表面上装备有温度指示器，空气流量计的流量应为 4000mL/min±200mL/min。

(2)盛样瓶：耐热玻璃制，不少于 8 个，高为 139.7mm±15mm，外径为 64mm±1.2mm，壁厚 2.4mm±0.3mm，口部直径为 31.75mm±1.5mm。

(3)温度计：0～200℃，分度为 0.5℃。

(4)分析天平：感量不大于 0.001g。

(5)溶剂：汽油、三氯乙烯等。

3. *方法与步骤*

(1)准备工作

①用汽油或三氯乙烯洗净盛样瓶后，置温度 105℃±5℃烘箱中烘干，并在干燥器中冷却后编号称其质量(m_0)，准确至 0.001g。选择盛样瓶的数量应能满足试验的试样需要，通常不少于 8 个。

②将旋转加热烘箱调节水平，并在 163℃±0.5℃下预热不少于 16h，使箱内空气充分加热均匀。调节好温度控制器，使全部盛样瓶装入环形金属架后，烘箱的温度应在 10min 以内达到 163℃±0.5℃。

③调整喷气嘴与盛样瓶开口处的距离为 6.35mm，并调节流量计，使空气流量为 4 000mL/min±200mL/min。

④按沥青试验标准的方法准备沥青试样，分别注入已称质量的盛样瓶中(其质量为 35g±0.5g)，放入干燥器中冷却至室温后称取质量(m_1)，准确至 0.001g。需测定加热前后沥青性质变化时，应同时灌样测定加热前沥青的性质。

(2)试验步骤

①将称量完后的全部试样瓶放入烘箱环形架中的各瓶位，关上烘箱门后开启环形架转动开关，以 15r/min±0.2r/min 速度转动。同时热空气开始以流速 4 000mL/min±200mL/min 喷入转动着的盛样瓶的试样中，烘箱的温度应在 10min 内回升到 163℃±0.5℃，使在 163℃±0.5℃温度受热时间不少于 75min。总的持续时间为 85min。若 10min 内达不到试验温度时，试验不得继续进行。

②到达时间后，停止环形架转动及喷射热空气，立即逐个取出盛样瓶，并迅速将试样倒入一洁净的容器内混匀(进行加热质量变化的试样除外)，以备进行旋转薄膜加热试验后的沥青性质的试验，但不允许将已倒过的沥青试样瓶重复加热来取得更多的试样。所有试验项目应在 72h 内全部完成。

③将进行质量损失试验的试样瓶放入真空干燥器中，冷却至室温，称取质量(m_2)准确至0.001g。此瓶内的试样即予废弃(不得重复加热用来进行其他性质的试验)。

4.计算

(1)沥青旋转薄膜试验后质量变化按式(4-11)计算，精确至小数点后3位(质量损失为负值，质量增加为正值)。

$$L_T = \frac{m_2 - m_1}{m_1 - m_0} \times 100 \tag{4-11}$$

式中：L_T——试样旋转薄膜加热质量损失(%)；

m_0——盛样瓶质量(g)；

m_1——薄膜烘箱加热前盛样瓶与试样合计质量(g)；

m_2——薄膜烘箱加热后盛样瓶与试样合计质量(g)。

(2)沥青旋转薄膜烘箱试验后，残留物针入度比以残留物针入度占原试样针入度的比值按式(4-12)计算。

$$K_P = \frac{p_2}{p_1} \times 100 \tag{4-12}$$

式中：K_P——试样旋转薄膜加热后残留物针入度比(%)；

p_1——薄膜旋转加热试验前原试样的针入度(0.1mm)；

p_2——薄膜旋转烘箱加热后残留物的针入度(0.1mm)。

经旋转薄膜加热后其他性质的变化结果与计算，方法与薄膜加热试验方法相同。

5.试验说明与注意问题

(1)质量变化，当两个试样皿的质量变化符合重复性试验精密度要求时，取其平均值作为试验结果，准确至小数点后两位。

(2)根据需要报告残留物的针入度及针入度比、软化点及软化点增值、黏度及黏度比、老化指数、延度、脆点等各项性质的变化。

(四)TFOT及RTFOT试验安全注意事项

(1)沥青尤其是聚合物改性沥青，当黏度较高的沥青在进行RTFOT试验时，在旋转过程中沥青容易堆积在瓶口处，有时就会发生沥青从瓶口流出的现象，如果不注意就会着火。因此，在对以上沥青材料进行RTFOT试验的过程中，应注意观测瓶口有无沥青流出现象。

(2)将TFOT及RTFOT试验结束后的盛样瓶(皿)从烘箱中取出时，应戴上手套，安全操作，特别小心地提取盛样瓶(皿)，避免烫伤。

(3)沥青薄膜烘箱和沥青旋转薄膜烘箱的检定周期一般为一年。但在使用过程中对测量结果产生怀疑时，可以进行相应项目的使用中检验，若检验不合格，应提前进行检定。

七、沥青密度与相对密度试验

1.目的与适用范围

本方法适用于使用比重瓶测定各种沥青材料的密度与相对密度。非特殊要求，本方法宜在试验温度15℃及25℃下测定沥青密度和相对密度。

注：对液体石油沥青，也可以采用适宜的液体比重计测定密度或相对密度。

2.仪具与材料技术要求

(1)比重瓶:玻璃制,瓶塞下部与瓶口须经仔细研磨。瓶塞中间有一个垂直孔,其下部为凹形,以便由孔中排除空气。比重瓶的容积为20～30mL,质量不超过40g。

(2)恒温水槽:控温的准确度为0.1℃。

(3)烘箱:200℃,装有温度自动调节器。

(4)天平:感量不大于1mg。

(5)滤筛:0.6mm、2.36mm各一个。

(6)温度计:0～50℃,分度为0.1℃。

(7)烧杯:600～800mL。

(8)真空干燥器。

(9)洗液:玻璃仪器清洗液,三氯乙烯(分析纯)等。

(10)蒸馏水(或去离子水)。

(11)表面活性剂:洗衣粉(或洗涤灵)。

(12)其他:软布、滤纸等。

3.方法与步骤

(1)准备工作

①用洗液、水、蒸馏水先后仔细洗涤比重瓶,然后烘干称其质量(m_1),准确至1mg。

②将盛有新煮沸并冷却的蒸馏水的烧杯浸入恒温水槽中一同保温,在烧杯中插入温度计,水的深度必须超过比重瓶顶部40mm以上。

③使恒温水槽及烧杯中的蒸馏水达至规定的试验温度±0.1℃。

(2)比重瓶水值的测定步骤

①将比重瓶及瓶塞放入恒温水槽中,烧杯底浸没水中的深度应不少于100mm,烧杯口露出水面,并用夹具将其固牢。

②待烧杯中水温再次达至规定温度后并保温30min后,将瓶塞塞入瓶口,使多余的水由瓶塞上的毛细孔中挤出。注意,比重瓶内不得有气泡。

③将烧杯从水槽中取出,再从烧杯中取出比重瓶,立即用干净软布将瓶塞顶部擦拭一次,再迅速擦干比重瓶外面的水分,称其质量(m_2),准确至1mg。注意瓶塞顶部只能擦拭一次,即使由于膨胀瓶塞上有小水滴也不能再擦拭。

④以m_2-m_1作为试验温度时比重瓶的水值。

注:比重瓶的水值应经常校正,一般每年至少进行一次。

(3)液体沥青试样的试验步骤

①将试样过筛(0.6mm)后注入干燥比重瓶中至满,注意不要混入气泡。

②将盛有试样的比重瓶及瓶塞移入恒温水槽(测定温度±0.1℃)内盛有水的烧杯中,水面应在瓶口下约40mm,注意勿使水浸入瓶内。

③从烧杯内的水温达到要求的温度后保温30min,然后将瓶塞塞上,使多余的试样由瓶塞的毛细孔中挤出。仔细用蘸有三氯乙烯的棉花擦净孔口挤出的试样,并注意保持孔中充满试样。

④从水中取出比重瓶,立即用干净软布仔细地擦去瓶外的水分或黏附的试样(不得再揩孔

口)后,称其质量(m_3),准确至1mg。

(4)黏稠沥青试样的试验步骤

①按《公路工程沥青及沥青混合料试验规程》(JTJ 052—2000)T 0602方法准备沥青试样,沥青的加热温度不宜高于估计软化点以上100℃(石油沥青或聚合物改性沥青),仔细注入比重瓶中,约至2/3高度。注意勿使试样黏附瓶口或上方瓶壁,并防止混入气泡。

②取出盛有试样的比重瓶,移入干燥器中,在室温下冷却不少于1h,连同瓶塞称其质量(m_4),准确至1mg。

③将盛有蒸馏水的烧杯放入已达试验温度的恒温水槽中,然后将称其质量后的盛有试样的比重瓶放入烧杯中(瓶塞也放进烧杯中),等烧杯中的水温达到规定试验温度后保温30min,使比重瓶中气泡上升到水面,待确认比重瓶已经恒温且无气泡后,再将比重瓶的瓶塞塞紧,使多余的水从塞孔中溢出,此时应注意不得带入气泡。

④取出比重瓶,按前述方法迅速揩干瓶外水分后称其质量(m_5),准确至1mg。

(5)固体沥青试样的试验步骤

①试验前,如试样表面潮湿,可在干燥、洁净的环境下自然吹干,或置50℃烘箱中烘干。

②将50～100g试样打碎,过0.6mm及2.36mm筛。取0.6～2.36mm的粉碎试样不少于5g放入清洁、干燥的比重瓶中,塞紧瓶塞后称其质量(m_6),准确至1mg。

③取下瓶塞,将恒温水槽内烧杯中的蒸馏水注入比重瓶,水面高于试样约10mm,同时加入几滴表面活性剂溶液(如1%洗衣粉、洗涤灵),并摇动比重瓶使大部分试样沉入水底,必须使试样颗粒表面上附气泡逸出。注意,摇动时勿使试样摇出瓶外。

④取下瓶塞,将盛有试样和蒸馏水的比重瓶置真空干燥箱(器)中抽真空,逐渐达到真空度98kPa(735mmHg)不少于15min。如比重瓶试样表面仍有气泡,可再加几滴表面活性剂溶液,摇动后再抽真空。必要时,可反复几次操作,直至无气泡为止。

注:抽真空不宜过快,防止将样品带出比重瓶。

⑤将保温烧杯中的蒸馏水再注入比重瓶中至满,轻轻的塞好瓶塞,再将带塞的比重瓶放入盛有蒸馏水的烧杯中,并塞紧瓶塞。

⑥将有比重瓶的盛水烧杯再置恒温水槽(试验温度±0.1℃)中保持至少30min后,取出比重瓶,迅速揩干瓶外水分后称其质量(m_7),准确至1mg。

4.计算

(1)试验温度下液体沥青试样的密度或相对密度按式(4-13)或式(4-14)计算。

$$\rho_b=\frac{m_3-m_1}{m_2-m_1}\times\rho_w \tag{4-13}$$

$$\gamma_b=\frac{m_3-m_1}{m_2-m_1} \tag{4-14}$$

式中:ρ_b——试样在试验温度下的密度(g/cm^3);

γ_b——试样在试验温度下的相对密度;

m_1——比重瓶质量(g);

m_2——比重瓶与盛满水时的合计质量(g);

m_3——比重瓶与盛满试样时的合计质量(g);

ρ_w——试验温度下水的密度(g/cm^3),15℃水的密度为 0.999g/cm^3,25℃水的密度为0.997g/cm^3。

(2)试验温度下黏稠沥青试样的密度或相对密度按式(4-15)或式(4-16)计算。

$$\rho_b = \frac{m_4 - m_1}{(m_2 - m_1) - (m_5 - m_4)} \times \rho_w \tag{4-15}$$

$$\gamma_b = \frac{m_4 - m_1}{(m_2 - m_1) - (m_5 - m_4)} \tag{4-16}$$

式中:m_4——比重瓶与沥青试样合计质量(g);

m_5——比重瓶与试样和水的合计质量(g)。

(3)试验温度下固体沥青试样的密度或相对密度按式(4-17)或式(4-17)计算。

$$\rho_b = \frac{m_6 - m_1}{(m_2 - m_1) - (m_7 - m_6)} \times \rho_w \tag{4-17}$$

$$\gamma_b = \frac{m_6 - m_1}{(m_2 - m_1) - (m_7 - m_6)} \tag{4-18}$$

式中:m_6——比重瓶与沥青试样合计质量(g);

m_7——比重瓶与试样和水的合计质量(g)。

5.报告

同一试样应平行试验两次,当两次试验结果的差值符合重复性试验的精密度要求时,以平均值作为沥青的密度试验结果,并准确至三位小数,试验报告应注明试验温度。

6.精密度或允许差

(1)对黏稠石油沥青及液体沥青,重复性试验的允许差为 0.003g/cm^3;复现性试验的允许差为 0.007g/cm^3。

(2)对固体沥青,重复性试验的允许差为 0.01g/cm^3,复现性试验的允许差为0.02g/cm^3。

(3)相对密度的允许误差要求与密度相同(无单位)。

八、沥青蜡含量

沥青中蜡分是一个对沥青路用性能极为不利的成分。目前用于公路的道路石油沥青对蜡含量油严格的限制。蜡对沥青路用性能的不利影响表现在:

(1)蜡在高温时融化,使沥青黏度降低,影响高温稳定性,增大温度敏感性。

(2)蜡使沥青与集料的亲和力变小,影响沥青的黏结力及抗水剥离性。

(3)蜡在低温时结晶析出,分散在其他各组分之间,减小了分子间的紧密联系。当蜡结晶的大小超过胶束的界限时,便以不均相的悬浮物状态存在于沥青中,蜡相当于沥青中的杂质,使沥青的极限拉伸应变和延度变小,容易造成低温发脆、开裂。

(4)减小了低温时的应力松弛性能,使沥青的收缩应力迅速增加而容易开裂。

(5)低温时的流变指数增加,复合流动度减小,时间感应性增加。对测定条件下有相同黏度的沥青,在变形速率小时,含蜡的沥青黏度更大,劲度也大,这也是造成沥青面层温缩开裂的原因之一。

石油沥青中的蜡含量测定是个比较复杂的问题,它是以蒸馏法馏出油分后,在规定的溶剂及低温下结晶析出的蜡含量,以质量百分数表示。我国规范规定用裂解蒸馏法测定道路石油沥青中的蜡含量。

(一)蜡含量试验步骤

(1)向蒸馏烧瓶中装入沥青试样(m_b)约 50g±1g,准确至 0.1g。用软木塞盖严蒸馏瓶。用已知质量的锥形瓶作接受器,浸在装有碎冰的烧杯中。

(2)将盛有试样的蒸馏瓶置已恒温 550℃±10℃的高温电炉中,蒸馏瓶支管与置于冰水中的锥形瓶连接,随后蒸馏瓶底将渐渐烧红。如用燃气灯时,应调节火焰高度将蒸馏瓶周围包住。

(3)调节加热强度(即调节蒸馏瓶至高温炉间距离或燃气灯火焰大小),从加热开始起5~8min内开始初馏(支管端口流出第一滴馏分)。然后以每秒两滴(4~5mL/min)的流出速度继续蒸馏至无馏分油,瓶内蒸馏残留物完全形成焦炭为止。全部蒸馏过程必须在 25min 内完成。蒸馏完后支管中残留的馏分不应流入接受器中。

(4)将盛有馏分油的锥形瓶,从冰水中取出,拭干瓶外水分,置室温下冷却称其质量,得到馏分油总质量(m_1),准确至 0.05g。

(5)将盛有馏分油的锥形瓶盖上盖,稍加热熔化,并摇晃锥形瓶使试样均匀。加热时温度不要太高,避免有蒸发损失。然后,将熔化的馏分油注入另一已知质量的锥形瓶(250mL)中,称取用于脱蜡的馏分油质量 1~3g(m_2),准确至 1mg。估计蜡含量高的试样馏分油数量宜少取,反之需多取,使其冷冻过滤后能得到 0.05~0.1g 蜡,但取样量不得超过 10g。

(6)准备好符合控温精度的自动制冷装置,向冷浴中注入适量的冷液(工业酒精),其液面比试样冷却筒内液面(无水乙醚—乙醇)高约 100mm 以上,设定制冷温度,使其冷浴温度保持在使之保持温度−20℃±0.5℃。把温度计浸没在冷浴 150mm 深处。

(7)将吸滤瓶、玻璃过滤漏斗、试样冷却筒和柱杆塞组成冷冻过滤组件。

(8)将盛有馏分油的锥形瓶注入 10mL 无水乙醚,使其充分溶解,然后注入试样冷却筒中,再用 15mL 无水乙醚分两次清洗盛油的锥形瓶,并将清洗液倒入试样冷却筒中。再将 25mL 无水乙醇注入试样冷却筒内与无水乙醚充分混合均匀。

(9)将冷冻过滤组件放入已经预冷的冷浴中,冷却 1h,使蜡充分结晶。在带有磨口塞的试管中装入 30mL 无水乙醚—无水乙醇体积比(1∶1)混合液(作洗液用),并放入冷浴中冷却至−20℃±0.5℃,恒冷 15min 以后再使用。

(10)当试样冷却筒中溶液冷却结晶后,拔起柱杆塞,过滤结晶析出的蜡,并将柱杆塞用适当方法或吊在试样冷却筒中,保持自然过滤 30min。

(11)当砂芯过滤漏斗内看不到液体时,启动真空泵,使滤液的过滤速度为每秒 1 滴左右,抽滤至无液体滴落。再将已冷却的无水乙醚—无水乙醇(1∶1)混合液一次加入 30mL,洗涤蜡层、柱杆塞及试样冷却筒内壁。继续过滤,当溶剂在蜡层上看不见时,继续抽滤 5min,将蜡中的溶剂抽干。

(12)从冷浴中取出冷冻过滤组件,取下吸滤瓶,将其中溶液倾入一回收瓶中。吸滤瓶也用无水乙醚—无水乙醇混合液冲洗 3 次,每次用 10~15mL,洗液并入回收瓶中。

(13)将冷冻过滤组件(不包括吸滤瓶)装在蜡过虑瓶上,用 30mL 已预热至 30~40℃的石油醚将砂芯过滤漏斗、试样冷却筒和柱杆塞的蜡溶解,然后拔起柱杆塞,待漏斗中无溶液后,再用热石油醚溶解漏斗中的蜡两次，每次用量 35mL，然后立即用真空泵吸滤，至无液滴落。

(14)将吸滤瓶中蜡溶液倾入已称质量的锥形瓶中，并用常温石油醚分 3 次清洗吸滤瓶，每次用量 5～10mL。将洗液倒入锥形瓶的蜡溶液中。

(15)将盛有蜡溶液的锥形瓶放在适宜的热源上蒸馏到石油醚蒸发净至。然后将锥形瓶置温度为 105℃±5℃的烘箱中除去石油醚烘至恒量(约 1h)后，放入真空干燥箱(105℃±5℃，残压 21～35kPa)中 1h，取出置于干燥器中冷却 1～2h 后称其质量，得到析出蜡的质量 m_w，准确至 0.1mg。

(16)同一沥青试样蒸馏后，应从馏分油中取两个以上试样进行平行试验。当取两个试样试验的结果超出重复性试验精度要求时，需追加试验。当为仲裁性试验时，平行试验数应为 3 个。

(二)蜡含量计算

沥青试样的蜡含量按式(4-19)计算。

$$P_P = \frac{m_1 \times m_w}{m_b \times m_2} \times 100 \tag{4-19}$$

式中：P_P——蜡含量(%)；

m_b——沥青试样质量(g)；

m_1——馏分油总质量(g)；

m_2——用于测定蜡的馏分油质量(g)；

m_w——析出蜡的质量(g)。

所进行的平行试验结果的最大值与最小值之差符合重复性试验精密度要求时，取其平均值作为蜡含量结果，取小数点后一位(%)。当超过重复性试验精密度时，以分离得到的蜡的质量(g)为横轴，蜡的质量百分率为纵轴，按直线关系回归求出蜡的质量为 0.075g 时的蜡的质量百分率，作为蜡含量结果，取小数点后一位(%)。

注：关系直线的方向系数应为正值，否则应重新试验。

(三)试验中主要化学溶剂性质及作用

1.无水乙醚

(1)性状

无水乙醚是无色易挥发有特殊气味的液体，使用时应避开火源，注意安全；水分含量较少，剧烈振摇时可能产生静电而起火；凝固点－116.2℃，沸点 34.5℃，相对密度 0.713 8。

(2)用途

无水乙醚主要用作溶剂、化学试剂和麻醉剂。

乙醚微溶于水，是重要的溶剂，可溶解多种有机物，常用作天然产物的萃取剂或反应介质，溶于乙醇、苯、氯仿及石油。纯净的乙醚在医疗上用做手术时的全身麻醉剂。

蜡含量试验中无水乙醚使馏分油充分溶解，作溶剂使用。

(3)危害

无水乙醚是低毒物质，对皮肤及呼吸道黏膜有轻微的刺激作用。长期接触低浓度乙醚蒸气的人员可出现头痛、头晕、食欲减退等症状。

(4)危险特性：遇明火、高热能引起燃烧。

2. 石油醚

石油醚是石油的低沸点馏分，为低级烷烃混合物；按沸点不同分为 30～60℃、60～90℃、90～120℃三类；是无色透明易挥发液体，有类似乙醚气味。试验中使用的石油醚相对密度为 0.669，沸点 60～90℃。

溶解性：不溶于水，溶于无水乙醇、苯等多数有机溶剂。

主要用途：试验中石油醚将蜡溶解。

健康危害：其蒸气或雾对眼睛、黏膜和呼吸道有刺激性。

危险特性：遇明火、高热能引起燃烧。

3. 无水乙醇

(1)性状

无水乙醇为无色澄清液体，有灼烧味，易流动；极易从空气中吸收水分，能与水和氯仿、乙醚等多种有机溶剂混溶；能与水形成共沸混合物（含水 4.43%），共沸点 78.15℃；相对密度 0.789，熔点－114.1℃，沸点 78.5℃，易燃。

(2)用途

试验中无水乙醚—无水乙醇使馏分油充分溶解，作溶剂。

(3)危险特性：遇明火、高热能引起燃烧。

4. 安全防护措施

(1)蜡含量试验仪具应安装在具有通风设备的试验柜中，应确保试验通风条件良好，整个试验过程应在具有通风设备的试验柜中完成。

(2)无水乙醚、石油醚和无水乙醇都应用玻璃瓶密封阴凉保存；应存放在易燃液体专用柜内，要远离火种热源；搬运时要轻装轻卸，严防玻璃瓶破损。

(3)以上几种溶剂着火时，首先要切断所有火源，灭火可用干粉、二氧化碳、抗溶性泡沫和砂土等。

九、沥青的黏温曲线和沥青的流变性质试验

由于沥青的使用温度在很大范围内变化，当沥青加热熔融至 200℃时沥青黏度小至 10^{-1}Pa·s数量级，同水差不多；而冬天处于严寒状态下的沥青近于固体，黏度可高达 10^{11}Pa·s，因而沥青的黏度变化范围是非常大的，不可能用一种方法测定沥青不同温度的黏度。根据不同温度、不同目的将采用不同的方法测定沥青的黏度，这就是沥青测流学即测定沥青流变性质的方法。现在采用的国际单位制单位是帕斯卡秒（Pa·s），1 帕斯卡·秒（Pa·s）相当于 10 泊（P），1 毫帕斯卡（mPa·s）相当于 1 厘泊（cP）。

我国《公路工程沥青及沥青混合料试验规程》（JTG E20—2011）根据测定沥青从较低温度到较高温度范围内黏度的需要，对不同类型的黏度计已分别作了规定。例如，为测定沥青 60℃黏度分级用的动力黏度，世界上基本上都统一采用真空减压毛细管黏度计（规程 T 0620），由于聚合物改性沥青的黏度太大，1999 年修订又增加了较粗的毛细管型号；对确定施工温度而测定 135℃或更高温度的运动黏度，通常采用布洛克菲尔德（Brookfield）黏度计方法（T 0626）等等。将在不同温度条件下测定的黏度，绘于黏温曲线中，确定沥青混合料的施工温度。当使用石油沥青时，宜以黏度为 0.17Pa·s±0.02Pa·s 时的温度作为拌和温度范围；

以0.28Pa·s±0.03Pa·s时的温度作为压实成型温度范围。我国规范规定确定沥青混合料拌和温度和压实温度的方法统一为沥青旋转黏度试验[布洛克菲尔德(Brookfield)黏度计法]。

(一)沥青旋转黏度试验(布洛克菲尔德黏度计法)

1.目的与适用范围

(1)本方法适用于布洛克菲尔德黏度计(Brookfield,简称布氏黏度计)旋转法测定不同类型的沥青在45℃以上温度范围内的表观黏度,以帕斯卡秒(Pa·s)计。

(2)由本方法可以测定沥青不同温度的黏度曲线,用于确定各种沥青混合料的拌和温度和压实温度。

2.仪具与材料技术要求

(1)布洛克菲尔德黏度计:具有直接显示黏度、扭矩、剪切应力、剪变率、转速和试验温度等项目的功能。

①适用于不同黏度范围的标准高温黏度测量系统,如LV、RV、HA或HB型系列等,其量程应满足被测改性沥青黏度的要求。

②不同型号的转子(根据沥青黏度选用)。

③自动温度控温系统,包括恒温室、恒温控制器、盛样筒(为试管形状)、温度传感器等。

④数据采集和显示系统,绘图记录设备等。

(2)烘箱:标称温度范围300℃,控温的准确度为1℃。

(3)标准温度计,分度为0.1℃。

(4)秒表。

3.试验步骤

(1)按《公路工程沥青及沥青混合料试验规程》(JTG E20—2011)要求准备沥青试样,分装在盛样容器中,在烘箱中加热至软化点以上100℃左右保温30～60min备用,对改性沥青更应注意去除气泡。

(2)仪器在安装时必须调至水平,使用前应检查仪器的水准器气泡是否对中。开启黏度计温度控制器电源,设定温度控制系统至要求的试验温度。此系统的控温准确度应在使用前严格标定。

(3)根据估计的沥青黏度,按仪器说明书规定的不同型号的转子所适用的速率和黏度范围,选择适宜的转子。

(4)取出沥青盛样容器,适当搅拌,按转子型号所要求的体积向黏度计的盛样筒中添加沥青试样,根据试样的密度换算成质量。加入沥青试样后的液面应符合不同型号转子的规定要求,试样体积应与系统标定时的标准体积一致。

(5)将转子与盛样筒一起置于已控温至试验温度的烘箱中保温,维持1.5h。若试验温度较低时,可将盛样筒试样适当放冷至稍低于试验温度后再放入烘箱中保温。

(6)取出转子和盛样筒安装在黏度计上,降低黏度计,使转子插进盛样筒的沥青液面中,至规定的高度。

(7)使沥青试样在恒温容器中保温,达到试验所需的平衡温度(不少于15min)。

(8)按仪器说明书的要求选择转子速率,例如在135℃测定时,对RV、HA、HB型黏度计可采用20r/min,对LV型黏度计可采用12r/min,在60℃测定可选用0.5r/min等。开动布洛克菲尔德黏度计，观察读数，扭矩读数应在10%～98%范围内。在整个测量黏度过程中，不能通过改变设定的转速改变剪变率。仪器在测定前是否需要归零，可按操作说明书规定进行。

(9)观测黏度变化，当读数稳定后，在每个试验温度下，每隔60s读数一次，连续读数3次。

(10)对每个要求的试验温度，重复以上过程进行试验。试验温度宜从低到高进行，盛样筒和转子的恒温时间应不小于1.5h。

(11)如果在试验温度下的扭矩读数不在10%～98%的范围内，必须更换转子或降低转子转速后重新试验。

(12)利用布洛克菲尔德黏度计测定的不同温度的表观黏度，绘制黏温曲线。一般可采用135℃及175℃测定的表观黏度，根据需要也可以采用其他温度F测定的表观黏度。

(二)黏温曲线确定拌和及压实温度

将在不同温度条件下测定的黏度，绘于图4-2所示的黏温曲线中，确定沥青混合料的施工温度。当使用石油沥青时，宜以黏度为0.17Pa·s±0.02Pa·s时的温度作为拌和温度范围；以0.28Pa·s±0.03Pa·s时的温度作为压实成型温度范围。

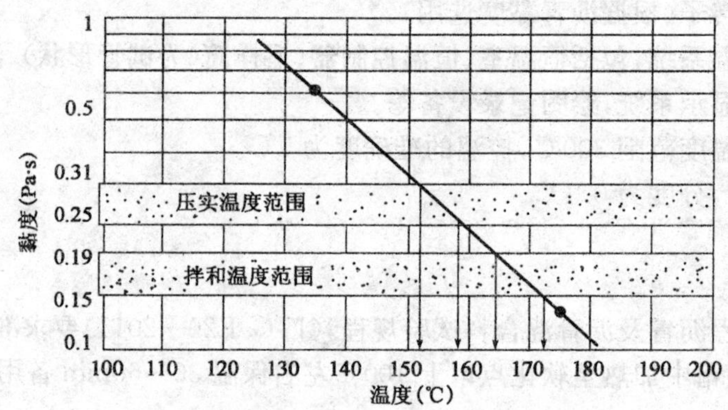

图4-2　由沥青结合料的黏温曲线确定施工温度

(三)沥青的流变性质试验

1.动态剪切流变仪法

(1)动态剪切流变仪法测定沥青胶结料的目的和适用范围

沥青的流变性质取决于温度和时间。我国《公路工程沥青及沥青混合料试验规程》(JTG E20—2011)提出了沥青流变性质试验(动态剪切流变仪法)(DSR)，通过测定沥青材料的动态剪切模量和相位角来表征沥青材料的黏性和弹性。

①本方法适用于测定沥青的动态剪切模量和相位角。沥青动态剪切模量测量值的范围为0.1～10MPa，相应的温度范围为5～85℃。

②本试验的目的是测定沥青胶结料的线性黏弹性质，而不是要得到沥青胶结料的所有线性黏弹性质的综合过程。

③本方法适用于原样沥青、压力老化后的沥青和薄膜烘箱后(或旋转薄膜烘箱)的老化沥青。如用于含有颗粒的沥青，本标准试验方法只适用于颗粒尺寸小于250μm的沥青。

④本方法测得的动态剪切模量和相位角通过计算可以确定沥青性能(PG)分级等级。

(2)动态剪切模量和相位角的含义

在不同温度条件下，在大多数承受交通的沥青路面中，沥青的状况既像一个弹性固体又如一种黏性液体。在DSR中施加的应力和产生的应变之间的关系，量化为两种情况，为计算两种沥青胶结料重要特性提供了必要的参数——动态剪切模量(G^*)和相位角(δ)。

G^*是最大剪应力(τ_{max})和最大剪应变(γ_{max})的比率，即$G^*=\tau_{max}/\gamma_{max}$。施加的应力和由此产生的应变的时间滞后是相位角$\delta$。对于完全的弹性材料，荷载作用时，变形同时产生，相位角δ是零，所有变形都是暂时的。对于黏性材料(如热沥青)，在加载和应变响应之间有较大的滞后，相位角接近于90°，所有的变形都是永久性的。在DSR中，像沥青这样的黏弹性材料在正常工作温度下显示的是在两个极端状态之间的应力—应变反应。G^*是反复受剪力后，某材料抗变形的总量。它由两部分组成：一部分是弹性(暂时变形)，如图4-3所示；另一部分黏性(永久变形)如垂直轴箭头所示。δ是与水平轴的夹角，表示暂时和永久变形的相对量。

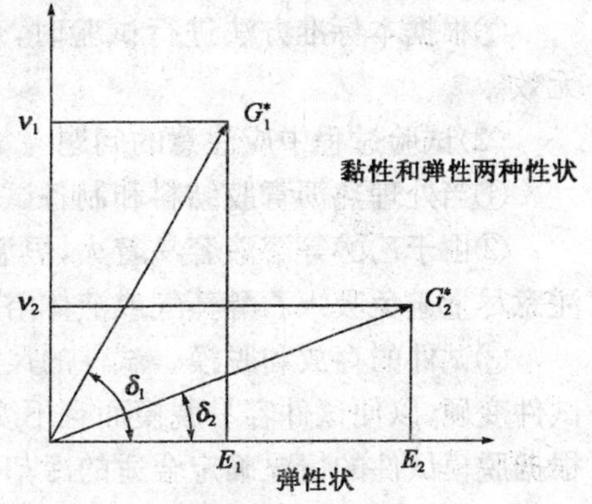

图4-3　DSR量度

在此例中，尽管两种沥青材料都具有黏弹性，但材料2比材料1有较大的弹性，因为其相位角δ值较小。在大多数情况下，沥青同时呈现出黏性和弹性性质。通过测试动态剪切模量G^*和相位角δ，可以了解沥青在使用状态下的黏弹性特性。

美国SHRP规范定义$G^*/\sin\delta$为车辙因子，G^*增大，$\sin\delta$减小，则$G^*/\sin\delta$值大，这将有利于增强沥青材料高温时抵抗永久变形的能力。SHRP沥青路用性能对沥青材料的车辙因子规定如下：

原样沥青　　$G^*/\sin\delta>1.0$kPa

旋转薄膜烘箱试验后的沥青　　$G^*/\sin\delta>2.2$kPa

同时动态剪切模量G^*和相位角δ在SHRP规范中还用来评价沥青材料的抗疲劳破坏及抗老化的能力，即要求RTFOT后又经PAV老化的$G^*/\sin\delta$小于5 000kPa。

2.沥青弯曲蠕变劲度试验(弯曲梁流变仪法)

弯曲梁流变劲度试验是美国SHRP研究开发的一种用弯曲梁流变仪(BBR)准确评价低温下沥青劲度和蠕变速率的方法。该试验应用工程上梁的原理测量在蠕变荷载下小沥青梁试样的劲度。这种蠕变荷载用来模拟当温度下降时，逐渐施加到路面的应力。在BBR试验中，通过试验获得两个评价参数：

①蠕变劲度，即沥青抵抗永久变形的能力；

②m值，即荷载作用时沥青劲度变化的速率。

(1)目的与适用范围

①本方法采用弯曲梁流变仪测定沥青的弯曲蠕变劲度或柔量和m值。测量的弯曲蠕变劲度范围为20～1 000MPa。沥青在低温下为弹性体，在高温下为流体，沥青路面通常介于上述两种温度之间。弯曲梁试验是一种判断沥青弹性和黏性的方法，但其测试温度比较低。如果沥青材料的蠕变劲度太大，则呈现脆性，路面容易开裂。因此，为防止路面开裂破坏，需要限制沥青材料的蠕变劲度，SHRP规定不大于300MPa。SHRP研究认为，表征低温劲度随时间

的变化率 m 值越大越好。这意味着当温度下降而路面出现收缩时，沥青结合料的响应将如同降低了劲度的材料，从而导致材料中的拉应力减小，低温开裂的可能性也随之减小。SHRP 要求测量时间为 60s 时，m 值应大于或等于 0.30。

②本方法适用于原样沥青、压力老化后的沥青和薄膜烘箱后（或旋转薄膜烘箱）的老化沥青。试验设备的操作温度范围为 0～－36℃。

③根据本标准方法进行试验时，若试件的形变大于 4mm 或小于 0.08mm 时，试验结果无效。

(2)试验过程中应注意的问题

①当处理热沥青胶结料和制备试件时仔细阅读标准试验室安全操作规程。

②由于乙醇等溶液容易着火，恒温浴宜放在远离火源并且通风的位置，试验时试验人员要注意尽量避免吸入乙醇蒸气或液体浴接触皮肤，在低温度下液体浴与皮肤接触会导致冻伤。

③试件的存放和脱模。试件的尺寸对试验数据很重要。试件脱模需要足够的冷却时间让试件变硬，以便试件容易脱模而且不变形。对高标号的沥青试件脱模可能需要更低的温度，要根据脱模试件的情况确定合适的冷却温度。在脱模过程中，要非常小心拿好试件，不要使试件变形，确保试件的原始尺寸。变形的试件将会影响测得的劲度和 m 值。

十、沥青与粗集料的黏附性

(一)影响黏附性的因素和评价方法

影响沥青与矿料黏附性的因素很多。集料方面的因素为集料的矿物组成、表面构造、多孔性、含土量、耐久性、表面积、吸收性、含水率、形状、干燥程度、风化程度等性质。沥青方面的因素为：沥青的黏度、流变性、电荷极性、成分、是否使用抗剥落剂等性质。还有沥青混合料的空隙率、渗透性、沥青含量、沥青膜厚度、填料类型、矿料级配和沥青混合料类型等性质；雨量、湿度、水的 pH 值、盐分、温度、交通量、排水、地下水位、施工质量等环境条件也会影响沥青与矿料的黏附性。

我国规范规定了粗集料的两种黏附性试验方法：①大于 13.2mm 的集料选用水煮法；②小于（或等于 13.2mm）13.2mm 的集料选用水浸法。

通过一定条件下考察集料表面的沥青膜抵御水的剥离能力来界定沥青黏附性的好坏。由两名以上经验丰富的试验人员分别评定后，取平均等级作为试验结果。

按照表 4-4 对沥青与矿料的黏附等级进行评定。

沥青与集料黏附性的等级评定　　表 4-4

试验后石料表面上沥青膜剥落情况	黏附性等级
沥青膜完全保存，剥离面积百分率接近于 0	5
沥青膜少部分被水所移动，厚度不均匀，剥离面积百分率小于 10%	4
沥青膜局部明显地被水移动，基本保留在石料表面上，剥离面积百分率小于 30%	3
沥青膜大部分被水所移动，局部保留在石料表面上，剥离面积百分率大于 30%	2
沥青膜完全被水所移动，石料基本裸露，沥青全浮于水面上	1

(二)水煮法操作步骤

水煮法适用于大于13.2mm粒径的粗集料。

试验步骤如下：

(1)将集料过13.2mm、19mm的筛，取存留在13.2mm筛上的颗粒5个，要求试样表面规整、接近立方体。用水洗净，在105℃的烘箱中烘干。用细线将试样集料颗粒逐个系牢，继续放入105℃的烘箱中加热待用。

(2)石油沥青加热至130～150℃，将待用的集料试样浸入沥青45s，使沥青能够全部裹覆在集料表面，取出并悬挂在试验架上，在室温下冷却15min。

(3)将盛水的大烧杯放置在有石棉网的电炉上加热煮沸，在水微沸的状态下(避免有沸腾的气泡出现)将裹覆沥青的集料试样通过细绳悬挂于水中。保持微沸状态浸煮3min。

(4)浸煮结束后，将集料从水中取出，观察集料颗粒表面沥青膜的剥落程度，并按等级评定表内容进行黏度等级评定。

(5)同样试样平行试验5个颗粒，并由两名以上经验丰富的试验人员分别评定后，取平均等级作为试验结果。

水煮法有诸多缺点，国内不少学者也已经提出过批评意见。

(1)试验技巧不好掌握，对"微沸"状态的理解因人而异。"微沸"应该是水已经沸腾，但只有小的气泡不断地向上冒，并没有激烈的大气泡翻滚。可水的沸腾程度对沥青膜的移动有很大的影响，这就是前面所说的"水力冲刷"，水动力大，沥青膜移动剥落就厉害。

(2)剥落百分率不好估计，规范要求不小于4级，意味着剥落面积不得大于10%，目测估计10%的界限很难掌握。

(3)水煮法是将集料彻底烘干后试验的，在裹覆的沥青膜与集料之间并没有水分，只有外部水分的影响，所以它不能反映某些多孔性集料在施工过程中不能将集料中的水分完全烘干的情况。

(4)作为沥青与矿料的黏附性，水煮法只试验了粗集料与沥青的黏附性，在沥青混合料中占有相当比例的细集料，没用进行试验。而对于细集料含量多的密级配沥青混凝土，尤其是对采用颗粒坚硬的石英砂来说，沥青膜从细集料表面剥落同样有很大的危害。所以我国的水煮法称为沥青与粗集料的黏附性。

(三)水浸法操作步骤

水浸法适用于小于13.2mm粒径的集料。

试验步骤如下：

(1)集料过13.2mm、9.5mm的筛，取粒径9.5～13.2mm形状规则的集料200g，洗净并在105℃的烘箱中烘干备用。

(2)以标准方法取沥青试样放入烧杯中，加热至要求的拌和温度。

(3)按四分法称取备用试样颗粒100g置搪瓷盘上，连同搪瓷盘一起放入已升温至沥青拌和温度以上5℃的烘箱中持续加热1h。

(4)按每100g矿料加入沥青5.5g±0.2g的比例称取沥青，准确至0.1g，放入小型拌和容器中，放入同一烘箱中加热15min。

(5)从烘箱中取出拌和容器，将搪瓷盘中的集料倒入拌和容器的沥青中，立即用金属铲均匀拌和1～1.5min，使集料完全被沥青膜裹覆。拌和完成后立即将裹有沥青的集料取20个，用小铲移至玻璃板上摊开，并在室温下冷却1h。

(6)将放有集料试样的玻璃板浸入水温80℃±1℃的恒温水槽中，保持30min，并将剥离及浮于水面的沥青，用纸片捞出。

(7)由水中小心取出玻璃板，浸入水槽的冷水中，仔细观察裹覆集料的沥青薄膜的剥落情况。由两名以上的经验丰富的试验人员分别目测，评定剥离面积的百分率，评定后取平均值表示，并以上表同样的方式评价沥青与集料的黏附等级。

十一、沥青技术要求

(一)沥青标号、等级及适用范围

目前，世界上道路沥青的产品分级主要三种，即针入度分级（按25℃的针入度划分沥青的牌号）、黏度分级（按60℃黏度划分沥青的牌号）以及性能分级。其中黏度分级又细分为两类，即以新鲜沥青60℃黏度分级的AC分级体系和以旋转薄膜烘箱（或薄膜烘箱）残余物60℃分级的AR分级体系。中国、德国、欧盟以及日本主要采用沥青的针入度分级体系，美国和加拿大等国家针入度分级体系和黏度分级体系同时存在。而性能分级是根据美国SHRP的研究成果，是能够模拟路用性能的分级标准，许多国家都在模仿使用，但有些国家目前还在讨论中。我国沥青标号以针入度值作为划分依据。

据当前的沥青使用和生产水平，按技术性能分为A、B、C三个等级：沥青标准中按质量水平分为几个等级的做法，国外也采用过（如日本）或者目前正在采用（如加拿大、美国ASTM）。各个沥青等级的适用范围应符合表4-5的规定。

道路石油沥青的适用范围　　表4-5

沥青等级	适用范围
A级沥青	各个等级的公路，适用于任何场合和层次
B级沥青	①高速公路、一级公路沥青下面层及以下的层次，二级及二级以下公路的各个层次； ②用作改性沥青、乳化沥青、改性乳化沥青、稀释沥青的基质沥青
C级沥青	三级及三级以下公路的各个层次

(二)不同标号沥青适用性的大致规律

低标号的沥青针入度小，稠度大，黏度也高，适用于较炎热地区；高标号的沥青针入度大，稠度小，黏度也低，适用于较寒冷地区。

对热拌沥青混合料，我国大部分地区宜用针入度50号及70号的沥青，只有在很少寒冷地区适用于90号沥青，110号沥青适用于中轻交通的公路上。而且这是相应于国外的荷载情况决定的，我国的重载交通比例大，甚至有严重的超限超载情况，应适当选择针入度更小的沥青，努力扩大50号沥青的适用范围。

(三)道路石油沥青的技术要求

1.道路石油沥青技术要求

道路石油沥青的质量应符合表4-6规定的技术要求。经建设单位同意，沥青的PI值、60℃动力黏度、10℃延度可作为选择性指标。

表 4-6

道路石油沥青技术要求

指标	单位	等级	沥青标号																	试验方法①
			160号④	130号④	110号			90号					70号③					50号	30号④	
针入度(25℃,5s,100g)	0.1mm		140～200	120～140	100～120			80～100					60～80					40～60	20～40	T 0604
适用的气候分区			注[4]	注[4]	2-1	2-2	3-2	1-1	1-2	1-3	2-2	2-3	1-3	1-4	2-2	2-3	2-4	1-4	注④	
针入度指数 PI②		A	−1.5～+1.0																	T 0604
		B	−1.8～+1.0																	
软化点(R&B) 不小于	℃	A	38	40	43			45			44		46		45			49	55	T 0606
		B	36	39	42			43			42		44		43			46	53	
		C	35	37	41			42					43					45	50	
60℃动力黏度② 不小于	Pa·s	A	—	60	120			160			140		180		160			200	260	T 0620
10℃延度② 不小于	cm	A	50	50	40			45	30	20	30	20	20	15	25	20	15	15	10	T 0605
		B	30	30	30			30	20	15	20	15	15	10	20	15	10	10	8	
15℃延度 不小于	cm	A、B	100															80	50	
		C	80	80	60			50					40					30	20	
蜡含量(蒸馏法) 不大于	%	A	2.2																	T 0615
		B	3.0																	
		C	4.5																	

续上表

指标	单位	等级	沥青标号							试验方法①
			160 号④	130 号④	110 号	90 号	70 号③	50 号	30 号④	
闪点 不小于	℃		230			245	260			T 0611
溶解度 不小于	%		99.5							T 0607
密度(15℃)	g/cm³		实测记录							T 0603
TFOT(或 RTFOT)后⑤										T 0610 或 T 0609
质量变化 不大于	%		±0.8							
残留针入度比 不小于	%	A	48	54	55	57	61	63	65	T 0604
		B	45	50	52	54	58	60	62	
		C	40	45	48	50	54	58	60	
残留延度(10℃) 不小于	cm	A	12	12	10	8	6	4	—	T 0605
		B	10	10	8	6	4	2	—	
残留延度(15℃) 不小于	cm	C	40	35	30	20	15	10	—	T 0605

注：①试验方法按照现行《公路工程沥青及沥青混合料试验规程》规定的方法执行。用于仲裁试验求取 PI 时的 5 个温度的针入度关系的相关系数不得小于 0.997。

②经建设单位同意，表中 PI 值、60℃动力黏度、10℃延度可作为选择性指标，也可不作为施工质量检验指标。

③70 号沥青可根据需要要求供应商提供针入度范围为 60～70 或 70～80 的沥青，50 号沥青可要求提供针入度范围为 40～50 或 50～60 的沥青。

④30 号沥青仅适用于沥青稳定基层。130 号和 160 号沥青除寒冷地区可直接在中低级公路上直接应用外，通常用作乳化沥青、稀释沥青、改性沥青的基质沥青。

⑤老化试验以 TFOT 为准，也可以 RTFOT 代替。

2. 道路石油沥青指标的意义

在对道路石油沥青的技术标准中，沥青质量要求充分照顾到气候条件，规定了各气候区适宜的沥青针入度等级。尽管各气候区的差别甚小，但已经很有意义。主要的指标有密度、含蜡量、针入度、延度、软化点、黏度、闪点、溶解度，以及进行热老化试验(包括薄膜加热烘箱试验或旋转薄膜烘箱加热试验)等。

(1)密度

比重的大小与原油种类有关。国外道路沥青的相对密度大都在 1.0 以上，我国过去的沥青除环烷中间基原油生产的相对密度稍大于 1.0 外，其他原油提炼的道路沥青相对密度一般都小于 1.0。一般认为，沥青密度是一项沥青组成的综合指标，它与沥青组分的比例有关，沥青质含量越多，密度越大；饱和分以及蜡含量越多，密度越小。沥青的密度主要是为了沥青体积与质量换算及进行沥青混合料配合比设计使用，并非衡量沥青质量好坏的标准。因此，我国沥青密度指标为实测记录项目，数据不作质量评定使用。

(2)含蜡量

沥青中蜡对路用性能的影响主要表现在以下方面：

①蜡在高温时融化，使沥青黏度降低，影响高温稳定性，增大温度敏感性。

②蜡使沥青与集料的亲和力变小，影响沥青的黏结力及抗水剥离性。

③蜡在低温时结晶析出，分散在其他各组分之间，减小了分子间的紧密联系。当蜡结晶的大小超过胶束的界限时，便以不均相的悬浮物状态存在于沥青中，蜡相当于沥青中的杂质，使沥青的极限拉伸应变和延度变小，容易造成低温发脆、开裂。

④减小了低温时的应力松弛性能，使沥青的收缩应力迅速增加而容易开裂。

⑤低温时的流变指数增加，复合流动度减小，时间感应性增加。对测定条件下有相同黏度的沥青，在变形速率小时，含蜡的沥青黏度更大，劲度也大，这也是造成沥青面层温缩开裂的原因之一。

⑥蜡的结晶及融化使一些测定指标出现假相，使沥青的性质发生突变，使沥青性质在这一温度区的变化不连续。BTDC 图存在一过渡区转折，因此针入度测定必须采用预冷法，对于蜡含量高的沥青，沥青软化点测定值有假象，应采用当量软化点 T_{800} 代替。针入度指数 PI 的计算应根据不同温度的软化点测定值回归得到。

国内外的研究表明，蜡对沥青性能的影响不仅仅是蜡的含量，更主要的是蜡在沥青中的结晶形态或蜡的类型。

从沥青中的蜡的不同形态分析，微晶蜡或地蜡非常细小地分散在沥青中的，对沥青性能影响较小；石蜡则要大得多，类似于骨头状，它对沥青性能的影响特别大。有一点是特别重要的，本来存在于沥青中的蜡的形态与将蜡掺加到沥青中的形态是不一样的。

A 级沥青放宽到 2.2%将有利于国产沥青的应用，此含蜡量是按试验规程的方法测定的。

(3)延度

如果原油含蜡量高，生产的路用沥青含蜡量也会高，蜡的结晶对延度有直接的影响。一般还认为，延度大小与沥青低温性质优劣有关。A、B 级沥青改为 10℃延度，C 级沥青改为 15℃延度。这里需要注意的是，延度指标提得太高有可能影响其他指标。

(4)软化点

软化点是沥青达到规定条件黏度时的温度，所以软化点既是反映沥青材料热稳定性的一个指标，也是沥青黏性的一种量度。普通沥青的软化点测定值大都在45～51℃范围内，这种沥青软化点差值并不大，可是实际公路上应用时，在夏季高温时容易软化，路面泛油、拥包现象比较严重。这主要是由于沥青中蜡的存在使得沥青软化点测定值有假象，蜡的熔点在30～70℃之内，蜡的结晶软化需要吸收一部分附加热，从而使得软化点提高。

(5)针入度

沥青的针入度是在规定温度和时间内，附加一定质量的标准针垂直贯入试样的深度。沥青的针入度与沥青路面的使用性能具有密切的关系，在现阶段仍然是我国划分沥青标号的最主要的依据。它不仅表现在高温稳定性上，对低温抗裂性能也同样重要。对于温度敏感性相同的沥青，针入度大即较稀的沥青有较低的劲度模量，比较稠的沥青路面裂缝少。

针入度试验是一种用于量测沥青胶结料稠度的经验性试验。通常在25℃温度测针入度，该温度大约为热拌沥青混凝土路面的平均服务温度。虽然黏度是最好的量测形式，但现在在该温度量测针入度是表征沥青结合料稠度的简单方法。

(6)针入度指数(PI)

针入度指数PI用来描述沥青的温度敏感性，宜在15℃、25℃、30℃等3个或3个以上的温度条件下，测定针入度后，按规定的计算方法得到。国外一般要求PI在－1～＋1之间，根据大量的试验研究，适当有所降低。在规范修订过程中有些意见认为PI值的试验误差较大，或者应该按照欧洲新的标准中的方法采用针入度和软化点计算PI值。针对这些意见，规范要求严格按照试验规程的方法，选用5个适宜的温度测定针入度计算，且要求相关系数不小于0.997。至于计算方法，EN12591：2000标准确实已经由以前的采用5个温度的针入度计算的方法修改为按Pfeiffer和Van Doormael的方法由针入度和环球法软化点确定。

此方法中显然是考虑到欧洲的道路沥青蜡含量普遍已经很低，当量软化点的概念已经失去意义，同时为照顾不同国家的要求，标准也由原来的－1～＋1放宽到－1.5～＋0.7。

两种计算方法的PI值不同主要由于蜡含量对软化点的影响所造成。试验结果充分说明，两种不同方法的计算结果之差来源于不同方法测定的软化点的差异，二者的相关系数达0.973。因此，在我国目前的沥青蜡含量的水平情况下(包括B级沥青)，PI值的计算方法尚不宜改变。同时考虑到目前国产沥青和进口沥青的PI水平，将要求放宽到不小于－1.5(A级)或－1.8(B级)。

道路石油沥青依据针入度大小划分标号。液体石油沥青依据标准黏度划分标号。针入度和标准黏度都是表示沥青稠度的指标，一般沥青的针入度越小，表示沥青越稠。而工程使用中由于不同工程所处的地理环境、气候条件不同，对沥青的要求也不同，因此将沥青依针入度(黏度)划分为若干标号，有利于根据工程实际要求选择适宜稠度的沥青。

(7)黏度

沥青试样在规定条件下流动时形成的抵抗力或内部阻力的度量，也称黏滞度。黏度随沥青的组分和温度而定，沥青质含量高黏滞性大，随温度的升高黏滞性降低。沥青的黏滞性与沥青路面的力学行为有密切的关系，在现代交通条件下为防止高温时路面出现车辙及过多的变形，沥青黏度是一个很重要的参数。我国规范中，A级沥青增加了60℃的动力黏度作为高温性能的评价指标。60℃黏度分级用动力黏度，世界上基本上都统一采用真空减压毛细管黏度

计测定。

(8)闪点

如果沥青胶结料加热到足够高的温度，则会散发足够多的蒸汽，当存在火花或明火时即会着火。闪点表明存在明火时沥青胶结料安全的加热温度，在该温度没有瞬时起火的危险。该温度低于燃点，燃点是材料燃烧的温度。虽然铺路沥青胶结料的闪点高于热拌沥青混凝土生产正常使用的温度，但从安全考虑对其进行量测与控制是必要的。

(9)溶解度

沥青的溶解度是沥青试样在规定溶剂中可溶物的含量，以质量百分率表示。溶解度反映沥青的纯度，是沥青质量均匀性指标。我国统一用三氯乙烯作为溶剂，测定值为99.5%。

(10)热老化试验

当在拌和装置中与热矿质集料拌和时，沥青结合料承受了短期的老化。而沥青路面在承受环境和其他因素的服务寿命中，则持续承受长期老化。使用薄膜烘箱试验来估计热拌沥青混合料拌和装置中发生的短期老化。将加热后的试样按规定方法进行质量变化、针入度、延度等各项薄膜加热试验后残留物的相应试验，据此评价沥青的抗老化性能。

从表4-6可以看出，我国道路石油沥青的标准指标按所反映的沥青性质不同，主要有以下项目。

(1)分级指标：针入度；

(2)综合指标(包括纯度)：密度，针入度指数、蜡含量、溶解度；

(3)高温稳定性指标：软化点、60℃动力黏度；

(4)低温抗裂性能指标：延度；

(5)耐老化性能指标：薄膜加热试验、旋转薄膜加热试验前后的质量变化、针入度比、延度；

(6)施工安全指标：闪点。

十二、其他沥青材料

(一)液体石油沥青

液体沥青是指用汽油、煤油、柴油等溶剂将石油沥青稀释而成的沥青产品，也称轻制沥青或稀释沥青。液体石油沥青适用于透层、黏层及拌制冷拌沥青混合料。根据使用目的与场所，可选用快凝、中凝、慢凝的液体石油沥青，其液体沥青的品种和数量应符合表4-7、表4-8的规定。

沥青路面透层材料的规格和用量表　　表4-7

用　途	液体沥青		乳化沥青		煤沥青	
	规格	用量(L/m²)	规格	用量(L/m²)	规格	用量(L/m²)
无结合料粒料基层	AL(M)-1、2或3 AL(S)-1、2或3	1.0～2.3	PC-2 PA-2	1.0～2.0	T-1 T-2	1.0～1.5
半刚性基层	AL(M)-1或2 AL(S)-1或2	0.6～1.5	PC-2 PA-2	0.7～1.5	T-1 T-2	0.7～1.0

沥青路面黏层材料的规格和用量表 表 4-8

下卧层类型	液体沥青		乳化沥青	
	规格	用量(L/m²)	规格	用量(L/m²)
新建沥青层或旧沥青路面	AL(R)-3～AL(R)-6 AL(M)-3～AL(M)-6	0.3～0.5	PC-3 PA-3	0.3～0.6
水泥混凝土	AL(M)-3～AL(M)-6 AL(S)-3～AL(S)-6	0.2～0.4	PC-3 PA-3	0.3～0.5

注:M——中凝;S——慢凝;R——快凝。表中用量是指包括稀释剂和水分等在内的液体沥青、乳化沥青的总量。乳化沥青中的残留物含量以50%为基准。

液体石油沥青宜采用针入度较大的石油沥青,使用前按先加热沥青后加稀释剂的顺序,掺配煤油或轻柴油,经适当的搅拌、稀释制成。掺配比例根据使用要求由试验确定。

液体石油沥青在制作、储存、使用的全过程中必须通风良好,并有专人负责,确保安全。基质沥青的加热温度严禁超过140℃,液体沥青的储存温度不得高于50℃。

(二)乳化沥青

石油沥青与水在乳化剂、稳定剂等的作用下经乳化加工制得的均匀的沥青产品,也称沥青乳液。乳化沥青的乳化原理:沥青在有乳化剂—稳定剂的水中,经机械力的作用分裂为微滴(粒径为2～5μm),而形成稳定的沥青—水分散系。由于乳化剂降低了体系的界面能、界面膜的形成和界面电荷的作用,使其形成沥青乳液。

乳化沥青适用于沥青表面处治路面、沥青贯入式路面、冷拌沥青混合料路面、修补裂缝、喷洒透层、黏层与封层等。乳化沥青可以冷态施工,节约大量能源,便于施工,保护环境。乳化沥青的品种和适用范围宜符合表4-9规定。作为沥青路面透层材料和黏层材料的规格和数量应符合表4-7、表4-8。

乳化沥青品种及适用范围 表 4-9

分类	品种及代号	适用范围
阳离子乳化沥青	PC-1	表处、贯入式路面及下封层用
	PC-2	透层油及基层养生用
	PC-3	黏层油用
	BC-1	稀浆封层或冷拌沥青混合料用
阴离子乳化沥青	PA-1	表处、贯入式路面及下封层用
	PA-2	透层油及基层养生用
	PA-3	黏层油用
	BA-1	稀浆封层或冷拌沥青混合料用
非离子乳化沥青	PN-2	透层油用
	BN-1	与水泥稳定集料同时使用(基层路拌或再生)

注:P为喷洒型,B为拌和型,C、A、N分别表示阳离子、阴离子、非离子乳化沥青。

乳化沥青类型根据集料品种及使用条件选择。阳离子乳化沥青可适用于各种集料品种,阴离子乳化沥青适用于碱性石料。乳化沥青的破乳速度、黏度宜根据用途与施工方法选择。

制备乳化沥青用的基质沥青,对高速公路和一级公路,宜符合道路石油沥青A、B级沥青的要求，其他情况可采用C级沥青。

(三)SBS改性沥青

1.沥青改性常用方法

除了少量可以采用直接投入法加工的改性剂如SBR胶乳外，大部分改性剂与道路沥青的相容性很不好，所以必须采取特殊的加工方式，将改性剂完全分散在沥青中，才能生产改性沥青。归纳起来，改性沥青的加工制作及使用方式，可以分为预混法和直接投入法两大类。实际上，直接投入法是制作改性沥青混合料的工艺，只有预混法才是名副其实的制作改性沥青，不过现在通称为改性沥青，细分可有图4-4所示几种方式。

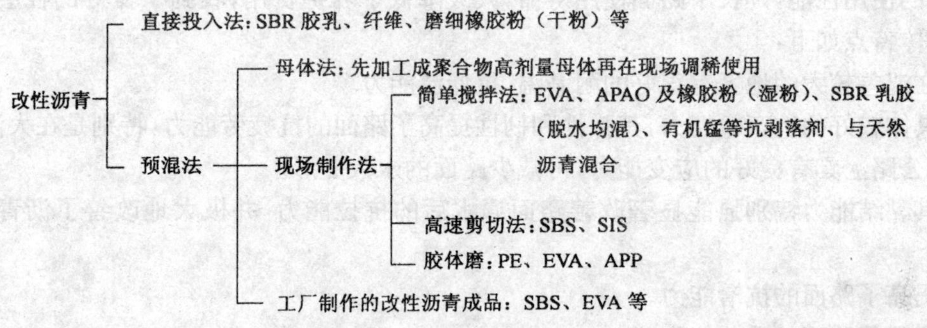

图4-4 沥青改性常用方式

母体法的原理是先采用一种适当的方法制备加工成高剂量聚合物改性沥青母体，再在现场把改性沥青母体与基质沥青掺配调稀成要求剂量的改性沥青使用，所以又称为二次掺配法。母体法可以采用溶剂法和混炼法制备改性沥青母体。

所谓直接投入法是直接将改性剂投入沥青混合料拌和锅与矿料、沥青拌和制作改性沥青混合料的工艺。严格来说，由于它没有预先与沥青共混，所以没有经历制作改性沥青的阶段，也不好说是制作改性沥青。正如前述，现在一般都把预混法和直接投入法作为改性沥青制作工艺的两大类来看待。

从理论上讲，聚合物改性剂与基质沥青都可以通过机械搅拌制得改性沥青。不过，由于改性剂与基质沥青的相容性不同，采用机械搅拌法的难易程度有很大的差别。对SBS、PE等相容性较差的改性剂，不适用于机械搅拌法加工，而对EVA以及某些相容性较好的聚合物，可以采用搅拌法加工。

对目前工程上适用较多的SBS、SIS等热塑性橡胶类和EVA、PE热塑性树脂类改性剂，由于它与沥青相容性较差，仅仅采用简单的机械搅拌势必需要太长的时间，且效果不好。对这些改性剂，必须通过胶体磨或高速剪切设备等专用机械的研磨和剪切力强制将改性剂打碎，使改性剂充分分散到基质沥青中。

现场使用的改性沥青设备有胶体磨式与高速剪切式两大类，这两类设备都是常用的专用改性沥青制作设备。

采用胶体磨法和高速剪切法加工改性沥青，一般都需要经过改性剂膨胀、分散磨细、继续发育三个阶段。每一阶段的工艺流程和时间随改性剂及加工设备的不同而不同，而加工温度是个关键。改性剂经过融胀阶段(SBS充油将使融胀变得很容易)后，磨细分散才能做到又快又好,加工出来的改性沥青还需进入储存缸中不停地搅拌,使之继续发育(SBS一般需30min以上),才能喷入拌和锅中使用。

2. SBS改性沥青的特点

改性沥青是掺加橡胶、树脂、高分子聚合物、天然沥青、磨细的橡胶粉或者其他材料等外掺剂(改性剂),使沥青或沥青混合料的性能得以改善而制成的沥青结合料,称为改性沥青。改性沥青可单独或复合采用高分子聚合物、天然沥青及其他改性材料制作。掺加苯乙烯-丁二烯-苯乙烯嵌段共聚物(SBS)改性剂,使沥青或沥青混合料的性能得以改善而制成的沥青结合料,称为SBS改性沥青。SBS改性沥青在高等级公路、城市干道和机场跑道等的应用,显著提高了路面的使用性能,延长了路面使用寿命,大大降低了养护费用,收到了良好的社会与经济效益。具体特点如下:

(1)在温差较大的地区有很好的耐高温、抗低温能力。

(2)具体较好的抗车辙能力,其弹性和韧性提高了路面的抗疲劳能力,特别是在大流量、重载严重的公路上具有良好的应变能力,可减少路面的永久变形。

(3)其黏结能力特别强能显著改善路面遇水后的抗拉能力,并极大地改善了沥青的水稳定性。

(4)提高了路面的抗滑能力。

(5)增强了路面的承载能力。

(6)可减少路面因紫外线辐射而导致的沥青老化现象。

(7)减少因车辆渗漏柴油、机油和汽油而造成的破坏。

3. SBS改性沥青技术要求

SBS类热塑性橡胶类聚合物改性沥青,分为I-A型、I-B型、I-C型、I-D型四个等级。同一分类级中的A、B、C、D主要是基质沥青标号及改性剂的不同,从A到D意味着沥青的针入度变小,沥青越硬,高温性能好,相反低温性能降低。I-A型、I-B型适用于寒冷地区,I-C型用于较热地区,I-D型用于炎热地区及重交通量路段。SBS改性沥青的高温、低温性能都好,且有良好的弹性恢复性能,所以采用软化点、5℃低温延度、回弹率作为主要指标。改性沥青的技术指标以改性沥青的针入度作为分级的主要依据,改性沥青的针入度指数PI反映改性后沥青感温性的改善程度。聚合物改性沥青通常由聚合物和沥青结合料液相组成的多相混合系统。对许多这样的多相系统来说,与产生改性效果的聚合物之间总有一定程度的非兼容性,于是提出了进行离析试验测定软化点之差别以限制离析。安全要求指标是闪点。溶解度是反映SBS改性沥青的纯度指标。135℃运动黏度是对SBS改性沥青混合料工作性要求的指标。

SBS聚合物改性沥青的质量应符合表4-10的技术要求,其中PI值可作为选择性指标。

SBS聚合物改性沥青技术要求　　表4-10

指　标		单位	SBS类(I类)				试验方法[1]
			I-A	I-B	I-C	I-D	
针入度(25℃,100g,5s)		0.1mm	>100	80~100	60~80	30~60	T 0604
针入度指数PI	不小于		-1.2	-0.8	-0.4	0	T 0604
延度(5℃,5cm/min)	不小于	cm	50	40	30	20	T 0605

续上表

指　　标		单位	SBS类(I类)				试验方法[1]
			I-A	I-B	I-C	I-D	
软化点 $T_{R\&B}$	不小于	℃	45	50	55	60	T 0606
运动黏度[1](135℃)	不大于	Pas	3				T 0625 T 0619
闪点	不小于	℃	230				T 0611
溶解度	不小于	%	99				T 0607
弹性恢复(25℃)	不小于	%	55	60	65	75	T 0662
储存稳定性[2]							
离析,48h 软化点差	不大于	℃	2.5				T 0661
TFOT(或 RTFOT)后残留物							
质量变化	不大于	%	1.0				T 0610 或 T 0609
针入度比(25℃)	不小于	%	50	55	60	65	T 0604
延度(5℃)	不小于	cm	30	25	20	15	T 0605

注:①表中 135℃运动黏度可采用《公路工程沥青及沥青混合料试验规程》中的"沥青旋转黏度试验方法(布洛克菲尔德黏度计法)"进行测定。若在不改变改性沥青物理力学性质并符合安全条件的温度下易于泵送和拌和,或经证明适当提高泵送和拌和温度时能保证改性沥青的质量,容易施工,可不要求测定。

②储存稳定性指标适用于工厂生产的成品改性沥青。现场制作的改性沥青对储存稳定性指标可不作要求,但必须在制作后,保持不间断的搅拌或泵送循环,保证使用前没有明显的离析。

第二节　沥青混合料及检测方法

一、沥青混合料的基本概念

(一)沥青混合料分类

沥青混合料指由矿料与沥青结合料拌和而成的混合料的总称。其按材料组成及结构分为连续级配、间断级配混合料,按矿料级配组成及空隙率大小分为密级配、半开级配、开级配混合料。按公称最大粒径的大小可分为特粗式(公称最大粒径等于或大于 31.5mm)、粗粒式(公称最大粒径 26.5mm)、中粒式(公称最大粒径 16 或 19mm)、细粒式(公称最大粒径 9.5 或 13.2mm)、砂粒式(公称最大粒径小于 9.5mm)沥青混合料。按制造工艺分热拌沥青混合料、冷拌沥青混合料、再生沥青混合料等。

1. 按矿料级配组成和空隙率分类

(1)密级配沥青混凝土混合料

按密级配原理设计组成的各种粒径颗粒的矿料,与沥青结合料拌和而成,经马歇尔标准击实成型试件的剩余空隙率为 3%～5%(对重载道路为 4%～6%,对人行道路为 2%～5%)的密实型沥青混凝土混合料;按粒径大小分为砂粒式、细粒式、中粒式、粗粒式、特粗式等;按关键性筛孔通过率的不同又可分为细型密级配、粗型密级配沥青混合料等。

(2)开级配沥青混合料

矿料级配主要由粗集料嵌挤组成,细集料及填料较少,经高黏度沥青结合料黏结,矿料相互拨开形成的混合料,经马歇尔标准击实成型试件的空隙率通常大于18%。代表性结构有铺筑于沥青层表面的排水式大空隙沥青混合料磨耗层,如美国的OGFC、欧洲有的也称PEM等,以及铺筑在沥青层底部的排水式沥青稳定基层(ATPB)。

(3)半开级配沥青混合料

由适当比例的粗集料、细集料及少量填料(或不加填料)与沥青结合料拌和而成,经马歇尔标准击实成型试件的剩余空隙率在6%～12%的半开式沥青碎石混合料。我国的AM型沥青碎石混合料属于此类。

2.按颗粒最大粒径和级配分类

(1)砂粒式沥青混合料

公称最大集料粒径等于或小于4.75mm的沥青混合料,也称为沥青石屑或沥青砂。

(2)细粒式沥青混合料

公称最大集料粒径为9.5mm或13.2mm的沥青混合料。

(3)中粒式沥青混合料

公称最大集料粒径为16mm或19mm的沥青混合料。

(4)粗粒式沥青混合料

公称最大集料粒径为26.5mm或31.5mm的沥青混合料。

(5)特粗式沥青混合料

公称最大粒径为等于或大于37.5mm的沥青混合料。

3.按强度构成原则分类

按强度构成原则,其可分为按嵌挤原则构成的结构和按密实级配原则构成的结构两类。

按嵌挤原则构成的沥青混合料的结构强度,是以矿料颗粒之间的嵌挤力和内摩阻为主,沥青结合料的黏附作用为辅而构成的。沥青贯入式路面、沥青表面处治、沥青碎石路面均属此类结构。这一类路面是以颗粒较粗的、尺寸较均匀的矿料构成骨架,沥青混合料填充其空隙,并把矿料黏成一个整体。这种混合料的强度受自然因素(温度、水)的影响较小。

按密实级配原则构成的沥青混合料的结构强度,是以沥青与矿料之间的黏结力为主,矿质颗粒之间的嵌挤力和内摩阻力为辅而构成的。沥青混凝土路面多属于此类。这类的沥青混合料的结构强度受温度影响较大。

(二)沥青混合料的结构类型及其特点

沥青混合料按其结构组成通常可以分成下列三种组成方式。

1.悬浮密实结构[图4-5a)]

由连续级配矿料组成的密实混合料,当主骨料约为30%～40%时,沥青混合料虽可以形成密实结构,但因为粗集料数量较少,不能形成骨架,而以悬浮状态处于较小颗粒之中,这种沥青混合料表现为黏结力较高,内摩阻力受沥青材料的性质和物理状态的影响较大,稳定性较差,密实,疲劳和低温性能强。

2.骨架空隙结构[图4-5b)]

采用连续型级配矿质混合料,当矿质集料中主骨料较多,可以形成骨架,但因细集料数量过少，不足以填满空隙时，则形成“骨架-空隙”结构。这种沥青混合料强度主要取决于内摩阻力，黏结力低，其结构强度受沥青的性质和物理状态影响较小，高温稳定性较好，抗水损害、疲劳和低温性能较差。

3.骨架密实结构[图 4-5c)]

当采用间断型密级配时，混合料中既有一定数量的粗集料形成骨架，同时细集料足以填满骨架的空隙。这种沥青混合料黏结力和内摩阻力均较高高温稳定性较好，抗水损害、疲劳和低温性能较好。

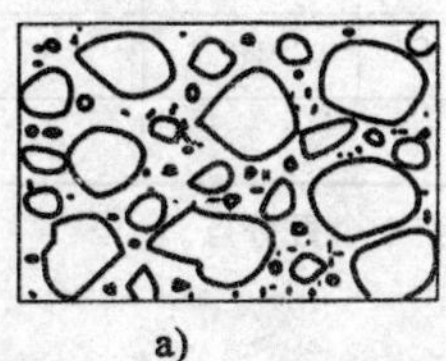
a)

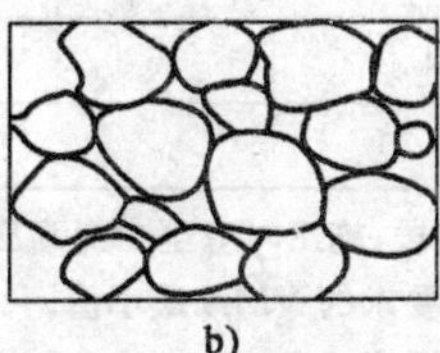
b)

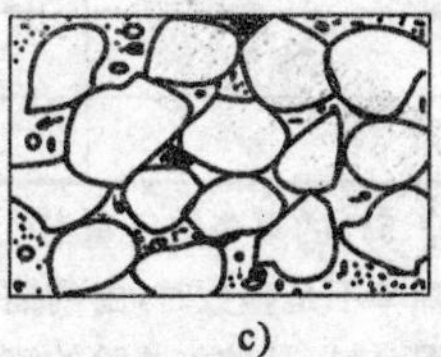
c)

图 4-5 沥青混合料结构示意图

二、沥青混合料技术要求

(一)密级配沥青混凝土和沥青稳定碎石混合料技术要求

我国规范采用马歇尔试验配合比设计方法，沥青混合料技术要求应符合表 4-11、表 4-12 的规定，并有良好的施工性能。当采用其他方法设计沥青混合料时，应按进行马歇尔试验及各项配合比设计检验，并报告不同设计方法各自的试验结果。二级公路宜参照一级公路的技术标准执行，长大坡度的路段按重载交通路段考虑。

密级配沥青混凝土混合料马歇尔试验技术标准

(本表适用于公称最大粒径≤26.5mm 的密级配沥青混凝土混合料) 表 4-11

<table>
<tr><td colspan="2" rowspan="3">试验指标</td><td rowspan="3">单位</td><td colspan="4">高速公路、一级公路</td><td rowspan="3">其他等级公路</td><td rowspan="3">行人道路</td></tr>
<tr><td colspan="2">夏炎热区
(1-1、1-2、1-3、1-4 区)</td><td colspan="2">夏热区及夏凉区
(2-1、2-2、2-3、2-4、3-2区)</td></tr>
<tr><td>中轻交通</td><td>重载交通</td><td>中轻交通</td><td>重载交通</td></tr>
<tr><td colspan="2">击实次数(双面)</td><td>次</td><td colspan="4">75</td><td>50</td><td>50</td></tr>
<tr><td colspan="2">试件尺寸</td><td>mm</td><td colspan="6">φ101.6mm×63.5mm</td></tr>
<tr><td>空隙率
VV</td><td>深约 90mm 以内
深约 90mm 以下</td><td>%
%</td><td>3～5
3～6</td><td>4～6
3～6</td><td>2～4
2～4</td><td>3～5
3～6</td><td>3～6
3～6</td><td>2～4
—</td></tr>
<tr><td colspan="2">稳定度 MS 不小于</td><td>kN</td><td colspan="4">8</td><td>5</td><td>3</td></tr>
<tr><td colspan="2">流值 FL</td><td>mm</td><td>2～4</td><td>1.5～4</td><td>2～4.5</td><td>2～4</td><td>2～4.5</td><td>2～5</td></tr>
<tr><td rowspan="4">矿料间隙率 VMA
(%)
不小于</td><td rowspan="2">设计空隙率(%)</td><td colspan="7">相应于以下公称最大粒径(mm)的最小 VMA 及 VFA 技术要求(%)</td></tr>
<tr><td colspan="2">26.5</td><td>19</td><td>16</td><td>13.2</td><td>9.5</td><td>4.75</td></tr>
<tr><td>2</td><td colspan="2">10</td><td>11</td><td>11.5</td><td>12</td><td>13</td><td>15</td></tr>
<tr><td>3</td><td colspan="2">11</td><td>12</td><td>12.5</td><td>13</td><td>14</td><td>16</td></tr>
</table>

续上表

试验指标		单位	高速公路、一级公路				其他等级公路	行人道路
			夏炎热区（1-1、1-2、1-3、1-4区）		夏热区及夏凉区（2-1、2-2、2-3、2-4、3-2区）			
			中轻交通	重载交通	中轻交通	重载交通		
矿料间隙率 VMA（%）不小于	4		12	13	13.5	14	15	17
	5		13	14	14.5	15	16	18
	6		14	15	15.5	16	17	19
沥青饱和度 VFA（%）			55～70		65～75		70～85	

注：①对空隙率大于5%的夏炎热区重载交通路段，施工时应至少提高压实度1个百分点。

②当设计的空隙率不是整数时，由内插确定要求的VMA最小值。

③对改性沥青混合料，马歇尔试验的流值可适当放宽。

沥青稳定碎石混合料马歇尔试验配合比设计技术标准　　表4-12

试验指标	单位	密级配基层（ATB）		半开级配面层（AM）	排水式开级配磨耗层（OGFC）	排水式开级配基层（ATPB）
公称最大粒径	mm	26.5mm	等于或大于31.5mm	等于或小于26.5mm	等于或小于26.5mm	所有尺寸
马歇尔试件尺寸	mm	ϕ101.6mm×63.5mm	ϕ152.4mm×95.3mm	ϕ101.6mm×63.5mm	ϕ101.6mm×63.5mm	ϕ152.4mm×95.3mm
击实次数（双面）	次	75	112	50	50	75
空隙率 VV	%	3～6		6～10	不小于18	不小于18
稳定度，不小于	kN	7.5	15	3.5	3.5	—
流值	mm	1.5～4	实测	—	—	—
沥青饱和度 VFA	%	55～70		40～70	—	—

试验指标	设计空隙率（%）	ATB-40	ATB-30	ATB-25
密级配基层 ATB 的矿料间隙率 VMA 不小于（%）	4	11	11.5	12
	5	12	12.5	13
	6	13	13.5	14

注：在干旱地区，可将密级配沥青稳定碎石基层的空隙率适当放宽到8%。

（二）沥青混合料技术指标及其含义

空隙率（VV）：指压实沥青混合料内矿料与沥青体积之外的空隙（不包括矿料本身或表面被沥青封闭的孔隙）的体积与试件总体积的百分率。

矿料间隙率（VMA）：指压实沥青混合料内矿料实体之外的空间体积与试件总体积的百分率，它等于试件空隙率与有效沥青体积百分率之和。

沥青饱和度（VFA）：指压实沥青混合料试件内有效沥青实体体积占矿料骨架实体之外的空间体积的百分率。

稳定度:指标准尺寸试件在规定温度和加荷速度下,在马歇尔仪中最大的破坏荷载(kN)。

流值:是达到最大破坏荷载时的试件的径向压缩变形(以 0.1mm 计)。马歇尔模数即为稳定度除以流值的商。

前三者反映沥青混合料的耐久性,后两者反映它的高温性能。

(三)密级配沥青混合料使用性能检验技术要求

对用于高速公路和一级公路的公称最大粒径等于或小于 19mm 的密级配沥青混合料(AC)及 SMA、OGFC 混合料需在配合比设计的基础上进行高温稳定性、低温抗裂性和抗水稳定性等使用性能检验,不符要求的沥青混合料,必须更换材料或重新进行配合比设计。二级公路参照此要求执行。

1. 高温稳定性

高温稳定性指沥青混合料在夏季高温(通常 60℃)条件下,沥青混合料能够抵抗车辆反复作用,不会产生显著永久变形,保证沥青路面平整的特性。我国规范要求必须在规定的试验条件下进行车辙试验,并符合表 4-13 的要求。

沥青混合料车辙试验动稳定度技术要求 表 4-13

气候条件与技术指标			相应于下列气候分区所要求的动稳定度(次/mm)									试验方法
七月平均最高气温(℃)及气候分区			>30				20~30				<20	
			1. 夏炎热区				2. 夏热区				3. 夏凉区	
			1-1	1-2	1-3	1-4	2-1	2-2	2-3	2-4	3-2	
普通沥青混合料		不小于	800		1 000		600	800			600	T 0719
改性沥青混合料		不小于	2 400		2 800		2 000	2 400			1 800	
SMA 混合料	非改性	不小于	1 500									
	改性	不小于	3 000									
OGFC 混合料			1 500(一般交通路段)、3 000(大交通量路段)									

注:①如果其他月份的平均最高气温高于七月时,可使用该月平均最高气温。

②在特殊情况下,如钢桥面铺装、重载车特别多或纵坡较大的长距离上坡路段、厂矿专用道路,可酌情提高动稳定度的要求。

③对因气候寒冷确需使用针入度很大的沥青(如大于 100),动稳定度难以达到要求,或因采用石灰岩等不很坚硬的石料,改性沥青混合料的动稳定度难以达到要求等特殊情况,可酌情降低要求。

④为满足炎热地区及重载车要求,在配合比设计时采取减少最佳沥青用量的技术措施时,可适当提高试验温度或增加试验荷载进行试验,同时增加试件的碾压成型密度和施工压实度要求。

⑤车辙试验不得采用二次加热的混合料,试验必须检验其密度是否符合试验规程的要求。

⑥如需要对公称最大粒径等于和大于 26.5mm 的混合料进行车辙试验,可适当增加试件的厚度,但不宜作为评定合格与否的依据。

2. 水稳定性

水稳定性指沥青与矿料形成黏附层后,遇水时对沥青的置换作用而引起沥青剥落的抵抗程度。必须在规定的试验条件下进行浸水马歇尔试验和冻融劈裂试验检验沥青混合料的水稳定性,并同时符合表 4-14 中的两个要求;达不到要求时必须采取抗剥落措施,调整最佳沥青用量后再次试验。

沥青混合料水稳定性检验技术要求　　表 4-14

气候条件与技术指标		相应于下列气候分区的技术要求(%)				试验方法
年降雨量(mm)及气候分区		＞1 000	500～1 000	250～500	＜250	
		1. 潮湿区	2. 湿润区	3. 半干区	4. 干旱区	
浸水马歇尔试验残留稳定度(%),不小于						
普通沥青混合料		80		75		T 0709
改性沥青混合料		85		80		
SMA 混合料	普通沥青	75				
	改性沥青	80				
冻融劈裂试验的残留强度比(%),不小于						
普通沥青混合料		75		70		T 0729
改性沥青混合料		80		75		
SMA 混合料	普通沥青	75				
	改性沥青	80				

3. 低温性能

冬季低温时沥青混合料将产生体积收缩,但在周围材料的约束下,沥青混合料不能自由收缩,从而在结构层内部产生温度应力。由于沥青材料具有一定的应力松弛能力,当降温速率较为缓慢时,所产生的温度应力会随时间逐渐松弛减小,不会对沥青路面产生明显的消极影响。但当气温骤降时,这时产生的温度应力就来不及松弛,当温度应力超过混合料允许应力值时,沥青混合料被拉裂,导致沥青路面出现裂缝造成路面破坏。因此,要求沥青混合料应具备一定的低温抗裂性能,宜对密级配沥青混合料在温度－10℃、加载速率 50mm/min 的条件下进行弯曲试验,测定破坏强度、破坏应变、破坏劲度模量,并根据应力应变曲线的形状,综合评价沥青混合料的低温抗裂性能。其中沥青混合料的破坏应变宜不小于表 4-15 的要求。

沥青混合料低温弯曲试验破坏应变(με)技术要求　　表 4-15

气候条件与技术指标		相应于下列气候分区所要求的破坏应变(με)									试验方法
年极端最低气温(℃)及气候分区		＜－37.0		－21.5～37.0			－9.0～21.5		＞－9.0		
		1. 冬严寒区		2. 冬寒区			3. 冬冷区		4. 冬温区		
		1-1	2-1	1-2	2-2	3-2	1-3	2-3	1-4	2-4	
普通沥青混合料	不小于	2 600		2 300			2 000				T 0728
改性沥青混合料	不小于	3 000		2 800			2 500				

4. 防渗水性

为保证沥青路面具有良好的防渗水性,宜利用轮碾机成型的车辙试验试件,脱模架起进行渗水试验,并符合表 4-16 的要求。

沥青混合料试件渗水系数(mL/min)技术要求　　表 4-16

级配类型		渗水系数要求(mL/min)	试验方法
密级配沥青混凝土	不大于	120	
SMA 混合料	不大于	80	T 0730
OGFC 混合料	不小于	实测	

三、空隙率对混合料性能的影响

压实密级配 HMA 试件在最佳沥青用量时的空隙率，大部分机构建议在 3%～5%。该空隙率必须与施工中经过压实作用且空隙未被沥青胶结料填满的情况接近。HMA 路面层通过粒间接触，抵抗结合料玛蹄脂流动，将荷载从表面传递至下卧层；因此，如果要达到适合的性能，在 HMA 层内一定要形成高度的剪切抗力，必须具有这样高度的剪切抗力，以防止在交通作用下的附加压实、可能在轮迹带引起车辙或在表面引起沥青胶结料泛出。

如果现场空隙率只是稍高于 3%～5%范围，则气和水的渗透性应相当低，因为空隙未连通。空隙率低将减小集料中沥青胶结料的老化，也减少水分进入混合料穿透沥青薄膜、沥青从集料剥落的可能性。重要的是 HMA 在室内要压实到近似于交通作用下的最终密度，同时具有 3%～5%的空隙率。现场空隙率最初应稍高于 3%～5%，容许有某些附加的压实。压实密级配 HMA 试件在最佳沥青用量时建议 3%～5%有若干理由，是实践经验的总结。空隙率与路用性能密切相关，实践经验表明，在此范围的空隙率路用性能表现最佳。

1. 空隙率与透水性

沥青混凝土的空隙率过大，降水容易透入结构层中，使沥青路面产生各种各样的水损害。研究表明，密级配热拌沥青混凝土的空隙率约为 8%时，路面的透水性增加很快。

2. 空隙率与沥青氧化

沥青混凝土的空隙率大还使空气容易进入结构层中，使沥青容易氧化变脆，导致沥青混凝土容易产生裂缝和松散，直接影响路面的使用寿命。

3. 空隙率与车辙

沥青混凝土的空隙率过小，面层容易产生车辙和推挤现象。显著的迹象表明，密级配混合料的初始现场空隙率应不大于 8%且在路面使用期间应不小于 3%。

4. 空隙率与疲劳寿命

空隙率从 6.8%增加到 8.0%，疲劳寿命降低到 28%；从 6.8%增加到 9.5%时，疲劳寿命降低到 10%以下。应该说，空隙率对不同沥青混凝土的疲劳寿命的影响程度是不一样的，而且可有较大差别。美国的研究还表明，热拌沥青混凝土的空隙率大于 7%，空隙率每增加 1 个百分点，沥青面层的使用寿命要降低 10%。

5. 空隙率与弯拉劲度

沥青混凝土的压实度（空隙率）对其弯拉劲度有明显影响。沥青混凝土的空隙率为 6%时，其劲度为 5 200MPa；空隙率为 9%时，其劲度为 4 135MPa，即减小了 20%。

6. 空隙率与冻融稳定性

进行不同级配的沥青混合料的初始空隙率对冻融的影响试验结果表明，不同组成结构的沥青混合料由于初始空隙率的不同，在冻融循环的作用下出现了不同程度的强度衰减。

7. 空隙率与交通量

根据对马歇尔与维姆混合料设计方法发展来看，室内压实方法都考虑了现场条件。现场条件参考并非根据施工段落，而是根据路面经历相当水平交通之后所达到的密度。在室内设计经历交通荷载的混合料，室内混合料显然应压实到将来服务条件下交通最终压实的相同的空隙率。服务中交通水平太高，使混合料可能被压实到空隙率太小且不够稳定的密实状态；交通水平太低，使室内采用的压实功能生成的密度高于实际交通水平所形成的密度，其结果是混合料沥青含量太小，混合料现场耐久性偏低。这类混合料虽没有显示现场稳定性低，但因膜厚太小在轻交通作用下没有良好耐久性。因此，在设计提供适合现场性能的混合料时，室内压实水准一定要与交通荷载相适用。

四、沥青混合料配合比设计试件制作方法

(一)基本概念

确定混合料沥青用量的方法大体有：

(1)经验公式估算法；

(2)粒径分配法，例如以集料的细度模数确定配合比的方法；

(3)表面积法，通过测定细集料表面吸油量确定沥青用量的方法，如维姆的离心煤油当量法；

(4)空隙填充论法，这是用沥青和细料填充粗集料空隙的方法；

(5)按最大密度空隙论的方法，如马歇尔试验方法。

就目前世界范围来说，以马歇尔试验方法的应用最为广泛。我国规范规定用马歇尔试验方法确定沥青用量。根据当地的实践经验选择适宜的沥青用量，分别制作几组级配的马歇尔试件，测定 VMA，初选一组满足或接近设计要求的级配作为设计级配。

沥青混合料中沥青用量表示方法有油石比和沥青含量两种。油石比是沥青与矿料的质量比，用百分数表示；沥青含量是指沥青质量占混合料总质量的百分率。沥青含量和油石比二者之间的换算方法：沥青含量＝油石比/(1＋油石比)。

马歇尔试件组成材料计算方法：用相应的矿料级配乘以规定的一个试件要求的质量(标准马歇尔试件约为 1 200g，大型马歇尔试件约为 4 050g)。当已知沥青混合料的密度时，根据试件的标准尺寸计算并乘以 1.03 得到要求的混合料数量，再按级配分别求得相应拌和物用量。

《公路工程沥青及沥青混合料试验规程》(JTG E20—2011)列出了三种沥青混合料配合比设计成型试件制作方法：击实法、沥青混合料旋转压实试件制作方法(SGC 方法)和沥青混合料旋转压实和剪切性能试验(GTM 方法)。旋转压实成型试件，较好地模拟了路面受力情况，但试验机设备相对昂贵，在施工单位使用较少。击实成型方法与施工现场的压实方法不太一样，但是由于马歇尔试验方法所用设备价格低廉，不仅可以为科研单位所拥有，而且广大施工单位可以作为施工质量控制的常备设备。

(二)沥青混合料试件制作方法(击实法)

1.目的与适用范围

(1)本方法适用于标准击实法或大型击实法制作沥青混合料试件，以供试验室进行沥青混合料物理力学性质试验使用。

(2)标准击实法适用于标准马歇尔试验，间接抗拉试验(劈裂法)等所使用的 ϕ101.6mm×63.5mm 圆柱体试件的成型。大型击实法适用于大型马歇尔试验和 ϕ152.4mm×95.3mm 的大型圆柱体试件的成型。

(3)沥青混合料试件制作时的条件及试件数量应符合下列规定：

①当集料公称最大粒径小于或等于26.5mm时，采用标准击实法。一组试件的数量不少于4个。

②当集料公称最大粒径大于26.5mm时，宜采用大型击实法。一组试件数量不少于6个。

2. 仪具与材料技术要求

(1)自动击实仪：击实仪应具有自动记数、控制仪表、按钮设置、复位及暂停等功能。按其用途分为以下两种：

①标准击实仪：由击实锤，ϕ98.5mm平圆形压实头及带手柄的导向棒组成。用机械将压实锤提升，至457.2mm±1.5mm高度沿导向棒自由落下连续击实，标准击实锤质量4 536g±9g。

②大型击实仪：由击实锤，ϕ149.5mm平圆形压实头及带手柄的导向棒组成。用机械将压实锤提升，至457.2mm±1.5mm高度沿导向棒自由落下击实，大型击实锤质量1 0210g±10g。

(2)试验室用沥青混合料拌和机：能保证拌和温度并充分拌和均匀，可控制拌和时间，容量不小于10L。搅拌叶自转速度70r/min～80r/min，公转速度40r/min～50r/min。

(3)试模：由高碳钢或工具钢制成，几何尺寸如下。

①标准击实仪试模的内径为101.6mm±0.2mm、高87mm的圆柱形金属筒，底座(直径约120.6mm)，套筒内径104.8mm、高70mm。

②大型击实仪的试模与套筒尺寸：套筒外径165.1mm，内径155.6mm±0.3mm，总高83mm。试模内径152.4mm±0.2mm，总高115mm，底座板厚12.7mm，直径172mm。

(4)脱模器：电动或手动，应无破损地推出圆柱体试件，备有标准试件及大型试件尺寸的推出环。

(5)烘箱：大、中型各一台，应有温度调节器。

(6)天平或电子秤：用于称量沥青的，感量不大于0.1g。用于称量矿料的，感量不大于0.5g。

(7)布洛克菲尔德黏度计。

(8)插刀或大螺丝刀。

(9)温度计：分度为1℃。宜采用有金属插杆的插入式数显温度计。金属插杆的长度不小于150mm。量程0～300℃。

(10)其他：电炉或煤气炉、沥青熔化锅、拌和铲、标准筛、滤纸(或普通纸)、胶布、卡尺、秒表、粉笔、棉纱等。

3. 准备工作(道路石油沥青为例)

(1)确定制作沥青混合料试件的拌和温度与压实温度。

(2)按沥青和沥青混合料规程测定沥青的黏度，绘制黏温曲线。按表4-17的要求确定适宜于沥青混合料拌和及压实的等黏温度。

(3)当缺乏沥青黏度测定条件时，试件的拌和与压实温度可按表4-18选用，并根据沥青品种和标号作适当调整。针入度小、稠度大的沥青取高限，针入度大、稠度小的沥青取低限，一般取中值。

对改性沥青，应根据实践经验、改性剂的品种和用量，适当提高混合料的拌和和压实温度，对大部分聚合物改性沥青，通常在普通沥青的基础上提高 10～20℃，掺加纤维时，尚需再提高 10℃左右。

沥青混合料拌和及压实的沥青等黏温度　　表 4-17

沥青结合料种类	黏度与测定方法	适宜于拌和的沥青结合料黏度	适宜于压实的沥青结合料黏度
石油沥青	表观黏度，T 0625	0.17Pa·s±0.02Pa·s	0.28Pa·s±0.03Pa·s

注：液体沥青混合料的压实成型温度按石油沥青要求执行。

沥青混合料拌和及压实温度参考表　　表 4-18

沥青结合料种类	拌和温度(℃)	压实温度(℃)
石油沥青	140～160	120～150
改性沥青	160～175	140～170

4. 沥青混合料试件的制作条件

(1)在拌和厂或施工现场采取沥青混合料制作试样时，按我国规程沥青混合料取样方法取样，将试样置于烘箱中加热或保温，在混合料中插入温度计测量温度，待混合料温度符合要求后成型。需要拌和时可倒入已加热的室内沥青混合料拌和机中适当拌和，时间不超过 1min，不得在电炉或明火上加热炒拌。

(2)在试验室人工配制沥青混合料时，试件的制作按下列步骤进行：

①将各种规格的矿料置 105℃±5℃的烘箱中烘干至恒量(一般不少于 4～6h)。

②将烘干分级的粗、细集料，按每个试件设计级配要求称其质量，在一金属盘中混合均匀，矿粉单独放入小盆里，然后置烘箱中加热至沥青拌和温度以上约 15℃(采用石油沥青时通常为 163℃；采用改性沥青时通常需 180℃)备用。一般按一组试件(每组 4～6 个)备料，但进行配合比设计时宜对每个试件分别备料。常温沥青混合料的矿料不应加热。

③将按我国试验规程沥青试样准备方法采取的沥青试样，用烘箱加热至规定的沥青混合料拌和温度，但不得超过 175℃。当不得已采用燃气炉或电炉直接加热进行脱水时，必须使用石棉垫隔开。

5. 拌制沥青混合料(黏稠石油沥青为例)

用沾有少许黄油的棉纱擦净试模、套筒及击实座等，置 100℃左右烘箱中加热 1h 备用。常温沥青混合料用试模不加热。

(1)将沥青混合料拌和机提前预热至拌和温度 10℃左右。

(2)将加热的粗细集料置于拌和机中，用小铲子适当混合，然后加入需要数量的沥青(如沥青已称量在一专用容器内时，可在倒掉沥青后用一部分热矿粉将沾在容器壁上的沥青擦拭一起倒入拌和锅中)，开动拌和机一边搅拌一边使拌和叶片插入混合料中拌和 1～1.5min，然后暂停拌和，加入加热的矿粉，继续拌和至均匀为止，并使沥青混合料保持在要求的拌和温度范围内。标准的总拌和时间为 3min。

6. 成型方法

(1)击实法的成型步骤

①将拌好的沥青混合料，用小铲适当拌和均匀，称取一个试件所需的用量(标准马歇尔试件约 1 200g，大型马歇尔试件约 4 050g)。当已知沥青混合料的密度时，可根据试件的标准尺

寸计算并乘以 1.03 得到要求的混合料数量。当一次拌和几个试件时，宜将其倒入经预热的金属盘中，用小铲适当拌和均匀分成几份，分别取用。在试件制作过程中，为防止混合料温度下降，应连盘放在烘箱中保温。

②从烘箱中取出预热的试模及套筒，用沾有少许黄油的棉纱擦拭套筒、底座及击实锤底面，将试模装在底座上，放一张圆形的吸油性小的纸，用小铲将混合料铲入试模中，用插刀或大螺丝刀沿周边插捣 15 次，中间捣 10 次。插捣后将沥青混合料表面整平。对大型击实法的试件，混合料分两次加入，每次插捣次数同上。

③插入温度计至混合料中心附近，检查混合料温度。

④待混合料温度符合要求的压实温度后，将试模连同底座一起放在击实台上固定，在装好的混合料上面垫一张吸油性小的圆纸，再将装有击实锤及导向棒的压实头放入试模中，开启电机，使击实锤从 457mm 的高度自由落下到击实规定的次数(75 次或 50 次)。对大型试件，击实次数为 75 次(相应于标准击实的 50 次)或 112 次(相应于标准击实 75 次)。

⑤试件击实一面后，取下套筒，将试模掉头，装上套筒，然后以同样的方法和次数击实另一面。

⑥试件击实结束后，立即用镊子取掉上下面的纸，用卡尺量取试件离试模上口的高度并由此计算试件高度，如高度不符合要求时，试件应作废，并按下式调整试件的混合料质量，以保证高度符合 63.5mm±1.3mm(标准试件)或 95.3mm±2.5mm(大型试件)的要求。

$$\text{调整后混合料质量}=\frac{\text{要求试件高度}\times\text{原用混合料质量}}{\text{所得试件的高度}} \tag{4-20}$$

(2)卸去套筒和底座，将装有试件的试模横向放置冷却至室温后(不少于 12h)，置脱模机上脱出试件。用于《公路工程沥青及沥青混合料试验规程》(JTG E20—2011)T 0709 作现场马歇尔指标检验的试件，在施工质量检验过程中如急需试验，允许采用电风扇吹冷 1h 或浸水冷却 3min 以上的方法脱模，但浸水脱模法不能用于测量密度、空隙率等各项物理指标。

(3)将试件仔细置于干燥洁净的平面上，供试验用。

7. 试验说明和注意事项

(1)矿料、试模、套筒、及击实座等要按规范置于烘箱中加热。

(2)严格控制混合料的拌和时间和矿粉加入时机。

(3)马歇尔试件击实次数(标准马歇尔试件 75 次，大马歇尔试件 112 次)。

(三)沥青混合料旋转压实试件制作方法(SGC 方法)

1. 目的与适用范围

(1)本方法适用于旋转压实法成型 ϕ150mm 或 ϕ100mm 沥青混合料圆柱体试件，以供试验室进行沥青混合料物理力学性质试验使用。

(2)本方法也适合于以通过在试件成型过程中测量剪切应力的变化，用于分析沥青混合料性能。

2. 试件成型

(1)准备工作

①按照沥青及沥青混合料试验规程 T 0702 的方法确定制作沥青混合料试件的拌和与压实温度。常温沥青混合料的拌和及压实在常温下进行。

②按沥青及沥青混合料试验规程 T 0701 在拌和厂或施工现场采取代表性的沥青混合料，如混合料温度符合要求，可直接用于成型。在试验室人工配制沥青混合料时，按沥青及沥青混合料试验规程 T 0701 的方法准备矿料及沥青，然后按沥青及沥青混合料试验规程 T 0702的方法拌制沥青混合料。

(2)成型步骤

①按照该设备的使用说明书进行操作。打开压实仪的电源开关、配件的电源(或气源)开关、控制计算机(或控制面板)，并与压实仪连接；需要打印数据时，还需连接打印机等。

②设定旋转压实仪旋转角、垂直压力和旋转速率。不同的设计方法和体系，旋转角、垂直压力和旋转速率可能不同，因此参数的设定需根据混合料设计方法要求选定(如 Superpave 设计方法要求有效内旋转角为 1.16°±0.02°，垂直压力为 600kPa±18kPa，旋转速率为 30r/min±0.5r/min)。

③根据需要选定试验结束条件，一般选择设定要求的旋转压实次数作为试验结束条件，也可以根据需要选择压实到要求的试件高度作为试验结束条件。

④如果旋转压实仪压头有保温功能，在旋转压实前需将压头加热保温 15min 以上。

⑤用沾有少许黄油的棉纱擦净试模及下压盘等，然后置烘箱中加热并保持到压实温度±5℃，恒温至少 45min。常温沥青混合料用试模不需加热。

⑥将拌和好的沥青混合料，均匀称取一个试件所需的混合料质量 m，混合料的质量应使成型后的试件高度达到试验所需高度±3mm。试件的实际质量由混合料类型确定。一般在试验之前要试拌一个试件，如果试拌试件的高度不符合要求，必须根据具体情况调整混合料质量。

⑦从烘箱中取出预热的试模、下压盘，在下压盘上垫一张圆形纸片，防止沥青粘到下压盘上，将称好的沥青混合料迅速倒入试模内，将混合料的表面整平，然后在顶面盖上一张圆形纸片。

⑧将盛有沥青混合料的试模放入旋转压实仪中，启动计算机(或控制面板)，设定各试验参数，开动旋转压实仪，将压实锤头降下，直至施加的压力达到设定值±18kPa。旋转压实仪将按照设置的旋转次数开始自动成型试件。

⑨试验过程中自动连续记录不同压实次数下的试件高度，并显示垂直压力。根据需要还可以测定、记录旋转压实过程中的剪应力。压实结束后，按照压实仪的提示恢复压实仪的旋转角，升起旋转压头，从旋转压实仪中取出试模。

⑩刚成型好的热试件不宜马上脱模，需在室温下适当冷却。当为了缩短试验时间，可以采用电风扇降温约 5～10min 后再进行脱模。对于需要继续进行进一步性能试验的试件，同时空隙率又较大(如大于 7%)，冷却时间宜延长 15min 以上。脱模后揭去垫在试件底面和顶面的圆形纸片。

(四)沥青混合料旋转压实和剪切性能试验(GTM 方法)

1.目的与适用范围

(1)本方法适用于 GTM 试验机成型试件，同时能测定沥青混合料试件的密度、抗剪强度、剪应力、抗压模量、抗剪模量及旋转压实指数等；也可以采用 GTM 方法进行沥青混合料的配合比设计或沥青路面施工质量检验与控制。

GTM 成型试验的目的还在于模拟路面行车荷载作用下沥青混合料的最终压实状态即平衡状态，并测试分析试样在被压实到平衡状态过程中剪切强度和最终塑性形变的大小，以判断混合料组成是否合理。

(2)GTM 试验机可分为油压法和气压法两种。根据混合料最大粒径选择不同的试模尺寸，一般直径为 101.6mm、152.4mm、203.2mm 三种，分别对应最大公称粒径≤26.5mm、37.5mm和 63mm 的沥青混合料。成型时一组试件的数量不得少于 3 个。

2. 试验步骤

(1)将拌和好的沥青混合料，均匀称取一个试件所需的混合料用量 m。实际试件的用量需要根据混合料的类型确定。成型试件的高度应达到试验所需高度±2.5mm 的要求。

(2)从烘箱中取出预热的试模、下压盘，在下压盘上垫一张圆形的吸油性小的纸片(与试模直径相近)，将沥青混合料迅速倒入试模内，整平表面，禁止插捣沥青混合料。

(3)用盛试模的托盘将试模在试验机的底座上放置好，操作试验机使压头与沥青混合料接触，然后上紧试模外套，紧固螺栓。

(4)根据说明书的步骤与方法，做好 GTM 试验机的准备工作，如选择合适的垂直压力、试验温度、试验方式等，点击控制程序开始按钮，然后打开 GTM 旋转开关，试验机开始运转，进行试验。

(5)试验过程中，计算机将显示不同旋转压实次数对应的沥青混合料试件的密度、高度、轮压、应变、温度等的变化曲线，试件达到平衡状态后自动停机。

(6)如果不进行动态模量试验，直接将试验曲线及试验结果打印出来，试验结束。如果需要，则进行动态模量的试验。打开试验机旋转开关，试验机开始运转，点击相应控制程序按钮，GTM 试验机开始自动测定试件动态模量。测试完毕后 GTM 自动停机，打印出结果。

(7)以上试验结束后，需要按照以下步骤测定摩擦力：

①当步骤(5)或(6)试验结束后，提升压头，卸下试模。

②将试模固定在摩擦力测试装置上，将测力千斤顶置于试模底面，逐渐加力，观察测力计力值变化，记录达到峰值的力值即为试件与试模间的摩擦力 F。

五、沥青混合料马歇尔试件密度检测

(一)马歇尔试件密度和测定方法

密度是在一定条件下测量的单位体积的质量，单位为 t/m^3 或 g/cm^3，通常以 ρ 表示。相对密度是所测定的各种密度与同温度下水的密度的比值，也称比重，以 γ 表示，为无量纲。

对沥青这样的匀质材料，材料内部没有孔隙，测定的密度只有一种。但对沥青混合料这样的复合材料，由于材料状态及测定条件的不同，计算用的体积所考虑的集料内部的孔隙及集料与集料之间的间隙(空隙)情况不同，计算的密度也就不同。图 4-6 表示了几种典型情况。

各种不同密度的基本意义如下：

(1)真实密度：规定条件下，材料单位真实体积(不包括任何孔隙和空隙)的质量，也叫真密度。

(2)毛体积密度：规定条件下，材料单位毛体积(包括材料实体、开口及闭口孔隙)的质量。

当质量以干燥质量(烘干或空气干燥)为准时,称绝干毛体积密度,简称毛体积密度。当质量以表干质量(饱和面干,包括开口孔隙中的水)为准时,称表干毛体积密度,也叫表干密度。

(3)表观密度:规定条件下,材料单位表观体积(包括材料实体、闭口孔隙,但不包括开口孔隙)的质量,也叫视密度。

沥青混合料的组成如图 4-6 中 d)所示,它包括 6 部分:

①各种矿料的矿质集料(按磨成粉的无孔隙状态考虑);

②沥青(都充填在集料之间的间隙中,只裹覆在矿料表面,假定不被集料吸收);

③集料自身的闭孔隙;

④集料本身的开孔隙(在混合料中基本上已经被沥青封闭成闭孔隙);

⑤被沥青裹覆的矿料与矿料之间的空隙(包括开口的与闭口的);

⑥试件表面由于与试模接触得不到正常击实而产生的表面凹陷。

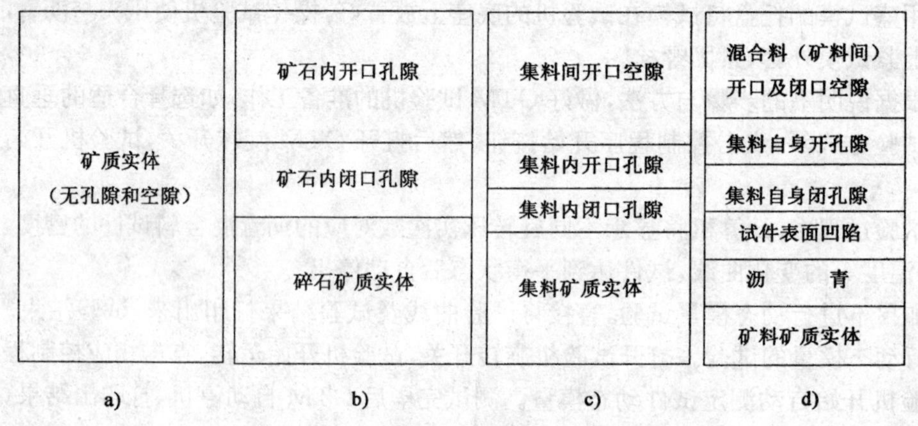

图 4-6 几种材料的典型组成情况

a)矿粉;b)单颗粒碎石;c)集料混合料;d)沥青混合料

沥青混合料试件的空中质量相当于所有矿料的烘干质量(集料是加热后拌和的),加上沥青质量,这个数是一定的。之所以有各种不同的密度,实际上是所测定的体积的含意不同而已。沥青混合料体积各部分空隙或孔隙的比例将因矿料级配、沥青用量、压实程度而不同。

我国规程规定的沥青混合料密度的四种测定方法中,最基本的方法是表干法测定的毛体积密度。所谓毛体积是指试件饱和面干状态下表面轮廓水膜所包裹的全部体积,试件内与外界流通的所有开孔隙均已被水充满。试件的体积包括矿质实体和沥青体积,集料内部的闭孔隙和集料之间已被沥青封闭的闭孔隙,与外流通的开孔隙都计入了体积。但是试件轮廓以外的试件表面的凹陷是不包括在毛体积中的。用表干法测定时,关键是在用拧干的湿毛巾擦试件表面时要制造一种真正的饱和面干状态。表面既不能有多余的水膜,又不能把吸入孔隙中的水分擦走,得到真正的毛体积。但是当沥青混合料的空隙很大,即开口孔隙较多时,沥青混合料的饱和面干状态便很难形成。当试件从水中取出时,开口孔隙中的水即会跟着流出,用毛巾擦的时候,也会将开口孔隙中的水吸出。为了解决这个问题,于是又提出了蜡封法。

蜡封法是用蜡把开口孔隙封闭起来成为假想的饱和面干状态。所以它与表干法是一个意思,都是以包括开口孔隙及闭口孔隙在内的毛体积作为计算密度的体积用的。不过,蜡封法也是不容易测准确的,它的关键在于蜡封时既要把孔隙封住,又不能让蜡吸入空隙中。在试验规程中规定试件在蜡封前要放在冰箱中冷却，蜡熔化后的温度要低(熔点以上4℃)，使试件一浸入蜡中马上凝固成一层蜡皮。蜡封法的缺点是表面的蜡影响马歇尔试验，要把蜡刮掉，为了好刮，只能先涂一层滑石粉，由此使得试验复杂化。有另一种情况，即试件浸水时几乎不吸水，即试件表面基本上没有流通外部的开孔隙，例如许多非常密实的密级配沥青混凝土经常属于这种情况。此时，试件的饱和面干质量与空中质量非常接近，也就没有必要再用表干法测定了，可以简化成水中重法测定。

体积法是空隙率特别大，不能用以上方法测定时的特殊情况。

将四种方法的计算参数列于表4-19，以便比较。

试验规程中的四种测试方法的简单比较　　表4-19

方　　法	计算用试件质量	计算用的试件体积
水中重法	试件的空中质量	混合料体积＋试件内部的闭孔隙(开孔隙几乎可忽略)
表干法	试件的空中质量	混合料体积＋试件内部的闭孔隙＋连通表面的开孔隙
蜡封法	试件的空中质量	混合料体积＋试件内部的闭孔隙＋连通表面的开孔隙
体积法	试件的空中质量	混合料体积＋试件内部的闭孔隙＋连通表面的开孔隙＋表面凹陷

不过，实际的试件情况是很难判断有无开口孔隙，很难判断开口孔隙的大小及水会不会流出或吸入的，且不同试验方法测定的试验结果差异性较大，因此《公路沥青路面施工技术规范》(JTG F40—2004)等技术规范中对不同的混合料品种和类型明确规定了不同的方法。

(二)不同密度检测方法的适用性

表干法适用于测定吸水率不大于2%的各种沥青混合料试件，包括密级配沥青混凝土、沥青玛蹄脂碎石混合料(SMA)和沥青稳定碎石等沥青混合料试件的毛体积相对密度和毛体积密度，并以此为基础计算沥青混合料试件的空隙率、饱和度和矿料间隙率等各项体积指标。

水中重法适用于吸水率小于0.5%的密实沥青混合料试件的表观相对密度或表观密度。当试件很密实，几乎不存在与外界连通的开口孔隙时，可采用本方法测定的表观相对密度代替表干法测定的毛体积相对密度，并据此计算沥青混合料试件的空隙率、矿料间隙率等各项体积指标。

蜡封法适用于测定吸水率大于2%的沥青混凝土或沥青碎石混合料试件的毛体积相对密度或毛体积密度。本方法测定的毛体积相对密度适用于计算沥青混合料试件的空隙率、矿料间隙率等各项体积指标。

体积法仅适用于不能用表干法、蜡封法测定的空隙率较大的沥青碎石混合料及大空隙透水性开级配沥青混合料(OGFC)等。本方法测定的毛体积相对密度适用于计算沥青混合料试件的空隙率、矿料间隙率等各项体积指标。

(三)压实沥青混合料密度试验(表干法)

1. 目的与适用范围

(1)表干法适用于测定吸水率不大于2%的各种沥青混合料试件，包括密级配沥青混凝土、沥青玛蹄脂碎石混合料(SMA)和沥青稳定碎石等沥青混合料试件的毛体积相对密度和毛体积密度。标准温度为25℃±0.5℃。

(2)本方法测定的毛体积相对密度和毛体积密度适用于计算沥青混合料试件的空隙率、矿料间隙率等各项体积指标。

2.仪具与材料技术要求

(1)浸水天平或电子天平：当最大称量在3kg以下时，感量不大于0.1g；最大称量3kg以上时，感量不大于0.5g，应有测量水中重的挂钩。

(2)网篮。

(3)溢流水箱：使用洁净水，有水位溢流装置，保持试件和网篮浸入水中后的水位一定；能调整水温至25℃±0.5℃。

(4)试件悬吊装置：天平下方悬吊网篮及试件的装置，吊线应采用不吸水的细尼龙线绳，并有足够的长度。对轮碾成型机成型的板块状试件可用铁丝悬挂。

(5)秒表。

(6)毛巾。

(7)电风扇或烘箱。

3.方法与步骤

(1)准备试件。本试验可以采用室内成型的试件，也可以采用工程现场钻芯、切割等方法获得的试件。试验前试件宜在荫凉处保存(温度不宜高于35℃)，且放置在水平的平面上，注意不要使试件产生变形。

(2)选择适宜的浸水天平或电子天平，最大称量应满足试件质量的要求。

(3)除去试件表面的浮粒，称取干燥试件的空中质量(m_a)，根据选择的天平的感量读数，准确至0.1g或0.5g。

(4)挂上网篮，浸入溢流水箱中，调节水位，将天平调平或复零，把试件置于网篮中(注意不要晃动水)浸水中约3～5min，称取水中质量(m_w)。若天平读数持续变化，不能很快达到稳定，说明试件吸水较严重，不适用于此法测定，应改用蜡封法测定。

(5)从水中取出试件，尽快用洁净柔软的拧干湿毛巾轻轻擦去试件的表面水(不得吸走空隙内的水)，称取试件的表干质量(m_f)。从试件拿出水面到擦拭结束不宜超过5s，称量过程中流出的水不得再擦拭。

(6)对从路上钻取的非干燥试件可先称取水中质量(m_w)和表干质量(m_f)，然后用电风扇将试件吹干至恒量(一般不少于12h，当不需进行其他试验时，也可用60℃±5℃烘箱烘干至恒量)，再称取空中质量(m_a)。

4.计算

(1)计算试件的吸水率，取1位小数。

试件的吸水率即试件吸水体积占沥青混合料毛体积的百分率，按式(4-21)计算。

$$S_a = \frac{m_f - m_a}{m_f - m_w} \tag{4-21}$$

式中：S_a——试件的吸水率(%)；

m_a——干燥试件的空中质量(g)；

m_w——试件的水中质量(g)；

m_f——试件的表干质量(g)。

(2)计算试件的毛体积相对密度和毛体积密度，取3位小数。

$$\gamma_f = \frac{m_a}{m_f - m_w} \tag{4-22}$$

$$\rho_f = \frac{m_a}{m_f - m_w} \times \rho_w \tag{4-23}$$

式中：γ_f——试件毛体积相对密度，无量纲；

ρ_f——试件毛体积密度（g/cm^3）；

ρ_w——25℃温度条件下的水密度，取 0.997 1g/cm^3。

（3）试件的空隙率按式（4-24）计算，取 1 位小数。

$$VV = \left(1 - \frac{\gamma_f}{\gamma_t}\right) \times 100 \tag{4-24}$$

式中：VV——试件的空隙率（%）；

γ_t——沥青混合料理论最大相对密度，按计算法或实测得到，无量纲；

γ_f——试件的毛体积相对密度，无量纲，通常采用表干法测定；当试件吸水率 $S_a > 2\%$ 时，宜采用蜡封法测定；当按规定容许采用水中重法测定时，也可采用表观相对密度代替。

5. 试验说明和注意事项

（1）沥青混合料的吸水率与集料的吸水率的概念及计算方法是不同的，沥青混合料试件的吸水率为达到饱和面干状态时所吸收的水的体积与试件毛体积之比（体积比），而集料的吸水率是吸收水量与集料烘干质量之比（质量比）。

（2）试件毛体积密度试验重复性的允许差为 0.020g/cm^3。试件毛体积相对密度试验重复性的允许差为 0.020。

（四）压实沥青混合料密度试验（蜡封法）

1. 目的与适用范围

（1）蜡封法适用于测定吸水率大于 2%的沥青混凝土或沥青碎石混合料试件的毛体积相对密度或毛体积密度。标准温度为 25℃±0.5℃。

（2）本方法测定的毛体积相对密度适用于计算沥青混合料试件的空隙率、矿料间隙率等各项体积指标。

2. 方法与步骤

（1）选择适宜的浸水天平或电子天平，最大称量应满足试件质量的要求。

（2）称取干燥试件的空中质量（m_a），根据选择的天平感量读数，准确至 0.1g 或 0.5g，当为钻芯法取得的非干燥试件时，应用电风扇吹干 12h 以上至恒量作为空中质量，但不得用烘干法。

（3）将试件置于冰箱中，在 4～5℃条件下冷却不少于 30min。

（4）将石蜡熔化至其熔点以上 5.5℃±0.5℃。

（5）从冰箱中取出试件立即浸入石蜡液中，至全部表面被石蜡封住后迅速取出试件，在常温下放置 30min，称取蜡封试件的空中质量（m_p）。

（6）挂上网篮、浸入水箱中，调节水位，将天平调平或复零。调整水温并保持在 25℃±

0.5℃内。将蜡封试件放入网篮浸水约 1min，读取水中质量(m_c)。

(7)如果试件在测定密度后还需要做其他试验时，为便于除去石蜡，可事先在干燥试件表面涂一薄层滑石粉，称取涂滑石粉后的试件质量(m_s)，然后再蜡封测定。

(8)用蜡封法测定时，石蜡对水的相对密度按下列步骤实测确定：

①取一块铅或铁块之类的重物，称取空中质量(m_g)；

②测定重物在水温 25℃±0.5℃内的水中质量(m_g')；

③待重物干燥后，按上述试件蜡封的步骤将重物蜡封后测定其空中质量(m_d)及水温在25℃±0.5℃时的水中质量(m_d')；

④按式(4-25)计算石蜡对水的相对密度。

$$\gamma_p = \frac{m_d - m_g}{(m_d - m_g) - (m_d' - m_g')} \tag{4-25}$$

式中：γ_p——在常温条件下石蜡对水的相对密度，无量纲；

m_g——重物的空中质量(g)；

m_g'——重物的水中质量(g)；

m_d——蜡封后重物的空中质量(g)；

m_d'——蜡封后重物的水中质量(g)。

3.计算

计算试件的毛体积相对密度，取 3 位小数。

(1)蜡封法测定的试件毛体积相对密度按式(4-26)计算。

$$\gamma_f = \frac{m_a}{(m_p - m_c) - (m_p - m_a)/\gamma_p} \tag{4-26}$$

式中：γ_f——由蜡封法测定的试件毛体积相对密度，无量纲；

m_a——试件的空中质量(g)；

m_p——蜡封试件的空中质量(g)；

m_c——蜡封试件的水中质量(g)。

(2)涂滑石粉后用蜡封法测定的试件毛体积相对密度按式(4-27)计算。

$$\gamma_f = \frac{m_a}{(m_p - m_c) - [(m_p - m_s)/\gamma_p + (m_s - m_a)/\gamma_s]} \tag{4-27}$$

式中：m_s——试件涂滑石粉后的空中质量(g)；

γ_s——滑石粉对水的相对密度，无量纲。

(3)试件的毛体积密度按式(4-28)计算。

$$\rho_f = \gamma_f \times \rho_w \tag{4-28}$$

式中：ρ_f——蜡封法测定的试件毛体积密度(g/cm³)；

ρ_w——25℃温度条件下的水密度，取 0.997 1g/cm³。

(五)压实沥青混合料密度试验(体积法)

1.目的与适用范围

(1)本方法采用体积法测定沥青混合料的毛体积相对密度或毛体积密度。

(2)本方法仅适用于不能用表干法、蜡封法测定的空隙率较大的沥青碎石混合料及大空隙透水性开级配沥青混合料(OGFC)等。

(3)本方法测定的毛体积相对密度适用于计算沥青混合料试件的空隙率、矿料间隙率等各项体积指标。

2. 方法与步骤

(1)选择适宜电子天平,最大称量应满足试件质量的要求。

(2)清理试件表面,刮去突出试件表面的残留混合料,称取干燥试件的空中质量(m_a),根据选择的天平的感量读取,准确至0.1g或0.5g。当为钻芯法取得的非干燥试件时,应用电风扇吹干12h以上至恒量作为空中质量,但不得用烘干法。

(3)用卡尺测定试件的各种尺寸,准确至0.01cm。圆柱体试件的直径取上下2个断面测定结果的平均值,高度取十字对称四次测定的平均值;棱柱体试件的长度取上下2个位置的平均值,高度或宽度取两端及中间3个断面测定的平均值。

3. 计算方法

(1)圆柱体试件毛体积按式(4-29)计算。

$$V = \frac{\pi \times d^2}{4} \times h \tag{4-29}$$

式中:V——试件的毛体积(cm^3);

d——圆柱体试件的直径(cm);

h——试件的高度(cm)。

(2)棱柱体试件的毛体积按式(4-30)计算。

$$V = l \times b \times h \tag{4-30}$$

式中:l——试件的长度(cm);

b——试件的宽度(cm);

h——试件的高度(cm)。

(3)试件的毛体积密度按式(4-31)计算,取3位小数。

$$\rho_s = \frac{m_a}{V} \tag{4-31}$$

式中:ρ_s——用体积法测定的试件的毛体积密度(g/cm^3);

m_a——干燥试件的空中质量(g)。

(4)试件的毛体积相对密度按式(4-32)计算,取3位小数。

$$\gamma_s = \frac{\rho_s}{0.9971} \tag{4-32}$$

式中:γ_s——用体积法测定的试件的25℃条件的毛体积相对密度,无量纲。

六、沥青混合料马歇尔稳定度试验

马歇尔稳定度指按规定条件采用马歇尔试验仪测定的沥青混合料所能承受的最大荷载,以kN计。流值指沥青混合料在马歇尔试验时相应于最大荷载时试件的竖向变形,以mm计。

1. 目的与适用范围

本方法适用于马歇尔稳定度试验和浸水马歇尔稳定度试验,以进行沥青混合料的配合比设计或沥青路面施工质量检验。浸水马歇尔稳定度试验(根据需要,也可进行真空饱水马歇尔试验）供检验沥青混合料受水损害时抵抗剥落的能力时使用，测试其水稳定性检验配合比设计的可行性。

2. 仪具与材料技术要求

（1）沥青混合料马歇尔试验仪

①当集料公称最大粒径小于或等于 26.5mm 时，宜采用 ϕ101.6mm×63.5mm 的标准马歇尔试件，试验仪最大荷载不小于 25kN，读数准确度 100N，加载速率应能保持 50mm/min±5mm/min。钢球直径 16mm，上下压头曲率半径为 50.8mm。

②当集料公称最大粒径大于 26.5mm 时，宜采用 ϕ152.4mm×95.3mm 大型马歇尔试件，试验仪最大荷载不得小于 50kN，读数准确度为 100N。上下压头的曲率内径为 152.4mm±0.2mm，上下压头间距 19.05mm±0.1mm。

（2）恒温水槽：控温准确度为 1℃，深度不小于 150mm。

（3）真空饱水容器：包括真空泵及真空干燥器。

（4）烘箱。

（5）天平：感量不大于 0.1g。

（6）温度计：分度值 1℃。

（7）卡尺。

（8）其他：棉纱，黄油。

3. 标准马歇尔试验方法

（1）准备工作

①按标准击实法成型马歇尔试件，标准马歇尔试件尺寸应符合直径 101.6mm±0.2mm、高 63.5mm±1.3mm 的要求。对大型马歇尔试件，尺寸应符合直径 152.4mm±0.2mm、高 95.3mm±2.5mm 的要求。一组试件的数量最少不得少于 4 个，并符合沥青混合料试件制作方法（击实法）的规定。

②量测试件的直径及高度：用卡尺测量试件中部的直径，用马歇尔试件高度测定器或用卡尺在十字对称的 4 个方向量测离试件边缘 10mm 处的高度，准确至 0.1mm，并以其平均值作为试件的高度。如试件高度不符合 63.5mm±1.3mm 或 95.3mm±2.5mm 要求或两侧高度差大于 2mm 时，此试件应作废。

③按《公路工程沥青及沥青混合料试验规程》（JTG E20—2011）规定的方法测定试件的密度，并计算空隙率、沥青体积百分率、沥青饱和度、矿料间隙率等物理指标。

④将恒温水槽调节至要求的试验温度，对黏稠石油沥青或烘箱养生过的乳化沥青混合料为 60℃±1℃，对煤沥青混合料为 33.8℃±1℃，对空气养生的乳化沥青或液体沥青混合料为 25℃±1℃。

（2）试验步骤

①将试件置于已达规定温度的恒温水槽中保温，保温时间对标准马歇尔试件需 30～40min，对大型马歇尔试件需 45～60min。试件之间应有间隔，底下应垫起，水槽底部不小于 5cm。

②将马歇尔试验仪的上下压头放入水槽或烘箱中达到同样温度。将上下压头从水槽或烘箱中取出擦拭干净内面。为使上下压头滑动自如，可在下压头的导棒上涂少量黄油。再将试

件取出置于下压头上，盖上上压头，然后装在加载设备上。

③在上压头的球座上放妥钢球，并对准荷载测定装置的压头。

④当采用自动马歇尔试验仪时，将自动马歇尔试验仪的压力传感器、位移传感器与计算机或 $X-Y$ 记录仪正确连接，调整好适宜的放大比例，压力和位移传感器调零。

⑤当采用压力环和流值计时，将流值计安装在导棒上，使导向套管轻轻地压住上压头，同时将流值计读数调零。调整压力环中百分表，对零。

⑥启动加载设备，使试件承受荷载，加载速度为 50mm/min±5mm/min。计算机或 $X-Y$ 记录仪自动记录传感器压力和试件变形曲线并将数据自动存入计算机。

⑦当试验荷载达到最大值的瞬间，取下流值计，同时读取压力环中百分表读数及流值计的流值读数。

⑧从恒温水槽中取出试件至测出最大荷载值的时间，不得超过 30s。

4. 浸水马歇尔试验方法

浸水马歇尔试验方法与标准马歇尔试验方法的不同之处在于，试件在已达规定温度恒温水槽中的保温时间为 48h，其余步骤均与标准马歇尔试验方法相同。

5. 真空饱水马歇尔试验方法

试件先放入真空干燥器中，关闭进水胶管，开动真空泵，使干燥器的真空度达到 98.3kPa (730mmHg) 以上，维持 15min，然后打开进水胶管，靠负压进入冷水流使试件全部浸入水中，浸水 15min 后恢复常压，取出试件再放入已达规定温度的恒温水槽中保温 48h，其余均与标准马歇尔试验方法相同。

6. 计算

(1)试件的稳定度及流值

①当采用自动马歇尔试验仪时，将计算机采集的数据绘制成压力和试件变形曲线，或由 $X-Y$ 记录仪自动记录的荷载—变形曲线，按图 4-7 所示的方法在切线方向延长曲线与横坐标相交于 O_1，将 O_1 作为修正原点，从 O_1 起量取相应于荷载最大值时的变形作为流值(FL)，以 mm 计，准确至 0.1mm。最大荷载即为稳定度(MS)，以 kN 计，准确至 0.01kN。

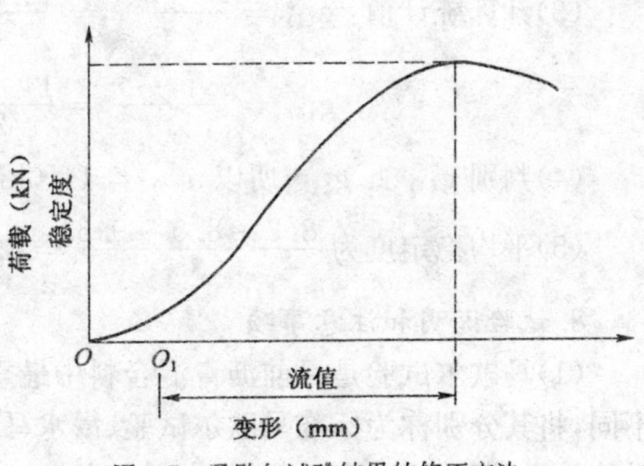

图 4-7 马歇尔试验结果的修正方法

②采用压力环和流值计测定时，根据压力环标定曲线，将压力环中百分表的读数换算为荷载值，或者由荷载测定装置读取的最大值即为试样的稳定度(MS)，以 kN 计，准确至 0.01kN。由流值计及位移传感器测定装置读取的试件垂直变形，即为试件的流值(FL)，以 mm 计，准确至 0.1mm。

(2)试件的马歇尔模数按式(4-33)计算。

$$T=\frac{MS}{FL} \tag{4-33}$$

式中：T——试件的马歇尔模数(kN/mm)；

MS——试件的稳定度(kN)；

FL——试件的流值(mm)。

(3)试件的浸水残留稳定度按式(4-34)计算。

$$MS_0 = \frac{MS_1}{MS} \times 100 \quad (4\text{-}34)$$

式中:MS_0——试件的浸水残留稳定度(%);

MS_1——试件浸水48h后的稳定度(kN)。

(4)试件的真空饱水残留稳定度按式(4-35)计算。

$$MS_0' = \frac{MS_2}{MS} \times 100 \quad (4\text{-}35)$$

式中:MS_0'——试件的真空饱水残留稳定度(%);

MS_2——试件真空饱水后浸水48h后的稳定度(kN)。

7.试验结果评定

当一组测定值中某个测定值与平均值之差大于标准差的k倍时,该测定值应予舍弃,并以其余测定值的平均值作为试验结果。当试件数目n为3、4、5、6个时,k值分别为1.15、1.46、1.67、1.82。

例题:进行马歇尔试验,一组4个试件,测得的稳定度8.2kN、8.5kN、9.6kN、14.0kN,请详细计算该组马歇尔试件的最后平均稳定度(试验数目为4时,其k值取1.46)。

(1)测值由小到大排序:8.2kg、8.5kN、9.6kN、14.0kN

(2)计算特征值:$\bar{x}=10.075$kN,$s=2.685$kN

(3)计算统计值:$g_{(1)} = \frac{\bar{x}-x_{(1)}}{s} = \frac{10.075-8.2}{2.685} = 0.698$

$$g_{(4)} = \frac{x_{(4)}-\bar{x}}{s} = \frac{14-10.075}{2.685} = 1.462$$

(4)判别$g_{(4)} > g_{(1)}$,所以$x_{(4)} = 14.0$kN为异常值。

(5)平均稳定度为$\frac{8.2+8.5+9.6}{3} = 8.76$kN。

8.试验说明和注意事项

(1)马歇尔试验是目前沥青混合料中最重要的一个试验方法。为区别试验时浸水条件的不同,将其分别称为标准马歇尔试验、浸水马歇尔试验及真空饱水马歇尔试验。使用大型试件时称为大型马歇尔试验。

(2)试件直径及高度必须合乎规范要求。马歇尔试验变异性与试件的成型高度关系很大,尤其是空隙率可能相差较大,所以制件时要很好控制试件高度,高度不符者一定要剔除。如高度不符合63.5mm±1.3mm要求或95.3mm±2.5mm要求或两侧高度差大于2mm时,此试件应作废。

(3)从恒温水箱中取出时间至测出最大荷载值的时间,不得超出30s。

(4)试件保温温度和保温时间严格按规范要求控制。

(5)启动加载设备,使试件承受荷载,加载速度为(50±5)mm/min。

(6)将试件置于下压头上,盖上上压头,需要上下对准。

(7)在工程上有时出现马歇尔试验的荷载—变形曲线的顶部很平坦的现象,即荷载增加很小，变形却持续不断增大，改性沥青和 SMA 混合料也经常出现这种情况，致使对应于最大荷载（稳定度）处的变形（流值）很大。在这种情况下，可以以最大荷载的 98%对应的变形值作为流值，但应该在试验报告中如实说明。

七、沥青混合料理论最大相对密度试验（真空法）

1. 目的与适用范围

(1)本方法适用于真空法测定沥青混合料理论最大相对密度，供沥青混合料配合比设计、路况调查或路面施工质量管理计算空隙率、压实度等使用。

(2)本方法不适用于吸水率大于 3%的多孔性集料的沥青混合料。

2. 仪具与材料技术要求

(1)天平：称量 10kg 以上，感量不大于 0.5g；称量 5kg 以上，感量不大于 0.1g；称量 2kg 以下，感量不大于 0.05g。

(2)负压容器：根据试样数量选用表 4-20 中的 A、B、C 任何一种类型。负压容器口带橡皮塞，上接橡胶管，管口下方有滤网，防止细料部分吸入胶管。

负压容器类型 表 4-20

类型	容器	附属设备
A	耐压玻璃、塑料或金属制的罐，容积大于 2 000mL	有密封盖，接真空胶管，与真空泵连接
B	容积大于 2 000L 的真空容量瓶	带胶皮塞，接真空胶管，与真空泵连接
C	4 000mL 耐压真空干燥器	带胶皮塞，放气阀，接真空胶皮管与真空泵连接

(3)真空负压装置：由真空泵、真空表、调压装置、压力表及干燥器或积水装置等组成。真空泵能使负压容器内造成 3.7kPa±0.3kPa(27.5mmHg±2.5mmHg)负压。真空表分度值不得大于 2kPa。

(4)恒温水槽：水温控制 25℃±0.5℃。

(5)温度计：分度为 0.5℃。

(6)其他：玻璃板等。

3. 方法与步骤

1)准备工作

(1)按《公路工程沥青及沥青混合料试验规程》(JTG E20—2011)T 0701 沥青混合料取样方法或从沥青路面上采取（或钻取）沥青混合料试样。试样数量不少于表 4-21 规定数量。

沥青混合料试样数量 表 4-21

公称最大粒径(mm)	试样最小总量(g)	公称最大粒径(mm)	试样最小总量(g)
4.75	500	26.5	2 500
9.5	1 000	31.5	3 000
13.2、16	1 500	37.5	3 500
19	2 000		

(2)将沥青混合料团块仔细分散，粗集料不破碎，细集料团块分散到小于 6.4mm。若混合料坚硬时可用烘箱适当加热后分散，一般加热温度不超过 60℃。分散试样应用手掰开，不得

用锤打碎，防止集料破碎。当试样是从路上采取的非干燥混合料时，应用电风扇吹干至恒量后再操作。

(3)负压容器标定法(B、C 类负压容器)

①大端口的负压容器，需要有大于负压容器端口的玻璃板。将容器和玻璃板放进水槽中，注意轻轻摇动负压容器使容器内气泡排除。恒温 10min±1min，取出容器和玻璃板，向负压容器内加满 25℃±0.5℃水至液面稍微溢出。用玻璃板先盖住容器端口 1/3，然后慢慢沿容器端口水平方向移动盖住整个端口，注意查看有没有气泡。擦除负压容器四周的水，称取盛满水的负压容器质量为 m_b。

②小口的负压容器，需要采用中间带垂直孔的塞子，其下部为凹槽，以便于空气从孔中排除。将容器和塞子放进水槽中，注意轻轻摇动负压容器使容器内气泡排除。恒温 10min±1min，在水中将瓶塞塞进瓶口，使多余的水由瓶塞上的孔中挤出。取出容器，用干净软布将瓶塞顶部擦拭一次，再迅速擦容器外面的水分，最后称其质量 m_b。注意瓶塞顶部只能擦拭一次，即使由于膨胀瓶塞上有小水滴也不能再擦拭。

(4)采用 A 类容器时，将容器全部 25℃±0.5℃的恒温水槽中，称取容器的水中质量(m_1)。

(5)将负压容器干燥，编号称取质量。

2)试验步骤

(1)将沥青混合料试样装入干燥的负压容器中，称容器及沥青混合料总质量，得到试样的净质量 m_a。试样质量应不小于上述规定的最小数量。

(2)在负压容器中注入 25℃±0.5℃的水，将混合料全部浸没，并较混合料顶面高出约 2cm。

(3)将负压容器放到试验仪上，与真空泵、压力表等连接，开动真空泵，使负压容器内负压在 2min 内达到 3.7kPa±0.3kPa(27.5mm±2.5mmHg)时，开始计时，同时开动振动装置和抽真空，持续 15min±2min。

为使气泡容易除去，试验前可在水中加有 0.01%浓度的表面活性剂(如每 100mL 水中加 0.01g 洗涤灵)。

(4)当抽真空结束后，关闭真空装置和振动装置，打开调压阀慢慢卸压，卸压速度不得大于 8kPa/s(通过真空表读数)，使负压容器内压力逐渐恢复。

(5)当负压容器采用 A 类容器时，将盛试样的容器浸入保温至 25℃±0.5℃的恒温水槽，恒温 10min±1min 后，称取负压容器与沥青混合料的水中质量(m_2)。

(6)当负压容器采用 B、C 类容器时，将装有沥青混合料试样的容器浸入保温至 25℃±0.5℃的恒温水槽，按照(3)同样步骤进行操作。恒温 10min±1min 后，注意容器中没有气泡，擦净容器外的水分，称取容器、水和沥青混合料试样的总质量(m_c)。

4.计算

(1)采用 A 类容器时，沥青混合料的理论最大相对密度按式(4-36)计算。

$$\gamma_t = \frac{m_a}{m_a - (m_2 - m_1)} \tag{4-36}$$

式中：γ_t——沥青混合料理论最大相对密度；

m_a——干燥沥青混合料试样的空气中质量(g)；

m_1——负压容器在 25℃水中的质量(g)；

m_2——负压容器与沥青混合料一起在 25℃水中的质量(g)。

(2)采用 B、C 类容器作负压容器时，沥青混合料的最大相对密度按式(4-37)计算。

$$\gamma_t = \frac{m_a}{m_a + m_b - m_c} \tag{4-37}$$

式中：m_b——装满 25℃水的负压容器质量(g)；

m_c——25℃时试样、水与负压容器的总质量(g)。

(3)沥青混合料 25℃时的理论最大密度按式(4-38)计算。

$$\rho_t = \gamma_t \times \rho_w \tag{4-38}$$

式中：ρ_t——沥青混合料的理论最大密度(g/cm^3)；

ρ_w——25℃时水的密度，0.997 1g/cm^3。

5.报告

同一试样至少平行试验两次，取平均值作为试验结果，取 3 位小数。理论最大密度试验重复性的允许差为 0.011g/cm^3，试验复现性的允许差为 0.019g/cm^3。

八、沥青混合料耐久性

沥青混合料的耐久性是指其抵抗长时间自然因素(风、日光、温度、水分等)和行车荷载反复作用，能基本保持原有性能的能力。

影响沥青混合料耐久性的因素很多，一个很重要的因素是沥青混合料的空隙率。空隙率的大小取决于矿料的级配、沥青材料的用量以及压实程度等多个方面。沥青混合料中的空隙率小，环境中易造成老化的因素介入的机会就少，所以从耐久性考虑，希望沥青混合料空隙率尽可能的小一些。但沥青混合料中还必须留有一定的空隙和适当的饱和度，以备夏季沥青材料的膨胀变形用。另一方面，沥青含量的多少也是影响沥青混合料耐久性的一个重要因素。当沥青用量较正常用量减少时，沥青膜变薄，则混合料的延伸能力降低，脆性增加。同时因沥青用量偏少，混合料空隙率增大，沥青暴露于不利环境因素的可能性加大，加速老化，同时还增加了水侵入的机会，造成水损坏。

沥青混合料试件内沥青部分的体积占矿料部分以外的体积(VMA)百分率，简称 VFA，以百分率表示。沥青混合料内有效沥青部分(即扣除被集料吸收的沥青以外的沥青)的体积占矿料部分以外的体积(VMA)的百分率，称为有效沥青饱和度。残留稳定度是反映沥青混合料抗水损害的一个重要指标。

综上所述，我国现行规范采用之空隙率、饱和度和残留稳定度等指标来表征沥青混合料的耐久性。

目前，评价沥青混合料的耐久性的方法有浸水马歇尔试验和采用真空饱水马歇尔试验，此外，还有浸水劈裂试验、冻融劈裂试验、浸水车辙试验等其他方法。

九、沥青混合料配合比设计

(一)沥青混合料组成材料技术要求

沥青混合料的技术性质决定于组成材料的性质、合适的配合比以及合理的拌和施工工艺，其中组成材料自身质量是沥青混合料技术性质保证的基础。组成沥青混合料的原材料粗集料、细集料和矿粉的级配和技术要求见第二章集料，沥青的技术要求见表 4-6。

(二)粗集料与沥青黏附性改善方法

集料的品种是影响沥青混合料抗水损害能力的最重要因素，容易造成剥落的集料品种是二氧化硅含量高的酸性石料。当使用不符要求的粗集料时，利用碱性材料处理酸性石料表面，使其活化，宜掺加消石灰、水泥或用饱和石灰水处理后使用，必要时可同时在沥青中掺加耐热、耐水、长期性能好的抗剥落剂。液体抗剥落剂是一种有机高分子表面活性剂，利用其极性端与集料结合，加强与沥青的黏附。对表面带负电荷的石料(酸性岩石)，应使用阳离子型表面活性剂；对表面带正电荷的石料，应使用阴离子型表面活性剂；也可采用改性沥青的措施。沥青与集料之间黏附性主要取决于沥青本身的黏度，黏度越大，黏附性越好。另外，沥青中表面活性成分含量越高，沥青的酸值越大，其黏附性越好。掺加外加剂的剂量由沥青混合料的水稳定性检验确定。

(三)矿粉应用的目的及其基本性能要求

沥青混合料的矿粉必须采用石灰岩或岩浆岩中的强基性岩石等憎水性石料经磨细得到的矿粉，原石料中的泥土杂质应除净。矿粉应干燥、洁净，能自由地从矿粉仓流出。在沥青混合料中，矿质填料通常是指矿粉，其他填料如消石灰粉、水泥常作为抗剥落剂使用。粉煤灰则使用很少，在我国由于粉煤灰的质量往往不稳定，一般不允许在高速公路上使用。通过沥青和矿粉之间相互作用形成的结构沥青和组成的沥青胶浆，使混合料中的矿料结合成为一体。矿粉在沥青混合料中起到重要的作用，矿粉要适量，少了不足以形成足够的比表面吸附沥青；矿粉过多又会使胶泥成团，致使路面胶泥离析，同样造成不良的后果。

与国外的标准相比，我国对矿粉的要求只有细度和亲水系数指标。欧洲 CEN 标准对矿粉规定了大量的指标，除细度、含水率外，还要求进行亚甲蓝试验、压实干矿粉的孔隙率、环球法软化点差值 $\Delta T_{R\&B}$、矿粉的水溶性、水敏感性、碳酸钙含量、氢氧化钙含量。CEN 还采用矿粉的沥青数(Bitumen number)评价它与沥青的黏附性。矿粉密度不仅测定对水的表观相对密度，还要测定在煤油中的浸渍密度，矿粉的比表面要求不大于 140m²/kg。有的国家还采用矿粉贯入度试验评定沥青矿粉结合料性能。在日本，矿粉还要求进行遇水膨胀、抗剥离性能、受热变质及流值等多种试验。

(四)矿料设计中矿料调整原则和调整方法

调整工程设计级配范围宜遵循下列原则。

(1)首先按规范确定采用粗型(C 型)或细型(F 型)的混合料。对夏季温度高、高温持续时间长，重载交通多的路段，宜选用粗型密级配沥青混合料(AC-C 型)，并取较高的设计空隙率。对冬季温度低、且低温持续时间长的地区，或者重载交通较少的路段，宜选用细型密级配沥青混合料(AC-F 型)，并取较低的设计空隙率。

(2)为确保高温抗车辙能力，同时兼顾低温抗裂性能的需要。配合比设计时宜适当减少公称最大粒径附近的粗集料用量，减少 0.6mm 以下部分细粉的用量，使中等粒径集料较多，形成 S 型级配曲线，并取中等或偏高水平的设计空隙率。

(3)确定各层的工程设计级配范围时应考虑不同层位的功能需要，经组合设计的沥青路面

应能满足耐久、稳定、密水、抗滑等要求。

(4)根据公路等级和施工设备的控制水平，确定的工程设计级配范围应比规范级配范围窄，其中4.75mm和2.36mm通过率的上下限差值宜小于12%。

(5)沥青混合料的配合比设计应充分考虑施工性能，使沥青混合料容易摊铺和压实，避免造成严重的离析。

(6)通常情况下，合成级配曲线宜尽量接近工程设计级配中限，尤其应使0.075mm、2.36mm和4.75mm筛孔的通过量尽量接近设计级配范围的中限。

(7)合成级配曲线应接近连续的或合理的间断级配，但不应过多的犬牙交错。当经过再三调整仍有两个以上的筛孔超出级配范围时，必须对原材料进行调整或更换原材料重新试验。

(五)沥青混合料目标配合比设计步骤

1.确定工程设计级配

沥青路面工程的混合料设计级配范围由工程设计文件或招标文件规定。密级配沥青混合料的设计级配宜在我国规范规定的级配范围内，根据公路等级、工程性质、气候条件、交通条件、材料品种，通过对条件大体相当的工程的使用情况进行调查研究后调整确定，必要时允许超出规范级配范围。密级配沥青稳定碎石混合料可直接以本规范规定的级配范围作工程设计级配范围使用。经确定的工程设计级配范围是配合比设计的依据，不得随意变更。

2.材料选择与准备

配合比设计的各种矿料必须按现行《公路工程集料试验规程》(JTG E42—2005)规定的方法，从工程实际使用的材料中取代表性样品。进行生产配合比设计时，取样至少应在干拌5次以后进行。

配合比设计所用的各种材料必须符合气候和交通条件的需要。其质量应符合本书第二章集料中规定的技术要求。当单一规格的集料某项指标不合格，但不同粒径规格的材料按级配组成的集料混合料指标能符合规范要求时，允许使用。

3.矿料配比设计

高速公路和一级公路沥青路面矿料配合比设计宜借助电子计算机的电子表格用试配法进行。其他等级公路沥青路面也可参照进行。

矿料级配曲线按《公路工程沥青及沥青混合料试验规程》(JTG E20—2011)T 0725规定的方法绘制，以原点与通过集料最大粒径100%的点的连线作为沥青混合料的最大密度线。

对高速公路和一级公路，宜在工程设计级配范围内计算1～3组粗细不同的配比，绘制设计级配曲线，分别位于工程设计级配范围的上方、中值及下方。设计合成级配不得有太多的锯齿形交错，且在0.3～0.6mm范围内不出现“驼峰”。当反复调整不能满意时，宜更换材料设计。

根据当地的实践经验选择适宜的沥青用量，分别制作几组级配的马歇尔试件，测定VMA，初选一组满足或接近设计要求的级配作为设计级配。

4.马歇尔试验

配合比设计各阶段都应进行马歇尔试验。经配合比设计得到的沥青混合料应符合设计或规范提出的配合比设计技术标准。

(1)拌和和压实温度的确定

沥青混合料试件的沥青加热温度、拌和温度按黏温曲线的方法确定，并与施工实际温度相一致，但成型温度应高于规范规定的开始碾压的最低温度。改性沥青混合料的成型温度在此基础上再提高10～20℃。

(2)密度和体积参数的计算

①按式(4-39)计算矿料混合料的合成毛体积相对密度γ_{sb}。

$$\gamma_{sb}=\frac{100}{\frac{P_1}{\gamma_1}+\frac{P_2}{\gamma_2}+\cdots+\frac{P_n}{\gamma_n}} \tag{4-39}$$

式中：P_1、P_2、…、P_n——各种矿料成分的配比，其和为100；

γ_1、γ_2、…、γ_n——各种矿料相应的毛体积相对密度，对2.36mm以上的粗集料(含从机制砂及石屑中筛出的大于2.36mm部分)统一按T 0304方法测定，2.36mm以下部分的机制砂及石屑，按T 0330方法实际测定毛体积相对密度。矿粉以表观相对密度代替。

②按式(4-40)计算矿料混合料的合成表观相对密度γ_{sa}。

$$\gamma_{sa}=\frac{100}{\frac{P_1}{\gamma'_1}+\frac{P_2}{\gamma'_2}+\cdots+\frac{P_n}{\gamma'_n}} \tag{4-40}$$

式中：P_1、P_2、……P_n——各种矿料成分的配比，其和为100；

γ_1、γ_2、……γ_n——各种矿料按试验规程方法测定的表观相对密度。

③确定矿料的有效相对密度。对非改性的普通沥青混合料，宜预估适宜的最佳油石比拌和2组的混合料，按规定对混合料彻底分散后采用真空法实测最大相对密度，取2个以上试样的平均值。然后由式(4-41)反算合成矿料的有效相对密度γ_{se}。

$$\gamma_{se}=\frac{100-P_b}{\frac{100}{\gamma_t}-\frac{P_b}{\gamma_b}} \tag{4-41}$$

式中：γ_{se}——合成矿料的有效相对密度；

P_b——试验采用的沥青用量(占混合料总量的百分数)(%)；

γ_t——试验沥青用量条件下得到的最大相对密度，无量纲；

γ_b——沥青的相对密度(25℃/25℃)，无量纲。

对改性沥青及SMA等难以分散的混合料，宜直接由矿料的合成毛体积相对密度与合成表观相对密度按式(4-42)计算确定，其中沥青吸收系数C值根据材料的吸水率由式(4-43)求得，材料的合成吸水率按式(4-44)计算。

$$\gamma_{se}=C\times\gamma_{sa}+(1-C)\times\gamma_{sb} \tag{4-42}$$

$$C=0.033W_x^2-0.2936W_x+0.9339 \tag{4-43}$$

$$W_x=\left(\frac{1}{\gamma_{sb}}-\frac{1}{\gamma_{sa}}\right)\times 100 \tag{4-44}$$

式中：γ_{se}——合成矿料的有效相对密度；

C——合成矿料的沥青吸收系数，可按矿料的合成吸水率从式(4-42)求取；

W_x——合成矿料的吸水率，按式(4-44)求取(%)；

γ_{sb}——材料的合成毛体积相对密度，无量纲；

γ_{sa}——材料的合成表观相对密度，无量纲。

(3)马歇尔试验

①以预估的油石比为中值，按一定间隔(对密级配沥青混合料通常为0.5%)，取5个或5个以上不同的油石比。

注：5个不同油石比不一定选整数，例如预估油石比4.8%，可选3.8%、4.3%、4.8%、5.3%、5.8%等；同时准备2个实测最大相对密度。

②按不同的油石比分别成型马歇尔试件，进行马歇尔试验。每一组试件的试样数按现行试验规程的要求确定，对粒径较大的沥青混合料，因试验数据波动较大，宜增加试件数量。

③测定压实沥青混合料试件的毛体积相对密度 γ_f 和吸水率，取4个以上试件的平均值。测试方法应遵照以下规定执行：

a. 通常采用表干法测定毛体积相对密度；

b. 对吸水率大于2%的试件，宜改用蜡封法测定的毛体积相对密度；

c. 对空隙率大于8%的试件，应采用体积法测定的毛体积相对密度。

对吸水率小于0.5%的特别致密的沥青混合料，在施工质量检验时，允许采用水中重法测定的表观相对密度代替毛体积相对密度，且钻孔试件也采用同样的方法进行，但在配合比设计时不得采用水中重法。

④确定沥青混合料的最大相对密度。

对非改性的普通沥青混合料，在成型马歇尔试件的同时，用真空法实测各组沥青混合料的最大相对密度 γ_{ti}。

对改性沥青或SMA混合料等难以分散不便采用真空法实测最大相对密度时，宜按式(4-45)或式(4-46)计算不同沥青用量条件下的沥青混合料的最大理论相对密度。

$$\gamma_{ti}=\frac{100+P_{ai}}{\frac{100}{\gamma_{se}}+\frac{P_{ai}}{\gamma_b}} \tag{4-45}$$

$$\gamma_{ti}=\frac{100}{\frac{P_{si}}{\gamma_{se}}+\frac{P_{bi}}{\gamma_b}} \tag{4-46}$$

式中：γ_{ti}——相对于计算沥青用量 P_{bi} 时沥青混合料的最大理论相对密度，无量纲；

P_{ai}——所计算的沥青混合料中的油石比(%)；

P_{bi}——所计算的沥青混合料的沥青用量(%)，$P_{bi}=P_{ai}/(1+P_{ai})$；

P_{si}——所计算的沥青混合料的矿料含量(%)，$P_{si}=100-P_{bi}$；

γ_{se}——矿料的有效相对密度，无量纲；

γ_b——沥青的相对密度(25℃/25℃)，无量纲。

⑤按式(4-47)～式(4-49)计算沥青混合料试件的空隙率、矿料间隙率VMA、有效沥青的饱和度VFA等体积指标，取1位小数，进行体积组成分析。

$$VV=\left(1-\frac{\gamma_f}{\gamma_t}\right)\times 100 \tag{4-47}$$

$$VMA=\left(1-\frac{\gamma_f}{\gamma_{sb}}\times P_s\right)\times 100 \tag{4-48}$$

$$VFA=\frac{VMA-VV}{VMA}\times 100 \tag{4-49}$$

式中：VV——试件的空隙率(%)；

VMA——试件的矿料间隙率(%)；

VFA——试件的沥青饱和度(有效沥青含量占 VMA 的体积比例)(%)；

γ_f——试件的毛体积相对密度，无量纲；

γ_t——沥青混合料的最大相对密度，无量纲；

P_s——各种矿料占沥青混合料总质量的百分率之和(%)，即 $P_s=100-P_b$；

γ_{sb}——矿料混合料的合成毛体积相对密度。

(4)在 60℃条件下进行马歇尔试验，测定马歇尔稳定度及流值。

5. 最佳沥青用量的确定

(1)以沥青用量为横坐标，以测定的各项指标为纵坐标，分别将试验结果点入图中，连成圆滑的曲线，确定均符合本规范规定的沥青混合料技术标准的沥青用量范围 $OAC_{min}\sim OAC_{max}$。选择的沥青用量范围必须涵盖设计空隙率的全部范围，并尽可能涵盖沥青饱和度的要求范围，并使密度及稳定度曲线出现峰值。如果没有涵盖设计空隙率的全部范围，试验必须扩大沥青用量范围重新进行。

各项指标与沥青用量的关系：随着沥青用量的增加，沥青与矿粉交互作用形成结构沥青，混合料的强度逐渐增加，但持续增加会形成多余的自由沥青，会在矿料间起到润滑作用。即稳定度和密度随沥青用量的增加而增加，但到达一定程度后却逐渐减小。由于沥青用量的增加，逐步填充矿料间的空隙，所以空隙率随沥青用量的增加而逐渐减小，沥青饱和度随沥青用量的增加而逐渐增加。

流值随沥青用量的增加而增加。

(2)根据试验曲线的走势，按下列方法确定沥青混合料的最佳沥青用量 OAC_1。

①在曲线图上求取相应于密度最大值、稳定度最大值、相应于空隙率要求范围的中值或目标空隙率、相应于沥青饱和度范围的中值的沥青用量 a_1、a_2、a_3、a_4。按式(4-50)取平均值作为 OAC_1。

$$OAC_1=(a_1+a_2+a_3+a_4)/4 \tag{4-50}$$

②如果在所选择的沥青用量范围未能涵盖沥青饱和度的要求范围，宜从图中分别求取密度最大值、稳定度最大值、相应于空隙率要求范围的中值或目标空隙率的沥青用量 a_1、a_2、a_3。按式(4-51)求取 3 者的平均值作为 OAC_1。

$$OAC_1=(a_1+a_2+a_3)/3 \tag{4-51}$$

③当所选择试验的沥青用量范围。密度及稳定度的最大值出现在曲线的两端，而不能确定其峰值时，可直接以目标空隙率所对应的沥青用量 a_3 作为 OAC_1，但 OAC_1 必须介于 $OAC_{min}\sim OAC_{max}$ 的范围内；否则，应重新进行配合比设计。

(3)以各项指标均符合技术标准(不含 VMA)的沥青用量范围 $OAC_{min}\sim OAC_{max}$ 的中值作为 OAC_2。

$$OAC_2=(OAC_{min}+OAC_{max})/2 \tag{4-52}$$

(4)通常情况下取 OAC_1 及 OAC_2 的中值作为计算的最佳沥青用量 OAC。

$$OAC=(OAC_1+OAC_2)/2 \tag{4-53}$$

(5)按式(4-52)计算的最佳油石比 OAC,从图中得出所对应的空隙率和 VMA 值,从而检验是否能满足现行规范最小 VMA 值的要求。当空隙率不是整数时,最小 VMA 由内插法确定,并将其画入图中。

(6)检查图中相应于此 OAC 的各项指标是否均符合马歇尔试验技术标准和马歇尔试验配合比设计的技术标准。

(7)根据实践经验和公路等级、气候条件、交通情况,调整确定最佳沥青用量 OAC。

①调查当地各项条件相接近的工程的沥青用量使用情况,论证适宜的最佳沥青用量。计算的最佳沥青用量宜与预估新建工程沥青混合料的适宜的油石比 P_a 或沥青用量为 P_b 相近;如相差甚远,应查明原因,必要时重新调整级配,进行配合比设计。

②对炎热地区公路以及高速公路、一级公路的重载交通路段,山区公路的长大坡度路段,预计有可能产生较大车辙时,宜在空隙率符合要求的范围内将计算的最佳沥青用量减小0.1～0.5个百分点作为设计沥青用量。此时,除空隙率外的其他指标可能会超出马歇尔试验配合比设计技术标准,配合比设计报告或设计文件必须对此予以说明。但配合比设计报告必须要求采用重型轮胎压路机和振动压路机组合等方式加强碾压,以使施工后路面的空隙率达到未调整前的原最佳沥青用量时的水平,且渗水系数符合要求。如果试验段达不到此要求时,宜调整所减小的沥青用量的幅度。

③对寒冷地区公路、旅游公路、交通量很少的公路,最佳沥青用量可以在 OAC 的基础上增加 0.1～0.3 个百分点,以适当减小设计空隙率,但不得降低压实度要求。

6.目标配合比设计检验

根据规范规定应采用工程实际使用的材料(而不是采石场的材料样品)进行目标配合比设计。

按计算确定的设计最佳沥青用量在标准条件下进行。如按照交通、气候等影响因素将计算的设计沥青用量调整后作为最佳沥青用量,或者改变试验条件时,各项技术要求均应适当调整,不宜照搬。

高温稳定性检验:按规定的试验方法在温度 60℃、轮压 0.7MPa 条件下用车辙试验机检验其高温抗车辙能力、动稳定度应符合现规范的要求。

水稳定性检验。按规定的试验方法进行浸水马歇尔试验和冻融劈裂试验,残留稳定度及残留强度比均必须符合规范的规定。

低温抗裂性能检验:按设计沥青用量 OAC 用轮碾机成型试件,切割成规定尺寸的棱柱体试件,在－10℃条件下用 50mm/min 加载速率进行低温弯曲试验,其破坏应变宜符合规范要求。

渗水系数检验:利用轮碾机成型的车辙试件进行渗水试验检验的渗水系数宜符合规范要求。

7.沥青混合料配合比指标调整原则

在施工时,按试验室所作的配合比所试拌的混合料的各种指标有时不满足要求,因此须结合试拌与试铺而进行必要的调整，方可作为生产配合比，一般按以下原则进行调整。

(1)空隙率与稳定度均较低

系沥青含量过多或细料偏多或两者兼有所致。提高空隙率的方法有多种，其中之一是在混合料中添加粗矿料以提高 VMA(矿料间隙率)值。提高空隙率的另一种方法是降低沥青含量。但应注意，只有当混合料中的沥青含量超出一般，而减少沥青含量又不会使沥青膜低于要求厚度，且不影响路面耐久性时，方可使用此种方法。在混合料中增加表面粗糙且有棱角的矿料可提高 VMA 值和摩阻力。

(2)空隙率低，稳定度满足要求

系沥青含量偏多或主骨料已够但级配中间料断档太长所致。空隙率低易出现泛油现象，尤其当主骨料被压碎时，将会引起失稳和泛油。因此，空隙率低的混合料，即便是稳定度暂时可以满足要求，也应该用上面所述的方法进行调整。

(3)空隙率满足要求、稳定度低

可能是因为混合料级配不佳、矿料本身强度不足、细长扁平含量过高、沥青与矿料黏结性差等造成，可根据具体情况进行调整。

(4)空隙率高，稳定度满足要求

空隙率高常会使透水性提高，所以即使混合料的稳定度满足要求，也要将空隙率调低些。通常采用的方法是适当增加细料。

(5)空隙率高，稳定度低

对于空隙率高而稳定度低的混合料，需要按前面阐述的方法调低空隙率。如果经调整后仍然不能同时改善空隙率和稳定度两项指标时，则要按照开始所述的方法，重新选择矿料。

8.最佳沥青用量时的粉胶比和有效沥青膜厚度

按式(4-54)计算沥青混合料的粉胶比，宜符合 0.6～1.6 的要求。对常用的公称最大粒径为 13.2～19mm 的密级配沥青混合料，粉胶比宜控制在 0.8～1.2 范围内。

$$FB = P_{0.075}/P_{be} \tag{4-54}$$

式中：FB——粉胶比，沥青混合料的矿料中 0.075mm 通过率与有效沥青含量的比值，无量纲；

$P_{0.075}$——矿料级配中 0.075mm 的通过率(水洗法)(%)；

P_{be}——有效沥青含量(%)。

按式(4-55)的方法计算集料的比表面，按式(4-56)估算沥青混合料的沥青膜有效厚度。各种集料粒径的表面积系数按表 4-22 采用。

$$SA = \sum(P_i \times FA_i) \tag{4-55}$$

$$DA = \frac{P_{be}}{\rho_b \times P_s \times SA} \times 1\,000 \tag{4-56}$$

式中：SA——集料的比表面积(m^2/kg)；

P_i——集料各粒径的质量通过百分率(%)；

FA_i——各筛孔对应集料的表面积系数(m^2/kg)，按表 4-22 确定；

DA——沥青膜有效厚度(μm)；

P_s——各种矿料占沥青混合料总质量的百分率之和(%)，即 $P_s = 100 - P_b$；

ρ_b——沥青 25℃时的密度(g/cm^3)。

集料的表面积系数及比表面积计算示例　表 4-22

筛孔尺寸(mm)	19	16	13.2	9.5	4.75	2.36	1.18	0.6	0.3	0.15	0.075
表面积系数 FA_i(m^2/kg)	0.004 1	—	—	—	0.004 1	0.008 2	0.016 4	0.028 7	0.061 4	0.122 9	0.327 7
集料各粒径的质量通过百分率 P_i(%)	100	92	85	76	60	42	32	23	16	12	6
集料的比表面积 $FA_i \cdot P_i$ (m^2/kg)	0.41	—	—	—	0.25	0.34	0.52	0.66	0.98	1.47	1.97
集料比表面积总和 SA(m^2/kg)	SA=0.41+0.25+0.34+0.52+0.66+0.98+1.47+1.97=6.60										

注：矿料级配中大于 4.75mm 集料的表面积系数 FA 均取 0.004 1，计算集料比表面积时，大于 4.75mm 集料的比表面积只计算一次，即只计算最大粒径对应部分，如表 4-22，该例的 SA=6.60m^2/kg。若沥青混合料的有效沥青含量为 4.65%，沥青混合料的沥青用量为 4.8%，沥青的密度 1.03g/cm^3，P_s=95.2，则沥青膜厚度 DA=4.65/(95.2×1.03×6.60)×1000=7.19μm。

总之，目标配合比设计阶段，用工程实际使用的材料沥青混合料配合比设计方法，优选矿料级配、确定最佳沥青用量，符合配合比设计技术标准和配合比设计检验要求，以此作为目标配合比，供拌和机确定各冷料仓的供料比例、进料速度及试拌使用。

(六)生产配合比设计阶段

对间歇式拌和机，应按规定方法取样测试各热料仓的材料级配，确定各热料仓的配合比，供拌和机控制室使用。同时选择适宜的筛孔尺寸和安装角度，尽量使各热料仓的供料大体平衡。并取目标配合比设计的最佳沥青用量 OAC、OAC±0.3%等 3 个沥青用量进行马歇尔试验和试拌，通过室内试验及从拌和机取样试验综合确定生产配合比的最佳沥青用量，由此确定的最佳沥青用量与目标配合比设计的结果的差值不宜大于±0.2%。对连续式拌和机可省略生产配合比设计步骤。

(七)生产配合比验证阶段

拌和机按生产配合比结果进行试拌、铺筑试验段，并取样进行马歇尔试验，同时从路上钻取芯样观察空隙率的大小，由此确定生产用的标准配合比。标准配合比的矿料合成级配中，至少应包括 0.075mm、2.36mm、4.75mm 及公称最大粒径筛孔的通过率接近优选的工程设计级配范围的中值，并避免在 0.3～0.6mm 处出现“驼峰”。对确定的标准配合比，宜再次进行车辙试验和水稳定性检验。

十、沥青混合料高温稳定性

沥青混合料高温稳定性是指在高温条件下，沥青混合料能够抵抗车辆反复作用，不会产生显著永久变形(车辙、拥包、波浪)，保证沥青路面平整的特性。通过马歇尔稳定度试验方法和车辙试验法进行测定和评价。

(一)影响沥青路面车辙因素及防治技术措施

(1)温度的影响。温度越高，沥青混合料的劲度模量越低，抗车辙能力越小。

(2)荷载对车辙的影响。重载交通、超限超载车辆是造成车辙的最主要原因。

(3)路面纵坡、车况及车速对车辙的影响。汽车的车况较差，上坡能力很差，车速迅速降低，使车辙迅速产生。

(4)上坡、重载、高温的综合影响。

(5)路面结构、设计，混合料设计和施工方面等因素。

为了防止沥青路面车辙的损坏，我们必须从包括了材料、配合比设计、施工、设计交通和环境等因素采取相对应的防治技术措施，见表 4-23。

沥青路面车辙影响因素和防治技术措施　　表 4-23

影响因素		防治措施
材料	沥青的黏度偏小、黏聚力差	①采用高质量、高黏度的重交道路沥青（A 级石油沥青）； ②采用比通常情况下针入度较小的沥青； ③在中下面层采用针入度更小的沥青； ④按照高温、重载及上坡慢速的条件提高沥青的高温性能分级； ⑤采用改性沥青，重载交通路段中面层也进行改性； ⑥在特殊的上坡路段，下面层也考虑采用改性沥青
材料	集料棱角性差，缺乏嵌挤能力	①采用坚硬、粗糙、形状接近立方体、洁净的粗细集料； ②采用棱角性好的粗集料、细集料，增补棱角性指标； ③改变迷信石屑的错误做法，大力推广应用机制砂； ④在可能发生车辙的地段，控制天然砂用量不超过 10%，但是需要使用部分天然砂以改善施工碾压性能，加强碾压密实度； ⑤改善集料加工工艺，减小针片状颗粒含量； ⑥控制破碎砾石破碎面比例
配合比设计	集料嵌挤能力差，集料悬浮易变形	①选择合理的矿料级配，提高集料的嵌挤能力； ②采用 SMA 结构，长大上坡路段中面层也采用 SMA 结构
配合比设计	配合比设计不合理	①统一配合比设计体积指标的测定和计算方法； ②鼓励采用 GTM 方法、SUPERPAVE 方法设计混合料，但必须按马歇尔方法进行检验； ③采用粗型的 S 型嵌挤密实型级配； ④具有合理的 VMA，在满足要求的基础上控制不要太大
配合比设计	沥青用量偏多，沥青膜偏厚	①适当增加设计空隙率至 5%～6%，但必须压回到标准情况； ②加大 GTM 方法、SUPERPAVE 方法成型压力，增加马歇尔击实次数； ③在夏季炎热、重载交通路段减少沥青用量 0.3～0.5 个百分点； ④适当增加矿粉用量、增大粉胶比，通常不小于 1，但也不能太多； ⑤掺加消石灰，增加沥青与集料的黏附性
配合比设计	动稳定度要求不符合实际情况	按照实际路面温度、荷载压强进行车辙试验，提高动稳定度要求
施工	变异性大，路面空隙率大，压实不足	①加强压实，提高压实度要求，控制残余空隙率不小于 3%，不大于 7%～8%； ②提高路面的密水性，防止渗水使层间的界面条件改变为滑动状态； ③采用重型轮胎压路机反复搓揉； ④减小材料，道路污染，喷洒黏层油； ⑤不使用柴油，少洒水； ⑥从各个途径减少施工变异性

续上表

影响因素		防治措施
设计	纵坡过长、过大	①在高热地区,尽可能减小纵坡,控制坡长; ②尽可能避免设置长大纵坡路段,改为隧道、桥梁
结构	沥青层与基层的界面条件不能保证连续,成为滑动状态	①做好封层、洒好透层油; ②合理地选择路面结构形式和沥青层的厚度
	基层排水性能不良	改善基层的排水性能
交通和环境	重载交通、车况差	①综合治理超限、超载车辆; ②合理控制重载车行车时间,严禁高温时段有重载交通通行; ③强化高速公路低速限制,车速不得低于50km/h; ④轮胎洒水降温
	高温季节连续,高温通行重载交通是造成车辙的最直接的原因	①加强管理,高温时段封闭重载交通(例如气温高于35℃时从上午10时~下午6时封闭大型货车通行); ②分时段收取不同的过路费,鼓励夜间货车通行; ③开辟高温时段不渠化通行的重载车避让公路; ④强化高速公路的低速限制; ⑤在高温时段给路面洒水降温

(二)影响沥青路面车辙试验结果的因素

车辙试验目的意义:用于测定沥青混合料的高温抗车辙能力,供沥青混合料配合比设计的高温稳定性检验使用。

沥青混合料的车辙试验是试件在规定温度及荷载条件下,测定试验轮往返行走所形成的车辙变形速率,以每产生1mm变形的行走次数即动稳定度表示。车辙试验是沥青混合料性能检验中最重要的指标。车辙大小受混合料自身影响外,与荷载、温度、时间(含车速)的关系很大。

车辙试验方法和设备对试验结果有很大的影响。我国的车辙试验是在标准温度60℃、荷载0.7MPa、速率42次/min标准条件下试验的,工程发生车辙的实际条件(荷载、温度、车速)与此并不对应,除了沥青混合料自身的因素外,温度、荷载、速度对高温性能的影响是主要因素,而这些因素是目前室内车辙试验所解决不了的。而不同的温度、荷载、车速与标准条件之间不存在固定的换算模式,不同沥青品种、不同混合料的换算公式相差较大,个别研究得到的换算关系并没有通用性。

对车辙试验的温度应能反映夏季高温的路面温度。车辙试验法依照我国绝大多数地区的温度条件,试验温度为60℃±1℃,但是实际试验中,可以根据工程所处的地理位置、气候条件可以选择其他温度进行试验。同样对试验轮与试样的接触压强也可以根据交通量大小、重载车情况及路段的地理地貌位置选择压强大小进行配合比的检验,接触压强具体选择多大根据需要确定。

对恒温室要求整个车辙试验机要求必须放在恒温室内,恒温室中必须有一定的空间用来养生试件,且必须有通风循环设备,使温度均匀。直至试验,恒温室可以用保温材料砌筑。有的试验机仅将试件部位保温,空气不回流,将试件放在另外的烘箱中养生,这是不合适的,很难保证试件内部的温度均匀恒定为 60℃±0.5℃。通过比较试验发现，对空气不回流，在烘箱中养生的试件，动稳定度要比在有通风循环设备中的试件几乎高一倍，因此这种检验结果是不合适的。

车辙试验方法作为沥青混合料配合比设计高温稳定性检验指标，试验时有一点很重要，即试件必须是新拌配制的，在现场取样时必须在尚未冷却时即制模，不允许将混合料冷却后再二次加热重塑制作。据"八五"攻关课题研究，重塑制作的动稳定度可能高出 2 倍甚至好几倍，数据是不可信的，也是不能作为评价合格与否的依据。

(三)沥青混合料车辙试验

1. 仪具与材料

(1)车辙试验机主要由下列部分组成。

①试件台：可牢固地安装(长 300mm 及宽 150mm)的规定尺寸试件的试模。

②试验轮：橡胶制的实心轮胎，外径 ϕ200mm，轮宽 50mm，橡胶层厚 15mm。橡胶硬度(国际标准硬度)20℃时为 84±4，60℃时为 78±2。试验轮行走距离为 230mm±10mm，往返碾压速度为 42 次/min±1 次/min(21 次往返/min)，由曲柄连杆驱动加载轮行走的方式(试验台不动)。

注：轮胎橡胶硬度应注意检验，不符合要求者应及时更换。

③加载装置：通常情况下试验轮与试件的接触压强在 60℃时为 0.7MPa±0.05MPa，施加的总荷重为 78kg 左右，根据需要可以调整接触压强大小。

④试模：钢板制成，由底板及侧板组成，试模内侧尺寸宜采用长为 300mm，宽为 300mm，厚为 50mm～100mm，也可根据需要对厚度进行调整。

⑤变形测量：自动采集车辙变形并记录曲线的装置，通常用位移传感器 LVDT 或非接触位移计。位移测量范围 0～30mm，精度±0.01mm。

⑥温度检测：自动检测并记录试件表面及恒温室内温度的温度传感器，精度±0.5℃。温度应能自动连续记录。

(2)恒温室：恒温室应具有足够的空间。车辙试验机必须整机安放在恒温室内，装有加热器、气流循环装置及装有自动温度控制设备；同时恒温室还应有至少能保温 3 块试件并进行试验的条件。保持恒温室温度 60℃±1℃(试件内部温度 60℃±0.5℃)，根据需要也可采用其他试验温度。

(3)台秤：称量 15kg，感量不大于 5g。

2. 试验方法

试验轮接地压强测定：测定在 60℃时进行，在试验台上放置一块 50mm 厚的钢板，其上铺一张毫米方格纸，上铺一张新的复写纸，以规定的 700N 荷载后试验轮静压复写纸，即可在方格纸上得出轮压面积，并由此求得接地压强。当压强不符合 0.7MPa±0.05MPa，荷载应予适当调整。

按《公路工程沥青及沥青混合料试验规程》(JTG E20—2011)中 T 0703 用轮碾成型法制作车辙试验试块。在试验室或工地制备成型的车辙试件，其标准尺寸为 300mm(长)×300mm(宽)×50～100mm(厚)，可根据需要确定，也可从路面切割试件。

当直接在拌和厂取拌和好的沥青混合料样品制作试件检验生产配合比设计或混合料生产

质量时，必须将混合料装入保温桶中，在温度下降至成型温度之前迅速送达试验室制作试件；如果温度稍有不足，可放在烘箱中稍事加热(时间不超过 30min)后成型，但不得将混合料放冷却后二次加热重塑制作试件。重塑制件的试验结果仅供参考，不得用于评定配合比设计检验是否合格使用。

试件成型后，连同试模一起在常温条件下放置的时间不得少于 12h。对聚合物改性沥青混合料，放置的时间以 48h 为宜，使聚合物改性沥青充分固化后方可进行车辙试验，但室温放置时间也不得长于一周。

注：为使试件与试模紧密接触应记住四边的方向位置不变。

将试件连同试模一起，置于达到试验温度 60℃±1℃的恒温室中，保温不少于 5h，也不得多于 12h。在试件的试验轮不行走的部位上，黏贴一个热电偶温度计，控制试件温度稳定在 60℃±0.5℃。将试件连同试模置于车辙试验机的试件台上，试验轮在试件的中央部位，其行走方向须与试件碾压方向一致。开动车辙变形自动记录仪，然后启动试验机，是试验轮往返行走，时间约 1h，或最大变形达到 25mm 为止。试验时，记录仪自动记录变形曲线(图 4-8)及时间温度。须注意的是，对于 300mm 宽且试验时变形较小的试件，也可对一块试件在两侧 1/3 位置上进行两次试验取平均值。

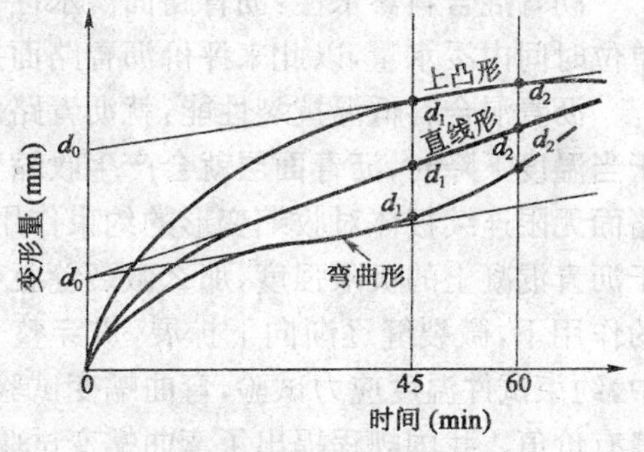

图 4-8　车辙试验自动记录的变形曲线

从图 4-8 上读取 45min(t_1)及 60min(t_2)时的车辙变形 d_1 及 d_2，精确至 0.01mm。如果变形过大，在未到 60min 变形已经达到 25mm 时，则以达到 25mm(d_2)时的时间为 t_2，将其前 15min 为 t_1，此时的变形量为 d_1。

沥青混合料时间的动稳定度按下式计算：

$$DS = \frac{(t_2 - t_1) \times 42}{d_2 - d_1} c_1 c_2 \tag{4-57}$$

式中：DS——沥青混合料的动稳定度(次/mm)；

d_1——时间 t_1(一般为 45min)的变形量(mm)；

d_2——时间 t_2(一般为 60min)的变形量(mm)；

42——试验轮每分钟行走次数(次/min)；

c_1——试验机类型修正系数，曲柄连杆驱动试件的变速行走方式为 1.0，链驱动试验轮的等速方式为 1.5；

c_2——试件系数，试验制备的宽 300mm 的试件为 1.0。

车辙试验的优点是能反映工程的实际情况，用来评价沥青混合料的抗车辙能力。我国规范规定，以 60℃作为车辙试验的标准温度，加载水平为 0.7MPa，试验持续 1h，以动稳定度作为评价指标。

当直接在拌和厂取好的沥青混合料样品制作试件检验生产配合比设计或混合料生产质量时，必须将混合料装入保温桶中，在温度下降至成型温度之前迅速送达试验室制作试件，如果温度稍有不足，可放在烘箱中稍事加热(时间不超过 30min)后使用。也可直接在现场用手动碾或压路机碾压成型试件，但不得将混合料放冷却后二次加热重塑制作试件。重塑制件的试验结果仅供参考，不得用于评定配合比检验。

同一沥青混合料或同一路段的路面，至少平行试验 3 个试件，当 3 个试件动稳定度变异系数小于 20％时，取其平均值作为试验结果。变异系数大于 20％时应分析原因，并追加试验。如计算动稳定度值大于 6 000 次/mm 时，记作：＞6 000 次/mm。

十一、沥青混合料其他性能

沥青混合料疲劳性能：沥青混合料的疲劳性能是指它承受重复荷载又不断裂的能力。应用现象法进行疲劳试验的方法很多，归纳起来有四类。第一类是实际路面在汽车荷载作用下的疲劳破坏试验，以美国著名的 AASHO 试验路为代表。第二类是足尺路面结构在模拟汽车荷载作用下的疲劳破坏试验，包括直道和环道加速加载试验。第三类是试板试验法。第四类试验室小型试件的疲劳试验研究，如反复弯曲疲劳试验、间接拉伸疲劳试验、直接拉伸疲劳试验、室内轮辙试验等。

沥青混合料渗水性：沥青路面渗水性常用渗透系数表示，体现沥青路面作为一种密实结构单位时间内浸水量，以此来评价沥青路面抗水损害性能的优劣。我国采用渗透仪测量。

沥青混合料低温抗裂性能：就沥青路面温度裂缝而言，体现沥青混合料低温质量。这是由于当温度下降时，沥青面层就会产生收缩变形。于是这种变形会受到基层对面层的摩阻力和路面无限连续板体对收缩变形的约束作用，使沥青面层内部产生拉应力。如果这个拉应力等于沥青混凝土的极限强度，那么微裂缝就会出现在面层表面。在更低的温度或温度反复循环的作用下，微裂缝逐渐向下扩展，贯穿整个沥青面层。沥青混合料低温抗裂性能的试验方法中，约束试件温度应力试验，弯曲蠕变试验预编、*J*-积分试验，低频疲劳试验对研究疲劳温缩裂缝有价值。我国规程提出了弯曲蠕变试验方法。

沥青混合料水稳定性评价一是评价沥青与矿料的黏附性；二是评价沥青混合料的浸水以后的力学性能。检验沥青混合料水稳定性的试验方法有浸水马歇尔试验、真空饱水马歇尔试验、浸水劈裂试验、真空饱水劈裂试验、冻融劈裂试验、浸水抗压试验、浸水车辙试验等。我国规范采用浸水马歇尔试验和冻融劈裂试验来评价沥青混合料的水稳定性。评价水稳定性的指标有浸水残留稳定度和劈裂强度比。

1. 残留稳定度试验

残留稳定度试验按《公路工程沥青及沥青混合料试验规程》(JTG E20—2011)的规定进行，即一组马歇尔试件在 60℃热水中恒温 30min 后测其稳定度，另一组马歇尔试件在 60℃水中恒温 48h 后测其稳定度，再将二者进行对比来评价混合料的水稳性。

试件的浸水残留稳定度按下式计算：

$$MS_0 = \frac{MS_1}{MS} \times 100 \tag{4-58}$$

式中：MS_0——试件的浸水残留度(％)；

MS_1——试件浸水 48h 后的稳定度(kN)；

MS——试件浸水 30min 后的稳定度(kN)。

2. 冻融劈裂试验

残留稳定度试验并不能很好的评价沥青混合料经冬、夏冻融循环后的水稳定性，故增加冻

融劈裂试验以供比较。该试验的试件成型与马歇尔成型方法一致，其正反面各击 50 次，饱水分两组进行，一组在 25℃±0.5℃水中浸泡 2h 后测试。另一组泡水过程如下：

(1)730～740mmHg 浸水抽真空 15min；

(2)恢复常压，浸水 30min；

(3)−18℃±2℃冰箱中置入 16h±1h；

(4)60℃±0.5℃水浴中恒温 24h；

(5)25℃±0.5℃水中浸 2h。

利用劈裂强度试验仪，分别测出第一、二组试件的劈裂强度为 R_1 和 R_2。

$$R_0 = \frac{R_2}{R_1} \times 100 \tag{4-59}$$

式中：R_0——劈裂强度比(%)；

R_1——第一组试件的劈裂强度(MPa)；

R_2——第二组试件的劈裂强度(MPa)。

施工和易性：在整个施工中，尽可能使沥青混合料的集料颗粒以设计级配要求的状态分布，集料表面被沥青膜完整覆盖，并能被压实到规定的密度。这是保证沥青混合料实现上述路用性能的必要条件。影响沥青混合料施工和易性的因素首先是材料组成。例如，当组成材料确定后，矿料级配和沥青用量都会对和易性产生一定影响。如采用间断级配的矿料，当粗细集料颗粒尺寸相差过大，缺乏中间尺寸颗粒时，沥青混合料容易离析。又比如当沥青用量过少时，则混合料疏松且不易压实；但当沥青用量过多时，则容易使混合料黏结成团，不易摊铺。另一个影响和易性的因素是施工条件。例如施工时的温度控制，如温度不够，沥青混合料就难以拌和充分，而不易达到所需的压实度；但温度偏高，则会引起沥青老化，严重时将会明显影响沥青混合料的路用性能。

十二、沥青混合料中沥青含量的检测方法和矿料级配检验

(一)沥青含量与路用性能

确定沥青混合料的沥青含量从本质上讲是设计一个合理的沥青膜厚度。通常认为，混合料中有效沥青的沥青膜太薄固然不行，但太厚了将使游离的自由沥青太多，成为集料产生相对位移的润滑剂。沥青混合料沥青的用量，对沥青混合料的路用性能影响也非常大。当沥青用量很少，沥青不足以形成结构沥青的薄膜来黏结矿料颗粒，随着沥青用量的增加，结构沥青逐渐形成，使沥青与矿料之间的黏附力随着沥青用量的增加而增加。当沥青用量足以形成薄膜并充分黏附在矿粉颗粒表面时，沥青胶浆具有最高的黏附力。随后，如沥青用量过多，逐渐将矿粉颗粒推开，在颗粒间形成未与矿粉交互作用的“自由沥青”，则沥青胶浆的黏结力随着自由沥青的增加而降低。当沥青用量增加到某一用量时，沥青混合料的黏结力主要取决于自由沥青。随着沥青用量的增加，沥青不仅起着黏结剂的作用，而且起着润滑剂的作用，从而降低了粗级料的相互密排作用，也减小了沥青混合料的内摩擦角。因此，沥青用量应控制在一个合理的范围内，最佳沥青用量也是配合比设计中一项重要工作。

(二)沥青含量检测方法、原理和适用范围

沥青混合料中常用沥青含量的检测方法有离心分离法、燃烧炉法及射线法等。

1. 离心分离法

1)原理和适用范围

离心分离法适用于热拌热铺沥青混合料路面施工时的沥青用量检测,以评定拌和厂产品质量。此法也适用于旧路调查时检测沥青混合料的沥青用量,用此法抽提的沥青溶液可用于回收沥青,以评定沥青的老化性质。

离心分离法原理是1 000～1 500g左右(粗粒式沥青混合料用高限,中粒式沥青用中限,细粒式用低限)的定量沥青混合料置于仪器旋转锅(离心分离器)内,向分离器内注入三氯乙烯,使溶剂浸没试样,记录溶剂用量;将已称重的圆环形洁净滤纸垫装在分离器边缘上,加盖坚固;在分离器出口放置回收瓶,上口应注意密封,防止流出;开动离心器,使盛有试样的离心器转速逐渐增至3 000r/min。在离心作用下,被溶解的沥青与溶剂一起透过滤纸被甩出,然后再加入溶剂。如此反复直至流出的溶液呈清澈的淡黄色为止,一般约需4～5次。用此方法抽提的沥青溶液中,不可能不混入少量的能通过滤纸的细矿粉成分。为准确测定沥青含量,在用压力过滤器时,可用燃烧法测定。

2)要点及数据处理

(1)准备工作

①按《公路工程沥青及沥青混合料试验规程》(JTG E20—2011)T 0701沥青混合料取样方法,在拌和厂从运料货车采取沥青混合料试样,放在金属盘中适当拌和,待温度稍下降后至100℃以下时,用大烧杯取混合料试样质量1 000～1 500g左右(粗粒式沥青混合料用高限,细粒式用低限,中粒式用中限),准确至0.1g。

②如果试样是路上用钻机法或切割法取得的,应用电风扇吹风使其完全干燥,置烘箱中适当加热后成松散状态取样,但不得用锤击以防集料破碎。

(2)试验方法与步骤

①向装有试样的烧杯中注入三氯乙烯溶剂,将其浸没,浸泡30min,用玻璃棒适当搅动混合料,使沥青充分溶解。

注:也可直接在离心分离器中浸泡。

②将混合料及溶液倒入离心分离器,用少量溶剂将烧杯及玻璃棒上的黏附物全部洗入分离器中。

③称取洁净的圆环形滤纸质量,准确至0.01g。注意滤纸不宜多次反复使用,有破损者不能使用,有石粉黏附时应用毛刷清除干净。

④将滤纸垫在分离器边缘上,加盖紧固,在分离器出口处放上回收瓶,上口应注意密封,防止流出液成雾状散失。

⑤开动离心机,转速逐渐增至3 000r/min,沥青溶液通过排出口注入回收瓶中,待流出停止后停机。

⑥从上盖的孔中加入新溶剂,数量大体相同,稍停3～5min后,重复上述操作,如此数次直至流出的抽提液成清澈的淡黄色为止。

⑦卸下上盖,取下圆环形滤纸,在通风橱或室内空气中蒸发干燥,然后放入105℃±5℃的烘箱中干燥,称取质量,其增重部分(m_2)为矿粉的一部分。

⑧将容器中的集料仔细取出,在通风橱或室内空气中蒸发后放入105℃±5℃烘箱中烘干

(一般需 4h),然后放入大干燥器中冷却至室温,称取集料质量(m_1)。

⑨用压力过滤器过滤回收瓶中的沥青溶液,由滤纸的增重 m_3 得出泄漏入滤液中矿粉,如无压力过滤器时,也可用燃烧法测定。

⑩用燃烧法测定抽提液中矿粉质量的步骤如下:

a. 将回收瓶中的抽提液倒入量筒中,准确定量至毫升(V_a)。

b. 充分搅匀抽提液,取出 10mL(V_b)放入坩埚中,在热浴上适当加热使溶液试样发成暗黑色后,置高温炉(500~600℃)中烧成残渣,取出坩埚冷却。

c. 向坩埚中按每 1g 残渣 5mL 的用量比例,注入碳酸铵饱和溶液,静置 1h,放入 105℃±5℃炉箱中干燥。碳酸铵溶于水,遇热水分解,起洗涤剂的作用。坩埚中残渣(泄漏的矿粉)干燥至恒量。

d. 取出放在干燥器中冷却,称取残渣质量(m_4),准确至 1mg。

(3)计算

①沥青混合料中矿料的总质量按式(4-60)计算。

$$m_a = m_1 + m_2 + m_3 \tag{4-60}$$

式中:m_a——沥青混合料中矿料部分的总质量(g);

m_1——容器中留下的集料干燥质量(g);

m_2——圆环形滤纸在试验前后的增重(g);

m_3——泄漏入抽提液中的矿粉质量(g),用燃烧法时可按式(4-61)计算。

$$m_3 = m_4 \times \frac{V_a}{V_b} \tag{4-61}$$

式中:V_a——抽提液的总量(mL);

V_b——取出的燃烧干燥的抽提液数量(mL);

m_4——坩埚中燃烧干燥的残渣质量(g)。

②沥青混合料中的沥青含量按式(4-62)计算,油石比按式(4-63)计算。

$$P_b = \frac{m - m_a}{m} \tag{4-62}$$

$$P_a = \frac{m - m_a}{m_a} \tag{4-63}$$

式中:m——沥青混合料的总质量(g);

P_b——沥青混合料的沥青含量(%);

P_a——沥青混合料的油石比(%)。

(4)报告

同一沥青混合料试样至少平行试验两次,取平均值作为试验结果。两次试验结果的差值应小于 0.3%;当大于 0.3%但小于 0.5%时,应补充平行试验一次,以 3 次试验的平均值作为试验结果。3 次试验的最大值与最小值之差不得大于 0.5%。

3)三氯乙烯的性质及试验废液的处理

(1)三氯乙烯的基本性质

三氯乙烯为无色液体,气味似氯仿,由碳、氢、氧三种元素组成,蒸气与空气形成混合物可燃限 8.0%~10.5%,几乎不溶于水,与乙醇、乙醚及氯仿混溶,溶于多种固定油和挥发性油,潮湿时遇光生成盐酸。

沸点：86.7℃。

自燃点：420℃。

健康危害：三氯乙烯有刺激和麻醉作用，吸入后急性中毒者有头晕、头痛、恶心、运动失调等症状。

危险特性：三氯乙烯一般不会燃烧，但长时间暴露在明火及高温下仍能燃烧；加热分解会放出有毒氯化物。

储存注意事项：三氯乙烯应包装密封、储存在阴凉及通风的库房，远离火种、热源，防止阳光直射。

(2)使用注意事项

①使用三氯乙烯工序必须与其他工序完全隔开，避免无关人员接触。

②试验场地应具有良好的通风设施，接触者应配给防毒口罩、防护手套、眼镜等个人防护用品。

③试验结束后对未用完的少量三氯乙烯溶剂，应密封储存在试验室化学试剂储存柜里，做好登记并有专人管理。

(3)试验后对三氯乙烯废液的处理

①废液不得直接倒入下水道，必须按照分类倒入废液桶，并做好登记。

②废液桶上应有危险品、分类等相应标识。

③实验室定期将废液交有资质的环保公司进行无害化处理。

2. 燃烧炉法

1)原理和适用范围

本方法适用于燃烧炉法测定沥青混合料中沥青含量，也适用于对燃烧后的沥青混合料进行筛分分析；适用于热拌沥青混合料以及从路面取样的沥青混合料在生产、施工过程中的质量控制。

燃烧法检测沥青含量是利用设定高于沥青燃点的温度将沥青灼烧掉，但对于燃点低于这一温度的沥青混合料中的其他有机物质也将一并被烧掉。本方法对于测定沥青混合料中掺加有纤维或橡胶粉(干法施工)等易燃烧的掺加剂时需慎用，是由于掺加剂本身的燃烧特性，导致在燃烧过程中质量会损失一部分，给修正沥青含量增加了复杂性和偏差，最终将影响沥青含量的测定结果。

同时一些集料在经高温燃烧时有崩解或破碎现象，从而导致燃烧前与燃烧后的筛分结果有差异。因此，要求对于每一种沥青混合料都必须进行标定。当混合料的任何一档料的料源变化或者单档集料配比变化超过5%时均需要重新标定。

2)要点及数据处理

(1)准备试样

①按《公路工程沥青及沥青混合料试验规程》(JTG E20—2011)T 0701 沥青混合料取样方法，在拌和厂从运料卡车采取沥青混合料试样，宜趁热放在金属盘(或搪瓷盘)中适当拌和，待温度下降至100℃以下时，称取混合料试样，准确至0.1g。

②当用钻孔法或切割法从路面上取得的试样时，应用电风扇吹风使其完全干燥，但不得用

锤击以防集料破碎；然后置烘箱 125℃±5℃加热成松散状态，并至恒量，适当拌和后称取试样质量，准确至 0.1g。

③当混合料已经结团时不得用刮刀或者铲刀处理，应该将试样置于托盘中放在烘箱 125℃±5℃中加热成松散状态取样。

④最小试样质量根据沥青混合料的集料公称最大粒径按表 4-24 选用。

最小试样质量要求　　表 4-24

公称最大粒径(mm)	试样最小总量(g)	公称最大粒径(mm)	试样最小总量(g)
4.75	1 200	19	2 000
9.5	1 200	26.5	3 000
13.2	1 500	31.5	3 500
16	1 800	37.5	4 000

(2)标定

为了提高试验的精度，对于每一种沥青混合料都必须进行标定，以确定沥青用量的修正系数和筛分级配的修正系数；当混合料的任何一档料的料源变化或者单档集料配比变化超过 5%时均需要重新标定。

①按照沥青混合料配合比设计的步骤，取代表性各档料集料，将各档集料放入 105℃±5℃烘箱加热至恒量，冷却后按配合比配出 5 份集料混合料(含矿粉)。

②将其中 2 份集料混合料进行水洗筛分。取筛分结果平均值为燃烧前的各档筛孔通过百分率 P_{Bi}，其级配需满足被检测沥青混合料的目标级配范围要求。

③分别称量 3 份集料混合料质量 m_{B1}，准确至 0.1g。按照配合比设计时成型试件的相同条件拌制沥青混合料，如沥青的加热温度、集料加热温度和拌和温度等。

④在拌制 2 份标定试样前，先将 1 份沥青混合料进行洗锅，其沥青用量宜比目标沥青用量 P_b 多 0.3%～0.5%，目的是使拌和锅的内侧先附着一些沥青和粉料。这样可以防止在拌制标定用的试样过程中拌和锅粘料导致试验误差。

⑤开始正式拌制 2 份标定试样，其沥青用量为目标沥青用量 P_b。将集料混合料和沥青加热后，先将集料混合料全部放入拌和机，然后称量沥青质量 m_{B2}，准确至 0.1g；将沥青放入拌和锅开始拌和，拌和后的试样质量应满足表 4-24 要求。拌和好的沥青混合料应直接放进试样篮中。

⑥预热燃烧炉。将燃烧温度设定 538℃±5℃。设定修正系数为 0。

⑦称量试验篮和托盘质量 m_{B3}，准确至 0.1g。

⑧试样篮放入托盘中，将加热的试样均匀地在试样篮中摊平，尽量避免试样太靠近试样篮边缘。称量试样、试验篮和托盘总质量 m_{B4}，准确至 0.1g。计算初始试样总质量 m_{B5}(即 $m_{B4}-m_{B3}$)，并将 m_{B5} 输入燃烧炉控制程序中。

⑨将试样篮、托盘和试样放入燃烧炉，关闭燃烧室门，查看燃烧炉控制程序中显示的 m_{B4} 质量是否准确，即试样、试验篮和托盘总质量 m_{B4} 差值不得大于 5g；否则需要检查试样盘是否与燃烧室侧壁接触等，调整试样盘的位置。

试验过程中，试样篮、托盘不得与燃烧室侧壁有丝毫接触；测试过程中不得使燃烧炉体产生振动，且不得打开燃烧室门；同时注意操作人员安全。

⑩锁定燃烧室的门，启动燃烧开始按钮，进行燃烧。燃烧至连续 3min 试样质量每分钟损失率小于 0.01%时，燃烧炉会自动发出警示声音或者指示灯亮起警报，并停止燃烧。燃烧炉控制程序自动计算试样燃烧损失质量 m_{B6}，准确至 0.1g。按下停止按钮，燃烧室的门会解锁，并打印试验结果，从燃烧室中取出试样盘。燃烧结束后，罩上保护罩适当冷却。

⑪将冷却后的残留物倒入大盘子中，用钢丝刷清理试样篮确保所有残留物都刷到盘子中待用。

⑫重复以上⑥～⑩步骤将第 2 份混合料燃烧，根据式(4-64)分别计算 2 份试样的质量损失系数 C_{fi}。

$$C_{fi}=\left(\frac{m_{B6}}{m_{B5}}-\frac{m_{B2}}{m_{B1}+m_{B2}}\right)\times 100 \tag{4-64}$$

式中：C_{fi}——质量损失系数；

m_{B1}——每 1 份集料混合料质量(g)；

m_{B2}——沥青质量(g)；

m_{B5}——初始试样总质量(g)；

m_{B6}——试样燃烧损失质量(g)。

a. 当 2 个试样的质量损失系数差值不大于 0.15%，则取平均值作为沥青用量的修正系数 C_f。

b. 当 2 个试样的质量损失系数差值大于 0.15%，则重新准备 2 个试样按以上步骤进行燃烧试验，得到 4 个质量损失系数。除去 1 个最大值和 1 个最小值，将剩下的 2 个修正系数取平均值作为沥青用量的修正系数 C_f。

⑬当沥青用量的修正系数 C_f 小于 0.5%，则沥青用量的修正系数标定成功，按照⑯进行级配筛分。

⑭当沥青用量的修正系数 C_f 大于 0.5%，则设定 482℃±5℃燃烧温度按照①～⑫重新标定，得到 482℃的沥青用量的修正系数 C_f。如果 482℃与 538℃得到的沥青用量的修正系数差值在 0.1%以内，则仍以 538℃的沥青用量作为最终的修正系数 C_f。如果修正系数差值大于 0.1%，则以 482℃的沥青用量作为最终修正系数 C_f。

⑮确保试样在燃烧室得到完全燃烧。如果试样燃烧后仍然有发黑等物质说明没有完全燃烧干净。如果沥青混合料试样的数量超过了设备的试验能力，或者一次试样质量太多燃烧不够彻底时，可将试样分成两等分分别测定，再合并计算沥青含量。试验时不宜人为延长燃烧时间。

⑯级配筛分。用最终沥青用量修正系数 C_f 所对应的 2 份试样的残留物，进行水筛分，取筛分平均值为燃烧后沥青混合料各筛孔的通过率 P'_{Bi}。燃烧前、后各筛孔通过率差值均符合表 4-25 的范围，则取各筛孔的通过百分率修正系数 $C_{Pi}=0$；否则需要进行燃烧后混合料级配修正，$C_{Pi}=P'_{Bi}-P_{Bi}$。

燃烧前后混合料级配差值允许值 表 4-25

筛　孔	≥2.36mm	0.15～1.18mm	0.075mm
允许差值	±5%	±3%	±0.5%

(3)试验方法和步骤

试验时应该按照标定时确定的最终沥青用量的修正系数 C_f 并在相同条件进行沥青混合料沥青用量的测定。

相同条件指相同的燃烧温度，相同的矿质混合料、级配、相同型号的沥青。

①将燃烧炉预热到设定温度(设定温度与标定温度相同)。将沥青用量的修正系数 C_f 输入到控制程序中，将打印机连接好。

②将试样放在105℃±5℃的烘箱中烘至恒量。

③称量试验篮和托盘质量 m_1，准确至0.1g。

④试样篮放入托盘中，将加热的试样均匀地在试样篮中摊平，尽量避免试样太靠近试样篮边缘。称量试样、试验篮和托盘总质量 m_2，准确至0.1g。计算初始试样总质量 m_3(即 m_2-m_1)，将 m_3 作为初始的试样质量输入燃烧炉控制程序中。

⑤将试样篮、托盘和试样放入燃烧炉，关闭燃烧室门。查看显示质量是否准确，即试样、试验篮和托盘总质量 m_2 不得大于5g，否则需要调整试样盘的位置。

⑥锁定燃烧室的门，启动燃烧开始按钮进行燃烧。

⑦按照标定步骤⑨相同条件燃烧至连续3min试样质量每分钟损失率小于0.01%结束，燃烧炉控制程序自动称量试样燃烧损失质量 m_4，准确至0.1g。

⑧按照式(4-65)计算修正后的沥青用量 P，准确至0.01%。此值也可由燃烧炉控制程序自动计算、显示出来。

$$P=\left(\frac{m_4}{m_3}\times 100\right)-C_f \tag{4-65}$$

⑨燃烧结束后，取出的试验篮罩上保护罩将试样适当冷却后，将试验篮残留物倒入大盘子中，用钢丝刷清理试样篮确保所有残留物都刷到盘子中，进行水筛分，得到燃烧后沥青混合料各筛孔的通过率 P'_i，修正得到混合料级配 P_i(即 P'_i-C_{Pi})。

(4)允许误差

沥青用量的重复性试验的允许误差0.11%，复现性试验的允许差为0.17%。

(5)报告

同一沥青混合料试样至少平行测定2次，取平均值作为试验结果。报告内容应包括燃烧炉类型、试验温度、沥青用量的修正系数、试验前后试样质量和测定的沥青用量试验结果，并将标定和测定时的试验结果打印并附到报告中。当需要进一步进行筛分析试验时，还需要包括各筛孔通过率的修正系数和混合料的筛分试验结果。

3.射线法

(1)原理和适用范围

射线法是利用放射性元素测定沥青含量的方法，原理与核子密度仪相同。仪器由Hm241:BE快中子探测器、微处理机组成。放射源发生的高能中子与沥青混合料中的氢原子碰撞后被减速慢化，从快中子被慢化的程度按标定的曲线，计算混合料中的沥青含量。

射线法测定的是用黏稠石油沥青拌制的热拌沥青混合料中沥青含量(或油石比)，不适用于其他沥青拌制的混合料。其适用于热拌热铺沥青混合料路面施工时的沥青用量检测，以快速评定拌和厂产品质量。

(2)要点及数据处理

用射线法测定的沥青含量受环境条件影响很大,因此,要求沥青含量测定仪测定时的放置条件应与标定时相同;挪动测定地点时,应重新标定后方可测定。测定时的沥青混合料数量应与标定时相同,混合料温度应接近标定温度,显示的数据无是沥青含量还是油石比都应与标定用的相同。

对试验要求同一沥青混合料试样,至少平行试验两次,其差值不大于 0.2%时,取平均值作为试验结果。

(三)沥青混合料的矿料级配检验方法

1.目的与适用范围

本方法适用于测定沥青路面施工过程中沥青混合料的矿料级配,供评定沥青路面的施工质量时使用。

2.仪具与材料技术要求

(1)标准筛:尺寸为 53.0mm、37.5mm、31.5mm、26.5mm、19.0mm、16.0mm、13.2mm、9.5mm、4.75mm、2.36mm、1.18mm、0.6mm、0.3mm、0.15mm、0.075mm 的标准筛系列中,根据沥青混合料级配选用相应的筛号,标准筛必须有密封圈、盖和底。

(2)天平:感量不大于 0.1g。

(3)摇筛机。

(4)烘箱:装有温度自动控制器。

(5)其他:样品盘、毛刷等。

3.方法与步骤

(1)准备工作

①按照沥青混合料取样方法从拌和厂选取代表性样品。

②将沥青混合料试样按试验规程离心分离法(T 0722)等沥青混合料中沥青含量的试验方法抽提沥青后,将全部矿质混合料放入样品盘中置温度 105℃±5℃烘干,并冷却至室温。

③按沥青混合料矿料级配设计要求,选用全部或部分需要筛孔的标准筛,做施工质量检验时,至少应包括 0.075mm、2.36mm、4.75mm 及集料公称最大粒径等 5 个筛孔,按大小顺序排列成套筛。

(2)试验步骤

①将抽提后的全部矿料试样称量,准确至 0.1g。

②将标准筛带筛底置摇筛机上,并将矿质混合料置于筛内,盖妥筛盖后,压紧摇筛机,开动摇筛机筛分 10min。取下套筛后,按筛孔大小顺序,在一清洁的浅盘上,再逐个进行手筛,手筛时可用手轻轻拍击筛框并经常地转动筛子,直至每分钟筛出量不超过筛上试样质量的 0.1%时为止,但不允许用手将颗粒塞过筛孔,筛下的颗粒并入下一号筛,并和下一号筛中试样一起过筛。在筛分过程中,针对 0.075mm 筛的料,根据需要可参照《公路工程集料试验规程》(JTG E42—2005)的方法采用水筛法,或者对同一种混合料,适当进行几次干筛与湿筛的对比试验后,对 0.075mm 通过率进行适当的换算或修正。

③称量各筛上筛余颗粒的质量,准确至 0.1g。并将沾在滤纸、棉花上的矿粉及抽提液中的矿粉计入矿料中通过 0.075mm 的矿粉含量中。所有各筛的分计筛余量和底盘中剩余质量

的总和与筛分前试样总质量相比，相差不得超过总质量的1%。

4.计算

(1)试样的分计筛余量：按式(4-66)计算。

$$P_i = \frac{m_i}{m} \times 100 \tag{4-66}$$

式中：P_i——第 i 级试样的分计筛余量(%)；

m_i——第 i 级筛上颗粒的质量(g)；

m——试样的质量(g)。

(2)累计筛余百分率：该号筛上的分计筛余百分率与大于该号筛的各号筛上的分计筛余百分率之和，准确至0.1%。

(3)通过筛分百分率：用100减去该号筛上的累计筛余百分率，准确至0.1%。

(4)以筛孔尺寸为横坐标，各个筛孔的通过筛分百分率为纵坐标，绘制矿料组成级配曲线图，评定该试样的颗粒组成。

5.试验说明和注意事项

(1)沥青混合料中的矿料组成试验是沥青路面施工时重要的质量检查项目。它用于沥青混合料抽提沥青含量后的回收矿料的筛分试验，以检验其组成是否符合设计要求。本试验是参照集料筛分试验并根据现场使用的实际情况制定的。

(2)在近几年修筑的高速公路指标条件质量要求中，最重要的是3个筛孔：0.075mm控制矿粉含量，2.36mm控制细集料含量，4.75mm控制粗集料量。另两个筛孔则无明确规定，本试验法为统一起见规定了必须有0.075mm、2.36mm、4.75mm及集料最大粒径等筛孔，另外再根据混合料类型选用1个适应的筛孔，只要这些筛孔的通过率控制合格，则其他筛孔的通过率就不会有较大的出入。因此，筛分试验应按沥青混合料矿料级配设计要求，选用全部或部分需要筛孔的标准筛进行筛分。

(3)筛分的具体步骤与一般的集料筛分试验方法相同，唯应注意不能忽略在抽提过程中泄漏的矿粉。另外，对抽提筛分联合测定的自动抽提仪，矿料级配相当于水洗法，而将矿料烘干后集中由摇筛机筛分的，相当于干筛，其结果会有所差别。尤其是对施工质量检验，希望尽快得出试验结果，故本方法一般采用干筛，根据需要，也可采用水筛法，以便与配合比设计时的方法一致，这一点对检验0.075mm通过率尤为重要。

十三、其他沥青混合料

(一)SMA混合料特点

SMA是由沥青玛蹄脂填充碎石骨架组成的混合料，具有以下特点：

(1)SMA是一种间断级配的沥青混合料，如SMA-16，5mm以上的粗集料，主要是4.75～16mm的粗集料比例高达70%～80%，矿粉用量达8%～13%，一般0.075mm的通过率高达10%，粉胶比远超出通常的1.2限制，由此形成间断级配，很少使用细集料。最大粒径根据层厚通常为9.5mm、13.2mm、16mm或19mm。

(2)因加入较多的沥青，一方面增加矿粉用量，同时使用纤维作为稳定剂。通常用木质素纤维或矿物纤维。

(3)沥青结合料用量多。黏结性要求高,希望选用针入度小,软化点高,温度稳定性好的沥青。最好采用聚合物改性沥青,以提高低温变形性能及与矿料的黏结力,防止沥青析漏、减少感温性。

(4)SMA 不能完全依靠马歇尔配合比设计方法。马歇尔试件成型双面击实 50(75)次,目标空隙率 3%～4%,稳定度不小于 5.5kN 的指标,沥青用量还要借助谢伦堡沥青析漏试验、卡塔堡集料飞散和车辙试验来确定。

(5)SMA 的材料质量要求比普通沥青混凝土高。粗集料必须特别坚硬,针片状颗粒少,细集料一般不用天然砂,最好采用坚硬人工砂,矿粉必须是磨细石灰石粉,最好不用回收粉尘。

(6)SMA 施工与普通沥青混凝土相比,拌和时间要适当延长,施工温度要提高,压实不宜用轮胎碾等。

(7)关于沥青及纤维的组合通常有改性沥青加纤维、仅用改性沥青不加纤维以及用 A 级石油沥青加纤维 3 种做法,各有其特点和适应性。

综合 SMA 的特点,可以归纳为三多一少:粗集料多,矿粉多,沥青多,细集料少。其掺纤维增强剂,材料要求高,从而使得材料的使用性能全面提高。

(二)OGFC 路面的特点

OGFC 设计成一种具有相互连通空隙的开级配的混合料,为大雨时提供了排水通道。雨水垂直通过 OGFC 到达不渗水的下卧层表面,然后从侧向排到路面的边缘。OGFC 具有如下特点:

1.提高路面抗车辙变形能力

粗集料形成骨架结构,能够承受交通荷载作用而不变形,使路面有良好的抗车辙性能。

2.减少水雾和眩光,改善路面标线

因为在 OGFC 路面空隙率大,没有残留水,它几乎可以消除水雾。雨天在 OGFC 路面上开车,驾驶员感到安全。OGFC 表面层宏观集料呈不规则的棱角,使光线漫反射,雨天不会发生眩光,减少在潮湿状态下前灯的眩光。道路的标线也保证清晰可见,这有利于安全。

3.降低噪声

OGFC 空隙率大,能够吸收噪声。为评价 OGFC 降低噪声的能力,在美国和欧洲进行了许多研究。据欧洲报道:与密级配热拌沥青混合料(HMA)路面相比,其噪声降低 3dB(A);与水泥混凝土(PCC)路面相比,降低 7dB(A)。

4.防水漂

由于雨水透过 OGFC 层,在路表无连续的水膜,故 OGFC 可防水漂。即使长时间下雨,可能使 OGFC 饱和,但由于车辆与轮胎间水压通过 OGFC 的多孔结构消失了,仍然不会发生水漂。

5.提高潮湿路面的抗滑性

这种路面具有良好的宏观构造深度,摩阻系数大,与密级配(HMA)和(PCC)路面相比,OGFC 具有优良的潮湿抗滑性,雨天交通事故大大减少。

(三)粗集料骨架间隙率的计算

粗集料骨架间隙率可按式(4-67)计算,取 1 位小数。

$$VCA_{mix} = 100 - \frac{\gamma_f}{\gamma_{ca}} \times P_{ca} \tag{4-67}$$

式中：VCA_{mix}——粗集料骨架间隙率(%)；

P_{ca}——矿料中所有粗集料质量占沥青混合料总质量的百分率，按式(4-68)计算得到(%)；

γ_{ca}——矿料中所有粗集料的合成毛体积相对密度，按式(4-69)计算，无量纲。

$$P_{ca} = P_s \times PA_{4.75}/100 \tag{4-68}$$

式中：$PA_{4.75}$——矿料级配中 4.75mm 筛余量，即 100 减去 4.75mm 通过率；

P_s——各种矿料占沥青混合料总质量的百分率之和，即 $P_s = 100 - P_b$，%。

注：$PA_{4.75}$ 对于一般沥青混合料为矿料级配中 4.75mm 筛余量，对于公称最大粒径不大于 9.5mm 的 SMA 混合料为 2.36mm 筛余量，对特大粒径根据需要可以选择其他筛孔。

$$\gamma_{ca} = \frac{P_{1c} + P_{2c} + \cdots + P_{nc}}{\frac{P_{1c}}{\gamma_{1c}} + \frac{P_{2c}}{\gamma_{2c}} + \cdots + \frac{P_{nc}}{\gamma_{nc}}} \tag{4-69}$$

式中：$P_{1c} \cdots P_{nc}$——矿料中各种粗集料占矿料总质量的百分比(%)；

$\gamma_{1c} \cdots \gamma_{nc}$——矿料中各种粗集料的毛体积相对密度。

(四)肯塔堡飞散试验

1. 目的与适用范围

(1)本方法用以评价由于沥青用量或黏结性不足，在交通荷载作用下，路面表面集料脱落而散失的程度，以马歇尔试件在洛杉矶试验机中旋转撞击规定的次数，沥青混合料试件散落材料的质量的百分率表示。

(2)标准飞散试验可用于确定沥青路面表面层使用的沥青玛蹄脂碎石混合料(SMA)、排水式大空隙沥青混合料、抗滑表层混合料、沥青碎石或乳化沥青碎石混合料所需的最少沥青用量。

(3)本方法的浸水飞散试验用以评价沥青混合料的水稳性。

2. 方法与步骤

(1)准备工作

①根据实际使用的沥青混合料的配合比，按 T 0702 标准击实法成型马歇尔试件，除非另有要求，击实成型次数为双面各 50 次，试件尺寸应符合直径 101.6mm±0.2mm，高 63.5mm±1.3mm 的要求，一组试件的数量不得少于 4 个。拌和时应注意事先在拌和锅中加入相当于拌和沥青混合料时在拌和锅内所黏附的沥青用量，以免影响油石比的准确性。

②量测试件的直径及高度准确至 0.1mm，尺寸不符合要求的试件应作废。

③按试验规程规定的方法测定试件的密度、空隙率、沥青体积百分率、沥青饱和度、矿料间隙率等物理指标。

④将恒温水槽调节至要求的试验温度，标准飞散试验的试验温度为 20℃±0.5℃，浸水飞散试验的试验温度为 60℃±0.5℃。

(2)试验步骤

①将试件放入恒温水槽中养生。对标准飞散试验，在 20℃±0.5℃恒温水槽中养生 20h；

对浸水飞散试验，先在60℃±0.5℃恒温水槽中养生48h，然后取出后在室温中放置24h。

②对标准飞散试验，从恒温水槽中取出试件，用洁净柔软的毛巾轻轻擦去试件的表面水，称取逐个试件质量 m_0，准确至0.1g。对浸水飞散试验，称取放置24h后的每个试件质量 m_0，准确至0.1g。

③立即将一个试件放入洛杉矶试验机中，不加钢球，盖紧盖子(一次只能试验一个试件)。

④开动洛杉矶试验机，以30～33r/min的速度旋转300转。

⑤打开试验机盖子，取出试件及碎块，称取试件的残留质量。当试件已经粉碎时，称取最大一块残留试件的混合料质量 m_1。

⑥重复以上步骤，一种混合料的平行试验不少于3次。

3.计算

沥青混合料的飞散损失按式(4-70)计算。

$$\Delta S=\frac{m_0-m_1}{m_0}\times 100 \tag{4-70}$$

式中：ΔS——沥青混合料的飞散损失(%)；

m_0——试验前试件的质量(g)；

m_1——试验后试件的残留质量(g)。

(五)沥青混合料谢伦堡沥青析漏试验

1.目的与适用范围

本方法用以检测沥青结合料在高温状态下从沥青混合料析出并沥干多余的自由沥青的数量，供检验沥青玛蹄脂碎石混合料(SMA)、排水式大空隙沥青混合料(OGFC)或沥青碎石类混合料的最大沥青用量使用。

2.试验步骤

(1)根据实际使用的沥青混合料的配合比，对集料、矿粉、沥青、纤维稳定剂等按沥青混合料试样制作T 0702的方法，用小型沥青混合料拌和机拌和混合料。拌和时纤维稳定剂应在加入粗细集料后加入，并适当干拌分散，再加入沥青拌和至均匀。每次只能拌和一个试件。一组试件分别拌和4份，每1份约为1kg。第1锅拌和后即予废弃不用，使拌和锅黏附一定量的沥青结合料，以免影响后面3锅油石比的准确性。当为施工质量检验时，直接从拌和机取样使用。

(2)洗净烧杯，干燥，称取烧杯质量 m_0。

(3)将拌和好的1kg混合料，倒入800mL烧杯中，称烧杯及混合料的总质量 m_1。

(4)在烧杯上加玻璃板盖，放入170℃±2℃烘箱中，当为改性沥青SMA时宜为185℃，持续60min±1min。

注：目前市场上开始应用新型改性剂，特别是降黏改性沥青，对于这类材料，可按实际的施工温度调整试验温度。

(5)取出烧杯，不加任何冲击或振动，将混合料向下扣倒在玻璃板上，称取烧杯以及黏附在烧杯上的沥青结合料、细集料、玛蹄脂等的总质量 m_2，准确到0.1g。

3.计算

沥青析漏损失按式(4-71)计算。

$$\Delta m=\frac{m_2-m_0}{m_1-m_0}\times 100 \tag{4-71}$$

式中：m_0——烧杯质量(g)；

m_1——烧杯及试验用沥青混合料总质量(g)；

m_2——烧杯及黏附在烧杯上的沥青结合料、细集料、玛蹄脂等总质量(g)；

Δm——沥青析漏损失(%)。

(六)SMA 混合料配合比设计与常规沥青混合料配合比的不同之处

(1)SMA 混合料的配合比设计采用马歇尔试件的体积设计方法进行，但马歇尔试验的稳定度和流值并不作为配合比设计接受或者否决的唯一指标。

(2)除已有成功经验证明使用非改性的普通沥青能符合使用要求者外，SMA 宜采用改性石油沥青，且采用比当地常用沥青更硬标号的沥青。

(3)SMA 路面的工程设计级配范围宜直接采用我国规范规定的矿料级配范围。公称最大粒径等于或小于 9.5mm 的 SMA 混合料，以 2.36mm 作为粗集料骨架的分界筛孔；公称最大粒径等于或大于 13.2mm 的 SMA 混合料以 4.75mm 作为粗集料骨架的分界筛孔。

(4)在工程设计级配范围内，调整各种矿料比例设计 3 组不同粗细的初试级配，3 组级配的粗集料骨架分界筛孔的通过率处于级配范围的中值、中值±3%附近，矿粉数量均为 10%左右。

(5)把每个合成级配中小于粗集料骨架分界筛孔的集料筛除，按《公路工程集料试验规程》(JTG E42—2005)T 0309 的规定，用捣实法测定粗集料骨架的松方毛体积相对密度 γ_S，计算粗集料骨架混合料的平均毛体积相对密度 γ_{CA}。计算各组初试级配的捣实状态下的粗集料松装间隙率 VCA_{DRC}。

(6)马歇尔标准击实的次数为双面 50 次，根据需要也可采用双面 75 次，一组马歇尔试件的数目不得少于 4～6 个。SMA 马歇尔试件的毛体积相对密度由表干法测定。

(7)计算不同沥青用量条件下 SMA 混合料的最大理论相对密度，其中纤维部分的比例不得忽略。

(8)计算 SMA 马歇尔混合料试件中的粗集料骨架间隙率 VCA_{mix}。

(9)从 3 组初试级配的试验结果中选择设计级配时，必须符合 $VCA_{mix}<VCA_{DRC}$ 及 $VMA>16.5\%$ 的要求，当有 1 组以上的级配同时符合要求时，以粗集料骨架分界集料通过率大且 VMA 较大的级配为设计级配。

(10)除沥青混合料的检验项目符合要求外，SMA 混合料的配合比设计还必须进行谢伦堡析漏试验及肯特堡飞散试验。配合比设计检验应符合我国规范的技术要求，不符合要求的必须重新进行配合比设计。

第五章

基层、底基层材料

第一节　半刚性类基层、底基层组成材料技术要求

一、用于路面基层材料土的一般定义

公路路面常用的基层与底基层材料可分为三大类:柔性基层、半刚性基层、刚性基层;也可以分为:无机结合料稳定类、有机结合料稳定类和粒料类。我国常用的基层材料包括:水泥稳定土、石灰稳定土、石灰工业废渣稳定土、级配碎石、级配砾石或级配砂砾、填隙碎石、沥青稳定碎石、乳化沥青碎石、沥青贯入式碎石等类型。

按照土中单个颗粒(指碎石、砾石和砂颗粒)的粒径大小和组成,将土分为细粒土、中粒土和粗粒土。

(1)细粒土:颗粒最大粒径不大于4.75mm,公称最大粒径不大于2.36mm的土,包括各种黏质土、粉质土、砂和石屑等。

(2)中粒土:颗粒最大粒径不大于26.5mm,公称最大粒径大于2.36mm且不大于19mm的土或集料,包括砂砾土、碎石土、级配砂砾、级配碎石等。

(3)粗粒土:颗粒的最大粒径不大于53mm,公称最大粒径大于19mm且不大于37.5mm的土或集料,包括砂砾土、碎石土、级配砂砾、级配碎石等。

二、半刚性基层、底基层组成材料技术要求

1.基层、底基层材料的常见类型、类型划分和适用范围

在经过粉碎的或原来松散的材料中,掺入足量的水泥和水,经拌和得到的混合料,在压实和养生后,当其抗压强度符合规定的要求时,称为水泥稳定材料。水泥稳定材料包括水泥稳定级配碎石、级配砂砾、未筛分碎石、石屑、土、碎石土、砂砾土,以及经加工、性能稳定的钢渣和矿渣等。在粉碎的或原来松散的材料(包括各种粗、中、细土)中,掺入足量的石灰和水,经拌和得到的混合料,经压实及养生后,当其抗压强度符合规定的要求时,称为石灰稳定材料。石灰稳定材料包括石灰稳定土(石灰土)、天然砂砾土(石灰砂砾土)、天然碎石土(石灰碎石土),以及用石灰土稳定级配砂砾(砂砾中无土)、级配碎石和矿渣等。两种或两种以上无机结合材料稳定强度符合要求的混合料称为综合稳定材料。石灰工业废渣材料包括石灰粉煤灰碎石(二灰碎石)、石灰粉煤灰砂砾(二灰砂砾)、石灰粉煤灰土(二灰土)、石灰粉煤灰(二灰)、石灰粉煤灰砂(二灰砂)、石灰粉煤灰矿渣(二灰矿渣、石灰钢渣)等。其中水泥稳定材料、石灰粉煤灰稳定材料适用于各级公路的基层、底基层,但水泥或石灰、粉煤灰稳定细粒土不能用作高等级路面

的基层。冻雨地区、多雨潮湿地区，石灰粉煤灰稳定材料宜用于高速公路、一级公路的下基层或底基层。石灰稳定材料宜用于各级公路的底基层以及三、四级公路的基层。

半刚性基层、底基层按其混合料结构状态分为骨架密实型、骨架空隙型、悬浮密实型和均匀密实型四种类型。高速公路、一级公路的基层或上基层宜选用骨架密实型混合料；二级及二级以下公路的基层和各级公路的底基层可采用悬浮密实型混合料。均匀密实型混合料适用于高速公路、一级公路的底基层，二级及二级以下公路的基层。骨架空隙型混合料具有较高的空隙率，适用于需考虑路面内部排水要求的基层。

2.水泥稳定类原材料的技术要求

(1)土

凡能被粉碎的土都可用水泥稳定。级配碎石、未筛分碎石、砂砾、碎石土、砂砾土、煤矸石和各种粒状矿渣均适宜用水泥稳定。碎石包括岩石碎石、矿渣碎石、破碎砾石等。碎石或砾石的压碎值要求为：对于高速公路和一级公路不大于30%，对于二级和二级以下公路基层不大于35%；对于二级和二级以下公路底基层不大于40%。

对于二级和二级以下的公路：当用水泥稳定土做底基层时，单个颗粒的最大粒径不应超过37.5mm。对于高速公路和一级公路，单个颗粒的最大粒径不应超过31.5mm。各级公路均可选用悬浮密实型水泥稳定类材料做基层、底基层。基层集料的最大粒径不大于31.5mm，底基层最大粒径不大于37.5mm。高速公路、一级公路宜用骨架密实型水泥稳定类材料做基层或上基层。集料的级配范围应符合表5-1的规定。土的均匀系数应大于5。细粒土的液限不应超过40，塑性指数不应超过17。对于中粒土和粗粒土，如土中小于0.6mm的颗粒含量在30%以下，塑性指数可稍大。实际工作中，宜选用均匀系数大于10、塑性指数小于12的土。塑性指数大于17的土，宜采用石灰稳定，或用水泥和石灰综合稳定。采用水泥稳定粒径较均匀的砂时，宜在砂中添加少部分塑性指数小于10的黏性土或石灰土，也可添加部分粉煤灰，加入比例可按使混合料的标准干密度接近最大值确定，一般为20%～40%。

有机质含量超过2%的土，必须先用石灰进行处理，闷料一夜后再用水泥稳定。

硫酸盐含量超过0.25%的土，不应用水泥稳定。

水泥稳定集料的级配范围 表5-1

编号	通过下列方孔筛尺寸(mm)的质量百分率(%)								类型
	37.5	31.5	19.0	9.50	4.75	2.36	0.6	0.075	
1		100	68～86	38～58	22～32	16～28	8～15	0	骨架密实型
2		100	90～100	60～80	29～49	15～32	6～20	0～5	悬浮密实型(基层)
3	100	93～100	75～90	50～70	29～50	15～35	6～20	0～5	悬浮密实型(底基层)

(2)水泥

普通硅酸盐水泥、矿渣硅酸盐水泥和火山灰质硅酸盐水泥都可用于稳定土，但应选用初凝时间4h以上和终凝时间较长(宜在6h以上)的水泥。不应使用快硬水泥、早强水泥以及已受潮变质的水泥。宜采用强度等级较低(如32.5级或42.5级)的水泥。

(3)水

凡是饮用水(含牲畜饮用水)均可用于水泥稳定土施工。

3. 石灰稳定类原材料的技术要求

(1)塑性指数为 15～20 的黏性土，以及含有一定数量黏性土的中粒土和粗粒土均适宜于用石灰稳定。用石灰稳定无塑性指数的级配砂砾、级配碎石和未筛分碎石时，应添加 15%左右的黏性土。塑性指数在 15 以上的黏性土更适宜于用石灰和水泥综合稳定。塑性指数在 10 以下的亚砂土和砂土用石灰稳定时，应采取适当的措施或采用水泥稳定。

(2)石灰稳定土用于基层时，颗粒的最大粒径不应大于 37.5mm，用于底基层时，颗粒的最大粒径不应大于 53mm。不含黏性土的砂砾、级配碎石和未筛分碎石，最好用水泥稳定，若无条件只能用石灰稳定时，应采用石灰土稳定，石灰土与集料的质量比宜为 1∶4，集料应具有良好的级配。

石灰稳定土中碎石或砾石的压碎值应符合下列要求。

基层：

二级公路　　　　不大于 30%

二级以下公路　　不大于 35%

底基层：

高速公路和一级公路　　不大于 30%

二级和二级以下公路　　不大于 35%

硫酸盐含量超过 0.8%的土和有机质含量超过 10%的土，不宜用石灰稳定。

(3)石灰技术指标应符合表 5-2 规定的 III 级要求。应尽量缩短石灰的存放时间。石灰在野外堆放时间较长时，应覆盖防潮。

石灰的技术指标　　　　表 5-2

类别 / 指标 / 项目	钙质生石灰			镁质生石灰			钙质消石灰			镁质消石灰		
等级	I	II	III	I	II	III	I	II	III	I	II	III
有效钙加氧化镁含量(%)	≥85	≥80	≥70	≥80	≥75	≥65	≥65	≥60	≥55	≥60	≥55	≥50
未消化残渣含量(5mm 圆孔筛的筛余)(%)	≤7	≤11	≤17	≤10	≤14	≤20						
含水率(%)							≤4	≤4	≤4	≤4	≤4	≤4
细度　0.71mm 方孔筛的筛余(%)							0	≤1	≤1	0	≤1	≤1
细度　0.125mm 方孔筛的筛余(%)							≤13	≤20	—	≤13	≤20	—
钙镁石灰的分类界限，氧化镁含量(%)	≤5			>5			≤4			>4		

注：硅、铝、镁氧化物含量之和大于 5%的生石灰，有效钙加氧化镁含量指标，I 等≥75%，II 等≥70%，III 等≥60%；未消化残渣含量指标与镁质生石灰指标相同。

使用等外石灰、贝壳石灰、珊瑚石灰等，应进行试验，如混合料的强度符合表 5-6 的标准，即可使用。

对于高速公路和一级公路，宜采用磨细生石灰粉。

(4)凡饮用水(含牲畜饮用水)均可用于石灰土施工。

4. 石灰工业废渣类材料技术要求

石灰工业废渣类材料包括石灰粉煤灰碎石(二灰碎石)、石灰粉煤灰砂砾(二灰砂砾)、石灰粉煤灰土(二灰土)、石灰粉煤灰(二灰)、石灰粉煤灰砂(二灰砂)、石灰粉煤灰矿渣(二灰矿渣、石灰钢渣)等。

(1)当高速公路，一级、二级公路采用骨架密实型石灰粉煤灰稳定集料上基层或基层时，集料级配宜符合表5-3的级配范围要求。

骨架密实型石灰粉煤灰稳定集料级配范围 表5-3

通过下列方筛孔(mm)的质量百分率(%)								
筛孔尺寸	31.5	26.5	19.0	9.50	4.75	2.36	1.18	0.6	0.075
基层	100	95～100	48～68	24～34	11～21	6～16	2～12	0～6	0～3

(2)当采用悬浮密实型石灰粉煤灰稳定碎石基层、底基层时，混合料的最大粒径应分别不超过31.5mm、37.5mm，碎石级配宜符合表5-4的级配范围。

悬浮密实型石灰粉煤灰稳定碎石的集料级配范围 表5-4

层 位	通过下列方筛孔(mm)的质量百分率(%)								
	37.5	31.5	19.0	9.50	4.75	2.36	1.18	0.6	0.075
基层		100	88～98	55～75	30～50	16～36	10～25	4～18	0～5
底基层	100	94～100	79～92	51～72	30～50	16～36	10～25	4～18	0～5

(3)当采用石灰粉煤灰稳定砂砾基层、底基层时，砂砾级配则宜符合表5-5的级配要求。

悬浮密实型石灰粉煤灰稳定砂砾的集料级配范围 表5-5

层 位	通过下列方筛孔(mm)的质量百分率(%)								
	37.5	31.5	19.0	9.50	4.75	2.36	1.18	0.6	0.075
基层		100	85～98	55～75	39～59	27～47	17～35	10～25	0～10
底基层	100	85～100	65～89	50～72	35～55	25～45	17～35	10～27	0～15

水泥粉煤灰稳定材料级配要求与石灰粉煤灰稳定材料混合料相同。

(4)石灰的技术指标见表5-2。

(5)粉煤灰技术要求：

粉煤灰中SiO_2、Al_2O_3和Fe_2O_3的总含量应大于70%，粉煤灰的烧失量不应超过20%；粉煤灰的比表面积宜大于2 500cm^2/g(或90%通过0.3mm筛孔，70%通过0.075mm筛孔)。

干粉煤灰和湿粉煤灰都可以应用。湿粉煤灰的含水率不宜超过35%。

(6)煤渣的最大粒径不应大于30mm，颗粒组成宜有一定级配，且不宜含杂质。

(7)宜采用塑性指数12～20的黏性土(亚黏土)。土块的最大粒径不应大于15mm。

(8)有机质含量超过10%的土不宜选用。

(9)二灰稳定的中粒土和粗粒土不宜含有塑性指数的土。

5. 半刚性基层和底基层混合料的强度与压实度要求

水泥稳定材料的压实度、7d 龄期无侧限抗压强度代表值应符合表 5-6 规定的范围要求，且不宜超过高限。混合料成型宜采用振动成型方法，缺乏试验条件时对悬浮密实和均匀密实型混合料可采用静压成型方法。石灰粉煤灰稳定材料、石灰稳定材料的压实度和 7d 龄期的无侧限抗压强度代表值应符合表 5-6 要求。

半刚性材料的压实度及7d抗压强度　　表 5-6

混合料类型	层位	类别	特重交通		重、中交通		轻交通	
			压实度（%）	抗压强度（MPa）	压实度（%）	抗压强度（MPa）	压实度（%）	抗压强度（MPa）
水泥稳定类	基层	集料	≥98	3.5～4.5	≥98	3～4	≥97	2.5～3.5
		细粒土	—		—		≥96	
	底基层	集料	≥97	≥2.5	≥97	≥2.0	≥96	≥1.5
		细粒土	≥96		≥96		≥95	
石灰粉煤灰稳定类	基层	集料	≥98	≥0.8	≥98	≥0.8	≥97	≥0.6
		细粒土	—		—		≥96	
	底基层	集料	≥97	≥0.6	≥97	≥0.6	≥96	≥0.5
		细粒土	≥96		≥96		≥95	
水泥粉煤灰稳定类	基层	集料	≥98	1.5～3.5	≥98	1.5～3.5	≥97	1.2～1.5
	底基层	集料	≥97	≥1.0	≥97	≥1.0	≥96	≥0.6
石灰稳定类	基层	集料	—	—	—	—	≥97	≥0.8①
		细粒土	—		—		≥95③	
	底基层	集料	—	—	≥97	≥0.8	≥96③	0.5～0.7②
		细粒土	—		≥95		≥96	

注：①在低塑性土（塑性指数小于 10）地区，石灰稳定砂砾土和碎石土的 7d 抗压强度应大于 0.5MPa。

②低限用于塑性指数小于 10 的土，高限用于塑性指数大于 10 的土。

③三、四级公路，压实机压实有困难时，压实度可降低 1%。

第二节　半刚性类基层、底基层组成设计方法

半刚性基层、底基层材料组成设计主要是根据强度标准，通过试验选取合适的集料或土及其他原材料，确定必需的或最佳的结合料剂量，以及确定混合料的最佳含水率和最大干密度。下面分别介绍水泥稳定类、石灰工业废渣类、石灰稳定土类混合料组成设计。

一、水泥稳定类混合料组成设计

1. 一般规定

（1）各级公路用水泥稳定类材料的 7d 浸水抗压强度应符合表 5-6 的规定。

（2）水泥稳定类材料的组成设计应根据表 5-6 的强度标准，通过试验选取最宜于稳定的材料，确定必需的水泥剂量和混合料的最佳含水率，在需要改善混合料的物理力学性质时，还应

确定掺加料的比例。

(3)综合稳定类材料的组成设计应通过试验选取最宜于稳定的材料，确定必需的水泥和石灰剂量以及混合料的最佳含水率。

(4)采用综合稳定时，如水泥用量占结合料总量的30%以上，应按本节的技术要求进行组成设计。水泥和石灰的比例宜取60∶40、50∶50和40∶60。

(5)水泥稳定类材料的各项试验应按《公路工程无机结合料稳定材料试验规程》(JTG E51—2009)进行。

2. 原材料的试验

(1)在水泥稳定土层施工前，应取所定料场中有代表性的土样按《公路土工试验规程》(JTG E40—2007)进行试验，包括颗粒分析、液限和塑性指数、相对密度、击实试验、碎石或砾石的压碎值、有机质含量(必要时做)、硫酸盐含量(必要时做)。

(2)对级配不良的碎石、碎石土、砂砾、砂砾土、砂等，宜改善其级配。

(3)应检验水泥的标号和终凝时间。

3. 水泥稳定类混合料的设计步骤

(1)分别按表5-7所列的5种水泥剂量配制同一种土样、不同水泥剂量的混合料。

混合料的配制水泥剂量表　　表5-7

土类 层位	中粒土和粗粒土①					塑性指数小于12的细粒土①					其他细粒土①				
基层	3%	4%	5%	6%	7%	5%	7%	8%	9%	11%	8%	10%	12%	14%	16%
底基层	3%	4%	5%	6%	7%	4%	5%	6%	7%	9%	6%	8%	9%	10%	12%

注：①在能估计合适剂量的情况下，可以将5个不同剂量缩减到3～4个。

水泥稳定混合料的水泥剂量一般为3%～6%。当用水泥稳定集料作基层时，水泥剂量宜为4.0%～5.5%，底基层的水泥剂量宜为3.0%～4.0%，水泥的最大剂量不得超过6%。

(2)确定各种混合料的最佳含水率和最大干密度，至少应做3个不同的水泥剂量混合料的击实试验，即最小剂量、中间剂量和最大剂量。其他2个剂量混合料的最佳含水率和最大干密度用内插法确定。

(3)按规定压实度分别计算不同水泥剂量的试件应有的干密度。

(4)按最佳含水率和计算得到的干密度制备试件。进行强度试验时，作为平行试验的最少试件数量应不少于表5-8的规定。如试验结果的偏差系数大于表中规定的值，则应重做试验，并找出原因，加以解决。如不能降低偏差系数，则应增加试件数量。

最少试件数量　　表5-8

偏差系数 试件数量 土类	<10%	10%～15%	15%～20%
细粒土	6	9	
中粒土	6	9	13
粗粒土		9	13

(5)试件在规定温度(20℃±2℃)下保湿养生6d,浸水24h后,按《公路工程无机结合料稳定材料试验规程》(JTG E51—2009)进行无侧限抗压强度试验。

(6)计算试验结果的平均值和偏差系数。

(7)根据表5-6的强度标准,选定合适的水泥剂量,此剂量试件室内试验结果的平均抗压强度$\overline{R}$应符合式(5-1)的要求:

$$\overline{R} \geqslant R_d/(1-Z_a C_v) \tag{5-1}$$

式中:R_d——设计抗压强度;

C_v——试验结果的偏差系数(以小数计);

Z_a——标准正态分布表中随保证率(或置信度a)而变的系数,高速公路和一级公路应取保证率95%,即$Z_a=1.645$,其他公路应取保证率90%,即$Z_a=1.282$。

(8)工地实际采用的水泥剂量应比室内试验确定的剂量多0.5%~1.0%。采用集中厂拌法施工时,可只增加0.5%;采用路拌法施工时,宜增加1%。

(9)水泥的最小剂量应符合表5-9的规定。

水泥的最小剂量　　表5-9

土类＼拌和方法	路拌法	集中厂拌法
中粒土和粗粒土	4%	3%
细粒土	5%	4%

(10)水泥改善土的塑性指数应不大于6,承载比应不小于240。

综合稳定类材料的组成设计与上述步骤相同。

二、石灰工业废渣类混合料组成设计

1. 一般规定

(1)石灰工业废渣稳定类材料的7d浸水抗压强度应符合表5-6的规定。

(2)石灰工业废渣稳定类材料组成设计应根据表5-6的强度标准,通过试验选取最宜于稳定的材料,确定石灰与粉煤灰或石灰与煤渣的比例,确定石灰粉煤灰或石灰煤渣与土的质量比例,确定混合料的最佳含水率。

(3)对于CaO含量为2%~6%的硅铝粉煤灰,采用石灰粉煤灰作基层或底基层时,石灰与粉煤灰的比例可为1∶2~1∶9。

(4)采用二灰土作基层或底基层时,石灰与粉煤灰的比例可为1∶2~1∶4(对于粉土,以1∶2为宜),石灰粉煤灰与细粒土的比例可为30∶70~90∶10。

(5)采用二灰级配集料作基层时,石灰与粉煤灰的比例可为1∶2~1∶4,石灰粉煤灰与集料的比例可为20∶80~15∶85。

(6)采用石灰煤渣土作基层或底基层时,石灰与煤渣的比例可为20∶80~15∶85。

(7)采用石灰煤渣土作基层或底基层时,石灰与煤渣的比例可为1∶1~1∶4,石灰煤渣与细粒土的比例可为1∶1~1∶4。混合料中石灰不应少于10%,或通过试验选取强度较高的配合比。

(8)采用石灰煤渣集料作基层或底基层时,石灰:煤渣:集料可为(7～9):(26～33):(67～58)。

(9)为提高石灰工业废渣的早期强度,可外加1%～2%的水泥。

(10)各种混合料的各项试验应按《公路工程无机结合料稳定材料试验规程》(JTG E51—2009)进行。

2.原材料的试验

在石灰工业废渣稳定土施工前,应取有代表性的样品进行下列试验。

土的颗粒分析,液限和塑性指数,石料的压碎值试验,有机质含量(必要时做),石灰的有效钙和氧化镁含量,收集或试验粉煤灰的化学成分、细度和烧失量。

3.石灰工业废渣类混合料的设计步骤

(1)制备不同比例的石灰粉煤灰混合料(如10:90,15:85,20:80,25:75,30:70,35:65,40:60,45:55,50:50),确定其各自的最佳含水率和最大干密度,确定同一龄期和同一压实度试件的抗压强度,选用强度最大时的石灰粉煤灰比例。

(2)根据试验所得的二灰比例,制备同一种土样4～5种不同配合比的二灰土或二灰级配集料。其配合比宜位于表5-3、表5-4和表5-5所列范围内。

(3)确定各种二灰土或二灰级配集料的最佳含水率和最大干密度(用重型击实试验法)。

(4)按规定达到的压实度,分别计算不同配合比时二灰、二灰级配集料试件应有的干密度。

(5)按最佳含水率和计算得到的干密度制备试件。进行强度试验时,作为平行试验的最少试件数量应不少于表5-10的规定,如试验结果的偏差系数大于表中规定的值,则应重做试验,并找出原因,加以解决。如不能降低偏差系数,则应增加试件数量。

最少试件数量 表5-10

偏差系数 / 试件数量 / 土类	<10%	10%～15%	15%～20%
细粒土	6	9	
中粒土	6	9	13
粗粒土		9	13

(6)试件在规定温度下保湿养生6d,浸水24h后,按《公路工程无机结合料稳定材料试验规程》(JTG E51—2009)进行无侧限抗压强度试验。

(7)计算试验结果的平均值和偏差系数。

(8)根据表5-6的强度标准,选用混合料的配合比。在此配合比下,试件室内试验结果的平均抗压强度 $\overline{R}$ 应符合式(5-2)的要求:

$$\overline{R} \geqslant R_d/(1-Z_a C_v) \tag{5-2}$$

式中:R_d——设计抗压强度;

C_v——试验结果的偏差系数(小数计);

Z_a——标准正态分布表中随保证率(或置信度 a)而变的系数,高速公路和一级公路应取保证率为95%,即 $Z_a=1.645$,其他公路应取公路应取保证率90%,即 $Z_a=1.282$。

(9)石灰煤渣混合料的设计可参照上述石灰粉煤灰混合料的设计步骤。

三、石灰稳定土类混合料组成设计

1. 一般规定

(1)各级公路用石灰稳定类材料的7d浸水无侧限抗压强度应符合表5-6的规定。

(2)石灰稳定类材料的组成设计应根据表5-6的强度标准，通过试验选取最宜于稳定的材料，确定必需的或最佳的石灰剂量和混合料的最佳含水率，在需要改善混合料的物理力学性质时，还应确定掺加料的比例。

(3)采用综合稳定土时，如水泥用量占结合料总量的30%以下，则按本节的技术要求进行组成设计。

(4)石灰稳定土的各项试验应按《公路工程无机结合料稳定材料试验规程》(JTG E51—2009)进行。

2. 原材料试验

(1)在石灰稳定类土层施工前，应取所定料中有代表性的土样进行下列试验：颗粒分析、液限和塑性指数、击实试验、碎石或砾石的压碎值、有机质含量和硫酸盐含量(必要时做)。

(2)如碎石、碎石土、砂砾、砂砾土等的级配不好，宜先改善其级配。

(3)应检验石灰的有效氧化钙和氧化镁含量。

3. 石灰稳定土类混合料设计步骤

(1)按表5-11所列石灰剂量配制同一种土样、不同石灰剂量的混合料。

石灰剂量配制建议值　　表5-11

结构层	土　类	石灰剂量(全部粗、细土颗粒的干重百分比)
基层	砂砾土和碎石土	3,4,5,6,7
	塑性指数小于12的黏性土	10,12,13,14,16
	塑性指数大于12的黏性土	5,7,9,11,13
底基层	塑性指数小于12的黏性土	8,10,11,12,14
	塑性指数大于12的黏性土	5,7,8,9,11

(2)确定混合料的最佳含水率和最大干密度，至少应做3个不同石灰剂量混合料的击实试验，即最小剂量、中间剂量和最大剂量，其余2个混合料的最佳含水率和最大干密度用内插法确定。

(3)按规定的压实度，分别计算不同石灰剂量的试件应有的干密度。

(4)按最佳含水率和计算得到的干密度制备试件。进行强度试验时，作为平行试验的最少试件数量应不小于表5-12中的规定。如试验结果的偏差系数大于表中规定的值，则应重做试验，并找出原因，加以解决。如不能降低偏差系数，则应增加试件数量。

(5)试件在规定温度下保湿养生6d，浸水24h后，按《公路工程无机结合料稳定材料试验规程》(JTG E51—2009)进行无侧限抗压强度试验。

(6)计算试验结果的平均值和偏差系数。

最 少 试 件 数 量 表 5-12

偏差系数 试件数量 土 类	<10%	10%~15%	15%~20%
细粒土	6	9	
中粒土	6	9	13
粗粒土		9	13

(7)根据表 5-6 强度标准，选用混合料的配合比。在此配合比下，试件室内试验结果的平均抗压强度 $\overline{R}$ 应符合式(5-3)的要求：

$$\overline{R} \geqslant R_d/(1-Z_a C_v) \tag{5-3}$$

式中：R_d——设计抗压强度；

C_v——试验结果的偏差系数(小数计)；

Z_a——标准正态分布表中随保证率(或置信度 a)而变的系数，高速公路和一级公路应取保证率为 95%，即 $Z_a=1.645$，其他公路应取公路应取保证率 90%，即 $Z_a=1.282$。

(8)工地实际采用的石灰剂量应比室内试验确定的剂量多 0.5%~1.0%。采用集中厂拌法施工时，可只增加 0.5%；采用路拌法施工时，宜增加 1%。

(9)石灰稳定不含黏性土的级配碎石、未筛分碎石和级配砂砾用作高等级公路沥青路面的基层时，碎石和砂砾的颗粒组成应符合规范级配碎石或未筛分碎石或级配砾石的级配范围，并应添加黏性土。石灰和所加土的总质量与碎石或砂砾的质量比宜为 1∶4~1∶5，即碎石在混合料中的质量应不少于 80%。

第三节 基层、底基层材料试验检测方法

一、含水率试验方法(烘干法)

在 105~110℃的条件下烘干至恒重的无机结合料稳定材料，称为干无机结合料稳定材料，湿无机结合料稳定材料和干无机结合料稳定材料质量之差与干无机结合料稳定材料质量之比的百分率称为无机结合料稳定材料的含水率。目前，测定无机结合料稳定材料含水率的方法有烘干法、砂浴法、酒精法。烘干法是标准方法。砂浴法适用于在工地快速测定无机结合料稳定材料的含水率。当土中含有大量石膏、碳酸钙或有机质时，不应使用本方法。砂浴法测定含水率的精度较差，为现场施工过程中快速测定的参考数据，正式数据应以烘干法为准。酒精法适用于在工地快速测定无机结合料稳定材料的含水率。当土中含有大量黏土、石膏、石灰质或有机质时，不应使用本方法。酒精法测定含水率的精度较差。禁止使用固体酒精。酒精法适合于施工现场即时测定混合料的含水率，为施工质量控制提供参考数据。由于现在工地都有实验室，因此应尽量采用烘干法。若酒精法与烘干法有严重数字不符时，应重做试验，查明原因；仍不符合，以烘干法试验数据为准。下面仅介绍烘干法。

1. 目的和适用范围

本方法适用于测定水泥、石灰、粉煤灰及无机结合料稳定材料的含水率。

2. 仪器设备

(1)水泥、粉煤灰、生石灰粉、消石灰和消石灰粉、稳定细粒土用

①烘箱:量程不小于110℃,控温精度为±2℃。

②铝盒:直径约50mm,高25～30mm。

③电子天平:量程不小于150g,感量0.01g。

④干燥器:直径200～250mm,并用硅胶做干燥剂❶

(2)稳定中粒土用

①烘箱:同(1)中①。

②铝盒:能放样品500g以上。

③电子天平:量程不小于1 000g,感量0.1g。

④干燥器:同(1)中④。

(3)稳定粗粒土用

①烘箱:同(1)中①。

②大铝盒:能放样品2 000g以上。

③电子天平:量程不小于3 000g,感量0.1g。

④干燥器:同(1)中④。

3. 试验步骤

(1)水泥、粉煤灰、生石灰粉、消石灰和消石灰粉、稳定细粒土

①取清洁干燥的铝盒,称其质量m_1,并精确至0.01g;取约50g试样(对生石灰粉、消石灰和消石灰粉取100g),经手工木锤粉碎后松放在铝盒中,应尽快盖上盒盖,尽量避免水分散失,称其质量m_2,并精确至0.01g。

②对于水泥稳定材料,将烘箱温度调到110℃,对于其他材料❷,将烘箱调到105℃。待烘箱达到设定的温度后,取下盒盖,并将盛有试样的铝盒放在盒盖上,然后一起放入烘箱中进行烘干,需要的烘干时间随试样种类和试样数量而改变。当冷却试样连续两次称量的差(每次间隔4h)不超过原试样质量的0.1%❸时,即认为样品已烘干。

③烘干后,从烘箱中取出盛有试样的铝盒,并将盒盖盖紧。

④将盛有烘干试样的铝盒放入干燥器内冷却❹。然后称铝盒和烘干试样的质量m_3,并精确至0.01g。

(2)稳定中粒土

①取清洁干燥的铝盒,称其质量m_1,并精确至0.1g。取500g试样(至少300g)经粉碎后松松地放在铝盒中,盖上盒盖,称其质量m_2,并精确至0.1g。

②对于水泥稳定材料,将烘箱温度调到110℃,对于其他材料,将烘箱调到105℃。待烘箱

❶用指示硅胶作干燥剂,而不用氯化钙。因为许多黏土烘干后能从氯化钙中吸收水分。

❷某些含有石膏的土在烘干时会损失其结晶水,用此方法测定其含水率有影响。每1%石膏对含水率的影响约为0.2%。如果土中有石膏,则试样应该在不超过80℃的温度下烘干,并可能要烘更长的时间。

❸对于大多数土,通常烘干16～24h即可。但是,某些土或试样数量过多或试样很潮湿,可能需要烘更长的时间。烘干的时间也与烘箱内试样的总质量、烘箱的尺寸及其通风系统的效率有关。

❹如铝盒的盖密闭,而且试样在称量前放置时间较短,可以不放在干燥器中冷却。

达到设定的温度后，取下盒盖，并将盛有试样的铝盒放在盒盖上，然后一起放入烘箱中进行烘干，需要的烘干时间随土类和试样数量而改变。当冷却试样连续两次称量的差（每次间隔 4h）不超过原试样质量的 0.1%时，即认为样品已烘干。

③烘干后，从烘箱中取出盛有试样的铝盒，并将盒盖盖紧，放置冷却。

④称铝盒和烘干试样的质量 m_3，并精确至 0.1g。

(3)稳定粗粒土

①取清洁干燥的铝盒，称其质量 m_1，并精确至 0.1g。取 2 000g 试样经粉碎后松放在铝盒中，盖上盒盖，称其质量 m_2，并精确至 0.1g。

②对于水泥稳定材料，将烘箱温度调到 110℃，对于其他材料，将烘箱调到 105℃。待烘箱达到设定的温度后，取下盒盖，并将盛有试样的铝盒放在盒盖上，然后一起放入烘箱中进行烘干，需要的烘干时间随土类和试样数量而改变。当冷却试样连续两次称量的差（每次间隔 4h）不超过原试样质量的 0.1%时，即认为样品已烘干。

③烘干后，从烘箱中取出盛有试样的铝盒，并将盒盖盖紧，放置冷却。

④称铝盒和烘干试样的质量 m_3，并精确至 0.1g。

4.计算

用下式计算无机结合料稳定材料的含水率 w(%)。

$$w=\frac{m_2-m_3}{m_3-m_1}\times 100 \tag{5-4}$$

式中：m_1——铝盒的质量(g)；

m_2——铝盒和湿稳定材料的合计质量(g)；

m_3——铝盒和干稳定材料的合计质量(g)。

5.结果整理

本试验应进行两次平行测定，取算术平均值，保留至小数点后两位。允许重复性误差：含水率≤7%，允许误差≤0.5%；7%＜含水率≤40%，允许误差≤1%；含水率＞40%，允许误差≤2%。

6.试验说明及注意事项

(1)水泥与水拌和就要发生水化作用，在较高温度下水化作用发生得较快。如先将混合料放入烘箱中，再启动烘箱升温，则在升温过程中水泥与水的水化作用发生得较快，而烘干法又不能除去已与水泥发生水化作用的部分，这样得出的含水率往往偏小。所以应提前将烘箱升温到 110℃，使放入水泥的混合料一开始就能在 110℃的环境下进行烘干。另外，烘干后冷却时用指示硅胶作干燥剂，而不用氯化钙，因为许多黏土烘干后能从氯化钙中吸收水分。

(2)由于稳定中粒土和稳定粗粒土中大部分是砂粒以上的颗粒，为提高所测含水率的准确度，所取样品数量较大，分别为 500g 和 2 000g。在没有大铝盒时，也可以将这些样品分成 2 盒进行烘干，试验结果应满足平行试验的误差要求，然后取其平均值。

(3)对于有机质土尽量采用烘干法，并酌情降低烘箱温度。某些含有石膏的土在烘干时会损失其结晶水，用此方法测定的含水率值会受影响（每 1%的石膏对含水率的影响约为 0.2%）。如果土中有石膏，则试样应该在不超过 80℃的温度下烘干，并可能要烘更长的时间。

(4)对于大多数土，通常烘干 16～24h 即可，但是，某些土或试样数量过多或试样很潮湿，可能需要烘更长的时间。烘干的时间也与烘箱内试样的总质量、烘箱的尺寸及其通风系统的效率有关。

二、石灰的化学分析

石灰石的主要成分是碳酸钙，仅含很少量的碳酸镁。因此，用石灰石烧制成的石灰其主要成分是氧化钙 CaO(有效钙)，通常还含有少量的氧化镁 MgO 和残渣。这种石灰常称钙石灰。白云石主要成分是碳酸钙·碳酸镁，经煅烧后，分别分解成氧化钙和氧化镁。当氧化镁含量超过 5%时，即称做镁石灰。石灰的等级越高(即 CaO+MgO 的含量越高)，在同样石灰剂量下有较多的 CaO 和 MgO 起作用，因而稳定效果越好。因此在选择石灰时必须进行化学分析。

1. 石灰有效氧化钙的测定方法

(1)目的与适用范围

适用于测定各种石灰的有效氧化钙含量，作为评定路用石灰质量的主要指标。

(2)实验原理

根据石灰活性氧化钙与蔗糖 $C_{11}H_{22}O_{11}$ 化合而成水溶性的蔗糖钙 $CaO \cdot C_{22}H_{11}O \cdot 2H_2O$，而石灰中其他非活性的钙盐则不与蔗糖作用，氧化镁则与蔗糖反应缓慢的原理，应用此不同的反应条件，采用中和滴定法，用已知浓度的盐酸进行滴定(以酚酞为指示剂)，达到滴定终点时，按盐酸消耗量计算出有效氧化钙的含量。

(3)试剂

①蔗糖(分析纯)。

②酚酞指示剂：称取 0.5g 酚酞溶于 50mL95%的乙醇中。

③0.1%甲基橙水溶液：称取 0.05g 甲基橙溶于 50mL 蒸馏水(40～50℃)中。

④盐酸标准溶液(相当于 0.5mol/L)：将 42mL 浓盐酸(相对密度 1.19)稀释至 1L，按下述方法标定其摩尔浓度后备用。

称取约 0.800～1.000g(精确至 0.000 2g)已在 180℃烘干 2h 的碳酸钠(优级纯或基准级)记录为 Q，置于 250mL 三角瓶中，加 100mL 水使其完全溶解；然后加入 2～3 滴 0.1%的甲基橙指示剂，记录滴定管中待标定盐酸标准溶液的体积 V_1，用待标定的盐酸标准溶液滴定，至碳酸钠溶液由黄色变为橙红色；将溶液加热至沸腾，并保持微沸 3min，然后放在冷水中冷至室温，如此时橙红色变为黄色，再用盐酸标准溶液滴定，至溶液出现稳定橙红色时为止，记录滴定管中盐酸标准溶液的体积 V_2，V_1、V_2 的差值即为盐酸标准溶液的消耗量 V。

盐酸标准溶液的摩尔浓度[1]按下式计算：

$$M = Q/(V \times 0.053) \tag{5-5}$$

式中：M——盐酸标准溶液摩尔浓度；

Q——称取碳酸钠的质量(g)；

V——滴定时盐酸标准溶液的消耗量(mL)；

0.053——与 1.00mL 盐酸标准溶液[C(HCl)=1.000mol/L]相当的以克表示的无水碳酸钠的质量。

[1] 该处的盐酸标准溶液的浓度相当于 1mol/L 标准溶液浓度的一半左右。

(4)准备试样

①生石灰试样：将生石灰样品打碎，使颗粒不大于1.18mm。拌和均匀后用四分法缩减至200g左右，放入瓷研钵中研细。再经四分法缩减至20g左右。研磨所得石灰样品，使其通过0.15mm(方孔筛)的筛。从此细样中均匀挑取10余克，置于称量瓶中在105℃烘箱内烘至恒重，储于干燥器中，供试验用。

②消石灰试样：将消石灰样品四分法缩减至10余克。如有大颗粒存在，须在瓷研钵中磨细至无不均匀颗粒存在为止。置于称量瓶中在105℃烘箱内烘至恒重，储于干燥器中，供试验用。

(5)试验步骤

①称取约0.5g(用减量法称准至0.000 5g)试样，记录为G，放入干燥的250mL具塞三角瓶中，取5g蔗糖覆盖在试样表面，投入干玻璃珠15粒，迅速加入新煮沸并已冷却的蒸馏水50mL，立即加塞振荡15min(如有试样结块或黏于瓶壁现象，则应重新取样)。

②打开瓶塞，用水冲洗瓶塞及瓶壁，加入2～3滴酚酞指示剂，记录滴定管中盐酸标准溶液体积V_3，用已标定的约0.5mol/L盐酸标准溶液滴定(滴定速度以每秒2～3滴为宜)，至溶液的粉红色显著消失并在30s内不再复现即为终点，记录滴定管中盐酸标准溶液的体积V_4，V_3、V_4的差值即为盐酸标准溶液的消耗量V_5。

(6)计算

有效氧化钙的百分含量(X)按下式计算：

$$X=\frac{V_5\times M\times 0.028}{G}\times 100 \tag{5-6}$$

式中：V_5——滴定时消耗标准溶液的体积(mL)；

0.028——氧化钙毫克当量；

G——试样质量(g)；

M——盐酸标准溶液摩尔浓度。

(7)试验说明及注意事项

①取样时，若是消石灰，用四分法缩至10g左右研细取得，而不是通过0.15mm筛取得。

②蔗糖要迅速覆盖试样，以防试样被碳化；加热蒸馏水是为了排除二氧化碳，故冷却后马上进行下一步操作。另外，在试验检测中要注意，石灰的有效钙含量随着其存放时间的增长将减少(尤其是野外露天存放)。

③生石灰打碎，原规程是过2mm圆孔筛，现为统一采用标准方孔筛，筛孔为1.18mm。

④当量浓度和摩尔浓度之间的换算关系如下：

a.对于酸碱滴定过程中的试剂浓度，主要看每个分子中氢离子或氢氧根离子的数量，1mol/L的盐酸就是1N的盐酸，1mol/L的硫酸就是2N的硫酸，同理1mol/L的氢氧化钠就是1N。

b.对于氧化还原滴定过程的试剂浓度，要看每个分子在氧化还原反应过程中具体得到或失去的电子个数来确定，例如1mol/L的重铬酸钾就是6N(因为每个重铬酸钾分子中有两个铬离子，每个铬离子的价态由6+到3+得到3个电子)；而硫酸亚铁铵作为还原剂，1mol/L的就是1N，因为一个硫酸亚铁铵分子被氧化后失去1个电子。总之，当量浓度的原则是，相同当量浓度的酸、碱试剂(或氧化剂、还原剂试剂)发生反应使消耗的试剂体积相同。

2. 石灰氧化镁测定方法

(1)目的与适用范围

适用于测定各种石灰的总氧化镁含量。

(2)实验原理

利用 EDTA 在 pH＝10 左右的溶液中能与钙镁完全络合的原理，测出镁、钙总含量，再利用 EDTA 在 pH≥12 的溶液中只与钙离子络合的原理，测出钙含量，两者之差即为镁的含量。

(3)准备试样

①生石灰试样：将生石灰样品打碎，使颗粒不大于 1.18mm。拌和均匀后用四分法缩减至 200g 左右，放入瓷研钵中研细。再经四分法缩减至 20g 左右。研磨所得石灰样品，使其通过 0.15mm(方孔筛)的筛。从此细样中均匀挑取 10 余克，置于称量瓶中在 105℃烘箱内烘至恒重，储于干燥器中，供试验用。

②消石灰试样：将消石灰样品四分法缩减至 10 余克。如有大颗粒存在，须在瓷研钵中磨细至无不均匀颗粒存在为止。置于称量瓶中在 105℃烘箱内烘至恒重，储于干燥器中，供试验用。

(4)试验步骤

①称取约 0.5g(准确至 0.000 5g)石灰试样，并记录试样质量 G，放入 250mL 烧杯中，用水湿润，加 1∶10 盐酸 30mL，用表面皿盖住烧杯，加热近沸并保持微沸 8～10min。

②用水把表面皿洗净，冷却后把烧杯内的沉淀及溶液移入 250mL 容量瓶中，加水至刻度，摇匀。

③待溶液沉淀后，用移液管吸取 25mL 溶液，放入 250mL 三角瓶中，加 50mL 水稀释后，加酒石酸钾钠溶液 1mL、三乙醇胺溶液 5mL，再加入铵－铵缓冲溶液 10mL(此时待测溶液的 pH＝10)、酸性格兰 K－萘酚绿 B 指示剂约 0.1g。记录滴定管中初始 EDTA 二钠标准溶液体积 V_5，用 EDTA 二钠标准溶液滴定至溶液由酒红色变为纯蓝色时即为终点，记录滴定管中 EDTA 二钠标准溶液的体积 V_6，则 V_5、V_6 的差值即为滴定钙镁合量的 EDTA 二钠标准溶液的消耗量 V_3。

④再从②的容量瓶中，用移液管吸取 25mL 溶液，置于 300mL 三角瓶中，加水 150mL 稀释后，加三乙醇铵溶液 5mL 及 20％氢氧化钠溶液 5mL(此时待测溶液的 pH≥12)，放入约 0.2g 钙指示剂。记录滴定管中初始 EDTA 二钠标准溶液体积 V_7，用 EDTA 二钠标准溶液滴定，至溶液由酒红色变为蓝色即为终点，记录滴定管中 EDTA 二钠标准溶液的体积 V_8，则 V_7、V_8 的差值即为滴定钙离子的 EDTA 二钠标准溶液的消耗量 V_4。

(5)计算

氧化镁的百分含量(X_2)按式(5-7)计算：

$$X_2=\frac{T_{MgO}(V_3-V_4)\times 10}{G\times 1\,000}\times 100 \tag{5-7}$$

式中：T_{MgO}——EDTA 二钠标准溶液对氧化镁的滴定度；

V_3——滴定钙、镁合量消耗 EDTA 二钠标准溶液体积(mL)；

V_4——滴定钙消耗 EDTA 二钠标准溶液体积(mL)；

10——总溶液对分取溶液的体积倍数；

G——试样质量(g)。

(6)试验说明及注意事项

一般来说，氧化镁的含量比氧化钙低，V_3、V_4 的差值(即滴定终点)很难控制，并且 V_3 或 V_4 的差值直接影响到氧化镁的含量，因此在试验中应严格做好各步操作。用万分之一天平称取石灰试样时宜用减量法，用 EDTA 滴定时，V_3 或 V_4 的滴定速度应为 2～3 滴/s，不宜过快，有时滴定 V_3 或 V_4 时，溶液会由原来的酒红色消失变蓝色后又复现酒红色。其原因是溶液局部浓度过大，造成在滴定未到终点时，指示剂变蓝色，在不到 30s 时又恢复酒红色，此时应放慢速度，逐滴滴加，并不断摇动三角瓶，使反应充分，仔细观察由红变蓝的瞬间，使反应进行到底，蓝色稳定后再读取 V_3、V_4 的值。

3.石灰有效氧化钙和氧化镁简易测定方法

(1)适用范围

本试验方法适用于氧化镁含量在 5%以下的低镁石灰。

(2)准备试样

①生石灰试样：将生石灰样品打碎，使颗粒不大于 1.18mm。拌和均匀后用四分法缩减至 200g 左右，放入瓷研钵中研细。再经四分法缩减至 20g 左右。研磨所得石灰样品，应通过 0.15mm(方孔筛)的筛。从此细样中均匀挑取 10 余克，置于称量瓶中在 105℃烘箱烘至恒重，储于干燥器中，供试验用。

②消石灰试样：将消石灰样品用四分法缩减至 10 余克。如有大颗粒存在，须在瓷研钵中磨细至无不均匀颗粒存在为止。置于称量瓶中在 105℃烘箱烘至恒重，储于干燥器中，供试验用。

(3)试验步骤

①迅速称取石灰试样 0.8～1.0g(准确至 0.000 5g)放入 300mL 三角瓶中，记录试样质量 G。加入 150mL 新煮沸并已冷却的蒸馏水和 10 颗玻璃珠。瓶口上插一短颈漏斗，使用带电阻的电炉，加热 5min(调到最高档)，但勿使沸腾，放入冷水中迅速冷却。

②向三角瓶中滴入酚酞指示剂 2 滴，记录滴定管中盐酸标准溶液体积 V_3，在不断摇动下以盐酸标准液滴定，控制速度为 2～3 滴/s，至粉红色完全消失，稍停，又出现红色，继续滴入盐酸，如此重复几次，直至 5min 内不出现红色为止，记录滴定管中盐酸标准溶液体积 V_4，则 V_3、V_4 的差值即为盐酸标准液的消耗量 V_5。如滴定过程持续 0.5h 以上，则结果只能作参考。

(4)计算

$$(\mathrm{CaO}+\mathrm{MgO})\%=\frac{V_5\times N\times 0.028}{G}\times 100 \tag{5-8}$$

式中：V_5——滴定消耗盐酸标准液的体积(mL)；

N——盐酸标准液的摩尔浓度；

G——样品质量(g)；

0.028——氧化钙的毫克当量，因氧化镁含量甚少，并且两者之毫克当量相差不大，故有效(CaO+MgO)%的毫克当量都以 CaO 的毫克当量计算。

(5)试验说明

氧化镁分解的作用缓慢，如果氧化镁含量高，到达滴定终点的时间很长，从而增加了与空气中二氧化碳的作用时间，影响测定结果，因此本方法适用于氧化镁含量在5%以下的低镁石灰。

三、水泥或石灰稳定材料中，水泥或石灰剂量的测定方法（EDTA滴定法）

在道路水泥或石灰稳定材料施工中，掺入的水泥或石灰剂量是否能达到和符合设计要求，是水泥或石灰稳定材料质量好坏的重要因素之一。因此，为确保水泥或石灰稳定材料的质量，需要对其剂量和拌和均匀程度进行检测。

水泥或石灰剂量测定方法有EDTA滴定法和直读式测钙仪法。EDTA滴定法的化学原理是：先用10%的NH_4Cl弱酸溶出水泥稳定材料中的Ca^{2+}，然后用EDTA标准液夺取Ca^{2+}，EDTA标准液的消耗与相应的水泥剂量（水泥剂量的大小正比于Ca^{2+}的数量）存在近似线性的关系。

直读式测钙仪法适用于测定新拌石灰土中石灰的剂量。直读式测钙仪法测量原理是：石灰的主要成分是氧化钙，氧化钙和水生成氢氧化钙。氢氧化钙在氯化氨溶液中的溶解度远比在水中的溶解度大，因此在石灰中加入氯化铵溶液后，很快能产生可溶性氯化钙而形成钙离子，石灰剂量越大，溶解出的钙离子就越多，钙电极在溶液中能将不同浓度的钙离子转换成不同的电位值，再通过仪器直接显示出不同的石灰剂量。下面仅介绍EDTA滴定法。

1. 适用范围

（1）本试验方法适用于在工地快速测定水泥和石灰稳定材料中水泥和石灰的剂量，并可用于检查现场拌和和摊铺的均匀性。

（2）本办法适用于在水泥终凝之前的水泥含量测定，现场土样的石灰剂量应在路拌后尽快测试，否则需要用相应龄期的EDTA二钠耗量的标准曲线确定。

（3）本方法也可以用来测定水泥和石灰综合稳定材料中结合料的剂量。

2. 仪器设备

（1）50mL滴定管（酸式），1支。

（2）滴定台，1个。

（3）滴定管夹，1个。

（4）大肚移液管：10mL、50mL，10支。

（5）锥形瓶（即三角瓶）：200mL，20个。

（6）烧杯：2 000mL（或1 000mL），1只；300mL，10只。

（7）容量瓶：1 000mL，1个。

（8）搪瓷杯：容量大于1 200mL，10只。

（9）不锈钢棒（或粗玻璃棒）：10根。

（10）量筒：100mL和5mL，各一只；50mL，2只。

（11）棕色广口瓶：60mL，1只（装钙红指示剂）。

（12）电子天平：量程不小于1 500g，感量0.01g。

（13）秒表：1只。

（14）表面皿：ϕ9cm，10个。

（15）研钵：ϕ12～13cm，1个。

（16）洗耳球：1个。

(17)精密试纸:pH12～14。

(18)聚乙烯桶:20L,3个(装蒸馏水和装氯化铵及EDTA二钠标准液);5L,1个(装氢氧化钠),5L(大口桶)10个。

(19)毛刷、去污粉、吸水管、塑料勺、特种铅笔、厘米纸。

(20)洗瓶(塑料):500mL,1只。

3.试剂

(1)0.1mol/m³ 乙二胺四乙酸二钠(简称EDTA二钠)标准液:准确称取EDTA二钠(分析纯)37.23g,用40～50℃的无二氧化碳蒸馏水溶解,待全部溶解并冷却至室温后,定容至1 000mL。

(2)10%氯化铵(NH_4Cl)溶液:将500g氯化铵(分析纯或化学纯)放在10L的聚乙烯桶内,加蒸馏水4 500mL,充分振荡,使氯化铵完全溶解。也可以分批在1 000mL的烧杯内配制,然后倒入塑料桶内摇匀。

(3)1.8%的氢氧化钠(内含三乙醇胺)溶液:用电子天平称18g氢氧化钠(NaOH)(分析纯),放入洁净干燥的1 000mL烧杯中,加1 000mL蒸馏水使其全部溶解,待溶液冷却至室温后,加入2mL三乙醇胺(分析纯),搅拌均匀后储于塑料桶中。

(4)钙红示剂:将0.2g钙试剂羧酸钠(分子式$C_{21}H_{13}N_2NaO_7S$,分子量460.39)与20g预先在105℃烘箱中烘1h的硫酸钾混合。一起放入研钵中,研成极细粉末,储于棕色广口瓶中,以防吸潮。

4.准备标准曲线

(1)取样:取工地用石灰和土,风干后用烘干法测其含水率(如为水泥可假定含水率为0%)。

(2)混合料组成的计算。

①公式:

干料质量=湿料质量/(1+含水率)

②计算步骤:

a.干混合料质量=混合料湿料重/(1+最佳含水率)

b.干土质量=干混合料质量/[1+石灰(或水泥)剂量]

c.干石灰(或水泥)质量=干混合料质量-干土质量

d.湿土质量=干土质量×(1+土的风干含水率)

e.湿石灰质量=干石灰×(1+石灰的风干含水率)

f.石灰土中应加入的水=混合料湿料重-湿土质量-湿石灰质量

(3)准备5种试样,每种2个样品(以水泥稳定材料为例),如为水泥稳定中、粗粒土,每个样品取1 000g左右(如为细粒土则可称取300g左右)准备试验,为了减少中、粗粒土的离散,宜按设计级配单份掺配的方式备料。5种混合料的水泥剂量应为:水泥剂量0%,最佳水泥剂量的±2%和±4%[1],每种剂量取两个(为湿质量)试样,共10个试样,并分别放在10个大口聚乙烯桶(如为稳定细粒土可用搪瓷杯或1 000mL具塞三角瓶;如为粗粒土可用5L的大口聚乙烯桶)内。土的含水率应等于工地预期达到的最佳含水率,土中所加的水应与工地所用的水相同。

---

[1] 在此,准备标准曲线的水泥剂量可为:0%、2%、4%、6%、8%,如水泥剂量较高或较低,应保证工地实际所用水泥或石灰的剂量位于标准曲线所用剂量的中间。

(4)取一个盛有试样的盛样器，在盛样器内加入 2 倍试样质量(湿料重)体积的 10%氯化铵溶液(如湿料重为 300g，则氯化铵溶液为 600mL；湿料重为 1 000g，则氯化铵溶液为2 000mL)，料为 300g，则搅拌 3min(每分钟搅 110～120 次)，料为 1 000g，则搅拌 5min。如用1 000mL具塞三角瓶，则手握三角瓶(瓶口向上)用力振荡 3min(每分钟 120 次±5 次)，以代替搅拌棒搅拌。放置沉淀 10min[1]，然后将上部清液转移到 300mL 烧杯内，搅匀，加盖表面皿待测。

(5)用移液管吸取上层(液面上 1～2cm)悬浮液 10.0mL 放入 200mL 的三角瓶内，用量管量取 1.8%氢氧化钠(内含三乙醇胺)溶液 50mL 倒入三角瓶中，此时溶液 pH 值为 12.5～13.0(可用 pH12～14 精密试纸检验)，然后加入钙红指示剂(质量约为 0.2g)，摇匀，溶液呈玫瑰红色。记录滴定管中 EDTA 的体积 V_1，然后用 EDTA 二钠标准液滴定，边滴定边摇匀，并仔细观察溶液的颜色，在溶液颜色变为紫色时，放慢滴定速度，并摇匀；直到变为纯蓝色为止，记录滴定管中 EDTA 二钠体积 V_2(以 mL 计，读至 0.1mL)，计算 V_1-V_2 即为 EDTA 二钠的消耗量。

(6)对其他几个盛样器中的试样，用同样的方法进行试验，并记录各自的 EDTA 二钠的耗量。

(7)以同一水泥或石灰剂量稳定材料 EDTA 二钠消耗量(mL)的平均值为纵坐标，以水泥或石灰剂量(%)为横坐标制图。两者的关系应是一根顺滑的曲线，如图 5-1 所示。如素土、水泥或石灰改变，必须重做标准曲线。

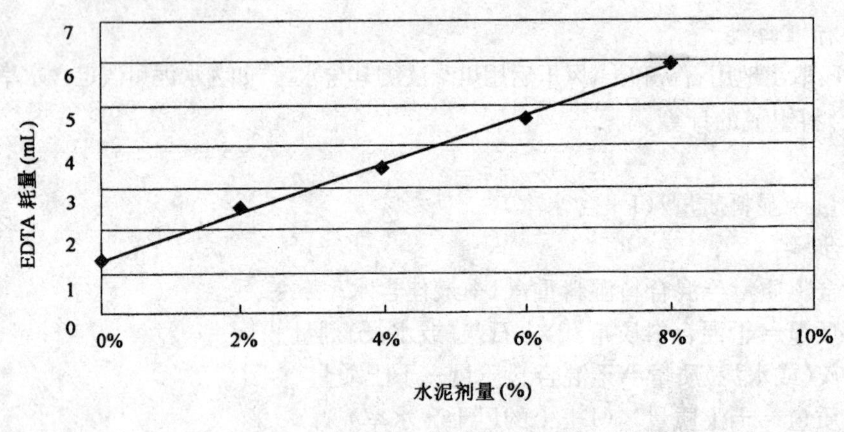

图 5-1 EDTA 标准曲线

5. 试验步骤

(1)选取有代表性的无机结合料稳定材料。对稳定中、粗粒土取试样约 3 000g，对稳定细粒土取试样约 1 000g。

(2)对水泥或石灰稳定细粒土，称 300g 放在搪瓷杯中，用搅拌棒将结块搅散，加 10%氯化铵溶液 600mL；对水泥或石灰稳定中、粗粒土，可直接称取 1 000g 左右，放入 10%氯化铵溶液 2 000mL，然后如前述步骤进行试验。

(3)利用所绘制的标准曲线，根据 EDTA 二钠消耗量，确定混合料中的水泥或石灰剂量。

---

[1]如 10min 后得到的是浑浊悬浮液，则应增加放置沉淀时间，直到出现无明显悬浮颗粒的悬浮液为止，并记录所需的时间，以后所有该种水泥(或石灰)稳定材料的试验，均应以同一时间为准。

6. 结果整理

本试验应进行两次平行测定，取算术平均值，精确到0.1mL，允许重复性误差不得大于均值的5%；否则，重新进行试验。

7. 试验说明和注意事项

(1)由于氯化铵的标装一瓶为500g，在使用过程中，氯化铵必须用电子秤称量，不可用一瓶当500g。瓶装蒸馏水是一桶4 500mL，在使用过程中必须重新过量筒。

(2)在试验操作过程中，每个样品搅拌的时间、速度和方式应力求相同，以减小试验误差。在做标准曲线时，如工地实际水泥剂量较大，素集料和低剂量水泥的试样可以不做，而直接用较高的剂量试验，但应有两种剂量大于实用剂量和两种剂量小于实用剂量。配制的氯化铵溶液最好当天用完，不要放置过久，以免影响试验的精度。如素土、水泥或石灰较长时间没有改变，应在每天试验前，增加1～2点对标准曲线进行验证，以减少原材料可能的离散对试验结果的影响。

(3)控制好滴定的各环节。EDTA滴定过程中，溶液的颜色有明显的变化过程，从玫瑰红色变为紫色，并最终变为蓝色。因此要把握好滴定的临界点，切不可直接将溶液滴到纯蓝色，因为在滴定过量时，溶液的颜色始终保持为纯蓝色，因此如果没有经过临界点的，可能已经过量很多。一般来说，在溶液颜色变为紫色后，如水泥剂量较低，1～2滴就能彻底变蓝，如水泥剂量较高，可能需要再多些。因此，此时的滴定速度务必放慢，逐滴滴入，并保持摇匀，以免滴定过量。

(4)将室内标准曲线制作的湿混合料采用单份掺配后进行试验，同时为了减少配料过程中的离散，对粗集料基层(最大粒径在25mm左右)就必须有1 000g左右的总重，放入体积是湿料质量2倍的氯化铵溶液，进行拌和，然后取样进行滴定。试验表明，采用该种试验方法制作标准曲线和现场取样差别最小，可最大限度减少室内试验取样的离散。但采用该方法后，氯化铵溶液的用量将显著增加，同时为了达到拌和的均匀性，搅拌时间和搅拌力度增大。

(5)在不同的龄期应该用不同的EDTA二钠消耗量的标准曲线，只有这样，才能在不同龄期都能测出实际的掺灰量。因此，现场土样的掺灰率应在路拌后尽快测试；否则，即使龄期不超过7d也需要用相应龄期的EDTA二钠消耗量的标准曲线确定。对水泥稳定材料超出终凝时间(12h以后)所测定的水泥剂量，需作出相应的龄期校正。

(6)EDTA法的龄期效应曲线与素集料、水泥剂量、水泥品质、稳定层压实度、养护、温度等因素有关，应按工地具体使用的材料和配合比，通过试验，制备好龄期效应标准曲线，为实际检测工作提供依据。水泥稳定材料的龄期修正以小时计，石灰及二灰修正以天计，水泥剂量测定不宜超过终凝，石灰剂量测定不宜超过火山灰反应开始时间，一般为7d。

四、无机结合料稳定材料取样方法

1. 适用范围

本方法适用于无机结合料稳定材料室内试验、配合比设计以及施工过程中的质量抽检等。本方法规范了无机结合料及稳定材料的现场取样操作。

2. 分料

可用下列方法之一将整个样品缩小到每个试验所需材料的合适质量。

(1)四分法

①需要时应加清水使主样品变湿。充分拌和主样品:在一块清洁、平整、坚硬的表面上将试料堆成一个圆锥体,用铲翻动此锥体并形成一个新锥体,这样重复进行三次。在形成每一个锥体堆时,铲中的料要放在锥顶,使滑到边部的那部分料尽可能分布均匀,使锥体的中心不移动。

②将平头铲反复交错垂直插入最后一个锥体的顶部,使锥体顶变平,每次插入后提起铲时不要带有试料。沿相互垂直的直径方向,将已变成平顶的锥体料堆分成四部分,尽可能使这四部分料的质量相同。

③将对角的一对料(如一、三象限为一对,二、四象限为另一对)铲到一边,将剩余的一对料铲到一块。重复上述拌和以及缩小的过程,直到达到要求的试样质量。

(2)分料器法

如果集料中含有粒径为2.36mm以下的细料,材料应该是表面干燥的。将材料充分拌和后通过分料器,保留一部分,将另一部分再次通过分料器。这样重复进行,直到将原样品缩小到需要的质量。

3.料堆取料

在料堆的上部、中部和下部各取一份试样,混合后按四分法分料取样。

4.试验室分料

(1)目标配合比阶段各种石料应逐级筛分,然后按设定级配进行配料。

(2)生产配合比阶段可采用四分法分料,且取料总重应大于分料取样后每份质量的4~8倍。

5.施工过程中混合料取样

(1)在进行混合料验证时,宜在摊铺机后取料,且取料应分别来源于3~4台不同的料车,然后混合到一起进行四分法取样,进行无侧限抗压强度成型及试验。

(2)在评价施工离散性时,宜在施工现场取料。应在施工现场的不同位置按随机取样原则分别取样品,对于结合料剂量还需要在同一位置的上层和下层分别取样,试样应单独成型。

6.试验说明和注意事项

取样有两种不同的目的和方法。一个目的是样品应该能代表一个大的总体的平均情况。此时,所取原材料应与施工现场所用的材料相同,而且材料的特性和颗粒组成等也要能代表施工现场所用的材料。例如,施工前取样做混合料的组成设计、混合料的强度试验和回弹模量试验以及测定石灰的有效钙和氧化镁含量等。为此,需从料场或料堆的许多不同位置分别取部分样品,然后将这些小样品混合成一个样品。另一个目的是样品只需代表材料总体的很小部分,通过一系列小样品来研究材料性质的变异性。例如,施工过程中取样做混合料的强度试验,测定混合料中水泥或石灰的剂量等。为此,对于后一目的,一般在施工现场,摊铺机摊铺宽度范围内左、中、右三处取料,用做强度和回弹模量试验的混合料样品应在现场压实结束后整平时取。取回的样品应及时成型,在制作试件时应保持原有状态,不再进行任何加工。

五、无机结合料稳定材料击实试验方法

不同的无机结合料稳定材料,在不同的无机结合料剂量、不同的含水率、不同的击实功下可以达到不同的密度。在公路工程的施工质量控制过程中,要求在一定的压实功作用下,达到最大的密实度。所以无机结合料稳定基层材料,需要在模拟现场施工条件下,获得无机结合料

稳定材料压实的最大干密度和相应的最佳含水率。击实试验就是为了这种目的，利用标准化的击实仪具，试验无机结合料稳定材料的密度和相应含水率的关系，所以击实试验是控制基层压实质量不可缺少的重要试验项目。

击实试验模拟现场无机结合料稳定材料的压实，是一种半经验方法。由于现场压实和室内击实试验具有不同的工作条件，两者之间的关系是根据工程实践经验求得的，但要求室内试验的击实功应相当于现场施工的压实功，因此不同国家以及一个国家的不同部门就可能有其自用的击实试验方法和仪器。

1. 适用范围

(1)本试验方法适用于在规定的试筒内，对水泥稳定材料(在水泥水化前)、石灰稳定材料及石灰(或水泥)粉煤灰稳定材料进行击实试验，以绘制稳定材料的含水率—干密度关系曲线，从而确定其最佳含水率和最大干密度。

(2)试验集料的公称最大粒径宜控制在37.5mm以内(方孔筛)。

(3)试验方法类别。本试验方法分三类，各类击实方法的主要参数列于表5-13。

击实试验方法类别表 表5-13

类别	锤击面直径(cm)	锤质量(kg)	落高(cm)	试样尺寸			层数	每层击数	平均单位击实功(J)	容许公称最大粒径(mm)
				内径(cm)	高(cm)	容积(cm^3)				
甲	5.0	4.5	45	10	12.7	997	5	27	2.687	19
乙	5.0	4.5	45	15.2	12.0	2177	5	59	2.687	19
丙	5.0	4.5	45	15.2	12.0	2177	3	98	2.687	37.5

2. 仪器设备

(1)击实筒：小型，内径100mm、高127mm的金属圆筒，套环高50mm；底座：大型，内径152mm、高170mm的金属圆筒，套环高50mm；直径151mm和高50mm的筒内垫块，底座。

(2)多功能自控电动击实仪：击锤的底面直径50mm，总质量4.5kg。击锤在导管内的总行程为450mm。可设置击实次数，并保证击锤自由垂直落下，落高应为450mm，锤迹均匀分布于试样面。

(3)电子天平：量程4 000g，感量0.01g。

(4)电子天平：量程15kg，感量0.1g。

(5)方孔筛：孔径53mm、37.5mm、26.5mm、19mm、4.75mm、2.36mm的筛各1个。

(6)量筒：50mL、100mL和500mL的量筒各1个。

(7)直刮刀：长200～250mm、宽30mm、厚3mm，一侧开口的直刮刀，用以刮平和修饰粒料大试件的表面。

(8)刮土刀：长150～200mm、宽约20mm的刮刀，用以刮平和修饰小试件的表面。

(9)工字形刮平尺：30mm×50mm×310mm，上下两面和侧面均刨平。

(10)拌和工具：约400mm×600mm×70mm的长方形金属盘，拌和用平头小铲等。

(11)脱模器。

(12)测定含水率用的铝盒、烘箱等其他用具。

(13)游标卡尺。

3. 试验准备

(1)将具有代表性的风干试料(必要时,也可以在50℃烘箱内烘干)用木锤或木碾捣碎。土团均应捣碎到能通过4.75mm的筛孔。但应注意不使粒料的单个颗粒破碎或不使其破碎程度超过施工中拌和机械的破碎率。

(2)如试料是细粒土,将已捣碎的具有代表性的土过4.75mm筛备用(用甲法或乙法做试验)。

(3)如试料中含有粒径大于4.75mm的颗粒,则先将试料过19mm的筛,如存留在孔径为19mm筛中颗粒的含量不超过10%,则过26.5mm筛,留作备用(甲法或乙法做试验)。

(4)如试料中粒径大于19mm的颗粒含量超过10%,则将试料过37.5mm筛,如存留在孔径为37.5mm筛中颗粒的含量不超过10%,则过53mm筛备用(用丙法试验)。

(5)每次筛分后,均应记录超尺寸颗粒的百分率P。

(6)在预定做击实试验的前一天,取有代表性的试料测定其风干含水率。对于细粒土,试样应不少于100g;对于中粒土,试样应不少于1 000g;对于粗粒土的各种集料,试样应不少于2 000g。

(7)在试验前用游标卡尺准确测量试模的内径、高和垫块的高,以计算试筒的容积。

4. 试验步骤

(1)在试验前应将试验所需要的各种仪器设备准备齐全,测量设备应满足精度要求;调试击实仪器,检查其运转是否正常。

(2)甲法:

①将已筛分的试样用四分法逐次分小,至最后取出10~15kg试料。再用四分法将已取出的试料分成5~6份,每份试料的干质量为2.0kg(对于细粒土)或2.5kg(对于各种中粒土)。

②预定5~6个不同含水率,依次相差0.5%~1.5%[1],且其中至少有两个大于和两个小于最佳含水率。

③按预定含水率制备试样。将1份试料平铺于金属盘内,将事先计算得的该份试料中应加的水量均匀地喷洒在试料上,用小铲将试料充分拌和到均匀状态(如为石灰稳定材料、石灰粉煤灰综合稳定材料、水泥粉煤灰综合稳定材料和水泥、石灰综合稳定材料,可将石灰、粉煤灰和试料一起拌匀),然后装入密闭容器或塑料口袋内浸润备用。

浸润时间要求:黏性土12~24h,粉性土6~8h,砂性土、砂砾土、红土砂砾、级配砂砾等可以缩短到4h左右,含土很少的未筛分碎石、砂砾和砂可缩短到2h。浸润时间一般最长不超过24h。

应加水量可按式(5-9)计算:

$$Q_w=\left(\frac{Q_n}{1+0.01w_m}+\frac{Q_c}{1+0.01w_c}\right)\times 0.01w-\frac{Q_n}{1+0.01w_n}\times 0.01w_n-\frac{Q_c}{1+0.01w_c}\times 0.01w_c \tag{5-9}$$

式中:Q_w——混合料中应加的水量(g);

[1]对于中、粗粒土,在最佳含水率附近取0.5%,其余取1%。对于细粒土,取1%,但对于黏土,特别是重黏土,可能需要取2%。

Q_n——混合料中素土(或集料)的质量(g),其原始含水率为 w_n,即风干含水率(%);

Q_c——混合料中水泥或石灰的质量(g),其原始含水率为 w_c(%);

w——要求达到的混合料的含水率(%);

④将所需要的稳定剂水泥加到浸润后的试样中,并用小铲、泥刀或其他工具充分拌和到均匀状态。水泥应在土样击实前逐个加入,加有水泥的试样拌和后,应在1h内完成击实试验,拌和后超过1h的试样,应予作废(石灰稳定材料和石灰粉煤灰稳定材料除外)。

⑤试筒套环与击实底板应紧密联结。将击实筒放在坚实地面上,用四分法取制备好的试样400~500g(其量应使击实后的试样等于或略高于筒高的1/5)倒入筒内,整平其表面并稍加压紧,然后将其安装到多功能自控电动击实仪上,设定所需锤击次数,进行第一层试样的击实。第一层击实完后,检查该层高度是否合适,以便调整以后几层的试样用量。用刮土刀或螺丝刀将已击实层的表面"拉毛",然后重复上述做法,进行其余四层试样的击实。最后一层试样击实后,试样超出筒顶的高度不得大于6mm,超出高度过大的试件应该作废。

⑥用刮土刀沿套环内壁削挖(使试样与套环脱离)后,扭动并取下套环。齐筒顶细心刮平试样,并拆除底板。如试样底面略突出筒外或有孔洞,则应细心刮平或修补。最后用工字形刮平尺齐筒顶和筒底将试样刮平。擦净试筒的外壁,称其质量 Q_1。

⑦用脱模器推出筒内试样。从试样内部由上至下取两个有代表性的样品(可将脱出试件用锤打碎后,用四分法采取),测定其含水率,计算至0.1%。两个试样的含水率的差值不得大于1%。所取样品的数量见表5-14。如只取一个样品测定含水率,则样品的质量应为表列数值的2倍。擦净试筒,称重 Q_2。

测稳定材料含水率的样品数量 表5-14

公称最大粒径(mm)	样品质量(g)
2.36	约50
19	约300
37.5	约1 000

烘箱的温度应事先调整到110℃左右,以使放入的试样能立即在105~110℃的温度下烘干。

⑧按本款③~⑦项的步骤进行其余含水率下稳定材料的击实和测定工作。

凡已用过的试样,一律不再重复使用。

(3)乙法

在缺乏内径10cm的试筒以及在需要与承载比等试验结合起来进行时,采用乙法进行击实试验。本法更适宜于公称最大粒径达19mm的集料。

①将已过筛的试料用四分法逐次分小,至最后取出约30kg试料。再用四分法将所取试料分成5~6份,每份试料的干重约为4.4kg(细粒土)或5.5kg(中粒土)。

②以下各步的做法与甲法中②~⑧项相同,但应该先将垫块放入筒内底板上,然后加料并击实。所不同的是,每层需取制备好的试样约900g(对于水泥或石灰稳定细粒土)或1 100g(对于稳定中粒土),每层的锤击次数为59次。

(4)丙法

①将已过筛的试料用四分法逐次分小,至最后取出约33kg。再用四分法将取出的试料分成6份(至少要5份),每份重约5.5kg(风干质量)。

②预定5～6个不同含水率，依次相差0.5%～1.5%。在估计最佳含水率左右可只差1%，其余差1.5%。

③同甲法③项。

④同甲法④项。

⑤将试筒、套环与夯击底板紧密地联结在一起，并将垫块放在筒内底板上。击实筒应放在坚实的地面上，取制备好的试样1.8kg左右[其量应使击实后的试样略高于(高出1～2mm)筒高的1/3]倒入筒内，整平其表面，并压紧。然后将其安装到多功能自控电动击实仪上，设定所需锤击次数，进行第一层试样的击实。第1层击实完后检查该层的高度是否合适，以便调整以后两层的试样用量。用刮土刀或螺丝刀将已击实的表面“拉毛”，然后重复上述做法，进行其余两试样的击实。最后一层试样击实后，试样超出试筒顶的高度不得大于6mm。超出高度过大的试件应该作废。

⑥用刮土刀沿套环内壁削挖(使试样与套环脱离)，扭动并取下套环。齐筒顶细心刮平试样，并拆除底板，取走垫块。擦净试筒的外壁，称重Q_1。

⑦用脱模器推出筒内试样。从试样内部由上至下取两个有代表性的样品(可将脱出试件用锤打碎后，用四分法采取)，测定其含水率，计算至0.1%。两个试样的含水率的差值不得大于1%。所取样品的数量应不少于700g，如只取一个样品测定含水率，则样品的数量应不少于1 400g。烘箱的温度应事先调整到110℃左右，以使放入的试样能立即在105～110℃的温度下烘干。擦净试筒，称重Q_2。

⑧按本款第③～⑦项进行其余含水率下稳定材料的击实和测定。凡已用过的试料，一律不再重复使用。

5. 计算

(1)稳定材料湿密度计算

按式(5-10)计算每次击实后稳定材料的湿密度。

$$\rho_w = \frac{Q_1 - Q_2}{V} \tag{5-10}$$

式中：ρ_w——稳定材料的湿密度(g/cm^3)；

Q_1——试筒与湿试样的合质量(g)；

Q_2——试筒的质量(g)。

(2)稳定材料干密度计算

按式(5-11)计算每次击实后稳定材料的干密度。

$$\rho_d = \frac{\rho_w}{1 + 0.01w} \tag{5-11}$$

式中：ρ_d——试样的干密度(g/cm^3)；

w——试样的含水率(%)。

(3)制图

①以干密度为纵坐标，含水率为横坐标，绘制含水率—干密度曲线。曲线必须为凸形的，如试验点不足以连成完整的凸形曲线，则应该进行补充试验。

②将试验各点连成圆滑的曲线，曲线的峰值点对应的含水率及干密度即为最佳含水率和

最大干密度。

(4)超尺寸颗粒的校正

当试样中大于规定最大粒径的超尺寸颗粒的含量为5%～30%时，按式(5-12)对试验所得最大干密度和最佳含水率进行校正(超尺寸颗粒的含量小于5%时，可以不进行校正)[1]。

最大干密度按式(5-12)校正：

$$\rho'_{dm}=\rho_{dm}(1-0.01p)+0.9\times0.01pG'_a \tag{5-12}$$

式中：ρ'_{dm}——校正后的最大干密度(g/cm^3)；

ρ_{dm}——试验所得的最大干密度(g/cm^3)；

p——试样中超尺寸颗粒的百分率(%)；

G'_a——超尺寸颗粒的毛体积相对密度。

计算精确至$0.01g/cm^3$。

最佳含水率按式(5-13)校正：

$$w'_0=w_0(1-0.1p)+0.01pw_a \tag{5-13}$$

式中：w'_0——校正后的最佳含水率(%)；

w_0——试验所得的最佳含水率(%)；

p——试样中超尺寸颗粒的百分率(%)；

w_a——超尺寸颗粒的吸水量(%)。

6.结果整理

(1)应做两次平行试验，取两次试验的平均值作为最大干密度和最佳含水率。两次重复性试验最大干密度的差不应超过$0.05g/cm^3$(稳定细粒土)和$0.08g/cm^3$(稳定中粒土和粗粒土)，最佳含水率的差不应超过0.5%(最佳含水率小于10%)和1.0%(最佳含水率大于10%)。超过上述规定值，应重作试验，直到满足精度要求。

(2)混合料密度计算应保留小数点后三位有效数字，含水率应保留小数点后1位有效数字。

7.报告

报告应包括以下内容：

(1)试样的最大粒径、超尺寸颗粒的百分率。

(2)水泥和石灰的剂量(%)或石灰粉煤灰土(粒料)的配合比。

(3)所用试验方法类别。

(4)最大干密度(g/cm^3)。

(5)最佳含水率(%)并附击实曲线。

8.试验说明和注意事项

(1)预定含水率的确定。对于细粒土，可参照其塑限估计素土的最佳含水率，一般其最佳含水率较塑限小3%～10%。对于砂性土较塑限值小接近3%，对于黏性土较塑限值小6%～10%。天然砂砾土，级配集料等的最佳含水率与集料中细土的含量和塑性指数有关，一般在5%～12%范围内。对于细土少的、塑性指数为0的未筛分碎石，其最佳含水率接近5%。对

[1]超尺寸颗粒的含量少于5%时，它对最大干密度的影响位于平行试验的误差范围内。

于细土偏多的、塑性指数较大的砂砾土，其最佳含水率约在10%左右。水泥稳定材料的最佳含水率与素土接近，石灰、粉煤灰稳定材料的最佳含水率可能较素土大1%～3%。

(2)水泥遇水就要开始水化作用。从加水拌和到进行击实试验间隔的时间越长，水泥的水化作用和结硬程度就越大。它会影响水泥混合料所能达到的密实度，间隔时间越长，影响越大。因此，加有水泥的试样拌和后应在1h内完成击实试验。据施工经验，石灰土(特别是稳定黏土类土)击实最大干密度在7d以内其数值是逐渐减小的，因此应注意击实试验的时间。

(3)不管是采用直径10cm还是直径15cm的试筒，击实所用的锤，锤击面直径均为5cm。对于直径10cm的试筒，应在筒内沿筒壁转圈击实。对于直径15cm的试筒，在筒内沿壁锤击一圈(约6次)后应到筒中心锤击一次，然后再沿筒壁锤击一圈并在筒中心锤击一次，如此反复进行，直到要求的总次数。采用符合要求的电动击实仪，能严格按上述要求击实。手工击实时，还应注意保持击锤自由垂直落下和每次落高均为45cm。

(4)第1层击实完后检查该层的高度是否合适，以便调整以后两层的试样用量。用刮土刀或改锥将已击实的表面“拉毛”。最后一层试样击实后，试样超出试筒顶的高度不得大于6mm。超出高度过大的试件应该作废。

(5)含水率—干密度曲线必须为凸形的，如试验点不足以连成完整的凸形曲线，则应进行补充试验。将试验各点连成圆滑的曲线，曲线的峰值点对应的含水率及干密度即为最佳含水率和最大干密度。

(6)当试样中大于规定最大粒径的超尺寸颗粒的含量为5%～30%时，必须对试验所得最大干密度和最佳含水率进行校正。

(7)对于含有砾石或碎石颗粒的中粒土特别是粗粒土，难于刮平。在整平过程中，可允许某些大颗粒露出表面，但同时要取出某些颗粒，使表面有空洞或凹陷，这些空洞或凹陷的体积尽可能与表面突出的大颗粒体积相等。根据同一种混合料多次击实试验所得的n个最佳干密度和最佳含水率各自的标准差S，用$2\sqrt{2}S$得出此允许误差。它表示两次击实试验的结果之差只有5%的概率会大于规定的允许误差。

六、无机结合料稳定材料振动压实试验方法

1. 适用范围

本试验方法适用于在室内对水泥、石灰、石灰粉煤灰稳定粒料土基层材料进行振动压实试验，以确定这些材料在振动压实条件下的含水率—干密度曲线，确定其最佳含水率和最大干密度。

2. 仪器设备

(1)钢模：内径152mm、高170mm、壁厚10mm；钢模套环：内径152mm、高50mm、壁厚10mm；筒内垫块：直径151mm、厚20mm；钢模底板：直径300mm、厚10mm以上，各部件可用螺栓固定成一体。

(2)振动压实机：配有ϕ150mm的压头，静压力、激振力和频率可调。

(3)用于固紧试模螺栓的扳手、钳子，用于调节偏心块夹角的小榔头等。

其余同击实试验仪器。

3. 试验准备

(1)对集料进行筛分，按预定级配配好集料。如果集料的公称最大粒径不大于 37.5mm，则直接备料；如果大于 37.5mm 的粒径含量超过 10%，则过 37.5mm 筛备用，筛分后记录超尺寸颗粒的百分率。

(2)在预定做击实试验的前一天，取有代表性的试料测定其风干含水率。对于细粒料应不少于 100g；对于中粒料，试料应不少于 1 000g；对于粗粒料，试样应不少于 2 000g。同时测定石灰和水泥的含水率。

4. 试验步骤

(1)调节振动压实机上下车的配重块数、偏心块夹角和变频器的频率。对无机结合料稳定粒料一般选用面压力约为 0.1MPa❶，激振力约 6 800N❷，振动频率为 28～30Hz 的振实条件。

(2)将准备好的各种粗、细集料按照预定的混合料级配配制 5～6 份，每份试料的干重为 5.5～6.5kg。

(3)预定 5～6 个不同含水率，依次相差 1%～2%，且其中至少有两个大于和两个小于最佳含水率。

(4)按预定含水率制备试样。

将 1 份试料平铺于金属盘内，将事先计算得到的该份试料中应加的水量均匀地喷洒在试料上，用小铲将试料充分拌和到均匀状态然后装入密闭容器或塑料口袋内浸润备用。

应加水量按击实试验方法计算。

(5)将所需要的结合料如水泥加到浸润后的试料中，并用小铲、泥刀或其他工具充分拌和到均匀状态。加有水泥的试料拌和后，应在 1h 内完成振实试验，拌和后超过 1h 的试样，应予作废(石灰稳定和石灰粉煤灰稳定除外)。

(6)将钢模套环、钢模及钢模底板紧密联结，然后将其放在坚实的地面上，将拌和好的混合料按四分法分成四份，将对角的两份依次倒入筒内，一边倒一边用直径为 2cm 左右的木棒插捣。混合料应分两次装完，整平其表面并稍加压紧，然后将钢模连同混合料放在振动压实机的钢质底板上，用螺栓将钢模底板与振动压实机底板固定在一起。

(7)将振动压头对准钢模后，拉动手动葫芦放下振动器，使振动压头与钢模内的混合料紧密接触，然后取下手动葫芦吊钩，放好手动葫芦拉链。检查振动压实机上的螺栓及相关连接处，确定没有任何物品放在振动压实机上。

(8)启动振动压实机开关，开始振动压实。仔细观察振实压实情况，在振动压头回弹跳起时关闭机器，记下振动压实时间。

(9)用手动葫芦拉起振动压头。用刮土刀或螺丝刀将已振实层的表面拉毛，然后将剩下的混合料加入试模中，一边倒一边用直径为 2cm 左右的木棒插捣，整平其表面并稍加压紧，重复上述振动试验。

(10)振动完毕后，用手动葫芦拉起振动压头。松开钢模底板的螺栓，将钢模连同经过振实

---

❶振动压实机依照振动压路机的压实原理设计，分为上车和下车系统，下车质量/整车质量应在 0.6 左右。一般选用上车配重为 3 块，下车配重为 6 块(上车配重块约 4.5kg/个，下车配重块约 5.5kg/个)，也可以根据试验确定。

❷该值为计算值，采用偏心块夹角为 60°，振动频率为 28～30Hz 时计算获得，实测激振力与被压实材料有关，一般大于该值，也可以根据试验确定。

的混合料一起卸下。用刮土刀沿套环内壁稍稍挖松振实后的混合料以便使混合料与套环脱离，松开螺栓后小心扭动并取下钢模套环，然后检查钢模内振实后的材料高度是否合适。经过振实的混合料不能低于钢模的边缘，同时，振实后的混合料也不能高出钢模边缘10mm，否则作废。

(11)齐钢模顶用刮土刀细心刮平混合料，如混合料顶面略突出筒外或有孔洞，则应细心刮平或修补。拆除底板，擦净钢模外壁，称取钢模与混合料的质量Q_1。

(12)用脱模器推出钢模内混合料。用锤将经过振实的混合料打碎后，从其中心部分取2 000～2 500g的混合料，装入金属盆中。将金属盆连同混合料一起放入110℃的烘箱中烘干12h，测定其含水率，并计算相应的干密度。擦净试筒，称重Q_2。

5.计算

同击实试验方法。

6.试验说明和注意事项

(1)本方法适用于粗集料含量较大的稳定材料，一般来说，振动压实试验确定的最佳含水率小于击实试验确定的最佳含水率，最大干密度大于击实试验确定的最大干密度。由于还未建立起振动压实试验测试的干密度与击实试验和工程现场振动压实效果的相关关系，因此该试验方法主要用于室内研究。

(2)对于水泥稳定类材料，从加水拌和到进行压实试验间隔的时间越长，水泥的水化作用和结硬程度就越大。因此要求以水泥为结合料的试验拌和后要在1h内完成试验。

(3)由于振动容易对仪器造成损伤，在振动压实前需仔细检查仪器螺栓的紧固程度，操作时一定要遵守操作规程，不可疏忽大意。振动压实过程较短，应认真观察振动压实机压头是否达到跳起的状态，不要使振动压实机长时间在回弹跳起状态运行。

(4)由于振动压实中水分的影响作用显著，高含水率下压头回弹跳起现象很难出现，振动时间太长会使试料大量挤出。因此，确定不同含水率下的压实效果时，中等或较低含水率下是以压头回弹跳起为控制条件，高含水率下是以试料挤出为停止振动压实的控制条件。

(5)对于含有砾石或碎石颗粒的中粒料特别是粗粒料难于刮平。在整平过程中可允许某些大颗粒露出表面，但同时要取出某些颗粒使表面有些空洞，尽可能使突出的体积与空洞的体积相等。

(6)混合料拌和后装料时应严格按四分法进行，混合料的离析对室内试验结果有很大影响。

七、无机结合料稳定材料试件制作方法(圆柱形)

1.适用范围

适用于无机结合料稳定材料的无侧限抗压强度、间接抗拉强度、室内抗压回弹模量、动态模量、劈裂模量等试验的圆柱体试件。

2.仪器设备

(1)方孔筛：孔径37.5mm、26.5mm及2.36mm及其大一级的筛各一个。

(2)试模：适用于下列不同土的试模尺寸：细粒土，试模的直径×高＝ϕ50mm×50mm；中粒土，试模的直径×高＝ϕ100mm×100mm；粗粒土，试模的直径×高＝ϕ150mm×150mm。

(3)电动脱模器。

(4)反力框架:反力为400kN以上。

(5)液压千斤顶:200～1 000kN。

(6)钢板尺:量程200mm或300mm,最小刻度1mm。

(7)游标卡尺:量程200mm或300mm。

(8)电子天平:量程为15kg,感量为0.1g;量程为4 000g,感量为0.01g。

(9)压力试验机:可替代千斤顶和反力架,量程不小于2 000kN,行程速度可调。

3.试验准备

(1)试件的直径与高的比一般为1∶1,根据需要也可成型1∶1.5或1∶2的试件。试件的成型根据需要的压实度水平,按照体积标准,采用静力压实法制备。

(2)将具有代表性的风干试料(必要时,可以在50℃烘箱内烘干),用木锤和木碾捣碎,但应避免破坏粒料的原粒径。按照公称最大粒径的大一级筛,将土过筛并进行分类。

(3)在预定做试验的前一天,取有代表性的试料测定其风干含水率。对于细粒土,试样应不少于100g;对于中粒土,试样应不少于1 000g;对于粗粒土,试样的质量应不少于2 000g。

(4)按照试验规程击实试验方法确定无机结合料的最佳含水率和最大干密度。

(5)根据击实结果,称取一定质量的风干土,其质量随试件大小而变。对50mm×50mm的试件,1个试件需干土180～210g;对于100mm×100mm的试件,1个试件需干土1 700～1 900g;对于50mm×150mm的试件,1个试件需干土5 700～6 000g。

对于细粒土,一次可称取6个试件的土;对于中粒土,一次宜称取一个试件的土;对于粗粒土,一次只称取一个试件的土。

(6)将准备好的试料分别装入塑料袋中备用。

4.试验步骤

(1)检查调试成型所需要的各种设备是否运行正常;将成型用的模具擦拭干净,并涂抹机油。成型中、粗粒土时,试模筒的数量应与每组试件的个数相配套。上下垫块应与试模筒相配套,上下垫块能够刚好放入试筒内上下自由移动(一般来说,上下垫块直径比试筒内径小约0.2mm)且上下垫块完全放入试筒后,试筒内未被上下垫块占用的空间体积能满足径高比为1∶1的设计要求。

(2)对于无机结合料稳定细粒土,至少应该制6个试件;对于无机结合料稳定中粒土和粗粒土,至少应该分别制9个和13个试件。

(3)根据击实结果和无机结合料的配合比,按式(5-14)计算每份料的加水量、无机结合料的质量。

(4)将称好的土放在长方形盘(约400mm×600mm×70mm)内。向土中加水拌料、闷料。石灰稳定材料、水泥和石灰综合稳定材料、石灰粉煤灰综合稳定材料、水泥粉煤灰综合稳定材料,可将石灰或粉煤灰和土一起拌和,将拌和均匀的试料放在密闭容器或塑料袋中(封口)内浸润备用。

对于细粒土(特别是黏性土),浸润时的含水率应比最佳含水率小3%,对于中粒土和粗粒土可按最佳含水率加水,对于水泥稳定类材料,加水量应比最佳含水率小1%～2%。

浸润时间要求为:黏性土12～24h,粉性土6～8h,砂性土、砂砾土、红土砂砾、级配砂砾等可以缩短到 4h 左右；含土很少的未筛分碎石、砂砾及砂可以缩短到 2h。浸润时间一般不超过 24h。

按最佳含水率计算应加水量的公式如下：

$$Q_w=\left(\frac{Q_n}{1+0.01w_n}+\frac{Q_c}{1+0.01w_c}\right)\times 0.01w-\frac{Q_n}{1+0.01w_n}\times 0.01w_n-\frac{Q_c}{1+0.01w_c}\times 0.01w_c \tag{5-14}$$

式中：Q_w——混合料中应加的水量(g)；

Q_n——混合料中素土(或集料)的质量(g)，其原始含水率为 w_n；

Q_c——混合料中水泥或石灰的质量(g)，其原始含水率为 w_c(%)(水泥的 w_c 通常很小；也可以忽略不计)；

w——要求达到的混合料的含水率(%)。

(5)在试件成型前 1h 内，加入预定数量的水泥并拌和均匀。在拌和过程中，应将预留的水(对于细粒土为 3%，对于水泥稳定类为 1%～2%)加入土中，使混合料达到最佳含水率。拌和均匀的加有水泥的混合料应在 1h 内按下述方法制成试件，超过 1h 的混合料应该作废。其他结合料稳定材料，混合料虽不受此限，但也应尽快制成试件。

(6)用反力框架和液压千斤顶，或采用压力试验机制件。

将试模配套的下垫块放入试模的下部，但外露 2cm 左右。将称量的规定数量 m_2(g)的稳定材料混合料分 2～3 次灌入试模中，每次灌入后用夯棒轻轻均匀插实。如制的是 50mm×50mm 的小试件，则可以将混合料一次倒入试模中，然后将与试模配套的上垫块放入试模内，应使其也外露 2cm 左右(即下压柱露出试模外的部分应该相等)。

(7)将整个试模(连同上下压柱)放到反力框架内的千斤顶上(千斤顶下应放一扁球座)，或压力机上，以 1mm/min 的加载速率加压，直到上下压柱都压入试模为止，维持压力 2min。

(8)解除压力后，取下试模，并放到脱模器上将试件顶出。用水泥稳定有黏结性的材料(如黏性土)时，制件后可以立即脱模，用水泥稳定无黏结性细粒土时，最好过 2～4h 再脱模；对于中、粗粒土的无机结合料稳定材料，也最好过 2～6h 脱模。

(9)在脱模器上取试件时，应用双手抱住试件侧面的中下部，然后沿水平方向轻轻旋转，待感觉到试件移动后，再将试件轻轻捧起，放置到试验台上。切勿直接将试件向上捧起。

(10)称试件的质量 m_2，小试件精确到 0.01g，中试件精确到 0.01g，大试件精确到 0.1g。然后用游标尺量试件高度 h，精确到 0.1mm。检查试件的高度和质量，不满足成型标准的试件作为废件。

(11)试件称量后应立即放在塑料袋中封闭，并用潮湿的毛巾覆盖，移放至养生室。

5. 计算

单个试件的标准质量：

$$m_0=V\times\rho_{max}\times(1+w_{opt})\times\gamma \tag{5-15}$$

考虑到试件成型过程中的质量损耗，实际操作过程中每份试件的质量可增加 0～2%，即：

$$m'_0=m_0\times(1+\delta) \tag{5-16}$$

每份试件的干料(包括干土和无机结合料)总重：

$$m_1 = \frac{m_0}{1 + w_{opt}} \tag{5-17}$$

每份试件中的无机结合料质量：

外掺法

$$m_2 = m_1 \times \frac{\alpha}{1+\alpha} \tag{5-18}$$

内掺法

$$m_2 = m_1 \times \alpha \tag{5-19}$$

每份试件中的干土质量：

$$m_3 = m_1 - m_2 \tag{5-20}$$

每份试件中的加水量：

$$m_w = (m_2 + m_3) \times w_{opt} \tag{5-21}$$

验算：

$$m_0 = m_2 + m_3 + m_w \tag{5-22}$$

式中：V——试件体积（cm^3）；

w_{opt}——混合料最佳含水率（%）；

ρ_{max}——混合料最大干密度（g/cm^3）；

γ——混合料压实度标准（%）；

m_0——混合料质量（g）；

m_1——干混合料质量（g）；

m_2——无机结合料质量（g）；

m_3——干土质量（g）；

δ——计算混合料质量的冗余量（%）；

α——无机结合料的掺量（%）；

m_w——加水质量（g）。

6. 结果整理

(1)小试件的高度误差范围应为－0.1～0.1cm 之间，中试件的高度误差范围应为－0.1～0.15cm之间，大试件的高度误差范围应为－0.1～0.2cm 之间。

(2)质量损失小试件应不超过标准质量的 5g，中试件应不超过 25g，大试件应不超过 50g。

7. 试验说明和注意事项

(1)试验时采用的石灰应与施工现场所用石灰相同。在采用生石灰粉时，必须与土拌和后一起进行浸润，而且浸润时间不应少于 3h，使生石灰粉能充分消解；否则，试件在养生过程中易由于生石灰粉膨胀而损坏。

(2)40kN 反力框架和液压千斤顶适宜于制备 ϕ50mm×50mm 的试件，也可用它制备 ϕ100mm×100mm 的试件。用它制备 ϕ150mm×150mm 的试件时，有时压力不够，宜采用 1 000kN的压力机或反力框架和千斤顶。制作试件时，要特别注意两端压柱是否均匀进入。如发现压柱的一侧已进入试模筒内并已与筒顶齐平，而另一侧尚未完全进入筒内，则应解除压力后旋转试模筒，然后再继续加压，直到压柱完全进入试模筒内。如加压过程中不注意，压力过大易将试模筒压坏（中间鼓出）。

(3)圆柱型试件是无机结合料稳定材料物理力学性能试验的基本形状之一，是强度试验、模量试验的标准试件。圆柱型试件尺寸一般分为三种规格，根据稳定材料粒径的大小而选择。稳定材料混合料的粒径越大，试件尺寸也越大。为了便于试验操作，圆柱型试件尺寸的径高比一般为1∶1，这也是目前我国相关试验的标准尺寸规格。

(4)在科学研究中，根据需要可采用径高比为1∶1.5或1∶2甚至1∶2.5(或1∶3)的试件。其成型方法同本方法。但需要注意，随着径高比的增加，不仅单个试件的质量显著增加，而且给试件中部的压实、试件成型后的脱模等都将带来较大困难，这将对试验结果的稳定性产生影响。

(5)成型试验根据试件尺寸的大小一般需要2～3d，大致分为三个步骤：成型前一天进行试料准备，包括闷料；第二天上午可进行压实成型；下午再进行脱模、称量。

(6)试件成型是按一定标准密度或压实度成型的，因此需要对成型后试件的密度或压实度进行计算评价以确保试件满足成型要求，即按照试件的实际几何尺寸计算试件的体积，然后根据试件实际质量计算出试件的密度，进而计算出试件压实度。一般要求成型后试件的压实度不超过标准压实度的±1%。

(7)在成型过程中，一般情况下会有少量水分挤出，在计算试件干密度时可忽略，如果挤出水过多或出现试件难以压实成标准尺寸，说明原击实结果有问题，或者成型的配料计算有误，需要认真检查、复核，找出原因，重新成型。

(8)对于粗粒料稳定材料(特别是水泥稳定类材料)，由于细集料较少，在成型过程中，内壁涂机油是必要的。同时为避免表面出现裂纹，应保持试模内壁粗糙度，试模口无毛刺、变形，试筒垂度、试模直径公差满足要求。在脱模过程中，为了减少对试件的损伤，延长脱模时间是必要的。用水泥稳定有黏结性的材料(如黏性土)时，制件后可以立即脱模，用水泥稳定无黏结性材料时，最好过2～4h再脱模；对于中、粗粒土的无机结合料稳定材料，最好过2～6h再脱模。此外，对于所有试件，在脱模过程中，应做到轻拿轻放，防止脱模搬运过程中对试件的损伤。

八、无机结合料稳定材料养生试验方法

1.适用范围

(1)本方法适用于水泥稳定材料类和石灰、二灰稳定材料类的养生。

(2)标准养生方法是指无机结合料稳定类材料在规定的标准温度和湿度环境下强度增长的过程。快速养生是为了提高试验效率，采用提高养生温度，缩短养生时间的养生方法。

(3)本方法规定了无机结合料稳定材料的标准养生和快速养生的试验方法和步骤。在采用快速养生时，应建立快速养生条件下与标准养生条件下混合料的强度发展的关系曲线，并确定标准养生的长龄期强度对应的快速养生短龄期。

2.仪器设备

(1)标准养护室：标准养护室温度为20℃±2℃，相对湿度在95%以上。

(2)高温养护室：能保持试件养生温度60℃±1℃，相对湿度95%以上。容积能满足试验要求。

3.试验步骤

(1)标准养生方法

①试件从试模内脱出并量高称重后，中试件和大试件应装入塑料薄膜袋内。试件装入塑

料袋后，将袋内的空气排除干净，扎紧袋口，将包好的试件放入养护室。

②标准养生的温度为20℃±2℃，标准养生的湿度为≥95%。试件宜放在铁架或木架上，间距至少10～20mm，试件表面应保持一层水膜，并避免用水直接冲淋。

③标准养生方法，对无侧限抗压强度试验，养生龄期为7d，最后一天泡水。对弯拉强度、间接抗拉强度，水泥稳定材料类的标准养生龄期是90d，石灰稳定材料类的标准养生龄期是180d。

④在养生期的最后一天，将试件取出，观察试件的边角有无磨损和缺块，并量高称重，然后将试件浸于20℃±2℃的水中，应使水面在试件顶上约2.5cm。

(2)快速养生方法

①快速养生龄期的确定

a.将一组无机结合料稳定材料，在标准养生条件下(20℃±2℃，湿度≥95%)养生180d(石灰稳定类材料养生180d，水泥稳定类材料标准养生90d)，测试抗压强度值。

b.将同样的一组无机结合料稳定材料，在高温养生条件下(60℃±1℃，湿度≥95%)养生7d、14d、21d、28d等，测量不同龄期的抗压强度，建立高温养生条件下强度—龄期的相关关系。

c.在强度—龄期关系曲线上，找出标准养生长龄期强度对应的高温养生的短龄期，并以此作为快速养生的龄期。

②快速养生试验步骤

a.将高温养护室的温度调至规定的温度60℃±1℃，湿度也保持在95%以上，并能自动控温控湿。

b.将制定的试件量高称重后，小心装入塑料薄膜袋内。试件装入塑料袋后，将袋内的空气排除干净，并将袋口用麻绳扎紧，将包好的试件放入养护箱中。

c.养生期的最后一天，将试件从高温养护室内取出，凉至室温(约2h)，再打开塑料袋取出试件，观察试件有无缺损，量高称重后，浸入20℃±2℃恒温水槽中，水面高出试件顶2.5cm。浸水24h后，取出试件，用软布擦去可见自由水，称重量高后，立即进行相关试验。

4.结果整理

(1)在养生期间有明显边角缺损的试件应该作废。

(2)对养生7d的试件，在养生期间，试件质量损失应符合下列规定：小试件不超过1g，中试件不超过4g，大试件不超过10g。质量损失超过此规定的试件，应该作废。

(3)对养生90d和180d的试件，在养生期间，试件质量损失应该符合下列规定：小试件不超过1g，中试件不超过10g，大试件不超过20g。质量损失超过此规定的试件，应该作废。

5.试验说明和注意事项

(1)试件的质量损失指含水率的减少，不包括由于各种不同原因从试件上掉下的混合料。

(2)无机结合料稳定材料的养生温度统一为20℃±2℃。由于此次标准养生温度的改变将影响到无机结合料稳定材料的设计强度的确定，相同无机结合料分别在20℃±2℃、25℃±2℃情况下养生，测试其抗压强度试验。试验结果为，同一组混合料在25℃±2℃、95%湿度下养生7d的抗压强度为6.4MPa，在20℃±2℃、95%湿度下养生7d的抗压强度为5.4MPa。也就是25℃±2℃下养生的强度是20℃±2℃下养生强度的1.18倍。

(3)在快速养生过程中，确定标准养生的长龄期对应的快速养生的短龄期时，也可以采用测试抗压回弹模量和劈裂强度值来建立两者的关系。在实际试验中，根据具体试验目的选用。

九、无机结合稳定材料无侧限抗压强度试验方法

无机结合稳定混合料，经压实及养生后，当其抗压强度符合规定的要求时，才可以用在公路工程中作为基层、底基层或垫层使用。因此，无侧限抗压强度是无机结合稳定材料的一个重要设计参数。

1. 适用范围

本试验方法适用于测定无机结合料稳定材料（包括稳定细粒土、中粒土和粗粒土）试件的无侧限抗压强度。

2. 仪器设备

(1)标准养护室。

(2)水槽：深度应大于试件高度 50mm。

(3)压力机或万能试验机（也可用路面强度试验仪和测力计）：压力机除符合《液压式万能试验机》(GB/T 3159—2008)及《试验机通用技术要求》(GB/T 2611—2007)中的要求外（测量精度为±1%），同时应具有加荷速度指示装置或加荷速度控制装置，上下压板平整并有足够刚度，可以均匀地连续加荷卸荷，可以保持固定荷载，开机停机均灵活自如，能够满足试件吨位要求，且压力机加载速率可以有效控制在 1mm/min。

(4)电子天平：量程为 15kg，感量为 0.1g；量程为 4 000g，感量为 0.01g。

(5)量筒、拌和工具、漏头、大小铝盒、烘箱等。

(6)球形支座。

(7)机油若干。

3. 试件制备和养护

(1)细粒土，试模的直径×高＝ϕ50mm×50mm；中粒土，试模的直径×高＝ϕ100mm×100mm；粗粒土，试模的直径×高＝ϕ150mm×150mm。

(2)按照无机结合料稳定材料试件制作方法（圆柱形），成型径高比为 1∶1 的圆柱形试件。

(3)按照无机结合料稳定材料养生试验方法进行 7d 的标准养生。

(4)将试件两顶面用刮刀刮平，必要时可用快凝水泥砂浆抹平试件顶面。

(5)为保证试验结果的可靠性和准确性，每组试件的数目要求为：小试件不少于 6 个，中试件不少于 9 个，大试件不少于 13 个。

4. 试验步骤

(1)根据试验材料的类型和一般的工程经验，选择合理量程的测力计和压力机，试件破坏荷载应大于测力量程的 20%且小于测力量程的 80%。球形支座和上下顶板上涂抹机油，使球形支座能够灵活转动。

(2)将已浸水一昼夜的试件从水中取出，用软布吸去试件表面的水分，并称试件的质量 m_4。

(3)用游标卡尺量试件的高度 h_1，精确到 0.1mm。

(4)将试件放在路面材料强度试验仪或压路机上，并在升降台上先放一扁球座，进行抗压试验。试验过程中，应保持加载速率为 1mm/min。记录试件破坏时的最大压力 P(N)。

(5)从试件内部取有代表性的样品(经过打破)，按照含水率试验方法(烘干法)，测定其含水率 w。

5. 计算

试件的无侧限抗压强度 R_c(MPa)用下列相应的公式计算：

$$R_c = \frac{P}{A} \tag{5-23}$$

式中：P——试件破坏时的最大压力(N)；

A——试件的截面积。

6. 结果整理

(1)抗压强度保留一位小数。

(2)同一组试件试验中，采用3倍均方差方法计算异常值，小试件允许有1个异常值，中试件允许有1～2个异常值，大试件允许有2～3个异常值。异常值超过上述规定的试验无效，须重做。

(3)同一组试验的变异系数 C_v(%)应符合下列规定，方可为有效试验。小试件 $C_v \leqslant 6\%$；中试件 $C_v \leqslant 10\%$；大试件 $C_v \leqslant 15\%$。如不能保证试验结果的变异系数小于规定的值，则应按允许误差10%和90%的概率重新计算所需的试件数量，应增加试件数量并另做新试验。试验结果与原试验结果一并重新进行统计评定，直到变异系数满足上述规定。

7. 试验说明和注意事项

(1)在进行强度试验时，试件需放置在竖向荷载的中心位置，如采用测力计，测力计中心、球形支座、上压板、试件及下压板(或半球形支座)应处在同一条直线上，避免偏载对试验结果的影响。

(2)试验前试件表面应用刮刀刮平，避免试件表面不均匀的凸起物在试验过程中造成应力集中，导致试验数据失真。必要时，可用快凝水泥砂浆抹面处理。如需要抹面，应在试件饱水前完成，然后进行饱水。

(3)由于试件与上、下压块之间，在荷载施加过程中仍会产生较大的摩擦力，对试验结果产生比较显著的影响，为此应采用必要措施消除这种影响。即首先将甘油与滑石粉的混合物(质量比2∶1)涂在试件的上、下顶面上，再用60℃左右的溶蜡将两端封闭，可封闭两次，蜡膜厚度1～2mm。然后进行强度测试。如采用顶面处理方法测量强度，其强度标准将会大幅降低，令广大的工程技术人员难以接受，工程操作存在一定困难，为此，本规程仍采用以往试验方法，但顶面处理方法暴露出的问题需引起重视。

(4)除特殊目的外，试件的干密度应与规定的施工过程中必须达到的干密度(压实度×最大干密度)相一致。

十、无机结合料稳定材料冻融试验方法

我国沥青路面设计规范规定，中冰冻、重冰冻地区的高速公路、一级公路采用石灰粉煤灰稳定材料做基层时，应进行抗冻性能检验，采用无机结合料稳定材料冻融试验对其耐冻性评价。

当采用二灰稳定类材料做下基层或底基层时，暂不要求做抗冻性能检验。水泥稳定基层

抗冻性能优于二灰稳定类，一般可不做抗冻性能检验。石灰粉煤灰稳定类材料抗冻性能技术要求：对于重冻区残留抗压强度比≥70%，对于中冻区残留抗压强度比≥65%。

1. 适用范围

本试验方法适用于无机结合料稳定材料的耐冻性评价。半刚性基层材料的抗冻性以规定龄期(28d 或 180d)的半刚性基层材料在经过数个冻融循环后的饱水无侧限抗压强度与冻前饱水无侧限抗压强度之比值来评价。

2. 试件制备和养护

(1)试件采用 1∶1 的圆柱体试件，无机结合料稳定细粒土、中粒土、粗粒土均采用 ϕ150mm×150mm 的圆柱形试件。

(2)按照无机结合料试验规程击实法确定无机结合料稳定材料的最佳含水率和最大干密度。

(3)按照无机结合料稳定材料试件制作方法(圆柱形)制备 18 个 ϕ150×150mm 的标准试件，其中 9 个为冻融试件，9 个为不冻融对比试件。

(4)按照无机结合料试验规程的标准养生条件进行养生。冻融 5 个循环的试件，标准养生 28d；冻融 10 个循环的试件，标准养生 180d。

(5)养生期的最后一天，应该将试件浸泡在水中，水面高于试件顶面约 2.5cm。在浸水之前，应再次称试件的质量 m_3。

3. 操作流程

(1)浸水完毕后，取出试件，用湿布擦除表面的水分，称重，用游标卡尺测量试件的高度，精确到 0.1mm。

(2)取其中一组试件按无机结合料试验规程方法测定非冻融条件下的无侧限抗压强度 R_c。

(3)取其中冻融的一组试件，按编号置入低温箱开始冻融试验。低温箱的温度为－18℃，冻结时间为 16h，保证试件周围至少留有 20mm 空隙，以利于冷空气流通。冻结试验结束后，取出试件，量高、称重；然后立即放入 20℃的水槽中进行融化，融化时间为 8h。槽中水面应至少高出试件表面 20mm，融化完毕，取出试件擦干后量高、称重，即该次冻融循环结束。然后放入低温箱进行第二次冻融循环。

(4)如试件的平均失重率超过 5%，即可停止其冻融循环试验。

(5)试件达到规定的冻融循环次数后，按照无机结合料试验规程方法进行冻融后的抗压强度 R_{DC} 试验。抗压试验前应称重并进行外观检查，详细记录试件表面破损、裂缝及边角缺损情况。

4. 计算

半刚性材料的抗冻性指标：

$$\mathrm{BDR} = \frac{R_{DC}}{R_c} \times 100\% \tag{5-24}$$

式中：BDR——经 n 次冻融循环后试件的抗压强度损失(%)；

R_{DC}——n 次冻融循环后试件的抗压强度；

R_c——对比试件的抗压强度。

$$W_n = \frac{m_0 - m_n}{m_0} \times 100 \tag{5-25}$$

式中：W_n——n 次冻融循环后的试件质量变化率(%)；

m_0——冻融循环前的试件质量；

m_n——第 n 次冻融循环的试件质量。

十一、无机结合料稳定材料抗冲刷试验方法

随着路面的使用，由于种种原因产生的面层裂缝变宽、变长，水分由裂缝处渗入路面基层，并向四周扩散。进入基层的水分很难蒸发，致使局部的基层始终处于潮湿状态，弹性模量降低，在行车荷载的作用下，基层顶面塑性变形增加，在个别基层水分处于饱和状态的地方，已有轻微的冲刷现象出现，但是由于冲刷量小，观察不到唧泥现象。随着时间的推移，未处治的路面裂缝可能会进一步发展，每逢雨雪天气，水分就会大量进入路面结构层并在脱空较严重的地方积聚成流动水。此时的路面具备了冲刷作用的几个条件：行车的荷载作用、大量的流动水以及由于基层的塑性变形而在路面面层底面与基层顶面形成的脱空(冲刷腔)，路面基层的冲刷变得越来越严重，唧泥现象也开始出现，这种现象在寒冷冬季的雨雪天气中更加明显。在实际中，无机结合料稳定类材料的抗冲刷性能，与其强度形成过程、材料组成及空间结构有关。目前我国评价水泥稳定类、石灰稳定类、二灰稳定类等基层材料抗冲刷性能的指标是冲刷质量损失。

1.试件准备

(1)试件为圆柱体，高度与直径之比为 1∶1。在冲刷试验中，无机结合料稳定细粒土、中粒土、粗粒土均采用 $\phi150\times150$mm 的圆柱形试件。按照室内击实试验所确定的最大干密度和最佳含水率及要求的压实度，采用静力压实或振动成型法制备试件。

(2)按照无机结合料稳定材料击实试验方法确定无机结合料稳定材料的最佳含水率和最大干密度。

(3)按照无机结合料稳定材料试件制作方法(圆柱形)成型试件。

(4)无机结合料稳定细粒土每种配比应平行成型 3 个试件，稳定粒料土则应平行成型 6 个试件。

(5)按照无机结合料试验规程标准养生方法养生。

(6)为避免冲刷试验中试件垮塌，试件需要达到一定的强度，具体的养生龄期见表 5-15。

冲刷试验试件养生龄期 表 5-15

材料种类	养生龄期(d)	材料种类	养生龄期(d)
水泥稳定类	28	二灰稳定类	90

(7)试件养生结束后，将试件饱水 24h 备用。

2.试验步骤

(1)将饱水后的试件从水中取出，拭干表面的水分，称重 m_0。

(2)把准备好的试件放入冲刷桶内，用夹具将试件固定于冲刷桶的底面。为保护试件免受夹具的损伤，在试件与钢夹之间沿着径向垫上一层胶皮垫。然后将装有试件的冲刷桶牢固地安置在冲刷试验机上。

(3)向冲刷桶中注入清水,水面应高于试件顶面 5mm,在试件上垫上有纵横竖向孔的橡皮垫。

(4)调整好冲刷仪的施力状态,冲击力峰值为 0.5MPa,冲刷频率为 10Hz。

(5)冲刷时间为 30min。

(6)冲刷完成后,将冲刷桶从冲刷机底板上卸下,把桶中浑浊的水连同冲刷物小心地倒入金属盆中进行沉淀。

(7)冲刷物沉淀 12h 后将盆中上部的清水小心地倒出,剩下的沉淀物放入烘箱中烘干,然后称重,得到 30min 的累计冲刷量 m_f。

3. 计算

$$P = \frac{m_f}{m_0} \times 100 \tag{5-26}$$

式中:P——冲刷质量损失(%);

m_f——冲刷物质量;

m_0——试件质量。

十二、无机结合料稳定材料室内抗压回弹模量试验方法(顶面法)

抗压回弹模量是路面结构设计中的一个参数,其值的大小直接影响到路面材料的强度特性和应力—应变特性,影响到路面结构厚度的取值。目前,我国试验规程测量回弹模量的方法主要有室内抗压回弹模量试验方法(顶面法)、室内抗压回弹模量试验方法(承载板法)、动态抗压回弹模量、劈裂回弹模量、弯拉回弹模量等 5 种。下面仅介绍室内抗压回弹模量试验方法(顶面法)。

抗压回弹模量是试件轴向承受一定压力时产生单位变形所需的应力。无机结合料稳定材料室内抗压回弹模量试验方法(顶面法)适用于在室内对无机结合料稳定材料试件进行抗压回弹模量试验。无机结合料稳定材料室内抗压回弹模量试验方法(承载板法)适用于在室内对无机结合料稳定细粒土试件进行抗压回弹模量试验。

动态抗压回弹模量是在圆柱体试件上,采用具有一定周期和波形的动态压力荷载,其应力的模(振幅)与材料响应应变模(振幅)的比值,称为该应力(荷载)条件下的动态抗压回弹模量。无机结合料稳定材料室内动态抗压回弹模量试验方法适用于测定无机结合料稳定材料的动态抗压回弹模量。动态抗压回弹模量可以作为路面设计和评价的参数。

劈裂回弹模量是通过加载条加静载于圆柱形试件的轴向,试件按一定的变形速率加载,通过施加的压荷载与垂直、水平向变形的测量,计算所得试件中心点的劲度模量即为劈裂回弹模量。无机结合料稳定材料劈裂回弹模量试验方法通过向圆柱形试件施加轴向荷载,测定试件在荷载变化时的轴向弹性变形,从而计算材料的劈裂模量。

弯拉模量是试件承受一定弯拉应力时产生单位变形所需的应力。无机结合料稳定材料弯拉回弹模量试验方法采用三分点加载的方法测定无机结合料稳定材料在静态荷载作用下的弯拉回弹模量。

1. 适用范围

本试验方法适用于在室内对无机结合料稳定材料试件进行抗压回弹模量试验。

2. 仪器设备

(1)压力机或万能试验机(也可用路面强度试验仪和测力计):压力机除符合《液压式万能试验机》(GB/T 3159—2008)及《试验机通用技术要求》(GB/T 2611—2007)中的要求外(测量精度为±1%),同时应具有加荷速度指示装置或加荷速度控制装置,上下压板平整并有足够刚度,可以均匀地连续加荷卸荷,可以保持固定荷载,开机停机均灵活自如,能够满足试件吨位要求,且压力机加载速率可以有效控制在 1mm/min。

(2)测形变装置

圆形金属平面加载顶板和圆形金属平面加载底板,板的直径应大于试件的直径,底板直径线两侧有立柱,立柱上装有千分表夹;也可以直接利用直径为 152mm 的击实筒底座。

(3)千分表(1/1 000mm)2 只,或相同精度的位移传感器 2 个;也可采用数据采集系统,包括荷载传感器(1 个)、位移传感器(2 个)、荷载计数器以及数据采集仪。

(4)标准养护室。

(5)水槽:深度应大于试件高度 50mm。

(6)天平:量程 4 000g,感量 0.01g;量程 15kg,感量 0.1g。

(7)机油若干。

(8)球形支座。

(9)适合测试范围的测力计。

(10)圆形钢板。

3. 试件制备和养护

(1)细粒式和中粒式混合料成型 ϕ100mm×100mm 试件,粗粒式混合料成型 ϕ150mm×150mm 试件。

(2)按照击实法确定无机结合料稳定材料的最佳含水率和最大干密度。

(3)试件数量。对于无机结合料稳定细粒土,应制不少于 6 个试件,并要求模量试验结果的变异系数不超过 10%;对于无机结合料稳定中粒土,应制不少于 9 个试件,并要求模量试验结果的变异系数不超过 10%;对于无机结合料稳定粗粒土,应制不少于 15 个试件,并要求模量试验结果的变异系数不超过 15%。

(4)按照无机结合料稳定材料试件制作方法(圆柱形)制备试件。

(5)按照无机结合料稳定材料养生试验方法进行养生,水泥稳定类土养生龄期为 90d,石灰或粉煤灰稳定类土养生龄期 180d。

(6)圆柱形试件的两个端面应用水泥净浆彻底抹平。将试件直立桌上,在上端面用早强高强水泥净浆薄涂一层后,在表面撒少许 0.25～0.5mm 的细砂,将大于试件直径的平面圆形钢板放在顶面,加压旋转圆钢板,使顶面齐平。边旋转边平移并迅速取下钢板。如有净浆被钢板黏去,则重新用净浆抹平,并重复上述步骤。一个端面整平后,放置 4h 以上,然后将另一端面同样整平。整平应该达到:加载板放在试件顶面后,在任一方向都不会翘动。试件整平后放置 8h 以上。

(7)将端面已经处理平整的试件饱水 24h。水面高于试件顶面约 2.5cm。

4. 试验步骤

(1)根据试验材料的类型和一般的工程经验,选择合理量程的测力计和试验机,被测试件的压力应在量程的20%～80%。如采用压力机系统，需调试设备，设定好加载速率。

(2)加载板上的计算单位压力的选定值：对于无机结合料稳定基层材料，用0.5～0.7MPa，对于无机结合料稳定底基层材料，用0.2～0.4MPa，实际加载的最大单位压力应略大于选定值。

(3)将试件浸水24h后从水中取出并用布擦干后放在加载底板上，在试件顶面撒少量0.25～0.5mm的细砂，并手压加载板在试件顶面边加压边旋转，使细砂填补表面微观的不平整，并使多余的砂流出，以增加顶板与试件的接触面积。

(4)安置千分表，使千分表的脚支在加载顶板直径线的两侧并离试件中心距离大致相等。

(5)将带有试件的测形变装置放到路面材料强度试验仪的升降台上(也可以先将测形变装置放在升降台上再安置试件和千分表)，调整升降台的高度，使测力环下端的压头中心与加载板的中心接触。

(6)预压：先用拟施加的最大荷载的一半进行两次加荷卸荷预压试验，使加载顶板与试件表面紧密接触。每2次卸载后等待1min，然后将千分表的短指针调到中间位置，并将长指针调到0，记录千分表的原始读数。

(7)回弹形变测量：将预定的单位压力分成5～6等分，作为每次施加的压力值。实际施加的荷载应较预定级数增加一级。施加第1级荷载(如为预定最大荷载的1/5)，待荷载作用达1min时，记录千分表的读数，同时卸去荷载，让试件的弹性形变恢复。到0.5min时记录千分表的读数，施加第2级荷载(为预定最大荷载的2/5)，同前待荷载作用1min，记录千分表的读数，卸去荷载。卸荷后达0.5min时，再记录千分表的读数，并施加第3级荷载。如此逐级进行，直至记录下最后一级荷载下的回弹形变。

5. 计算

(1)计算每级荷载下的回弹形变l。

$$l = \text{加荷时读数} - \text{卸荷时读数} \tag{5-27}$$

(2)以单位压力p为横坐标(向右)，以回弹形变l为纵坐标(向下)，绘制p与l的关系曲线，修正曲线开始段的虚假形变。修正时，一般情况下将第1个和第2个试验点取成直线，并延长此直线与纵坐标轴相交，此交点即为新原点，见图5-2。

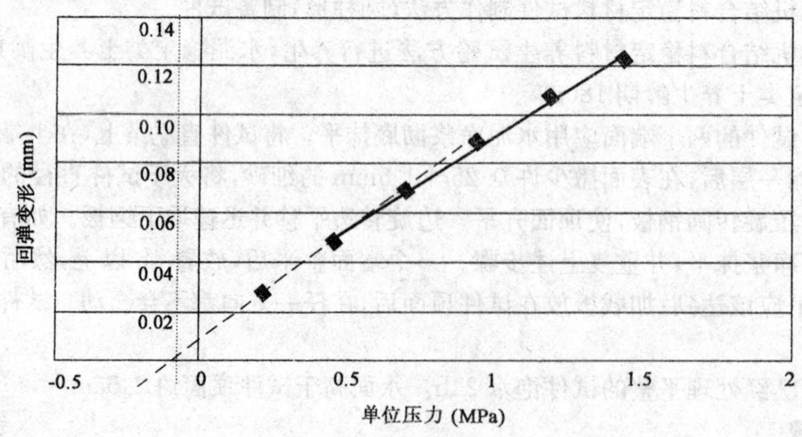

图5-2　单位压力与回弹变形关系曲线

(3)用加载板上的计算单位压力 p 以及与相应的回弹形变 l 按式(5-28)计算回弹模量。

$$E_c = \frac{ph}{l} \tag{5-28}$$

式中：E_c——抗压回弹模量(MPa)；

p——单位压力(MPa)；

h——试件高度(mm)；

l——试件回弹形变(mm)。

6. 结果整理

(1)抗压回弹模量用整数表示。

(2)同一组试件试验中，采用3倍均方差方法剔除异常值，大试件2～3个异常值。异常值超过上述规定的试验重做。

(3)对于无机结合料稳定细粒土、中粒土，变异系数不超过10%；粗粒土，变异系数不超过15%。如不能保证变异系数小于上述规定，则还应按允许误差10%和90%的概率重新计算增加试件数量，并另做新试验。试验结果与原试验结果一并重新进行统计评定，直到变异系数满足上述规定。

十三、无机结合料稳定材料间接抗拉强度试验方法(劈裂试验)

1. 适用范围

本试验方法适用于测定无机结合料稳定材料(包括稳定细粒土、中粒土和粗粒土)试件的间接抗拉强度。

2. 试件的制备和养护

(1)试件采用高∶直径＝1∶1的圆柱体。细粒土试模的直径×高＝50mm×50mm；中粒土试模的直径×高＝100mm×100mm；粗粒土试模的直径×高＝150mm×150mm；本试验应采用静力压实法制备等干密度的试件。

(2)按照无机结合料稳定材料试件制作方法(圆柱形)成型径高比为1∶1的圆柱形试件。

(3)按照无机结合料稳定材料养生试验方法进行设计龄期的标准养生。

(4)为保证试验结果的可靠性和准确性，每组试件的数目要求为：小试件不少于6个，中试件不少于9个，大试件不少于13个。

3. 试验步骤

(1)根据试验材料的类型和一般的工程经验，选择合理量程的测力计和试验机，试件破坏荷载应大于测力量程的20%且小于测力量程的80%。球形支座和上下压条涂抹机油，使球形支座能够灵活转动。

(2)将已浸水一昼夜的试件从水中取出，用软布吸去试件表面的可见自由水，并称试件的质量。

(3)用游标卡尺量试件的高度 h，精确到0.1mm。

(4)在压力机的升降台上置一压条，将试件横置在压条上，在试件的顶面也放一压条(上下压条与试件的接触线必须位于试件直径的两端，并与升降台垂直)。

(5)在上压条上面放置球形支座，球形支座应位于试件的中部。

(6)试验过程中，应使试验的形变等速增加，保持加载速率为1mm/min，记录试件破坏时

的最大压力 P(N)。

(7)从试件内部取有代表性的样品(经过打碎),按照含水率试验方法(烘干法),测定其含水率 w_1。

十四、承载比(CBR)试验

CBR 又称加州承载比,由美国加利福尼亚州公路局首先提出,用于评定路基土和路面材料的强度指标。承载能力是材料抵抗局部荷载压入变形的能力表征,并采用高质量标准碎石为标准,以它们的相对比值表示 CBR 值。在国外多采用 CBR 作为路面材料和路基土的设计参数。它与地基的承载力、模量、弯沉等指标没有直接联系。试验方法参见第一章土工试验部分。

十五、固体体积率测量方法

1.检测原理

(1)固体体积率为固体体积与所测试洞体积比值的百分率。由三相体理论可知,集料的体积包含固体、水和气体三部分。检测原理是用常规的灌砂法测定现场开挖试洞的体积,将挖起的集料烘干后用排水法测定集料的固体体积。

(2)由于碾压是将集料间的空隙进行压缩,固体颗粒的开口孔隙与闭口孔隙受碾压的影响较小,因而,所谓的固体体积应该包括颗粒本身的开口孔隙和闭口孔隙。

2.检验方法要点

(1)按照基层、底基层材料部分介绍的灌砂法来标定量砂单位质量 r_s、灌砂筒下部圆锥体内砂质量 m_3。

(2)测定试洞的体积。在测点位置挖试洞,直径<15cm,深度应等于测定层厚度,但不得有下层材料混入,将从试洞挖起的每份试样分别装入集料盒,注意不要取漏料样,记录取样的桩号、位置、盒号。装量砂灌入砂筒至标定量,记录灌砂前砂+灌砂筒质量 m_1,将灌砂筒放在试洞中间,打开开关,让砂流入洞内,直到储砂筒内的量砂停止流动时关闭开关,取下灌砂筒,称灌砂后砂+灌砂筒质量 m_2,试洞体积 $V=(m_1-m_2-m_3)/\gamma_s$,把集料盒带回试验室。

(3)测定试样的固体体积。试样固体体积测量方法有多种,可根据土的粒径大小,采用土工试验部分介绍的虹吸筒法、浮力法或浮称法测量试样固体体积。这里介绍虹吸筒法。

取出带回的集料盒试样,分别装在料盘内,放入烘箱烘干至恒量,试样烘干后放在一容器内,盖上盖,待其冷却。把虹吸筒放在平整的地方,拧开开关,注净水入虹吸筒,直到虹吸管口有水溢出时停止注水,到流水停止时关闭开关。将烘干除去水分的试样缓缓放入筒内,用铁棒搅拌、插捣水下的试样,排除试样中的气体,搅拌时勿使水溅出筒外,静待 5min,待悬浮物降沉后取量筒放置于出水口,打开开关,放出筒内由固体加入而排走的水,待不再有水流出后,关闭开关,取盛载排水的量筒到天平上称质量,测量筒内水的温度,记录(量筒+排水质量)m_5、量筒质量 m_6 及水的试验温度 t。

(4)试样的固体体积 V_g=所排出的水体积 V_w=[(量筒质量+排水质量)m_5-量筒质量 m_6]/试验温度下的水密度 γ_w。

第六章 钢材

第一节 建筑钢材的种类以及用途

一、建筑钢材的品种以及用途

土木工程用钢的主要钢种有碳素结构钢、优质碳素结构钢和低合金结构钢。

1. 碳素结构钢

根据《碳素结构钢》(GB/T 700—2006),碳素结构钢按屈服强度分为Q195、Q215、Q235、Q275共4个牌号。每个牌号,按其冲击韧性和硫、磷杂质含量由多到少分为A、B、C、D四个质量等级。

A级——不要求冲击韧性;

B级——要求+20℃冲击韧性;

C级——要求0℃冲击韧性;

D级——要求-20℃冲击韧性。

钢的牌号由代表屈服强度的字母、屈服强度数值、质量等级符号、脱氧方法符号等4个部分按顺序组成。例如Q235AF,Q为钢材屈服强度"屈"字汉语拼音首位字母;A、B、C、D分别为质量等级;F为沸腾钢"沸"字汉语拼音首位字母;Z为镇静钢"镇"字汉语拼音首位字母;TZ为特殊镇静钢"特镇"两字汉语拼音首位字母。在牌号组成表示方法中,"Z"与"TZ"符号可以省略。

Q195、Q215强度低,塑性和韧性较好,易于冷弯加工。常用于制作钢钉、柳钉、螺栓等。Q235具有较高的强度,具良好的塑性、韧性和焊接性,能满足一般钢结构和钢筋混凝土结构用钢的要求,加之冶炼方便,成本较低,所以,在土木工程中应用十分广泛。Q275钢强度高,但塑性和韧性较差,焊接性也较差,不易焊接和冷弯加工,可用于轧制钢筋,作螺栓配件等,更多地用于机械零件和工具等。

2. 优质碳素结构钢

按《优质碳素结构钢》(GB/T 699—1999)的规定,优质碳素结构钢根据锰含量的不同可分为普通锰含量(锰含量<0.8%)钢和较高锰含量(锰含量0.7%~1.2%)钢两组。

优质碳素结构钢的牌号用两位数字表示,它表示钢中平均含碳量的万分数。如45号钢,表示钢中平均含碳量为0.45%。数字后若有"锰"字或"Mn",则表示属较高锰含量钢,否则为普通锰含量钢。如35Mn表示平均含碳量为0.35%,含锰量为0.7%~1.0%。若是沸腾钢或半镇静钢,还应在牌号后面加上"沸"(或F)或"半"(或B)。

优质碳素结构钢成本较高，仅用于重要结构的钢铸件及高强度螺栓等。如用 30 号、35 号、40 号及 45 号钢做高强度螺栓，45 号钢还常用做预应力钢筋的锚具。65 号、75 号、80 号钢可用来生产预应力混凝土用的碳素钢丝、刻痕钢丝和钢绞线。

3. 低合金高强度结构钢

根据《低合金高强度结构钢》(GB/T 1591—2008)的规定，低合金高强度结构钢分为 Q345、Q390、Q420、Q460、Q500、Q550、Q620、Q690 共 8 个牌号。每个牌号根据硫、磷等有害杂质的含量，分为 A、B、C、D 和 E 五个等级。低合金高强度结构钢均为镇静钢，其牌号由代表钢材屈服强度的字母“Q”、屈服强度值、质量等级符号三个部分按顺序组成。如 Q345B 表示屈服强度不小于 345MPa，质量等级为 B 级的低合金高强度结构钢。当需方要求钢板具有厚度方向性能时，则在上述规定的牌号后加上代表厚度方向（Z 向）性能级别的符号，例如 Q345BZ15。

低合金高强度结构钢与碳素结构钢相比，具有较高的强度，综合性能好，所以在相同使用条件下，可比碳素结构钢节省用钢 20%～30%，对减轻结构自重有利；同时，还具有良好的塑性、韧性、可焊性、耐磨性、耐蚀性、耐低温性等性能。

低合金高强度结构钢主要用于轧制各种型钢、钢板、钢管及钢筋，广泛用于钢结构和钢筋混凝土结构中，特别适用于各种重型结构、高层结构、大跨度结构及桥梁工程等。

二、常用的建筑钢材

土木工程中常用的钢材有钢结构用型钢和钢筋混凝土结构用钢筋、钢丝两大类。

1. 钢筋

钢筋主要用于混凝土结构，有钢筋混凝土结构用普通钢筋和预应力混凝土用预应力钢筋。主要有以下几种：

(1)热轧钢筋

热轧钢筋是钢筋混凝土用普通钢筋的主要品种。从外形可分为光圆钢筋和带肋钢筋。与光圆钢筋相比，带肋钢筋与混凝土之间的握裹力大，共同工作的性能较好。

热轧光圆钢筋(hot rolled plain bars)是指经热轧成型，横截面通常为圆形，表面光滑的成品钢筋。牌号由 HPB 加屈服强度特征值构成。HPB 是热轧光圆钢筋的英文缩写。光圆钢筋的种类有 HPB235 和 HPB300。

带肋钢筋(ribbed bars)指横截面通常为圆形，且表面带肋的混凝土结构用钢材。热轧带肋钢筋的种类有普通热轧钢筋 HRB335、HRB400、HRB500；细晶粒热轧钢筋 HRBF335、HRBF400、HRBF500。普通热轧钢筋(hot rolled bars)是指按热轧状态交货的钢筋。其金相组织主要是铁素体加珠光体，不得有影响使用性能的其他组织存在。细晶粒热轧钢筋(hot rolled bars of fine grains)是指在热轧过程中，通过控轧和控冷工艺形成的细晶粒钢筋。其金相组织主要是铁素体加珠光体，不得有影响使用性能的其他组织存在，晶粒度不粗于 9 级。335、400、500 是屈服强度特征值。

(2)冷轧带肋钢筋

冷轧带肋热轧圆盘条经冷轧后，在其表面带有沿长度方向均匀分布的三面或二面横肋的钢筋。《冷轧带肋钢筋》(GB 13788—2008)规定，其代号由 CRB 和钢筋的抗拉强度等级数值

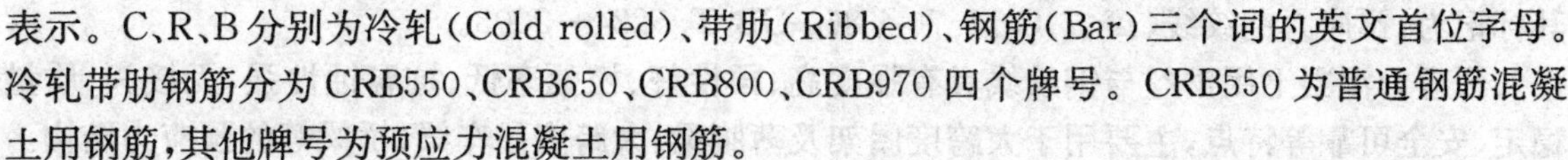

表示。C、R、B分别为冷轧(Cold rolled)、带肋(Ribbed)、钢筋(Bar)三个词的英文首位字母。冷轧带肋钢筋分为CRB550、CRB650、CRB800、CRB970四个牌号。CRB550为普通钢筋混凝土用钢筋,其他牌号为预应力混凝土用钢筋。

(3)冷轧扭钢筋

冷轧扭钢筋是采用低碳热轧圆盘条经专用钢筋冷轧扭机调直、冷轧并冷扭(或冷滚)一次成型具有规定截面形式和相应节距的连续螺旋状钢筋。

该钢筋刚度大,不易变形,与混凝土的握裹力大,无需再加工(预应力或弯钩),可直接用于混凝土工程,节约钢材30%。使用冷轧扭钢筋可减小板的设计厚度、减轻自重,施工时可按需要将成品钢筋直接供应现场铺设,免除现场加工钢筋,改变了传统加工钢筋占用场地,不利于机械化生产的弊端。冷轧扭钢筋主要适用于板和小梁等构件。

(4)预应力混凝土用热处理钢筋

预应力混凝土用热处理钢筋是用热轧带肋钢筋经淬火和回火调质热处理而成。热处理钢筋成盘(称为盘圆或盘条)供应。

预应力混凝土用热处理钢筋的强度高,综合性能好,且开盘后可自然伸直,不需调直。使用时应按所需长度切割,不能用电焊或氧气切割,也不能焊接。其主要用于预应力轨枕、预应力梁等。

(5)预应力混凝土用钢丝和钢绞线

预应力混凝土用钢丝是应用优质碳素结构钢制作,经冷拉或冷拉后消除应力处理制成。根据《预应力混凝土用钢丝》(GB/T 5223—2002)规定:按加工状态分为冷拉钢丝(代号为RCD)和消除应力光圆钢丝(代号为S)、消除应力刻痕钢丝(代号为SI)、消除应力螺旋肋钢丝(代号为SH)四种;

刻痕钢丝与螺旋肋钢丝与混凝土的黏结力好,即钢丝与混凝土的整体性好;消除应力钢丝的塑性比冷拉钢丝好。

按松弛性能分为低(II级)松弛钢丝(代号为WLR)和普通(I级)松弛钢丝(代号为WNR)两种。

预应力混凝土用钢丝的标记方式如下。

预应力钢丝:直径-抗拉强度-代号-松弛等级-GB/T 5223—2002

钢绞线按结构分为5类。其代号如下。

用两根钢丝捻制的钢绞线:1×2;

用三根钢丝捻制的钢绞线:1×3;

用三根刻痕钢丝捻制的钢绞线:1×3I;

用七根钢丝捻制的标准型钢绞线:1×7;

用七根钢丝捻制又经模拔的钢绞线:(1×7)C。

示例1:公称直径为15.2mm,强度级别为1 860MPa的七根钢丝捻制的标准型钢绞线其标记为:预应力钢绞线1×7-15.20-1 860-GB/T 5224—2003。

示例2:公称直径为8.74mm,强度级别为1 670MPa的三根刻痕钢丝捻制的钢绞线其标记为:预应力钢绞线1×3I-8.74-1 670-GB/T 5224—2003。

示例3:公称直径为12.7mm,强度级别为1 860MPa的七根钢丝捻制又经模拔的钢绞线其标记为：预应力钢绞线(1×7)C-12.70-1 860-GB/T 5224—2003。

预应力混凝土用钢丝与钢绞线具有强度高、柔性好、松弛率低、抗腐蚀性强、无接头、质量稳定、安全可靠等特点，主要用于大跨度屋架及薄腹梁、大跨度吊车梁、桥梁等的预应力结构。

2. 型钢和钢板

钢结构所用钢材主要是型钢和钢板。型钢有热轧和冷轧成型两种，钢板也有热轧和冷轧两种。

(1)热轧型钢

钢结构常用的型钢有工字钢、H型钢、T型钢、槽钢、角钢等。型钢由于截面形式合理，材料在截面上的分布对受力有利，且构件间连接方便，所以是钢结构中采用的主要钢材。

我国钢结构用热轧型钢主要用碳素结构钢和低合金高强度结构钢。在碳素结构钢中，主要采用Q235钢，但焊接结构和重要结构采用Q235-A时，应保证焊接性能和冷弯性能。在低合金高强度结构钢中，主要采用Q345钢、Q390钢和Q420钢，可用于大跨度、高耸结构、承受动荷载的钢结构。

(2)冷弯薄壁型钢

冷弯薄壁型钢通常是由2～6mm的薄钢板经冷弯或模压而成，有结构用冷弯空心型钢和通用冷弯开口型钢，按形状有角钢、槽钢等开口薄壁型钢及方形、矩形等空心薄壁型钢，可用于轻型钢结构。

(3)钢板和压型钢板

钢板是矩形平板状的钢材，可直接轧制成或由宽钢带剪切而成。按轧制温度的不同，钢板分为热轧钢板和冷轧钢板。热轧钢板按厚度分为厚板(厚度大于4mm)和薄板(厚度为0.35～4mm)两种；冷轧钢板只有薄板(厚度为0.2～4mm)。厚板可用于型钢的连接与焊接，组成钢结构的受力构件。土木工程用钢板的钢种主要是碳素结构钢和低合金结构钢。薄板可用做屋面或墙面等，也可作为薄壁型钢的原料。

钢结构用钢主要是热轧成形的钢板和型钢等。薄壁轻型钢结构中主要采用薄壁型钢、圆钢和小角钢。钢材所用的母材主要是普通碳素结构钢及低合金高强度结构钢。钢结构用钢有热轧型钢、冷弯薄壁型钢、棒材、钢管和板材。

混凝土具有较高的抗压强度，但抗拉强度很低。用钢筋增强混凝土，可大大扩展混凝土的应用范围，而混凝土又对钢筋起保护作用。钢筋混凝土结构的钢筋，主要由碳素结构钢和优质碳素钢制成，包括有热轧钢筋、冷轧扭钢筋和冷轧带肋钢筋、预应力混凝土用钢丝和钢绞线。

第二节　普通钢筋的主要力学性能指标

钢材的力学性能主要有强度、塑性、冷弯性能、硬度、冲击韧性、耐疲劳性和良好的焊接性。

一、抗拉性能

在外力作用下，材料抵抗变形和断裂的能力称为强度。测定钢材强度的主要方法是拉伸试验。钢材受拉时，在产生应力的同时，相应地产生应变。应力和应变的关系反映出钢材的主要力学特征。

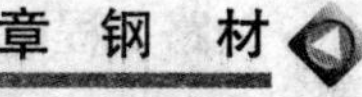

拉伸性能是建筑钢材最重要的性能。通过对钢材进行抗拉试验所测得的弹性模量、屈服强度、抗拉强度和伸长率是钢材的四个重要技术性质指标。

1. 弹性模量

钢材受力初期，应力与应变成比例地增长，应力与应变之比为常数，称为弹性模量，即$E=\sigma/\varepsilon$。弹性模量反映了材料受力时抵抗弹性变形的能力，即材料的刚度，它是钢材在静荷载作用下计算结构变形的一个重要指标。

2. 弹性极限

应力超过比例极限后，应力—应变曲线略有弯曲，应力与应变不再成正比例关系，但卸去外力时，试件变形能立即消失，此阶段产生的变形是弹性变形。不产生残留塑性变形的最大应力称为弹性极限。

3. 屈服强度

当金属材料呈现屈服现象时，在试验期间达到塑性变形发生而力不增加的应力点，应区分上屈服强度和下屈服强度。

上屈服强度 R_{eH}：试样发生屈服而力首次下降前的最高应力(图 6-1)。

下屈服强度 R_{eL}：在屈服期间，不计初始瞬时效应时的最低应力(图 6-1)。

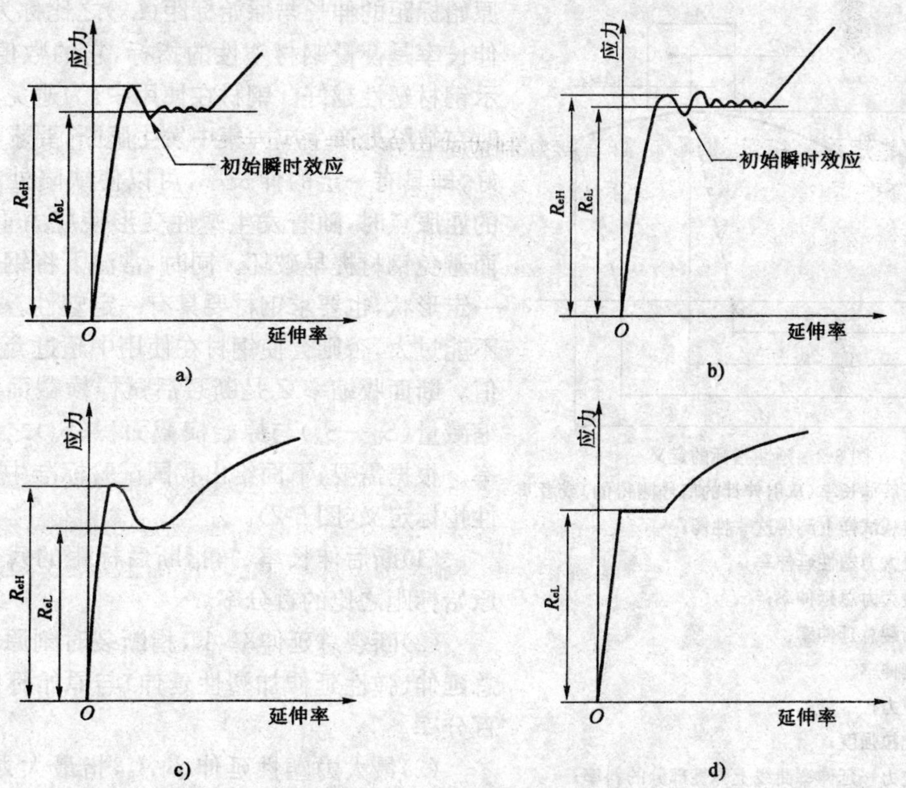

图 6-1 不同类型曲线的上屈服强度和下屈服强度(R_{eH}和 R_{eL})

4. 抗拉强度

当钢材屈服到一定程度后，由于内部晶粒重新排列，其抵抗变形能力又重新提高，此时变形虽然发展很快，但却只能随着应力的提高而提高，直至应力达最大值。此后，钢材抵抗变形的能力明显降低，并在最薄弱处发生较大的塑性变形，此处试件截面迅速缩小，出现颈缩现象，直至断裂破坏。试样在屈服阶段之后所能抵抗的最大力，对于无明显屈服（连续屈服）的金属材料，为试验期间的最大力，相应最大力（F_m）的应力为抗拉强度。

5. 规定塑性延伸强度 R_p

塑性延伸率等于规定的引伸计标距百分率时的应力。使用的符号应附以下脚注说明所规定的百分率，例如 $R_{p0.2}$，表示规定塑性延伸率为 0.2%时的应力。

6. 规定总延伸强度 R_t

总延伸率等于规定的引伸计标距百分率时的应力。使用的符号应附以下脚注说明所规定的百分率，例如 $R_{t0.5}$，表示规定总延伸率为 0.5%时的应力。

7. 规定残余延伸强度 R_r

卸除应力后残余延伸率等于规定的引伸计标距 L_e 百分率时对应的应力。使用的符号应附以下脚注说明所规定的百分率。例如 $R_{r0.2}$，表示规定残余延伸率为 0.2%时的应力。

二、塑性（延性）

塑性是钢材在受力破坏前可以经受永久变形的性能，通常用伸长率和断面收缩率表示。原始标距的伸长与原始标距（L_0）之比称为伸长率。伸长率是衡量钢材塑性的指标，它的数值越大，表示钢材塑性越好。钢材在使用中，为避免正常受力时在缺陷处产生应力集中发生脆断，要求其塑性良好，即具有一定的伸长率，可以使缺陷处超过材料的屈服点时，随着发生塑性变形使应力重新分布，而避免钢材提早破坏。同时，常温下将钢材加工成一定形状，也要求钢材要具有一定塑性。但伸长率不能过大，否则会使钢材在使用中超过允许的变形值。断面收缩率 Z 是断裂后试样横截面积的最大缩减量（S_o-S_u）与原始横截面积（S_o）之比的百分率。根据需要，下面给出我国试验标准中给出的延性指标定义（图 6-2）。

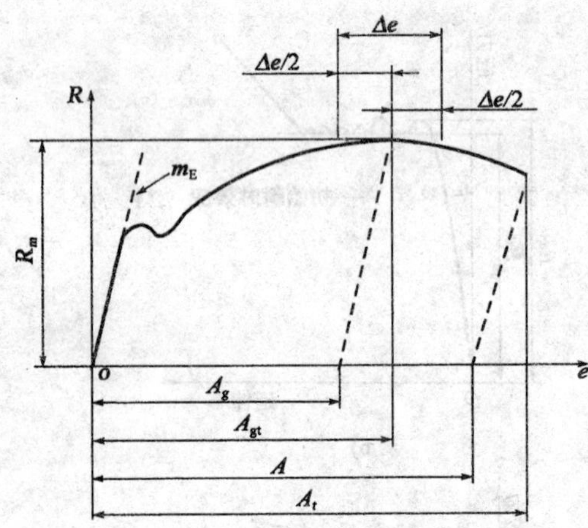

图 6-2　延性指标的定义

A——断后伸长率（从引伸计的信号测得的）或者直接从试样上测得这一性能；
A_g——最大力塑性延伸率；
A_{gt}——最大力总延伸率；
A_t——断裂总延伸率；
e——延伸率；
R——应力；
R_m——抗拉强度；
m_E——应力—延伸率曲线上弹性部分的斜率；
Δe——平台范围

（1）断后伸长率 A，指断后标距的残余伸长与原始标距之比的百分率。

（2）断裂总延伸率 A_t，指断裂时刻原始标距的总延伸（弹性延伸加塑性延伸）与原始标距之比的百分率。

（3）最大力塑性延伸率 A_g，指最大力时，原始标距的塑性延伸与原始标距之比的百分率。

（4）最大力总延伸率 A_{gt}，指最大力时原始标距的总延伸（弹性延伸加塑性延伸）与原始标距之比的百分率。

（5）引伸计标距长度 L_e，用引伸计测量试样延伸时所使用试样平行长度部分的长度。

注：对于测定屈服强度和规定强度性能，建议 L_e 应尽可能跨越试样平行长度。理想的 L_e 应大于 $L_0/2$，但约小于 $0.9L_c$。这将保证引伸计能检测到发生在试样上的全部屈服。最大力时或在最大力之后的性能，推荐 L_e 等于 L_0 或近似等于 L_0，但测定断后伸长率时 L_e 应等于 L_0。

(6)延伸，试验期间任一给定时刻引伸计标距 L_e 的增量。

(7)延伸率，用引伸计标距表示的延伸百分率。

(8)屈服点延伸率 A，呈现明显屈服(不连续屈服)现象的金属材料，屈服开始至均匀加工硬化开始之间引伸计标距的延伸与引伸计标距 L_e 之比的百分率。

三、冷弯性能

冷弯性能是指钢材在常温下承受弯曲变形的能力，以试验时的弯曲角度 α 和弯心直径 d 为指标表示。钢材的冷弯试验是通过直径(或厚度)为 a 的试件，采用标准规定的弯心直径 d ($d=na$，n 为整数)，弯曲到规定的角度时(180°或 90°)，检查弯曲处有无裂纹、断裂及起层等现象。若没有这些现象，则认为冷弯性能合格。钢材冷弯时的弯曲角度越大，弯心直径越小，则表示冷弯性能越好。伸长率反映的是钢材在均匀变形下的塑性。而冷弯性能是钢材处于不利变形条件下的塑性，可揭示钢材内部组织是否均匀、是否存在内应力和夹杂物等缺陷。而这些缺陷在拉伸试验中常因塑性变形导致应力重分布而得不到反映。

四、硬度

硬度是钢材抵抗其他较硬物体压入的能力，实际上硬度为钢材抵抗塑性变形的能力。测定硬度的方法很多，有布氏法、洛氏法和维氏法等，钢材硬度测定常用的方法是布氏法、洛氏法。

五、冲击韧性

钢材的冲击韧性是处在简支梁状态的金属试样在冲击负荷作用下折断时的冲击吸收功。钢材的冲击韧性试验是将标准弯曲试样置于冲击机的支架上，并使切槽位于受拉的一侧。冲击韧性实验当试验机的重摆从一定高度自由落下时，在试样中间开 V 形缺口，试样吸收的能量等于重摆所作的功 W。若试件在缺口处的最小横截面积为 A，则冲击韧性 α_k 为：

$$\alpha_k=\frac{W}{A} \tag{6-1}$$

式中，α_k 的单位为 J/cm^2。

钢材的冲击韧性越大，钢材抵抗冲击荷载的能力越强。α_k 值与试验温度有关。有些材料在常温时冲击韧性并不低，破坏时呈现韧性破坏特征。但当试验温度低于某值时，α_k 突然大幅度下降，材料无明显塑性变形而发生脆性断裂，这种性质称为钢材的冷脆性。

六、耐疲劳性

钢材若在交变应力(随时间做周期性交替变更的应力)的反复作用下，往往在工作应力远小于抗拉强度时发生骤然断裂，这种现象称为“疲劳破坏”。钢材抵抗疲劳破坏的能力称为耐疲劳性。钢材的疲劳破坏一般是由拉应力引起的，首先在局部开始形成细小断裂，随后由于微裂纹尖端的应力集中而使其逐渐扩大，直至突然发生瞬时疲劳断裂。疲劳破坏是在低应力状态下突然发生的，所以危害极大，往往造成灾难性的事故。

在一定条件下，钢材疲劳破坏的应力值随应力循环次数的增加而降低。钢材在无穷次交变荷载作用下而不至引起断裂的最大循环应力值，称为疲劳强度极限，实际测量时常以 2×10^6 次应力循环为基准。钢材的疲劳强度与很多因素有关，如组织结构、表面状态、合金成分、夹杂物和应力集中等情况。一般来说，钢材的抗拉强度高，其疲劳极限也较高。

七、良好的焊接性

良好的焊接性是指钢材的连接部分焊接后力学性能不低于焊件本身，以防止产生硬化脆裂和内应力过大等现象。焊接是把两块金属局部加热，并使其接缝部分迅速呈熔融或半熔融状态，而牢固地连接起来。它是钢结构的主要连接形式。

钢材的化学成分对钢材的可焊性有很大的影响。随钢材的含碳量、合金元素及杂质元素含量的提高，钢材的可焊性降低。钢材的含碳量超过0.25%时，可焊性明显降低；硫含量较多时，会使焊口处产生热裂纹，严重降低焊接质量。钢材的焊接须执行有关规定。

八、钢材的成分对性能的影响

除铁、碳外，钢材在冶炼过程中会从原料、燃料中引入一些其他元素。钢材的成分对性能有重要影响。这些成分可分为两类：一类能改善、优化钢材的性能，称为合金元素，主要有硅、锰、钛、钒、铌等；另一类能劣化钢材的性能，属钢材的杂质，主要有氧、硫、氮、磷等。

化学元素对钢材性能的影响见表6-1。

化学元素对钢材性能的影响　　表6-1

化学元素	强度	硬度	塑性	韧性	可焊性	其他
碳(C)<1%↑	↑	↑	↓	↓	↓	冷脆性↑
硅(Si)>1%↑					↓	冷脆性↑
锰(Mn)↑		↑		↑		脱氧、硫剂
钛(Ti)↑	↑		↓	↑		强脱氧剂
钒(V)↑	↑					时效↓
磷(P)↑	↑		↓	↓	↓	偏析、冷脆↑
氮(N)↑	↑		↓	↓	↓	冷脆性↑
硫(S)↑					↓	
氧(O)↑	↓				↓	

硅、锰大部分溶于铁素体中，当硅含量小于1%时，可提高钢材的强度，对塑性、韧性影响不大；锰一般含量在1%～2%之间，除强化外，能消弱硫和氧引起的热脆性，且改善钢材的热加工性。硅、锰是我国低合金钢的主要合金元素。钛是强脱氧剂，钒、铌是碳化物和氮化物的形成元素，三者皆能细化晶粒，增加强度，在建筑常用的低合金钢中，三者为常用合

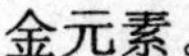

金元素。

磷主要溶于铁素体中，起强化作用，同时可提高钢材的耐磨性和耐蚀性，但塑性、韧性显著降低，当温度很低时，对后二者影响更大，磷的偏析倾向强烈。氮溶于铁素体中或呈氮化物形式存在，对钢材性质影响与C、P相似。二者在低合金钢中可配合其他元素作为合金元素。硫、氧主要存在于非金属夹杂物中，降低各种力学性能；硫化物造成的低熔点使钢材在焊接时易于产生热裂纹，显著降低可焊性，且有强烈的偏析作用；氧有促进时效倾向的作用，氧化物所造成的低熔点亦使钢的可焊性变坏。

第三节　钢材的冷加工强化与时效强化、焊接与热处理

一、钢材的冷加工强化和时效强化

钢材在常温下进行冷拉、冷拔或冷轧，使其产生塑性变形，从而提高屈服强度，称为冷加工强化。钢材经冷加工强化后，屈服强度提高，塑性、韧性及弹性模量降低。

建筑工程中大量使用的钢筋采用冷加工强化具有明显的经济效益。冷拔钢丝的屈服点可提高40%～60%。由此可适当减小钢筋混凝土结构设计截面，或减小混凝土中配筋数量，从而达到节约钢材的目的。冷拔作用比纯拉伸的作用强烈，钢筋不仅受拉，而且同时受到挤压作用。

将冷加工处理后的钢筋，在常温下存放15～20d，或加热至100～200℃后保持一定时间(2～3h)，其屈服强度进一步提高，且抗拉强度也提高，同时塑性和韧性也进一步降低，弹性模量则基本恢复。这个过程称为时效处理。在常温下存放15～20d，称为自然时效，适合用于低强度钢筋；加热至100～200℃后保持一定时间(2～3h)，称人工时效，适合于高强钢筋。

钢材经冷加工和时效处理后强化的原因，一般认为是钢材产生塑性变形后，塑性变形区域内的晶粒产生相对滑移，导致滑移面上的晶粒破碎，晶格畸变，使滑移面变得凹凸不平，从而阻碍变形的进一步发展，提高了抵抗外力的能力，因而屈服强度提高，塑性降低，脆性增大。时效处理后，溶于α-Fe中的碳、氮原子向滑移面等缺陷部位移动、富集，使晶格扭曲、畸变加剧，因而强度进一步提高，塑性和韧性进一步下降。

二、钢材的热处理

热处理是按照一定的规程，对钢材进行加热、保温和冷却，使得钢材的性能按要求而改变的过程。热处理可以改变钢的晶体组织和显微结构，或消除由于冷加工在材料内部产生的内应力，从而改变钢材的力学性能。热处理一般仅在钢材生产厂或加工厂进行，并以一定的热处理状态供应用户。在工程现场，有时须对焊接件进行热处理。常用的热处理方法有退火、正火、淬火和回火等。

1.淬火

将钢加热到723～910℃(依含碳量而定)的某一温度，保温使其晶体组织完全转变后，立即在水或油中淬冷的工艺过程，称为淬火。淬火后的钢材，强度和硬度大为提高，塑性和韧性

明显下降。

2. 回火

将淬火后的钢材在723℃以下的温度范围内重新加热，保温后按一定速度冷却至室温的过程，成为回火。回火可消除淬火产生的内应力，恢复塑性和韧性，但硬度下降。根据加热温度分为高温回火（500～650℃）、中温回火（300～500℃）和低温回火（150～300℃）。加热温度越高，硬度降低越多，塑性和韧性恢复越好。在淬火后随即采用高温回火，称为调质处理。经调质处理的钢材，在强度、塑性和韧性方面均有较大改善。

3. 退火

将钢材加热到723～910℃（依含碳量而定）的某一温度，然后在退火炉中保温、缓慢冷却的工艺过程，称为退火。退火能消除钢材中的内应力，改善钢的显微结构，细化晶粒，以达到降低硬度、提高塑性和韧性的目的。冷加工后的低碳钢，常在650～700℃的温度下进行退火，以提高其塑性和韧性。

4. 正火

正火也称为正常化处理，是将钢材加热到723～910℃或更高温度，然后在空气中冷却的工艺过程。正火处理的钢材，能获得均匀细致的显微结构，与退化处理相比较，钢材的强度和硬度提高，但塑性较退火为小。

三、钢材的焊接

焊接是将两金属的接缝处加热或加压，或两者互溶，以造成金属原子间和分子间的结合，从而使之牢固地连接起来。钢材的焊接是在土木工程中广泛应用的连接方式。钢材的焊接主要有电弧焊和接触对焊。焊接的质量取决于钢材的焊接性、焊接工艺和焊接材料。

钢材的焊接性是影响焊接质量的重要因素之一。影响焊接性的因素主要是钢材的化学成分，在硫、磷含量均小于0.05％的情况下，焊接性主要决定于钢材的含碳量（C）和碳当量（C_{eq}）。所谓碳当量（C_{eq}）是评价合金钢焊接性的一个控制参数，是指将合金钢中合金元素及其含量对焊接性的影响，都折算为相当的含碳量，按下式计算：

$$C_{eq}=C+\frac{Mn}{6}+\frac{Cr+V+Mo}{5}+\frac{Cu+Ni}{15} \tag{6-2}$$

世界各国都是通过规定含碳量和碳当量来控制焊接质量，我国的热轧带肋钢筋的碳当量$C_{eq}\leqslant 0.55\%$，进行焊接时应按有关规程选择焊接方法。

在焊接过程中，钢材在很短时间内达到很高的温度，使局部金属熔融，由于金属的传热性好，所以在被焊接区域，往往伴随温度的急速升高和下降及体积的急剧膨胀和收缩，易产生内应力、变形及内部组织的变化，形成焊接缺陷，如裂纹、气孔、夹杂物等，影响钢材的强度、塑性、韧性和耐疲劳性。因此，必须正确选择焊接方法，控制焊接工艺参数。

焊接质量的检验方法主要有抽取试样试验和原位非破损检测两类。抽取试样试验是在试验室测试焊接件的力学性能，以观察焊接对钢材的影响。非破损检测则是在结构原位，采用超声、射线、磁力等物理方法，对焊件进行缺陷探伤，以对焊接质量进行评价。

第四节 普通钢筋和焊接接头的力学性能测试方法

一、普通钢筋的力学性能测试方法

1. 金属材料室温拉伸试验

1)适用范围

本标准适用于金属材料室温拉伸性能的测定，但对于小横截面尺寸的金属产品，例如金属箔超细丝和毛细管等的拉伸试验需要协议。

2)原理

试验系用拉力拉伸试样，一般拉至断裂，测定六种延性性能 A、A_t、A_{gt}、A_g、A_e、z 和六种强度性能 R_{eH}、R_{eL}、R_p、R_t、R_r、R_m 中的一项或几项力学性能。

除非另有规定，试验一般在室温 10～35℃范围内进行。对温度要求严格的试验，试验温度应为 23℃±5℃。

3)拉伸性能的测定

(1)断后伸长率 A 和断裂总伸长率 A_t 的测定

①应按照第二节中定义测定断后伸长率。

为了测定断后伸长率，应将试样断裂的部分仔细地配接在一起使其轴线处于同一直线上，并采取特别措施确保试样断裂部分适当接触后测量试样断后标距。这对小横截面试样和低伸长率试样尤为重要。

应使用分辨力优于 0.1mm 的量具或测量装置测定断后标距 L_u，精确到±0.25mm。如规定的最小断后伸长率小于 5%，建议采用特殊方法进行测定。

原则上只有断裂处与最接近的标距标记的距离不小于原始标距的 1/3 情况方为有效。但断后伸长率大于或等于规定值，不管断裂位置处于何处测量均为有效。

②能用引伸计测定断裂延伸的试验机，引伸计标距 L_e，应等于试样原始标距 L_o，无需标出试样原始标距的标记。以断裂时的总延伸作为伸长测量时，为了得到断后伸长率，应从总延伸中扣除弹性延伸部分。原则上，断裂发生在引伸计标距以内方为有效，但断后伸长率等于或大于规定值，不管断裂位置处于何处测量均为有效。

注：如产品标准规定用一固定标距测定断后伸长率，引伸计标距应等于这一标距。

③试验前通过协议，可以在一固定标距上测定断后伸长率，然后使用换算公式或换算表将其换算成比例标距的断后伸长率(例如可以使用 GB/T 17600.1 和 GB/T 17600.2 的换算方法)。

注：仅当标距或引伸计标距、横截面的形状和面积均为相同时，或当比例系数 k 相同时，断后伸长率才具有可比性。

④为了避免因发生在①中规定的范围以外的断裂而造成试样报废，可以采用移位方法测定断后伸长率。

⑤按照②中测定的断裂总延伸除以试样原始标距得到断裂总伸长率(图 6-2)。

(2)最大力总伸长率 A_{gt} 和最大力非比例伸长率 A_g 的测定

在用引伸计得到的力—延伸曲线图上测定最大力时的总延伸 ΔL_m。最大力总伸长率按照下式计算：

$$A_{gt}=\Delta L_m/L_e\times 100 \quad (6\text{-}3)$$

从最大力时的总延伸 ΔL_m 中扣除弹性延伸部分即得到最大力时的非比例延伸，将其除以引伸计标距得到最大力非比例伸长率 A_g(图 6-2)。

有些材料在最大力时呈现一平台。当出现这种情况，取平台中点的最大力对应的总伸长率(图 6-2)。

试验报告中应报告引伸计标距。

如试验是在计算机控制的具有数据采集系统的试验机上进行，直接在最大力点测定总伸长率和相应的非比例伸长率，可以不绘制力—延伸曲线图。

(3)屈服点延伸率 A_e 的测定

对于不连续屈服的材料，从力—延伸图上均匀加工硬化开始点的延伸减去上屈服强度对应的延伸得到屈服点延伸。均匀加工硬化开始点的延伸通过在曲线图上，经过不连续屈服阶段最后的最小值点划一条水平线或经过均匀加工硬化前屈服范围的回归线，与均匀加工硬化开始处曲线的最高斜率线相交点确定。屈服点延伸除以引伸计标距得到屈服点延伸率(图 6-3)。试验报告中应报告引伸计标距。

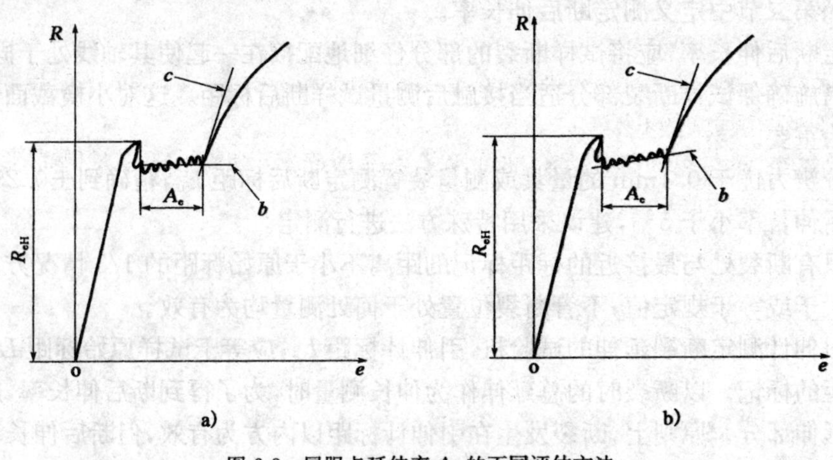

图 6-3 屈服点延伸率 A_e 的不同评估方法

a)水平线法；b)回归线法

A_e——屈服点延伸率；

R_{eH}——上屈服强度；

e——延伸率；

R——应力；

a——经过均匀加工硬化前最后最小值点的水平线；

b——经过均匀加工硬化前屈服范围的回归线；

c——均匀加工硬化开始处曲线的最高斜率线

(4)上屈服强度 R_{eH} 和下屈服强度 R_{eL} 的测定

上屈服强度可以从力—延伸曲线图或峰值力显示器上测得，定义为力首次下降前的最大力值。

下屈服强度可以从力—延伸曲线上测得，定义为不计初始瞬时效应时屈服阶段中的最小力。

为提高试验效率，可以报告在上屈服强度之后延伸率为 0.25%范围以内的最低应力为下屈服强度，不考虑任何初始瞬时效应。用此方法测定下屈服强度后，试验速率可以按照规定增加。试验报告应注明使用了此简捷方法。

注：此规定仅仅适用于呈现明显屈服的材料和不测定屈服点延伸率情况。

对于上和下屈服强度位置判定的基本原则如下：

①屈服前的第 1 个峰值应力（第 1 个极大值应力）判为上屈服强度，不管其后的峰值应力比它大或比它小。

②屈服阶段中如呈现两个或两个以上的谷值应力，舍去第 1 个谷值应力（第 1 个极小值应力）不计，取其余谷值应力中之最小者判为下屈服强度。如只呈现 1 个下降谷，此谷值应力判为下屈服强度。

③屈服阶段中呈现屈服平台，平台应力判为下屈服强度；如呈现多个而且后者高于前者的屈服平台，判第 1 个平台应力为下屈服强度。

④正确的判定结果应是下屈服强度一定低于上屈服强度。

(5)规定塑性延伸强度 R_p 的测定

①根据力—延伸曲线图测定规定塑性延伸强度。在曲线图上，画一条与曲线的弹性直线段部分平行，且在延伸轴上与此直线段的距离等效于规定塑性延伸率，例如 0.2%的直线。此平行线与曲线的交截点给出相应于所求规定塑性延伸强度的力。此力除以试样原始横截面积得到规定塑性延伸强度（图 6-4）。

②如力—延伸曲线图的弹性直线部分不能明确地确定，以致不能以足够的准确度画出这一平行线，推荐采用如下方法（图 6-5）。

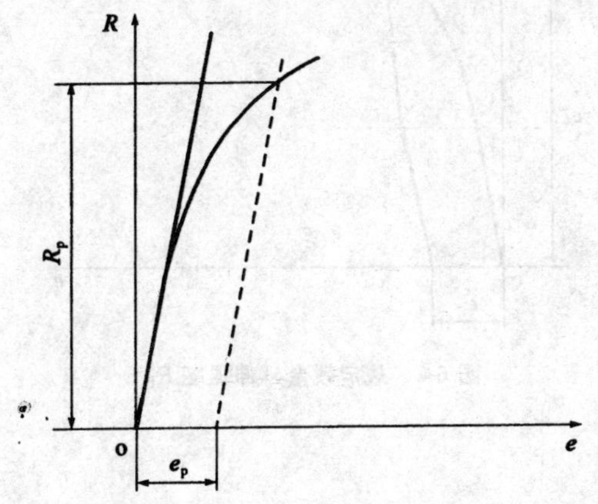

图 6-4 规定塑性延伸强度 R_p

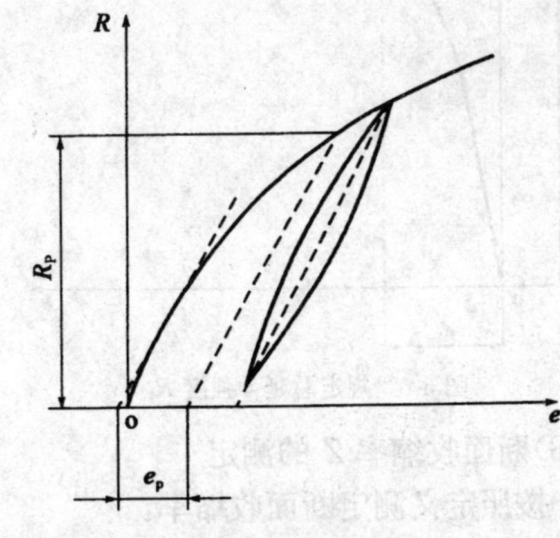

图 6-5 规定塑性延伸强度 R_p

e——延伸率；

e_p——规定的塑性延伸率；

R——应力；

R_p——规定塑性延伸强度

③试验时，当已超过预期的规定塑性延伸强度后，将力降至约为已达到的力的10%，然后再施加力直至超过原已达到的力。为了测定规定塑性延伸强度，过滞后环两端点画一直线。然后经过横轴上与曲线原点的距离等效于所规定的塑性延伸率的点，作平行于此直线的平行线。平行线与曲线的交截点给出相应于规定塑性延伸强度的力。此力除以试样原始横截面积得到规定塑性延伸强度(图 6-5)。

注：可以用各种方法修正曲线的原点。画一条平行于滞后环所确定的直线的平行线并与使其与力－延伸曲线相切，此平行线与延伸轴的交截点即为曲线的修正原点。

④可以使用自动处理装置(例如微处理机等)或自动测试系统测定规定塑性延伸强度，可以不绘制力—延伸曲线图。

⑤可以采用《金属材料 拉伸试验 第1部分：室温试验方法》(GB/T 228.1—2010)附录J提供的逐步逼近方法测定规定塑性延伸强度。

(6)规定总延伸强度 R_t 的测定

①在力—延伸曲线图上，画一条平行于力轴并与该轴的距离等效于规定总延伸率的平行线，此平行线与曲线的交截点给出相应于规定总延伸强度的力。此力除以试样原始横截面积 S_o 得到规定总延伸强度(图 6-6)。

②可以使用自动装置(例如微处理机等)或自动测试系统测定规定总延伸强度，可以不绘制力—延伸曲线图。

(7)规定残余延伸强度 R_r 的验证方法

对试样施加相应于规定残余延伸强度的力，保持力10～12s，卸除力后验证残余延伸率未超过规定百分率(图 6-7)。

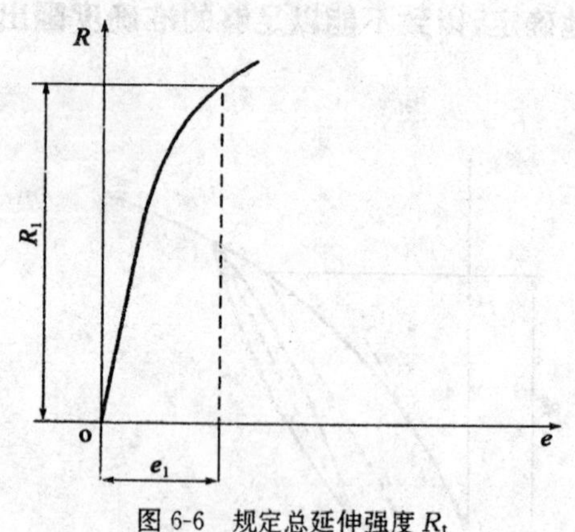

图 6-6　规定总延伸强度 R_t

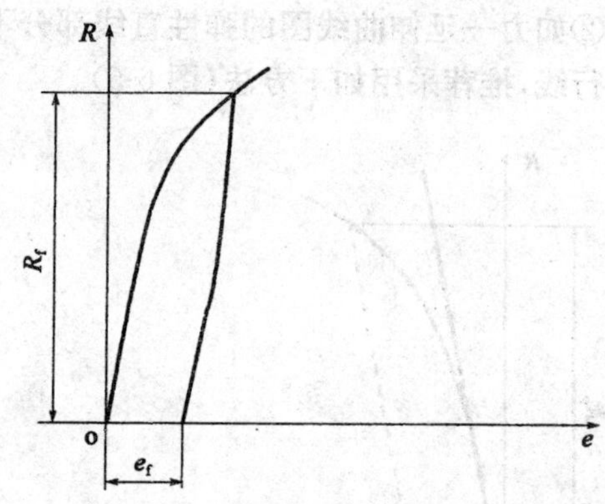

图 6-7　规定残余延伸强度 R_r

(8)断面收缩率 Z 的测定

①按照定义测定断面收缩率。

②将试样断裂部分仔细地配接在一起，使其轴线处于同一直线上。断裂后最小横截面积的测定应准确到±2%(图 6-8)。原始横截面积与断后最小横截面积之差除以原始横截面积的百分率得到断面收缩率。

4)性能测定结果数值的修约

试验测定的性能结果数值应按照相关产品标准的要求进行修约。如未规定具体要求，应按照如下要求进行修约：

(1)强度性能值修约至 1MPa；

(2)屈服点延伸率修约至 0.1%，其他延伸率和断后伸长率修约至 0.5%；

(3)断面收缩率修约至 1%。

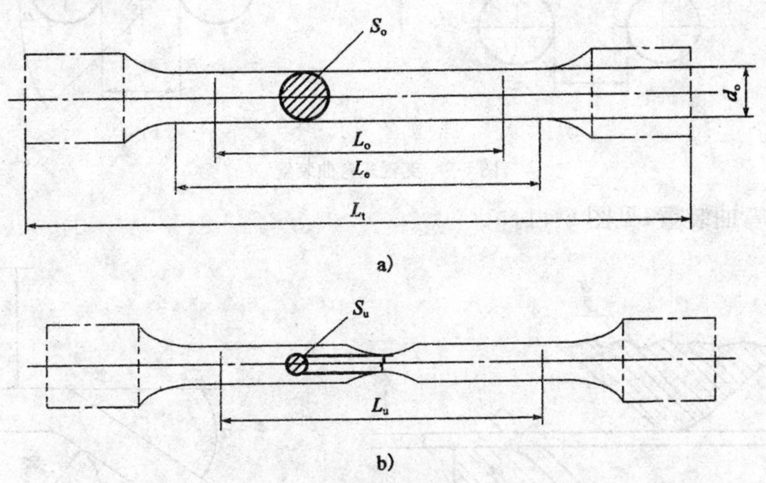

图 6-8 圆形横截面机加工试样

a)试验前；b)试验后

d_0——圆试件平行长度的原始直径；

L_0——原始标距；

L_c——平行长度；

L_t——试件总长度；

L_u——断后标距；

S_0——平行长度的原始横截面积；

S_u——断后最小横截面积

2.金属材料弯曲试验方法

1)适用范围

本方法适用于金属材料相关产品标准规定试样的弯曲试验，测定其弯曲塑性变形能力，但不适用金属管材和金属焊接接头的弯曲试验。

2)原理

弯曲试验是以圆形、方形、矩形或多边形横截面试样在弯曲装置上经受弯曲塑性变形，不改变加力方向，直接达到规定的弯曲角度。

弯曲试验时，试样两臂的轴线保持在垂直于弯曲轴的平面内。如为弯曲 180°角的弯曲试验，按照相关产品标准的要求，可以将试样弯曲至两臂相距规定距离且相互平行或两臂直接接触，可使用垫块控制规定距离。

3)试验设备

应在配备下列弯曲装置之一的试验机或压力机上完成试验：

(1)支辊式弯曲装置，见图 6-9；

(2)V 形模具式弯曲装置，见图 6-10；

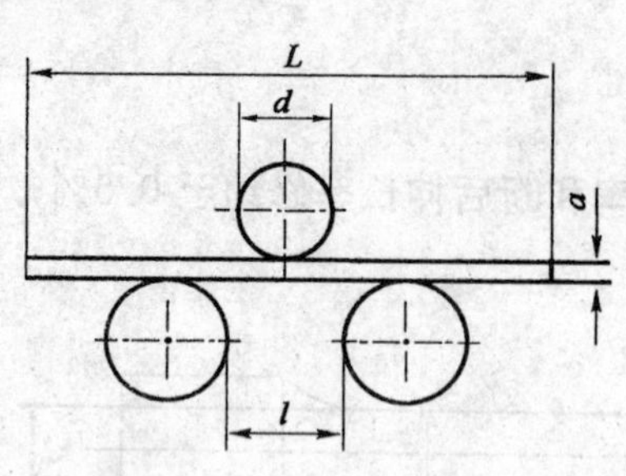

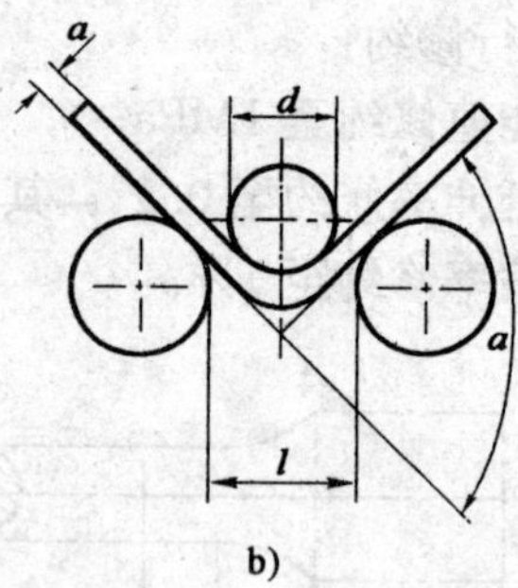

图 6-9　支辊式弯曲装置

(3)台钳式弯曲装置，见图 6-11。

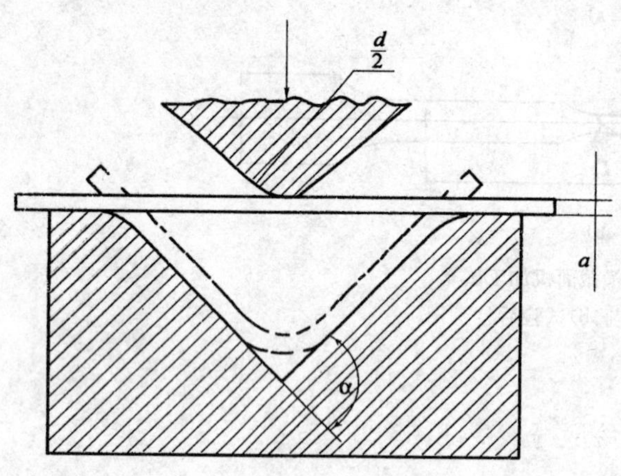

图 6-10　V 形模具式弯曲装置

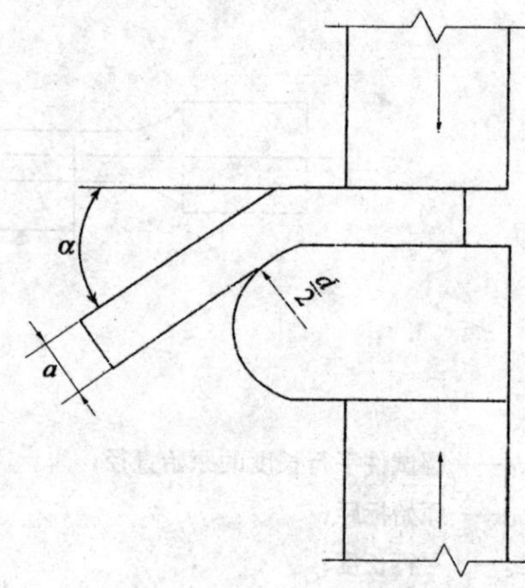

图 6-11　台钳式弯曲装置

4)试样

(1)试验使用圆形、方形、矩形或多边形横截面的试样，样坯的切取位置和方向应按照相关产品标准的要求。如未具体规定，按照《钢及钢产品　力学性能试验取样位置及试样制备》(GB/T 2975—1998)的要求，试样应通过机加工去除由于剪切或火焰切割等影响了材料性能的部分。如果试验结果不受影响，允许不去除试样受影响部分。

(2)试样表面不得有划痕和损伤，方形、矩形和多边形横截面试样的棱边应倒圆，倒圆半径不能超过以下数值：

①1mm，当试样厚度小于 10mm；

②1.5mm，当试样厚度大于或等于 10mm 且小于 50mm；

③3mm，当试样厚度不小于 50mm。

棱边倒圆时不应形成影响试验结果的横向毛刺、伤痕或刻痕。如果试验结果不受影响，允许试样棱边不倒圆。

(3)试样宽度应按照相关产品标准的要求。如未具体规定，试样宽度应按照如下要求：

①当产品宽度不大于 20mm 时，试样宽度为原产品宽度；

②当产品宽度大于 20mm，厚度小于 3mm 时，试样宽度为 20mm±5mm；厚度不小于 3mm 时，试样宽度在 20～50mm 之间。

(4)试样厚度或直径应按照相关产品标准的要求，如未具体规定，应按照以下要求：

①对于板材、带材和型材，产品厚度不大于 25mm 时，试样厚度应为原产品的厚度；产品厚度大于 25mm 时，试样厚度可以机加工减薄至不小于 25mm，并应保留一侧原表面。弯曲试验时试样保留的原表面应位于受拉变形一侧。

②直径或多边形横截面内切圆直径不大于 30mm 的产品，其试样横截面应为原产品的横截面。如试验设备能力不足，对于直径或多边形横截面内切圆直径为超过 30mm 但不大于 50mm 的产品，可将其机加工成横截面内切圆直径为不小于 25mm 的试样。直径或多边形横截面内切圆直径大于 50mm 的产品，应将其机加工成横截面内切圆直径为不小于 25mm 的试样。试验时，试样未经机加工的原表面应置于受拉变形的一侧（图 6-12）。

(5)锻材、铸铁和半成品试样

对于锻材、铸铁和半成品试样，其试样尺寸和形状应在交货要求或协议中规定。

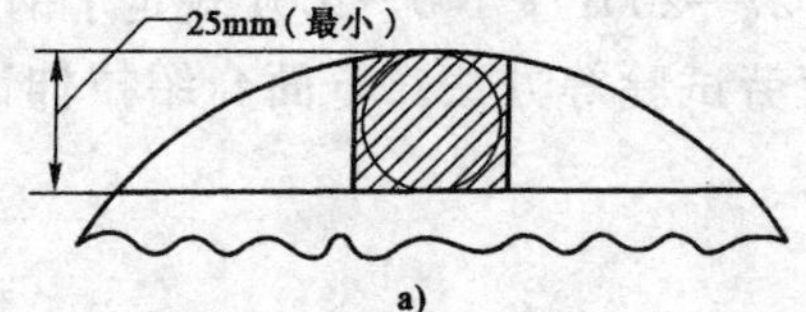

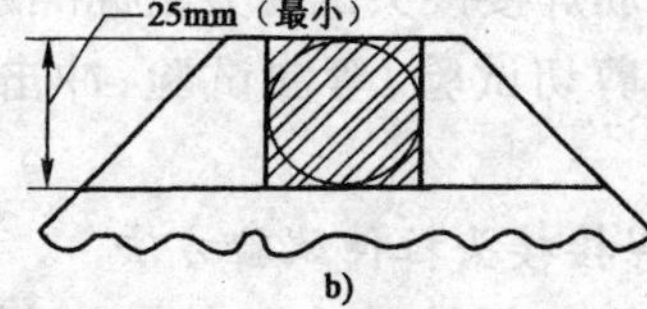

图 6-12 减薄试样横截面形状与尺寸

(6)大厚度和大宽度试样

经协议，可以使用大于(3)条宽度或者(4)条规定厚度试样进行试验。

(7)试样的长度

试样长度应根据试样厚度（或直径）和所使用的试验设备确定。

5)试验程序

(1)试验一般在 10～35℃的室温范围内进行。对温度要求严格的试验，试验温度应为 23℃±5℃。

(2)由相关产品标准规定，采用下列方法之一完成试验。

①试样在图 6-9～图 6-11 所给定的条件和在力作用下弯曲至规定的弯曲角度；

②试样在力作用下弯曲至两臂相距规定距离且相互平行；

③试样在力作用下弯曲至两臂直接接触。

(3)试样弯曲至规定弯曲角度的试验，应将试样放于两支辊（[图 6-9a)]或 V 形模具（图 6-10）上，试样轴线应与弯曲压头轴线垂直，弯曲压头在两支座之间的中点处对试样连续施加力使其弯曲，直至达到规定的弯曲角度。

也可以采用图 6-11 所示方法进行弯曲试验。试样一端固定，绕弯曲压头进行弯曲，可以绕过弯曲压头，直至达到规定的弯曲角度。

弯曲试验时，应当缓慢地施加弯曲力，以使材料能够自由地进行塑性变形。

当出现争议时，试验速率应为 1mm/s±0.2mm/s。

如不能直接达到规定的弯曲角度，应将试样置于两平行压板之间，连续施加力压其两端使进一步弯曲，直至达到规定的弯曲角度。

(4)试样弯曲至两臂平行的试验，首先对试样进行初步弯曲（弯曲角度应尽可能大），然后将试样置于两平行压板之间连续施加力压其两端使进一步弯曲，直至两臂平行。试验时可以加或不加垫块。除非产品标准中另有规定,垫块厚度等于规定的弯曲压头直径。

(5)试样弯曲至两臂直接接触的试验,应首先将试样进行初步弯曲(弯曲角度应尽可能大),然后将其置于两平行压板之间,连续施加力压其两端使进一步弯曲,直至两臂直接接触。

6)试验结果评定

(1)应按照相关产品标准的要求评定弯曲试验结果。如未规定具体要求,弯曲试验后试样弯曲外表无肉眼可见裂纹应评定为合格。

(2)相关产品标准规定的弯曲角度视做最小值,若规定弯曲压头直径,以规定的弯曲压头直径作为最大值。

二、钢筋焊接接头力学性能测试方法

我国《钢筋焊接接头试验方法标准》(JGJ/T 27—2001)J 140—2001 规定了钢筋焊接接头的拉伸试验、剪切试验、弯曲试验、冲击试验、疲劳试验等方法。下面介绍拉伸试验和弯曲试验。

1. 钢筋焊接接头拉伸试验方法

(1)各种钢筋焊接接头的拉伸试样的尺寸可按《钢筋焊接接头试验方法标准》(JGJ/T 27—2001)J 140—2001 中表 2.0.1 的规定取用。

(2)根据钢筋的级别和直径,应选用适配的拉力试验机或万能试验机。试验机应符合现行国家标准《金属材料 室温拉伸试验方法》(GB/T 228—2002)中的有关规定。

(3)夹紧装置应根据试样规格选用,在拉伸过程中不得与钢筋产生相对滑移。

(4)在使用预埋件 T 形接头拉伸试验吊架时,应将拉杆夹紧于试验机的上钳口内,试样的钢筋应穿过垫板放入吊架的槽孔中心,钢筋下端应夹紧于试验机的下钳口内。

(5)试验前应采用游标卡尺复核钢筋的直径和钢板厚度。

(6)用静拉伸力对试样轴向拉伸时应连续而平稳,加载速率宜为 10～30MPa/s,将试样拉至断裂(或出现缩颈),可从测力盘上读取最大力或从拉伸曲线图上确定试验过程中的最大力。

(7)试验中,当试验设备发生故障或操作不当而影响试验数据时,试验结果应视为无效。

(8)当在试样断口上发现气孔、夹渣、未焊透、烧伤等焊接缺陷时,应在试验记录中注明。

(9)抗拉强度应按下式计算:

$$\sigma_b=\frac{F_b}{S_0} \tag{6-4}$$

式中:σ_b——抗拉强度(MPa),试验结果数值应修约到 5MPa,修约的方法应按现行国家标准《数值修约规则》(GB 8170)的规定进行;

F_b——最大力(N);

S_0——试样公称截面面积(mm^2)。

2. 焊接接头弯曲试验方法

(1)试样的长度宜为两支辊内侧距离另加 150mm,具体尺寸可按《钢筋焊接接头试验方法标准》(JGJ/T 27—2001)J 140—2001 附录 B 的表 B 选用。

(2)应将试样受压面的金属毛刺和镦粗变形部分去除至与母材外表齐平。

(3)弯曲试验可在压力机或万能试验机上进行。

(4)进行弯曲试验时，试样应放在两支点上，并应使焊缝中心与压头中心线一致，应缓慢地对试样施加弯曲力，直至达到规定的弯曲角度或出现裂纹、破断为止。

(5)压头弯心直径和弯曲角度应按表6-2的规定确定。

压头弯心直径和弯曲角度 表6-2

序号	钢筋级别	弯心直径 D		弯曲角
		$D\leqslant25$(mm)	$D>25$(mm)	
1	I	$2d$	$3d$	90
2	II	$4d$	$5d$	90
3	III	$5d$	$6d$	90
4	IV	$7d$	$8d$	90

注：d 为钢筋直径。

(6)在试验过程中，应采取安全措施，防止试样突然断裂伤人。

第七章

石　料

一、桥涵工程所用石料的种类和石料的技术等级划分以及用途

1. 桥涵工程所用石料的种类和用途

石料是土木工程的主要材料之一，包括块状石料和粗集料。石料的质量主要取决于加工石料所用的岩石。岩石为颗粒间连接牢固、呈整体或具有节理裂隙的地质体。按地质成因天然岩石分为岩浆岩、沉积岩和变质岩三大类。桥梁工程所用石料质量和规格必须符合设计要求和施工规范规定。桥涵工程使用的石料主要用于砌体工程，如桥涵拱圈、墩台、基础、锥坡、墙身等。

2. 石料的技术等级划分

(1)岩石的坚硬程度应根据岩块的饱和单轴抗压强度标准 f_{rk} 按表 7-1 分为坚硬岩、较硬岩、较软岩、软岩和极软岩 5 个等级。

岩石坚硬程度分级　　表 7-1

坚硬程度类别	坚硬岩	较硬岩	较软岩	软岩	极软岩
饱和单轴抗压强度标准值 f_{rk}(MPa)	$f_{rk}>60$	$60\geq f_{rk}>30$	$30\geq f_{rk}>15$	$15\geq f_{rk}>5$	$f_{rk}\leq 5$

当缺乏有关试验数据或不能进行该项试验时，可按表 7-2 定性分级。

岩石坚硬程度的定性分级　　表 7-2

坚硬程度等级		定性鉴定	岩石
硬质岩	坚硬岩	锤击声清脆，有回弹，振手，难击碎，基本无吸水反应	未风化～微风化的花岗岩、闪长岩、辉绿岩、玄武岩、安山岩、片麻岩、石英岩、石英砂岩、硅质砾岩、硅质石灰岩等
	较硬岩	锤击声较清脆，有轻微回弹，稍振手，较难击碎，有轻微吸水反应	1. 微风化的坚硬岩； 2. 未风化～微风化的大理岩、板岩、石灰岩、白云岩、钙质砂岩等
软质岩	较软岩	锤击声不清脆，无回弹，较易击碎，浸水后指甲可刻出印痕	1. 中风化～强风化的坚硬岩或较硬岩； 2. 未风化～微风化的凝灰岩、千枚岩、泥灰岩、砂质砂岩等
	软岩	锤击声哑，无回弹，有凹痕，易击碎，浸水后手可掰开	1. 强风化的坚硬岩或较硬岩； 2. 中风化～强风化的较软岩； 3. 未风化～微风化的页岩、泥岩、泥质砂岩等
极软岩		锤击声哑，无回弹，有较深凹痕，手可捏碎，浸水后可捏成团	1. 全风化的各种岩石； 2. 各种半成岩

(2)岩石的风化程度可按表7-3分为未风化、微风化、中风化、强风化、全风化、残积土6个等级。

岩石的风化程度分级表　　表7-3

风化程度	野外特征	风化程度系数指标	
		波速比	风化系数
未风化	岩质新鲜，偶见风化痕迹	0.9~1.0	0.9~1.0
微风化	结构基本未变，仅节理面有渲染或略有变色，有少量风化裂隙	0.8~0.9	0.8~0.9
中风化	结构部分破坏，沿节理面有次生矿物，风化裂痕发育，岩体被切割成岩块。用镐难挖，岩芯钻方可钻进	0.6~0.8	0.4~0.8
强风化	结构大部分破坏，矿物成分显著变化，风化裂隙很发育，岩体破碎，用镐可挖，干钻不易钻进	0.4~0.6	<0.4
全风化	结构基本破坏，但尚可辨认，有残余结构强度，可用镐挖，干钻可钻进	0.2~0.4	—
残积土	组织结构全部破坏，已风化成土状，锹镐易挖掘，干钻易钻进，具已塑性	<0.2	—

注：①波速比为风化岩石与新鲜岩石压缩波速度之比；

②风化系数为风化岩石与新鲜岩石单轴抗压强度之比；

③岩石风化程度，除按表列野外特征和定量指标划分外，也可根据当地经验划分；

④花岗岩类岩石，可采用标准贯入试验划分，为强风化、全风化、残积土；

⑤泥岩和半成岩，可不进行风化程度划分。

(3)岩体完整程度根据完整性指数按表7-4分为完整、较完整、较破碎、破碎和极破碎5个等级。

岩体完整程度划分　　表7-4

完整程度等级	完整	较完整	较破碎	破碎	极破碎
完整性指数	>0.75	0.75~0.55	0.55~0.35	0.35~0.15	<0.15

注：完整性指数为岩体纵波波速与岩块纵波波速之比的平方。选定岩体、岩块测定波速时应有代表性。

当缺乏有关试验数据时，可按表7-5划分。

岩体完整程度定性分级　　表7-5

完整程度	结构面发育程度		主要结构面的结合程度	主要结构面的类型	相应结构类型
	结构面组数	平均间距(m)			
完整	1~2	>1.0	结合好或结合一般	裂隙、层面	整体状或巨厚状结构
较完整	1~2	>1.0	结合差	裂隙、层面	块状或厚度结构
	2~3	1.0~0.4	结合好或结合一般	—	块状结构
较破碎	2~3	1.0~0.4	结合差	裂隙、层面、小断层	裂隙块状或中厚层结构
	≥3	0.4~0.2	结合好		镶嵌碎裂结构
			结合一般		中、薄层状结构
破碎	≥3	0.4~0.2	结合差	各种类型结构面	裂隙块状结构
		≤0.2	结合一般或结合差		碎裂状结构
极破碎	无序	—	结合很差	—	散体状结构

注：平均间距指主要结构面(1~2组)间距的平均值。

(4)岩体节理发育程度根据节理间距按表 7-6 分为节理很发育、节理发育、节理不发育 3 类。

岩体节理发育程度的分类　　表 7-6

程　度	节理不发育	节理发育	节理很发育
节理间距(mm)	＞400	200～400	20～200

当软化系数等于或小于 0.75 时，应定为软化岩石。当岩石具有特殊成分、特殊结构或特殊性质时，应定为特殊性岩石，如易溶性岩石、膨胀性岩石、崩解性岩石、盐渍化岩石等。

(5)岩体基本质量等级分类，可按表 7-7 划分为 I、II、III、IV 和 V 五个等级。

岩体基本质量等级分类　　表 7-7

坚硬程度 \ 完整程度	完整	较完整	较破碎	破碎	极破碎
坚硬岩	I	I	III	IV	V
较硬岩	II	III	IV	IV	V
较软岩	III	IV	IV	V	V
软岩	IV	IV	V	V	V
极软岩	V	V	V	V	V

二、石料的力学性能

1. 单轴抗压强度的试验

(1)目的和适用范围

单轴抗压强度试验时测定规则形状岩石试件单轴抗压强度的方法，主要用于岩石的强度分级和岩性描述。

本法采用饱和状态下的岩石立方体(或圆柱体)试件的抗压强度来评定岩石强度(包括碎石或卵石的原始岩石强度)。

在某些情况下，试件含水状态还可根据需要选择天然状态、烘干状态或冻融循环后状态。试件的含水状态要在试验报告中注明。

(2)仪器设备

①压力试验机或万能试验机。

②钻石机、切石机、磨石机等岩石试件加工设备。

③烘箱、干燥器、游标卡尺、角尺及水池等。

(3)试件制备

①建筑地基的岩石试验，采用圆柱体作为标准试件，直径为 50mm±2mm，高径比为 2∶1。每组试件共 6 个。

②砌体工程(桥梁工程、挡土墙、边坡)用的石料试验，采用立方体试件，边长为 70mm±2mm。每组试件共 6 个。

③路面工程用石料试验采用圆柱体或立方体试件，其直径或边长和高均为 50mm±2mm。每组试件共 6 个。

有显著层理的岩石，分别沿平行和垂直层理方向各取试件 6 个。试件上、下端面应平行和磨平，试件端面的平面度公差应小于0.05mm，端面对于试件轴线垂直偏差不应超过0.25°。对于非标准圆柱体试件，试验后抗压强度试验值按式(7-1)进行换算。

$$R_e=\frac{8R}{7+2D/H} \tag{7-1}$$

式中：R_e——试件高径比为2：1的标准抗压强度值；

R——试件任意高径比的抗压强度值；

D——试件直径；

H——试件高。

(4)试验步骤

①用游标卡尺量取试件尺寸(精确到0.1mm)，对于立方体试件在顶面和底面上各量取其边长，以各个面上相互平行的两个边长的算术平均值计算其承压面积；对于圆柱体试件在顶面和底面分别测量两个相互正交的直径，并以其各自的算术平均值分别计算底面和顶面的面积，取其顶面和底面面积的算术平均值作为计算抗压强度所用的截面积。

②试件的含水状态可根据需要选择烘干状态、天然状态、饱和状态、冻融循环后状态。试件饱和采用下面任一方法。

用煮沸法饱和试件：将称量后的试件放入水槽，注水至试件高度的一半，静置2h。再加水使试件浸没，煮沸6h以上，并保持水的深度不变。煮沸停止后静置水槽，待其冷却，取出试件，用湿纱布擦去表面水分，立即进行试验。

用真空抽气法饱和试件：将称量后的试件置于真空干燥器中，注入洁净水，水面高出试件顶面20mm，开动抽气机，抽气时真空压力需达100kPa，保持此真空状态直至无气泡发生为止(不少于4h)。经真空抽气的试件应放置在原容器中，在大气压力下静置4h，取出试件，用湿纱布擦去表面水分，立即进行试验。

③按岩石强度性质，选定合适的压力机。将试件置于压力机的承压板中央，对正上、下承压板，不得偏心。

④以0.5～1MPa/s的速率进行加荷直至破坏，记录破坏荷载及加载过程中出现的现象。抗压试件试验的最大荷载记录以N为单位，精度为1%。

(5)结果整理

①岩石的饱水抗压强度和软化系数分别按式(7-2)、式(7-3)计算。

$$R_w=P/A \tag{7-2}$$

式中：R_w——岩石饱和状态下的单轴抗压强度(MPa)；

P——岩石饱和状态下破坏时的荷载(N)；

A——试件的截面积(mm^2)。

$$K_p=R_w/R_d \tag{7-3}$$

式中：K_p——软化系数；

R_w——岩石饱和状态下的单轴抗压强度(MPa)；

R_d——岩石烘干状态下的单轴抗压强度(MPa)。

②单轴抗压强度试验结果应同时列出每个试件的试验及同组岩石单轴抗压强度的平均值；有显著层理的岩石，分别报告垂直与平行层理方向试件强度的平均值。计算值精确至

0.1MPa。

软化系数计算值精确至0.01,3个试件平行测定,取算术平均值;3个值中最大与最小之差不应超过平均值的20%;否则,应另取第4个试件,并在4个试件中取最接近3个值的平均值作为试验结果,同时在报告中将4个值全部给出。

(6)试验注意事项

岩石的抗压强度是反映岩石力学性质的主要指标之一,它在岩体工程分类、建筑材料选择及工程岩体稳定性评价计算中都是必不可少的指标。试验研究表明,岩石的抗压强度受一系列因素的影响与控制。这些因素包括两个方面:一方面是岩石本身方面的因素,如矿物组成、结构构造及含水状态等;另一方面是试验条件,如试件形状、大小、高径比及加工精度、加荷速率等。

2.抗冻性试验

(1)目的和适用范围

岩石的抗冻性是用来评估岩石在饱和状态下经受规定次数的冻融循环后抵抗破坏的能力,岩石抗冻性对于不同的工程环境气候有不同的要求。冻融次数规定:在严寒地区(最冷月的月平均气温低于-15℃)为25次;在寒冷地区(最冷月的月平均气温低于-15～-5℃)为15次。

寒冷地区,均应采用本法进行岩石的抗冻性试验。

(2)仪器设备

①切石机、钻石机及磨石机等岩石试件加工设备。

②冰箱:温度能控制在-20～-15℃。

③天平:感量0.01g,称量大于500g。

④放大镜。

⑤烘箱:能使温度控制在105～110℃。

(3)试件制备

①同本节单轴抗压强度试验中①的规定。

②每组试件不应少于3个,此外再制备同样试件3个,用于做冻融系数试验。

(4)试验步骤

①将试件编号,用放大镜详细检查,并作外观描述。然后量出每个试件的尺寸,计算受压面积。将试件放入烘箱,在105～110℃下烘至恒量,烘干时间一般为12～24h,待在干燥器内冷却至室温后取出,立即称其质量m_g,精确至0.01g(以下皆同此)。

②按吸水率试验方法,让试件自由吸水饱和,然后取出,擦去表面水分,放在铁盘中,试件与试件之间应留有一定间距。

③待冰箱温度下降到-15℃以下时,将铁盘连同试件一起放入冰箱,并立即开始计时。冻结4h后取出试件,放入20℃±5℃的水中溶解4h,如此反复冻融至规定次数为止。

④每隔一定的冻融循环次数(如10次、15次、25次等),详细检查各试件有无剥落、裂缝、分层及掉角等现象,并记录检查情况。

⑤称量冻融试验后的试件饱水质量m_f',再将其烘干至恒量,称其质量m_f,并按公路工程岩石规范抗压强度试验方法测定冻融试验后的试件饱水抗压强度,另取3个未经冻融试验的试

件测定其饱水抗压强度。

(5)结果整理

①按式(7-4)计算岩石冻融后的质量损失率,试验结果精确至0.1%。

$$L=\frac{m_s-m_f}{m_s}\times 100 \tag{7-4}$$

式中:L——冻融后的质量损失率(%);

m_s——试验前烘干试件的质量(g);

m_f——试验后烘干试件的质量(g)。

②冻融后的质量损失率取3个试件试验结果的算术平均值。

③按式(7-5)计算岩石冻融后的吸水率,试验结果精确至0.1%。

$$w'_{sa}=\frac{m'_f-m_f}{m_f}\times 100 \tag{7-5}$$

式中:w'_{sa}——岩石冻融后的吸水率(%);

m'_f——冻融试验后的试件饱水质量(g)。

其他符号同前。

④按式(7-6)计算岩石的冻融系数,试验结果精确至0.01。

$$K_f=\frac{R_f}{R_s} \tag{7-6}$$

式中:K_f——冻融系数;

R_f——经若干次冻融试验后的试件饱水抗压强度(MPa);

K_s——未经冻融试验的试件饱水抗压强度(MPa)。

⑤试验记录

抗冻性记录应包括岩石名称、试验编号、试件编号、试件描述、冻融循环次数、冻融试验前后的烘干质量、冻融试验后的试件饱水抗压强度、未经冻融试验的试件饱水抗压强度。

(6)试验注意事项

①岩石的抗冻性试验是指试件在浸水条件下,经多次冻结与融化交替作用后测定试件的质量损失率以及单轴饱水抗压强度的变化。岩石的抗冻性用两个直接指标表示,一个为冻融系数,另一个为质量损失率。冻融系数是冻融试验后的试件饱水抗压强度与冻融试验前的试件饱水抗压强度的比值;质量损失率是冻融试验前后的干试件质量差与冻融试验前干试件质量的比值,用百分数表示。

②岩石的抗冻性与其矿物成分、结构特征有关,而同岩石的吸水率指标关系更加密切。岩石的抗冻性主要取决于岩石中大开口孔隙的发育情况、亲水性和可溶性矿物的含量及矿物颗粒间的连接力。大开口孔隙越多,亲水性和可溶性矿物含量越高时,岩石的抗冻性越低;反之,越高。

③判断岩石抗冻性能好坏有三个指标,即冻融后强度变化、质量损失、外形变化。一般认为,抗冻系数大于75%,质量损失率小于2%时,为抗冻性好的岩石;吸水率小于0.5%,软化系数大于0.75以及饱水系数小于0.8的岩石,具有足够的抗冻能力。对于一般公路工程,往往根据上述标准来确定是否需要进行岩石的抗冻性试验。

④应在每次冻融后观察和描述有无破坏现象，最后一次总检查，应着重描述剥落、裂缝和边角损坏等情况。

3. 坚固性试验

(1)目的和适用范围

坚固性试验是确定岩石试样经饱和硫酸钠溶液多次浸泡与烘干循环后而不发生显著破坏或强度降低的性能，是测定岩石抗冻性的一种简易方法。一般适用于质地坚硬的岩石。有条件者均应采用直接冻融法进行岩石的抗冻性试验。

(2)仪器设备

①切石机、钻石机及磨石机等岩石试件加工设备。

②天平：感量0.01g，称量大于500g。

③烘箱：能使温度控制在105～110℃。

④瓷、玻璃或釉盛器：容积不小于5L。

⑤温度计。

⑥密度计。

⑦放大镜、钢针等。

(3)试验材料或试剂

①饱和硫酸钠溶液：取约400g的无水硫酸钠(或800g的结晶硫酸钠)溶解于温度为30～50℃的1 000mL纯净水中配制而成(溶液总需要量约等于试件体积的5倍)。其配制方法是：边加热洁净水(水温为30～50℃)，边慢慢加入硫酸钠，并用玻璃棒不断搅拌，待硫酸钠全部溶解直至饱和并有部分结晶析出为止。让溶液冷至室温(20～25℃)并静置48h后待用。使用时需将溶液充分搅拌，试验过程中应保持溶液密度在1 150～1 175kg/m^{3}范围内。

②10%氯化钡溶液。

(4)试件制备

同本节单轴抗压强度试验中的试件制备。

(5)试验步骤

①将试件放入烘箱，在105～110℃下烘至恒量，烘干时间一般为12～24h，取出置于干燥器内，冷却至室温，称其质量(精确至0.01g，以下皆同此)。

②把烘干试件浸入装有硫酸钠溶液的盛器中，溶液应高出试件顶面2cm以上，用盖将盛器盖好，浸置20h。然后将试件取出，再用瓷皿衬住置于105～110℃的烘箱中烘4h。4h后取出试件，将其冷却至室温，再重新浸入硫酸钠溶液中，至硫酸钠结晶溶解后取出试件，用放大镜及钢针仔细观察岩石试件有无破坏现象，并详细描述记录。

③按上述方法反复浸烘5次，最后一次循环后，用热洁净水煮洗几遍，直至将试件中硫酸钠溶液全部洗净为止。是否洗净可用10%氯化钡溶液进行检验，具体操作为：取洗试件的水若干毫升，滴入少量氯化钡溶液，如无白色沉淀，则说明硫酸钠已被洗净。将洗净的试件烘至恒量，准确称出其质量。

(6)结果整理

①按式(7-7)计算岩石的试验质量损失率，试验结果精确至0.1%。

$$Q=\frac{m_1-m_2}{m_1}\times 100 \tag{7-7}$$

式中：Q——硫酸钠浸泡质量损失率(%)；

m_1——试验前烘干试件的质量(g)；

m_2——试验后烘干试件的质量(g)。

②取3个试件试验结果的算术平均值作为测定值。

③试验记录

坚固性试验记录应包括岩石名称、试验编号、试件编号、试件描述、浸烘试验次数、试验前后的干试件质量。

(7)试验注意事项

①坚固性试验是通过浸烘循环试验后用来评估岩石抗冻性的一种简易快速测定方法。有条件者均应采用直接冻融法进行岩石的抗冻性试验。

②硫酸钠溶解度较小，当用热水溶解再冷却后，容易发生再结晶现象，对于饱和硫酸钠溶液更是如此，因而试验过程中应注意，使用硫酸钠溶液时需重新充分搅拌。规定保持硫酸钠溶液密度在1 150～1 175kg/m³ 范围内，即是要保持硫酸钠溶液是饱和状态，可用密度计来校定。

③根据要求，可进行更多次的浸烘循环试验，试验记录时应清楚注明浸烘循环次数。

第八章

土工合成材料

一、土工合成材料的分类

土工合成材料分类随着新材料和新技术的发展还将不断有所变化。我国于 1998 年由水利部会同有关部门共同制定的《水利水电工程土工合成材料应用技术规范》，把土工合成材料分为四大类，即土工织物、土工膜、土工复合材料和土工特种材料，见图 8-1。

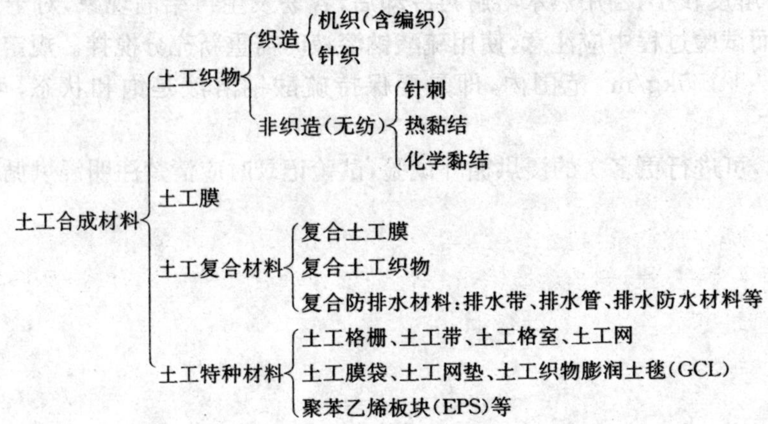

图 8-1　土工合成材料分类

常用的土工合成材料有：

土工网——合成材料条带或合成树脂压制成的平面结构网状土工合成材料。

土工格栅——聚合物材料经过定向拉伸形成的具有开孔网格、较高强度的平面网状材料。

土工模袋——双层聚合化纤织物制成的连续(或单独的)袋状材料，可以代替模板用高压泵把混凝土或砂浆灌入模袋之中，最后形成板状或其他形状结构。

土木织物——透水性的平面土工合成材料，按制造方法分为无纺(非织造)土工织物和有纺土工织物。无纺土工织物是由细丝或纤维按定向排列或非定向排列并结合在一起的织物；有纺土工织物是两组平行细丝或纱按一定方式交织而成的织物。

土工复合排水材——以无纺土工织物和土工网、土工膜或不同形状的合成材料芯材复合而成的土工排水材料。

玻纤网——以玻璃纤维制成的平面网格状材料。

土工垫——以热塑性树脂为原料，经挤出、拉伸等工序形成的相互缠绕，并在节点上相互熔合，底部为高模量基础层的三维网垫。

公路工程对土工织物及相关产品要求主要是过滤、排水、隔离、加筋、防渗和防护作用。如当路堤的稳定性不足时，可采用土工合成材料加筋，以提高路堤的稳定性。加筋是指在土内或其他材料内或界面上掺入或铺设适当的加筋材料，以提高土体或结构体强度与抗变形能力的行为。用于路堤加筋的土工合成材料可采用土工格栅、土工织物、土工网。当土工合成材料单纯用于加筋目的时，宜选择强度高、变形小、糙度大的土工格栅。

二、土工合成材料的适用范围

土工合成材料因其具有过滤、排水、隔离、加筋、防渗和防护等作用，在土工、交通、水利、冶金、电子、石油、海港、铁路、公路、机场、市政和建筑等部门得到广泛应用。下面主要介绍其在土工和交通工程方面的应用。

1.土工合成材料在土工技术中的应用

(1)加筋土坡

土坡中加入土工合成材料(土工格栅或土工织物)可以将土坡填筑得更陡一些。就加筋功能而言，与针刺土工织物相比，土工格栅和有纺土工织物可以在较小的应变下发挥作用。针刺土工织物则具有土工格栅和有纺土工织物所不具备的土工合成材料平面内的透水性。因而，土工合成材料在加筋(低透水性土)土坡中的应用是：

①针刺土工织物与土工格栅叠合铺设，具有加筋和排水功能；或针刺土工织物与有纺土工织物叠合铺设结合，具有加筋和排水功能。

②土工合成材料作为土坡内排水系统(竖向和水平向)和土工格栅结合；或土工合成材料作为土坡内排水系统(竖向和水平向)和有纺土工织物结合。

土工合成材料在加筋(低透水性土)土坡中的应用前景是将土工合成材料作为含有活性炭纤维的载体，使土工合成材料成为具有导水性的填充聚合物或金属纤维，从而通过电泳、离子转移和电渗改善加筋区内细粒土的性质。

(2)加筋土挡墙

与加筋土坡类似，加筋土挡墙可以形成直立墙面。加筋可以是土工织物，但更多的是使用土工格栅。近10年的主要进展是在墙面系统上的不断改进，包括：

土工合成材料包绕墙面系统；

木制墙面系统；

焊接丝网墙面系统；

堆叠筐笼墙面系统；

预制混凝土板(全高)墙面系统；

现浇混凝土面板墙面系统；

预制混凝土(分单元)墙面系统；

标准混凝土块(现称分块挡土墙)(SRWS)墙面系统。

(3)土堤地基加筋

20世纪70年代，美国工程师兵团采用高强土工织物加固土堤地基。其最终目的是减少软土地基上土堤的沉降。荷兰也是将该技术用于大面积填土的较早采用者之一。在土堤和地基之间设置加筋以减少不均匀沉降。如果土堤需要跨过地基中的孔洞，就所涉及的加筋抗拉强度而言，导致不均匀沉降的地基中孔洞的最大尺寸是最为关键的。

(4)混凝土坝防渗

许多已建成的混凝土坝存在严重的缺陷。除了剥落和裸露钢筋外，工程上最为关心的缺陷是结构渗漏的增加。现行的方法是放空水库后，在混凝土坝的上游面粘贴土工膜。沿垂直方向每隔 2m 设一水平不锈钢槽，以夹紧土工膜。该方法的改善是先在混凝土坝上游面设置土工网格，然后将土工膜粘贴在土工网格上。设置土工网格的目的是收集渗过土工膜的水。土工膜用于该目的已有 20 多年。据报道，它最早用于意大利，目前在全世界得到普遍的应用。

(5)土坝防渗

土工膜以及土工合成材料和黏性土形成的衬砌(GCL)，已被用在土坝或土坝的上游面作为防渗体。土工膜应妥善防护，防止刺破，并妥善锚固。将该项技术用于碾压混凝土坝，在这种情况下，土工膜及铺于土工膜下面的土工织物在工厂被粘贴在混凝土板上。在现场，随混凝土坝升高，逐步进行安装。在现场，用土工膜条带对这种板进行粘贴。该项技术有效地减少了水平渗漏。

(6)隧道防渗

现行的方法是将土工膜用于永久性混凝土里侧的防渗体，与针刺的、较厚的无纺土工织物一起，将水导入设在隧道底脚的排水出口，形成封闭的排水系统。

2.土工合成材料在交通工程中的应用

(1)改善道路

有许多方法将合成材料用于道路的断面上，其目的是使道路具有更好的性能和更长的使用期，或两者兼有。将土工织物和土工格栅用于道路的不同部位时，土工合成材料的功能为：

土工织物用于路堤和路基的隔离和加筋；

土工格栅用于路堤和路基的加筋；

土工格栅用于路堤内部的侧向加筋。

在路基施工过程中加入连续纤维。类似的，微网格也可以用于路面的铺设中。已有人进行过这方面的室内和现场试验。迄今，最大的成功是将分散的纤维(典型的有聚丙烯)应用于碎石路基中。

(2)无沟槽管道维修

城市的基础设施在不断地老化，建筑材料也有数百年的历史。采用无沟槽技术维修是正在兴起的行业，而且都采用了聚合材料。

由于现行的方法都减小原有管网的尺寸，现在的进展是用高压的探头挤坏原有的管道，以扩大直径，然后，迅速插入新管道并衬砌。这样，原管道的能力不降低，有些情况下，还扩大了管道的直径。

(3)水土保持系统

水土流失影响土地和农田的使用，也是水污染的原因之一。为了控制、减轻和避免土的流失，许多与土工合成材料有关的水土流失控制方法被采用。

水土流失控制材料用长钉(长达 3m)加固松软土坡。

三、土工织物及相关产品的质量要求

土工合成材料的指标一般可分为物理性能指标、力学性能指标、水力性能指标、土工织物与土相互作用性能指标及耐久性能指标等，下面逐一加以简单介绍。

1. 物理性能指标

(1)单位面积质量

单位面积质量，系 1m² 土工织物的质量，称为土工织物的基本质量，单位为 g/m²，它是土工织物的一个重要指标。对于任何一种系列产品来说，土工织物的单价与单位面积质量大致成正比，其力学强度随质量增大而提高。因此，在选用产品时，单位面积质量是必须考虑的技术和经济指标。

(2)厚度

指土工织物在 2kPa 法向压力下，其顶面与底面之间的距离，单位为 mm。土工织物厚度随所作用的法向压力而变，规定 2kPa 压力表示土工织物在自然状态无压条件下的厚度。不同类型土工织物的压缩量差别很大，其中针刺非织造土工织物的压缩量最大。因此，当考虑非织造土工织物水力特性时，必须注意到上覆压力变化使水力特性变化的特点。

(3)孔隙率

定义为非织造土工织物所含孔隙体积与总体积之比，以百分数(%)表示。该指标不直接测定，由单位面积质量、密度和厚度计算得到。

孔隙率与厚度有关，所以孔隙率也随压力增大而变小。

有时织造和非织造土工织物的孔径和渗透系数很接近，但不能认为两者水力性能相似。非织物土工织物的孔隙率远大于织造土工织物，因此其具有更好的反滤和排水性能。

2. 力学性能指标

针对土工织物在设计和施工中所受荷载性质的不同，其力学强度指标分为下列几种：抗拉强度、握持强度、撕裂强度、胀破强度、CBR 顶破强度、圆球顶破强度、刺破强度等。在前 3 项试验中，试样为单向受力，其纵向和横向强度需分别测定；而后 4 项试验中，试样为圆形，承受轴对称荷载，纵横双向同时受力。在上述众多力学指标中，最基本的是抗拉强度。

(1)抗拉强度和延伸率

抗拉强度也称为条带法抗拉强度，为单向拉伸。纵向和横向抗拉强度表示土工织物在纵向和横向单位宽度范围能承受的外部拉力，单位为 kN/m。对应抗拉强度的应变为土工织物的延伸率，用百分数(%)表示。抗拉强度是力学性能中的重要指标。在各种功能的应用中，对抗拉强度都有一定的要求。当用于加筋和隔离功能时，抗拉强度是主要的设计指标，而在排水和反滤功能的工程中，抗拉强度虽不是主要指标，但由于铺设过程中会受到扯拉、顶压、撕破等各种施工荷载，运用过程中也可能因建筑物变形而受拉，所以对强度也有一定要求。

(2)握持强度

握持强度表示土工织物抵抗外来集中荷载的能力，试验时仅 1/3 试样宽度被夹持，进行快速拉伸。土工织物对集中荷载的扩散范围越大，则握持强度越高，其单位为 N。

(3)撕裂强度

撕裂强度表示沿土工织物某一裂口将裂口逐步扩大过程中的最大拉力，单位为 N。

(4)胀破强度、CBR 顶破强度、圆球顶破强度、刺破强度

这四个强度的试验都表示土工织物抵抗外部冲击荷载的能力，其共同特点是试样为圆形，用环形夹具将试样夹住；其差别是试样尺寸、加荷方式不同。不同顶杆尺寸模拟不同顶压物，如块石、树枝等。胀破强度单位为 kPa，其他 3 项强度单位为 N。此外，落锥强度也属此类，其

试样尺寸与 CBR 相同，试验时一个重 1kg 的圆锥自 50cm 高处自由落下，测定试样被刺破的孔洞尺寸，单位为 mm，该试验重复性较差。

除抗拉强度外，其他各力学强度指标直接用于设计的情况还不多见，它们主要是作为参考指标，根据工程实际情况，便于对产品进行比较和选择。

3. 水力性能指标

水力性能指标主要为等效孔径和渗透系数，是土工织物两个很重要的特性指标。由于土工织物是与土共同工作的，对织物的基本要求是既能保土又能排水，这就要求土工织物的孔径很小(能挡住土)而排水又很通畅，两者看来是有矛盾的，而土的多变性更增大了问题的复杂性。某一土工织物对这种土是合适的，而对另一种土未必也是合适的。目前常用保土准则和透水准则来选择土工织物的等效孔径和渗透系数，即将土工织物的等效孔径和土的特征粒径建立关系式，同时将织物的渗透系数与土的渗透系数建立关系式，以求达到既保土又排水的目的。保土准则和透水准则由实验得到。由于实验时控制的条件不同，得到的准则也有差异。可按具体情况选择准则，有条件进行模拟实验则更好。鉴于目前仍以保土和透水作用作为选择土工织物反滤层的准则，因此等效孔径和渗透系数两个水力特性指标是反滤和排水功能中的重要指标。

(1)等效孔径(表现孔径)

以土工织物为筛布，用某一平均粒径的玻璃珠或石英砂进行振筛，取通过土工织物的过筛率(通过织物的颗粒质量与颗粒总投放量之比)为 5%(留筛率为 95%)所对应的粒径为织物的等效孔径 O_{95}，表示该土工织物的最大有效孔径，单位为 mm。用同样的步骤，则相应得到 O_{85}、O_{50} 和 O_{15} 的孔径值。土工织物的孔径分布曲线形状与土的颗粒分布曲线相似。

(2)垂直渗透系数和透水率

垂直渗透系数为水力梯度等于 1 时，水流垂直通过土工织物的渗透速率，单位为 cm/s。透水率为水位差等于 1 时的渗透速率，单位为 1/s。

(3)水平渗透系数和导水率

水平渗透系数为水力梯度等于 1 时水流沿土工织物平面的渗透速率，单位为 cm/s。导水率为沿土工织物单位宽度内的输水能力，单位为 cm^2/s。

4. 土工织物与土相互作用性能指标

(1)土—织物界面摩擦系数

埋在土中的土工织物，通过土—织物界面摩擦力将外荷传递至土工织物，使土工织物承受拉力，形成加筋土。工程实例有加筋土挡墙、堤基加筋垫层等。按试验方法可分为直剪摩擦系数和拉拔摩擦系数。

(2)土工织物渗透特性

土—织物联合应用时，如何使土工织物能长期保持良好的保土及排水性能，不发生淤堵，目前还没有满意的理论准则。为判断织物是否会发生淤堵，可进行长期淤堵试验或梯度比试验，前者试验历时达 500～1 000h，后者需测试 24h 或更长。两种试验都还存在一些问题，有待积累经验逐步改进。

5. 耐久性能指标

耐久性能指标主要有耐磨、抗紫外线、抗生物、抗化学、抗大气环境等多种指标，大多没有可遵循的规范、规程，一般按工程要求进行专门研究或参考已有工程经验来选取。

四、土工织物及相关产品的性能及质量检测试验

1. 取样方法和试样调湿

1)制样方法

(1)制样原则：

①每项试验的试样应从样品的长度和宽度两个方向上随机剪取，距样品的边缘应等于或大于 100mm，送检样品应不小于 1 延长米(或 $2m^2$)。

②试样应不含有灰尘、折痕、孔洞、损伤部分和可见疵点等任何影响试验结果的缺陷。

③对同一项试验剪取两个以上的试样时，应避免它们位于同一纵向和横向位置上，即采用梯形取样法，如不可避免(如卷装，幅宽较窄)，应在试验报告中注明情况。

④试样应沿着卷装长度和宽度方向切割，需要时标出卷装的长度方向。初试验有其他要求，样品上的标志必须标到试样上。

⑤样品经调湿后，再制成规定尺寸试样。

⑥在切割结构型土工合成材料时可制订相应的切割方案。

⑦如果制样造成材料破碎，发生损伤，可能影响试验结果，则将所有脱落的碎片和试样放在一起，用于备查。

(2)上述规定适用于各类土工织物、土工膜和土工复合品，但不包括土工格栅等专门用途制品。

2)试样调湿和状态调节

(1)土工织物：试样应在标准大气压的条件下调湿 24h，标准大气按 GB 6529 规定的三级标准：温度为 20℃±2℃，相对湿度为 65%±5%。

(2)塑料土工合成材料：应置于温度为 23℃±2℃环境下，进行状态调节，时间不少于 4h。

(3)如果确认试样不受环境影响，则可省去调湿处理，但应在记录中注明试验时的温度和湿度。

2. 土工织物厚度测定

1)适用范围

(1)本方法规定了在一定压力下测定土工织物和相关产品厚度的试验方法。

(2)本方法适用于土工织物及复合土工织物。

2)引用标准

数值修约规则(GB/T 8170)。

3)定义

(1)厚度：土工织物在承受规定的压力下，正反两面之间的距离。

(2)常规厚度：在 2kPa 压力下测得的试样厚度。

4)仪器设备及材料

基准板、压块、百分表、秒表。

5)试样步骤

(1)取样：按 1 中取样方法和试样调湿的有关规定取样。

(2)试样调湿和状态调节:标准大气压的条件下调湿24h,标准大气按GB/T 6529规定的三级标准:温度为20℃±2℃,相对湿度为65%±5%。

(3)试样制备:除符合T 1101—2006的有关规定外,裁取有代表性的试样10块,试样尺寸应不小于基准板的面积。

(4)测定2kPa压力下的常规厚度。

①擦净基准板和5N的压块,压块放在基准板上,调整百分表零点。

②提起5N的压块,将试样自然平放在基准板与压块之间,轻轻放下压块,使试样受到的压力为2kPa±0.01kPa,放下测量装置的百分表触头,接触后开始计时,30s时读数,精确至0.01mm。

③重复上述步骤,完成10块试样的测试。

(5)根据需要选用不同的压块,使压块为20kPa±0.01kPa,重复(4)中规定的程序,测定20kPa±0.01kPa压力下的试样厚度。

(6)根据需要选用不同的压块,使压力为200kPa±0.01kPa,重复(4)中规定的程序,测定200kPa±0.01kPa压力下的试样厚度。

6)试验结果

(1)计算在同一压力下所测定的10块试样厚度的算术平均值$\bar{\delta}$,以毫米为单位,计算到小数点后三位,按GB/T 8170修约到小数点后两位。

(2)如果需要,同时计算出标准差σ和变异系数C_v。标准差σ和变异系数C_v按T 1102—2006的规定计算。

3.单位面积质量测定

1)适用范围

(1)本方法规定了土工合成材料单位面积质量的测定方法。

(2)本方法适用于土工织物、土工格栅,其他类型的土工合成材料可参照执行。

2)引用标准

数值修约规则(GB/T 8170)。

3)定义

单面面积质量:单位面积的试样,在标准大气条件下的质量。

4)仪器设备及材料

剪刀、钢尺、称量天平。

5)试验步骤

(1)取样:按T 1101—2006的有关规定取样。

(2)试样调湿和状态调节:土工织物。

试样应在标准大气压的条件下调湿24h,标准大气按GB/T 6529规定的三级标准:温度为20℃±2℃,相对湿度为65%±5%。塑料土工合成材料:应置于温度为23℃±2℃环境下,进行状态调节,时间不少于4h。

(3)试样制备。

①土工织物:除符合T 1101—2006的有关规定外,用剪刀裁取面积为10 000mm^{2}的试样10块,剪裁和测量精度为1mm。

②对于土工格栅、土工网这类孔径较大的材料，除符合土工合成材料试验规定 T 1101—2006 的有关规定外，试样尺寸应能代表该种材料的全部结构。可放大试样尺寸，剪裁时应从肋间对称剪取，裁剪后应测量试样的实际面积。

(4)称量。将裁剪好的试样按编号顺序逐一在天平上称量，读数精确到 0.01g。

6)结果计算

(1)按式(8-1)计算每块试样的单位面积质量，按 GB 8170 修约，保留小数一位：

$$G=\frac{m\times10^6}{A} \tag{8-1}$$

式中：G——试样单位面积质量(g/m^2)；

m——试样质量(g)；

A——试样面积(mm^2)。

(2)计算 10 块试样单位面积质量的平均值$\overline{G}$，精确到 0.1g/m^2；同时计算出标准差σ和变异系数C_v。

平均值$\overline{G}$、标准差σ和变异系数C_v按土工合成材料 T 1102—2006 的规定计算。

4.垂直渗透性能试验

1)适用范围

(1)本方法规定了土工织物及复合土工织物在系列恒定水头下垂直渗透性能的试验方法。

(2)本方法适用于土工织物和复合土工织物。

2)引用标准

《水质 溶解氧的测定 碘量法》(GB/T 7489—1987)。

数值修约规则(GB/T 8170)。

3)定义

(1)流速指数

试样两侧 50mm 水头差下的流速，精确到 1mm/s。

注：也可取 100mm、150mm 水头差下的流速，但应在报告中注明。

(2)透水率

垂直于土工织物平面流动的水，在水位差等于 1 时的渗透流速(1/s)。

4)仪器设备及材料

(1)恒水头渗透仪

①渗透仪夹持器的最小直径 50mm，能使试样与夹持器周壁密封良好，没有渗漏。

②仪器能设定的最大水头差应不小于 70mm，有溢流和水位调节装置，能够在试验期间保持试件两侧水头恒定，有达到 250mm 恒定水头的能力。

③测量系统的管路应避免直径的变化，以减少水头损失。

④有测量水头高度的装置，精确到 0.2mm。

(2)供水系统

①试验用水应按 GB/T 7489 对水质的要求采用蒸馏水或经过过滤的清水，试验前必须用抽气法或煮沸法脱气，水中的溶解氧含量不得超过 10mg/kg。

②溶解氧含量的测定在水入口处进行，溶解氧的测定仪器或仪表应符合 GB/T 7489 的有

关规定。

③水温控制在18～22℃。

注：由于温度校正只同层流相关，流动状态应为层流；工作水温宜尽量接近20℃，以减小因温度校正带来的不准确性。

(3)其他用具

①秒表，精确到0.1s。

②量筒，精确到10mL。

③温度计，精确到0.2℃。

5)试样制备

①取样：按T 1101—2006的规定取样。

②试样数量和尺寸：试样数量不小于5块，其尺寸应与试验仪器相适应。

③试样要求：试样应清洁，表面无污物，无可见损坏或折痕，不得折叠，并应放置于平处，上面不得施加任何荷载。

6)试验步骤

(1)将试样置于含湿润剂的水中，至少浸泡12h直至饱和并赶走气泡。湿润剂采用0.1% V/V的烷基苯磺酸钠。

(2)将饱和试样装入渗透仪的夹持器内，安装过程应防止空气进入试样，有条件时宜在水下装样，并使所有的接触点不漏水。

(3)向渗透仪注水，直至试样两侧达到50mm的水头差。关掉供水，如果试样两侧的水头在5min内不能平衡，查找是否有未排除干净的空气，重新排气，并在试验报告中注明。

(4)调整水流，使水头差达到70mm±5mm，记录此值，精确到1mm。待水头稳定至少30s后，在规定的时间周期内，用量杯收集通过仪器的渗透水量，体积精确到10mL，时间精确到秒。收集渗透水量至少1 000mL，时间至少30s。如果使用流量计，流量计至少应有能测出水头差70mm时流速的能力，实际流速由最小时间间隔15s的3个连续读数的平均值得出。

(5)分别对最大水头差0.8、0.6、0.4和0.2倍的水头差，重复(4)的程序，从最高流速开始，到最低流速结束，并记录相应的渗透水量和时间。如果使用流量计，适用同样的原则。

注：如土工织物总体渗透性能已确定，为控制产品质量也可只测50mm水头差下的流速。

(6)记录水温，精确到0.2℃。

(7)对剩下的试样重复(2)～(4)的步骤。

7)结果计算

(1)流速指数

①按式(8-2)计算20℃时流速v_{20}(mm/s)：

$$v_{20}=\frac{VR_T}{At} \tag{8-2}$$

式中：V——渗透水的体积(m^3)；

R_T——T(℃)水温时的水温修正系数；

A——试样过水面积(m^2)；

t——达到水体积V的时间(s)。

如果使用流速仪，流速 v_T 直接测定，则按式(8-3)计算 20℃时流速 v_{20}(mm/s)：

$$v_{20}=v_T R_T \tag{8-3}$$

②计算每块试样不同水头差下的流速 v_{20}。

使用计算法或图解法，用水头差 h 对流速 v_{20} 通过原点作曲线。在一张图上绘出 5 个试样的水头差 h 对流速 v_{20} 的曲线 5 条。

③通过计算法或图解法求出 5 个试样 50mm 水头差的流速值，给出平均值和最大、最小值。平均值为该样品的流速指数，精确到 1mm/s。

(2)垂直渗透系数

按式(8-4)计算实际水温下的垂直渗透系数 k：

$$k=\frac{v}{i}=\frac{v\delta}{\Delta h} \tag{8-4}$$

式中：k——实际水温下的垂直渗透系数(mm/s)；

v——垂直土工织物平面水的流动速度(mm/s)；

δ——土工织物试样厚度(mm)；

Δh——对土工织物试样施加的水头差(mm)。

按式(8-5)计算 20℃水温下的垂直渗透系数 k_{20}：

$$k_{20}=kR_T \tag{8-5}$$

式中：k_{20}——水温 20℃时的垂直渗透系数(mm/s)；

k——实际水温下的垂直渗透系数(mm/s)；

R_T——T℃水温时的水温修正系数(表 8-1)。

水温修正系数　　表 8-1

温　度　(℃)	R_T	温　度　(℃)	R_T
18.0	1.050	20.5	0.998
18.5	1.038	21.0	0.976
19.0	1.025	21.5	0.965
19.5	1.012	22.0	0.953
20.0	1.000		

注：水温修正系数 R_T 即为水的动力黏滞系数比 η_t/η_{20}；η_t 为试验水温 t℃时水的动力黏滞系数，η_{20} 为试验水温 20℃时水的动力黏滞系数。

(3)透水率

按式(8-6)计算水温 20℃的透水率 θ_{20}：

$$\theta_{20}=\frac{k_{20}}{\delta}=\frac{v_{20}}{\Delta h} \tag{8-6}$$

式中：θ_{20}——水温 20℃时的透水率(1/s)；

k_{20}——水温 20℃时的渗透系数(mm/s)；

δ——土工织物厚度(mm)；

v_{20}——温度 20℃时，垂直土工织物平面水的流动速度(mm/s)；

Δh——对土工织物试样施加的水头差(mm)。

8)试验注意事项

土工织物用作反滤材料时,流水的方向垂直于土工织物的平面,此时要求土工织物既能阻止土颗粒随水流失,又要求它具有一定的透水性。垂直渗透性能主要用于反滤设计,以确定土工织物的渗透性能。

国际标准 ISO 11508:1999 和美国标准 ASTM D4716-01 中垂直向渗透性能的测定包括两种方法:一种是恒水头法,另一种是降水头法。恒水头法是测土工织物在系列恒定水头下的垂直渗透特性;降水头法是测土工织物在连续下降水头下的垂直渗透特性。国内所有的标准均采用恒水头法。

在测试过程中还应注意以下几点:

(1)试件放在渗透仪夹持器中,要注意旋紧夹持器压盖,以防止水从试样被压部分的内层渗漏;同时要保持夹持器的压盖与试样盒内壁密封,防止侧漏影响试验结果。

(2)试件必须进行浸泡处理,目的在于排尽试样内部的空气,必要时可在浸泡过程中进行人工挤压排气,以保证试验结果的准确。

(3)各种土工织物的渗透性能相差很大,统一规定只装一片饱和试样时有的产品很难达到两侧 50mm 的水头差,可以考虑以满足试样两侧达到 50mm 的水头差为前提,确定采用单层还是多层试样进行试验。

5.有效孔径试验(干筛法)

1)适用范围

(1)本方法规定了用干筛法测定土工织物孔径的试验方法。

(2)本方法适用于土工织物和复合土工织物。

2)引用标准

《试验筛 金属丝编织网、穿孔板和电成型薄板筛孔的基本尺寸》(GB/T 6005)。

数值修约规则(GB/T 8170)

3)定义

(1)标准颗粒材料

洁净的玻璃珠或天然砂粒,其粒径应符合本方法中 4)中的粒径分组要求。

(2)孔径

以通过其标准颗粒材料的直径表征的土工织物的孔眼尺寸。

(3)有效孔径(O_e)

能有效通过土工织物的近似最大颗粒直径,例如 O_{90} 表示土工织物中 90% 的孔径低于该值。

4)仪器设备及材料

(1)筛子:直径 200mm。

(2)标准筛振筛机。

横向振动频率:220 次/min±10 次/min;回转半径:12mm±1mm。

垂直振动频率:150 次/min±10 次/min;振幅:10mm±2mm。

(3)标准颗粒材料

标准颗粒材料粒径分组如下:

0.045～0.063、0.063～0.071、0.071～0.090、0.090～0.125、0.125～0.180、0.180～0.250、0.250～0.280、0.280～0.355、0.355～0.500、0.500～0.710(mm)。

(4)天平：称量200g，感量0.01g。

(5)秒表、细软刷子、剪刀等。

5)试样制备

(1)取样：按T 1101—2006的规定取样。

(2)试样数量及尺寸：剪取 $5n$ 块试样，n 为选取粒径的组数；试样直径应大于筛子直径。

(3)试样调湿：标准大气压的条件下调湿24h，标准大气按GB/T 6529规定的三级标准：温度为20℃±2℃，相对湿度为65%±5%。当试样在间隔至少2h的连续称量中质量变化不超过试样质量的0.25%时，可认为试样已经调湿。

6)试验步骤

(1)试验前应将标准颗粒材料与试样同时放在标准大气条件下进行调湿平衡。

(2)将同组5块试样平整、无褶皱地放入能支撑试样而不致下凹的支撑筛网上。从较细粒规格的标准颗粒中称50g，均匀地撒在土工织物表面上。

(3)将筛框、试样和接收盘夹紧在振筛机上，开动振筛机，摇筛试样10min。

(4)关机后，称量通过试样进入接收盘的标准颗粒材料质量，精确至0.01g。

(5)更换新的一组试样，用下一较粗规格粒径的标准颗粒材料重复(2)～(4)步骤，直至取得不少于三组连续分级标准颗粒材料的过筛率，并有一组的过筛率达到或低于5%。

7)结果计算

(1)按式(8-7)计算过筛率，结果按GB/T 8170修约到小数点后两位：

$$B=\frac{P}{T}\times 100 \tag{8-7}$$

式中：B——某组标准颗粒材料通过试样的过筛率(%)；

P——5块试样同组粒径过筛量的平均值(g)；

T——每次试验用的标准颗粒材料量(g)。

(2)以每组标准颗粒材料粒径的下限值作为横坐标（对数坐标），相应的平均过筛率作为纵坐标，描点绘制过筛率与粒径的分布曲线。找出曲线上纵坐标10%所对应的横坐标值，即为 Q_{90}；找出曲线上纵坐标5%所对应的横坐标值，即为 Q_{95}，读取两位有效数字。

(3)土工织物有效孔径分布曲线的绘制示例。

①曲线的绘制。以每组标准颗粒材料粒径的下限值为横坐标，过筛率的平均值为纵坐标绘制有效孔径分布曲线。

②Q_{90}、Q_{95} 值的确定。Q_{90} 表示90%的标准颗粒材料留在土工织物上，其过筛率 $B=1-90\%=10\%$，曲线上纵坐标为10%点所对应的横坐标即定义为有效孔径 Q_{90}，单位为mm。Q_{95} 表示95%的标准颗粒材料留在土工织物上，其过筛率 $B=1-95\%=5\%$，曲线上纵坐标为5%点所对应的横坐标即定义为有效孔径 Q_{95}，单位为mm。

8)试验注意事项

(1)孔径是土工织物水力学特性中的一项重要指标，它反映土工织物的过滤性能，既可评价土工织物阻止土颗粒通过的能力，又反映土工织物的透水性。表征土工织物孔径特征的指标是有效孔径。测试原理是：用土工织物试样作为筛布，将已知粒径的标准颗粒材料放在土工织物上面振筛，称量通过土工织物的标准颗粒材料质量，计算出过筛率，调换不同粒径的标准颗粒进行试验，由此绘出有效孔径分布曲线，并求出有效孔径值。

(2)需测定孔径分布曲线时，应取得不少于3～4级连续分级颗粒的过筛率，并要求试验点均匀分布。若仅测定等效孔径O_{95}，则有两组的筛余率在95%左右即可。

(3)孔径试验有干筛法、湿筛法、显微镜直读法、水银压入法等，不管哪个方法都存在一些问题。最近国际标准(ISO)及我国国标(GB)都规定孔径试验采用湿筛法。但实际应用中，国内和国外都普遍采用干筛法。

五、拉伸强度试验方法

1.宽条拉伸试验

1)适用范围

(1)本方法规定了用宽条试样测定土工织物及其有关产品拉伸性能的试验方法。

(2)本方法适用于大多数土工合成材料，包括土工织物及复合土工织物，也适用于土工格栅。

(3)本方法包括测定调湿和浸湿两种试样性能的程序，包括单位宽度的最大负荷和最大负荷下的伸长率以及特定伸长率下的拉伸力的测定。

2)引用标准

《分析试验室用水规格和试验方法》(GB/T 6682)。

3)定义

(1)名义夹持长度

①用伸长计测量时，名义夹持长度：在试样的受力方向上，标记的两个参考点间的初始距离，一般为60mm(两边距试样对称中心为30mm)，记为L_0。

②用夹具的位移测量时，名义夹持长度：初始夹具间距，一般为100mm，记为L_0。

(2)隔距长度：试验机上下两夹持器之间的距离，当用夹具的位移测量时，隔距长度即为名义夹持长度。

(3)预负荷伸长：在相当于最大负荷1%的外加负荷下，所测的夹持长度的增加值，以mm表示。

(4)实际夹持长度：名义夹持长度加上预负荷伸长(预加张力夹持时)。

(5)最大负荷：试验中所得到的最大拉伸力，以kN表示。

(6)伸长率：试验中试样实际夹持长度的增加与实际夹持长度的比值，以%表示。

(7)最大负荷下伸长率：在最大负荷下试样所显示的伸长率，以%表示。

(8)特定伸长率下的拉伸力：试样被拉伸至某一特定伸长率时每单位宽度的拉伸力，以kN/m表示。

(9)拉伸强度：试验中试样拉伸直至断裂时每单位宽度的最大拉力，以kN/m表示。

4)仪器设备及材料

拉伸试验机、夹具、伸长计、蒸馏水、非离子润湿剂。

5)试样制备

(1)取样:按土工合成材料试验规程 T 1101—2006 的规定取样。

(2)试样数量:纵向和横向各剪取至少 5 块试样。

(3)试样尺寸。

①无纺类土工织物试样宽为 200mm±1mm(不包括边缘),并有足够的长度以保证夹具间距 100mm;为控制滑移,可沿试样的整个宽度与试样长度方向垂直地画两条间隔 100mm 的标记线(不包含绞盘夹具)。

②对于机织类土工织物,将试样剪切约 220mm 宽,然后从试样的两边裁去数目大致相等的边线以得到 200mm±1mm 的名义试样宽度,这有助于保持试验中试样的完整性。

注:当试样的完整性不受影响时,则可直接剪切至最终宽度。

③对于土工格栅,每个试样至少为 200mm 宽,并具有足够长度。试样的夹持线在节点处,除被夹钳夹持住的节点或夹叉组织外,还应包含至少 1 排节点或夹叉组织;对于横向节距大于或等于 75mm 的产品,其宽度方向上应包含至少两个完整的抗拉单位。

如使用伸长计,标记点应标在试样的中排抗拉肋条的中心线上,两个标记点之间应至少间隔 60mm,并至少含有 1 个节点或 1 个夹叉组织。

④对于针织、复合土工织物或其他织物,用刀或剪刀切取试样可能会影响织物结构,此时允许采用热切,但应在试验报告中说明。

⑤当需要测定湿态最大负荷和干态最大负荷时,剪取试样长度至少为通常要求的 2 倍。将每个试样编号后对折剪切成两块,一块用于测定干态最大负荷,另一块用于测定湿态最大负荷,这样使得每一对拉伸试验是在含有同样纱线的试样上进行的。

(4)试样调湿和状态调节。

①土工织物。干态试验所用试样的调湿,在标准大气压的条件下调湿 24h,标准大气按 GB 6529 规定的三级标准:温度为 20℃±2℃,相对湿度为 65%±5%。

湿态试验所用试样应浸入温度为 20℃±2℃的蒸馏水中,浸润时间应足以使试样完全润湿或者至少 24h。为使试样完全湿润,也可以在水中加入不超过 0.05%的非离子型润湿剂。

②塑料土工格栅。塑料土工格栅试样状态调节:温度为 23℃±2℃环境下,进行状态调节,时间不少于 4h。

③如确认试样不受环境影响,则可不进行调湿和状态调节,但应在报告中注明试验时的温度和湿度。

6)试验步骤

(1)拉伸试验机的设定

土工织物,试验前将两夹具间的隔距调至 100mm±3mm;土工格栅按本方法 5)(3)③中规定进行。选择试验机的负荷量程,使断裂强力在满量程负荷的 30%~90%之间。设定试验机的拉伸速度,使试样的拉伸速率为名义夹持长度的(20%±1%)/min。

如使用绞盘夹具,在试验前应使绞盘中心间距保持最小,并且在试验报告中注明使用了绞盘夹具。

(2)夹持试样

将试样在夹具中对中夹持,注意纵向和横向的试样长度应与拉伸力的方向平行。合适的方法是将预先画好的横贯试件宽度的两条标记线尽可能地与上下钳口的边缘重合。对湿态试样，从水中取出后 3min 内进行试验。

(3)试样预张

对已夹持好的试件进行预张，预张力相当于最大负荷的 1%，记录因预张试样产生的夹持长度的增加值 L_0'。

(4)使用伸长计时

在试样上相距 60mm 处分别设定标记点(分别距试样中心 30mm)，并安装伸长计，注意不能对试样有任何损伤，并确保试验中标记无滑移。

(5)测定拉伸性能

开动试验机连续加荷直至试样断裂，停机并恢复至初始标距位置。记录最大负荷，精确至满量程的 0.2%；记录最大负荷下的伸长量 ΔL，精确到小数点后一位。

如试样在距钳口 5mm 范围内断裂，结果应予剔除；纵横向每个方向至少试验 5 块有效试样。如试样在夹具中滑移，或者多于 1/4 的试样在钳口附近 5mm 范围内断裂，可采取下列措施：

①夹具内加衬垫；

②对夹在钳口内的试样加以涂层；

③改进夹具钳口表面。

无论采用了何种措施，都应在试验报告中注明。

(6)测定特定伸长率下的拉伸力

使用合适的记录测量装置测定在任一特定伸长率的拉伸率，精确至满量程的 0.2%。

7)结果计算

(1)拉伸强度

使用式(8-8)计算每个试样的拉伸强度：

$$a_f = F_f C \tag{8-8}$$

式中：a_f——拉伸强度(kN/m)

F_f——最大负荷(kN)

C——计算系数，由式(8-9)或式(8-10)求出。

对于非织造品、高密织物或其他类似材料：

$$C = 1/B \tag{8-9}$$

式中：B——试样的名义宽度(m)；

对于稀松机织土工织物、土工网、土工格栅或其他类似的松散结构材料：

$$C = \frac{N_m}{N_a} \tag{8-10}$$

式中：N_m——试样 1m 宽度内的拉伸单元数；

N_a——试样内的拉伸单元数。

(2)最大负荷下的伸长率

使用式(8-11)计算每个试样的伸长率：

$$\varepsilon = \frac{\Delta L}{L_o + L_o'} \times 100 \tag{8-11}$$

式中：ε——伸长率(%)；

L_0——名义夹持长度(使用夹具时为100mm，使用伸长计时为60mm)；

L_0'——预负荷伸长量(mm)；

ΔL——最大负荷下的伸长量(mm)。

(3)特定伸长率下的拉伸力

计算每个试样在特定伸长率下的拉伸力，用式(8-12)计算，用kN/m表示。

例如，伸长率2%时的拉伸力：

$$F_{2\%} = f_{2\%}C \tag{8-12}$$

式中：$F_{2\%}$——对应2%伸长率时每延米拉伸力(kN/m)；

$f_{2\%}$——对应2%伸长率时试样的测定负荷(kN)；

C——由式(8-9)或式(8-10)中求出。

(4)平均值和变异系数

①按T 1101—2006的规定，分别对纵向和横向两组试样的拉伸强度、最大负荷下伸长率及待定伸长率下的拉伸力计算平均值和变异系数，拉伸强度和特定伸长率下的拉伸力精确至3位有效数字，最大负荷下伸长率精确至0.1%，变异系数精确至0.1%。

②每组有效试样为5块。

8)试验注意事项

土工合成材料的拉伸强度和最大负荷下伸长率是各项工程设计中最基本的技术指标，拉伸性能的好坏，可以通过拉伸试验进行测试。

测定土工织物拉伸性能的试验方法有宽条法和窄条法。由于窄条试样在拉伸的过程中会产生明显的横向收缩(劲缩)，使测得的拉伸强度和伸长率不能真实反映样品的实际情况；而采用宽条试样和较慢的拉伸速率，可以有效地降低横向收缩，使试验结果更加符合实际情况，所以国际标准和国外先进国家的相关标准以及国标土工织物拉伸均采用宽条法。大量试验数据表明，50mm窄条样法和200mm宽条样法试验结果没有可比性，不存在相关关系，所以不能用折算的方法将窄条试验的结果折算为宽条试验的结果。

2. 接头/接缝宽条拉伸试验

1)适用范围

(1)本方法规定了用宽条样测定土工合成材料接头和接缝拉伸性能的试验方法。方法包括测定调湿和浸湿两种试样拉伸性能的程序。

(2)本方法适用于大多数土工合成材料，包括土工织物、土工复合材料，也适用于土工格栅，但试样尺寸要作适当改变。

2)引用标准

《分析试验用水规格和试验方法》(GB/T 6682)。

3)定义

(1)接缝

两块或多块土工合成材料缝合起来的连续缝迹。

(2)接头

两块或多块分开的土工合成材料，由除缝合外的其他方法结合起来的联结处。

(3)接头/接缝强度

由缝合或接合两块或多块土工合成材料所形成的联结处的最大抗拉力，以 kN/m 为单位。

(4)接头/接缝效率

接头/接缝强度与在同方向上所测定的土工合成材料的强度之比，以%表示。

4)仪器设备及材料

(1)拉伸试验机：具有等速拉伸功能，拉伸速率可以设定，并能测读拉伸过程中试样的拉力和伸长量，记录拉力—伸长曲线。

(2)夹具：钳口应有足够宽度，至少应与试样同宽(200mm)，以保证能够夹持试样的全宽，并采用适当措施避免试样滑移和损伤。

(3)蒸馏水：符合 GB/T 6682 的要求。

(4)非离子润湿剂。

5)试样制备

(1)取样：按 T 1101—2006 的规定取样。

(2)试样数量：剪取含接头/接缝试样至少 5 块，每块试样应含有一个接缝或接头，如需要湿态试验，另增加 5 块试样。

(3)制样：如样品无接缝或接头，需要制备接缝或接头时，应根据施工实际中接头/接缝的形式和有关方面的协议制备试样。剪取试样单元至少 10 个(每两个为一组)，每个单元尺寸应满足制备后的试样尺寸符合测定的要求。

注：试样制备时，两个接合或缝合在一起的单元应是同一方向(纵向或横向)，而且接头/接缝应垂直于受力方向。为控制滑移，可沿试样的整个宽度与试样长度方向垂直地画两条间隔 100mm 的标记线。

(4)试样尺寸。

①从接合或缝合的样品中剪取试样，每块试样的长度不少于 200mm，接头/接缝应在试样的中间部位，并垂直于受力方向，每块试样最终宽度为 200mm。

②对于机织土工织物，在距试样中心线 25mm+$b/2$ 的距离处剪 25mm 长的切口，以便拆去边纱得到 200mm 的名义宽度。

③对于土工格栅和土工网，试样宽度至少 200mm，包括不少于 5 个拉伸单元，长度应大于 100mm 加接头宽度，接头两侧应含有至少一排节点或交叉组织，这些节点或交叉组织不应包括被夹钳夹持住的及形成接头的节点或夹叉组织，剪去离开该排节点 10mm 处的肋条或交叉组织。试样的交叉组织至少应比被测试的拉伸单元宽 1 个节距，以利形成接头。

④对于针织土工织物、复合土工织物或其他土工织物，用刀剪切试样可能会影响其结构，此时可采用热切，但应避免损伤部位。

(5)试样调湿和状态调节：土工织物试样应在标准大气压的条件下调湿 24h，标准大气按 GB 6529 规定的三级标准：温度为 20℃±2℃，相对湿度为 65%±5%。塑料土工合成材料：应置于温度为 23℃±2℃环境下，进行状态调节，时间不少于 4h。

6)试样步骤

(1)拉伸试验机的设定

调整两夹具间的隔距为 100mm±3mm 再加上接缝或接头宽度，土工格栅、土工网除外。

选择试验机的负荷量程，使断裂强力在满量程负荷的30%～90%之间。设定试验机的拉伸速度，使试样的拉伸速率为名义夹持长度的(20%±1%)/min。

(2)夹持试样

将试样放入夹钳中心位置，长度方向与受力方向平行，保证标记线与钳口吻合，以便观察试验过程中试样是否出现打滑。

对于湿态试样，从水中取出后3min内进行试验。

(3)测定接头/接缝拉伸强度

开启拉伸试验机，直至接头/接缝或材料本身断裂，记录最大负荷，精确至满量程的2%，观察和记录断裂原因：

①试样断裂；

②缝线断裂；

③试样与接头/接缝滑脱；

④接缝开裂

⑤上述两种或多种组合；

⑥其他。

7)结果计算

(1)接头/接缝强度。按式(8-13)分别计算纵向或横向的接头/接缝强度，精确至3位有效数字。

$$S_f = F_f C \tag{8-13}$$

式中：S_f——接头/接缝强度(kN/m)；

F_f——最大负荷(kN)；

C——计算系数，由式(8-14)或式(8-15)求得。

对于土工织物或类似小孔结构材料：

$$C = 1/B \tag{8-14}$$

对于土工网、土工格栅或类似材料：

$$C = N_m / N_s \tag{8-15}$$

式中：B——试样宽度(m)；

N_m——样品1m宽内的拉伸单元数；

N_s——试样内的拉伸单元数。

(2)按T 1102—2006的规定计算5块试样的接头/接缝强度的平均值S_f、接头/接缝强度的变异系数C_v。

(3)接头/接缝效率

如果需要计算接头/接缝效率，按T 1121—2006(宽条拉伸试验方法)测定5块无接头/接缝试样的平均拉伸强度$\bar{\alpha}_f$，其拉伸方向应与接头/接缝试样相同。

按式(8-16)计算接头/接缝效率，计算至小数点后1位。

$$E = (\bar{S}_f / \bar{\alpha}_f) \times 100 \tag{8-16}$$

式中：E——接头/接缝效率(%)；

$\overline{S}_f$——平均接头/接缝强度(kN/m)；

$\overline{\alpha}_f$——无接头/接缝材料的平均拉伸强度(kN/m)。

3.条带拉伸试验

1)适用范围

(1)本方法规定了单筋、单条试样测定土工合成材料拉伸性能的试验方法。

(2)本方法适用于各类土工格栅、土工加筋带。

2)引用标准

数值修约规则(GB/T 8170)。

3)定义

(1)名义夹持长度。

①用伸长计测量时，名义夹持长度：在试样的受力方向上，标记的两个参考点间的初始距离，一般为60mm(两边距试样对称中心为30mm)，记为L_0。

②用夹具的位移测量时，名义夹持长度：初始夹具间距，一般为100mm，记为L_0。

(2)隔距长度：试验机上下两夹持器之间的距离，当用夹具的位移测量时，隔距长度即为名义夹持长度。

(3)预负荷伸长：在相当于最大负荷1%的外加负荷下，所测的夹持长度的增加值，以mm表示。

(4)实际夹持长度：名义夹持长度加上预负荷伸长(预加张力夹持时)。

(5)最大负荷：试验中所得到的最大拉伸力，以kN表示。

(6)伸长率：试验中试样实际夹持长度的增加与实际夹持长度的比值，以%表示。

(7)最大负荷下伸长率：在最大负荷下试样所显示的伸长率，以%表示。

(8)拉伸强度：土工格栅试样拉伸直至断裂时每单位宽度的最大拉伸力，以kN/m表示。

(9)断裂拉力：土工加筋带单条试样拉伸直至断裂过程中所能承受的最大拉力，以kN表示。

4)仪器设备及材料

拉伸试验机、夹具、伸长计。

5)试样制备

(1)取样：按T 1101—2006的规定取样。

(2)试样数量：土工格栅纵向和横向各裁取至少5根试样；土工加筋带裁取至少5条试样。

(3)试样尺寸。

①对于土工格栅，单筋试样应有足够长度。试样的夹持线在节点处，除被夹钳夹持住的节点或夹叉组织外，还应包含至少1排节点或夹叉组织。

如使用伸长计，标记点应标在筋条试样的中心上，两个标记点之间应至少间隔60mm，并至少含有1个节点或1个夹叉组织，夹持长度应为数个完整节距。

②对于土工加筋带，试样应有足够的长度以保证夹具间距100mm。为控制滑移，可沿试样的整个宽度与试样长度方向垂直地画两条间隔100mm的标记线(不包含绞盘夹具)。

(4)试样调湿和状态调节：应置于温度为23℃±2℃环境下，进行状态调节，时间不少于4h。

6)试验步骤

(1)拉伸试验机的设定

选择试验机的负荷量程,使断裂强力在满量程负荷的 30%～90%之间。设定试验机的拉伸速度,使试样的拉伸速率为名义夹持长度的(20%±1%)/min。

如使用绞盘夹具,在试验前应使绞盘中心间距保持最小,并且在试验报告中注明使用了绞盘夹具。

(2)试样的夹持和预张

将试样在夹具中对中夹持,对已夹持好的试件进行预张,预张力相当于最大负荷的 1%,记录因预张试样产生的夹持长度的增加值 L_0'。

(3)使用伸长计时

在分别距试样中心 30mm 的两个标记点处安装伸长计,不能对试样有任何损伤,并确保试验中标记点无滑移。

(4)测定拉伸性能

开动试验机连续加荷直至试样断裂,停机并恢复至初始标距位置。记录最大负荷,精确至满量程的 0.2%;记录最大负荷下的伸长量 ΔL,精确到小数点后一位。

如试样在距钳口 5mm 范围内断裂,结果应予剔除。如试样在夹具中滑移,或者多于 1/4 的试样在钳口附近 5mm 范围内断裂,可采取下列措施:

①夹具内加衬垫;

②对夹在钳口内的试样加以涂层;

③改进夹具钳口表面。

无论采用了何种措施,都应在试验报告中注明。

(5)测定特定伸长率下的拉伸力

使用合适的记录测量装置测定在任一特定伸长率的拉伸率,精确至满量程的 0.2%。

7)结果计算

(1)拉伸强度

①土工格栅试样拉伸强度按式(8-17)计算:

$$a_f = fn/L \tag{8-17}$$

式中:a_f——拉伸强度(kN/m);

f——试件的最大拉伸力(kN);

n——样品宽度上的筋数;

L——样品宽度(m)

②土工加筋带试样断裂拉力,以试件最大拉伸力表示,单位为 kN。

(2)试样最大负荷下的伸长率

按式(8-18)计算:

$$\varepsilon = \frac{\Delta L}{L_o + L_o'} \times 100 \tag{8-18}$$

式中:ε——最大负荷下的伸长率(%);

L_o——名义夹持长度(使用夹具时为 100mm,使用伸长计时为 60mm);

L_0'——预负荷伸长量(mm)；

ΔL——最大负荷下的伸长量(mm)。

(3)特定伸长率下的拉伸力

①土工格栅试样在特定伸长率的拉伸力按式(8-19)计算，用 kN/m 表示。例如，伸长率 2%时的拉伸力：

$$F_{2\%} = f_{2\%}n/L \tag{8-19}$$

式中：$F_{2\%}$——对应 2%伸长率时每延米拉伸力(kN/m)；

$f_{2\%}$——对应 2%伸长率时试件的拉伸力(kN)；

n——样品宽度上的筋数；

L——样品宽度(m)。

②土工加筋带试样特定伸长率下的拉伸力以试件特定伸长率下的拉力表示，单位为 kN。

(4)平均值和变异系数

①按 T 1101—2006 的规定对土工格栅的拉伸强度、最大负荷下伸长率和特定伸长率下的拉伸力计算平均值和变异系数。

②按 T 1101—2006 的规定对土工加筋带的断裂拉力、最大负荷下伸长率和特定伸长率下的拉伸力计算平均值和变异系数。

③拉伸强度、断裂拉力和特定伸长率下的拉伸力精确至 3 位有效数学，最大负荷下伸长率计算到小数点后 1 位，按 GB/T 8170 修约到整数，变异系数精确至 0.1%。

④每组有效试样为 5 个。

参考文献

[1] 中华人民共和国行业标准. JTG E40—2007 公路土工试验规程[S]. 北京:人民交通出版社,2007.

[2] 中华人民共和国行业标准. JTG E42—2005 公路工程集料试验规程[S]. 北京:人民交通出版社,2005.

[3] 中华人民共和国行业标准. JTG E20—2011 公路工程沥青及沥青混合料试验规程[S]. 北京:人民交通出版社,2011.

[4] 中华人民共和国行业标准. JTG E30—2005 公路工程水泥及水泥混凝土试验规程[S]. 北京:人民交通出版社,2005.

[5] 中华人民共和国国家标准. GB 175—2007 通用硅酸盐水泥[S]. 北京:中国标准出版社,2007.

[6] 中华人民共和国行业标准. JTG E51—2009 公路工程无机结合料稳定材料试验规程[S]. 北京:人民交通出版社,2009.

[7] 中华人民共和国行业标准. JTG E41—2005 公路工程岩石试验规程[S]. 北京:人民交通出版社,2005.

[8] 中华人民共和国行业标准. JTG E50—2006 公路工程土工合成材料试验规程[S]. 北京:人民交通出版社,2006.

[9] 中华人民共和国行业标准. JTG F40—2004 公路沥青路面施工技术规范[S]. 北京:人民交通出版社,2004.

[10] 中华人民共和国行业标准. JTG F30—2003 公路水泥混凝土路面施工技术规范[S]. 北京:人民交通出版社,2003.

[11] 中华人民共和国行业标准. JTJ 034—2000 公路路面基层施工技术规范[S]. 北京:人民交通出版社,2000.

[12] 中华人民共和国行业标准. JTG F10—2006 公路路基施工技术规范[S]. 北京:人民交通出版社,2006.

[13] 中华人民共和国国家标准. GB/T 228.1—2010 金属材料 拉伸试验 室温拉伸试验方法[S]. 北京:中国标准出版社,2010.

[14] 中华人民共和国国家标准. GB/T 232—2010 金属材料 弯曲试验方法[S]. 北京:中国标准出版社,2010.

[15] 中华人民共和国国家标准. GB 8076—2008 混凝土外加剂[S]. 北京:中国标准出版社,2008.

[16] 中华人民共和国国家标准. GB 50119—2003 混凝土外加剂应用技术规范[S]. 北京:中国标准出版社,2003.

[17] 中华人民共和国行业标准. JGJ/T 98—2010 砌筑砂浆配合比设计规程[S]. 北京:中国建筑工业出版社,2010.

[18] 中华人民共和国行业标准. JGJ 55—2011 普通混凝土配合比设计规程[S]. 北京:中国

建筑工业出版社,2011.
[19] 中华人民共和国国家标准. GB/T 176—2008 水泥化学分析方法[S]. 北京:中国标准出版社,2008.
[20] 交通部公路科学院. 公路工程水泥混凝土外加剂与掺合料应用技术指南[M]. 北京:人民交通出版社,2006.
[21] 李闯民. 沥青混合料设计[M]. 长沙:湖南科学技术出版社,2006.
[22] 陈希哲. 土力学地基基础[M]. 北京:清华大学出版社,1998.
[23] 张超,郑南翔,王建设. 路基路面试验检测技术[M]. 北京:人民交通出版社,2004.
[24] 黄政宇. 土木工程材料[M]. 北京:高等教育出版社,2002.
[25] 沈金安. 沥青及沥青混合料路用性能[M]. 北京:人民交通出版社,2001.
[26] 中华人民共和国国家标准. GB/T 700—2006 碳素结构钢[S]. 北京:中国标准出版社,2006.
[27] 中华人民共和国行业标准. JG 190—2006 冷轧扭钢筋[S]. 北京:中国标准出版社,2006.
[28] 中华人民共和国国家标准. GB/T 1591—2008 低合金高强度结构钢[S]. 北京:中国标准出版社,2008.
[29] 中华人民共和国国家标准. GB 13788—2008 冷轧带肋钢筋[S]. 北京:中国标准出版社,2008.
[30] 中华人民共和国国家标准. GB/T 5224—2003 预应力混凝土用钢绞线[S]. 北京:中国标准出版社,2003.
[31] 中华人民共和国国家标准. GB/T 5223—2002 预应力混凝土用钢丝[S]. 北京:中国标准出版社,2002.
[32] 中华人民共和国行业标准. JTG D50—2006 公路沥青路面设计规范[S]. 北京:人民交通出版社,2006.
[33] 中华人民共和国行业标准. GB 50010—2010 混凝土结构设计规范[S]. 北京:中国建筑工业出版社,2011.
[34] 李福普,李闯民. 公路工程沥青及沥青混合料试验规程释义手册[M]. 北京:人民交通出版社,2011.
[35] 中华人民共和国行业标准. JGJ/T 27—2001 钢筋焊接接头试验方法标准[S]. 北京:中国建筑工业出版社,2001.